本书受中南财经政法大学出版基金资助

中南财经政法大学
青|年|学|术|文|库

真与意义的元语义学研究

周志荣　著

中国社会科学出版社

图书在版编目(CIP)数据

真与意义的元语义学研究 / 周志荣著 . —北京:中国
社会科学出版社,2015.1
(中南财经政法大学青年学术文库)
ISBN 978 - 7 - 5161 - 5494 - 6

Ⅰ. ①真… Ⅱ. ①周… Ⅲ. ①语义学 Ⅳ. ①H03

中国版本图书馆 CIP 数据核字(2015)第 014767 号

出 版 人　赵剑英
选题策划　田　文
责任编辑　任　明
特约编辑　李晓丽
责任校对　王　斐
责任印制　王　超

出　　版　中国社会科学出版社
社　　址　北京鼓楼西大街甲 158 号
邮　　编　100720
网　　址　http://www.csspw.cn
发 行 部　010 - 84083685
门 市 部　010 - 84029450
经　　销　新华书店及其他书店

印　　刷　北京君升印刷有限公司
装　　订　廊坊市广阳区广增装订厂
版　　次　2015 年 1 月第 1 版
印　　次　2015 年 1 月第 1 次印刷

开　　本　710×1000　1/16
印　　张　21.25
插　　页　2
字　　数　355 千字
定　　价　59.00 元

总　　序

　　一个没有思想活动和缺乏学术氛围的大学校园，哪怕它在物质上再美丽、再现代，在精神上也是荒凉和贫瘠的。欧洲历史上最早的大学就是源于学术。大学与学术的关联不仅体现在字面上，更重要的是，思想与学术，可谓大学的生命力与活力之源。

　　中南财经政法大学是一所学术气氛浓郁的财经政法类高等学府。范文澜、嵇文甫、潘梓年、马哲民等一代学术宗师播撒的学术火种，五十多年来一代代薪火相传。世纪之交，在合并组建新校而揭开学校发展新的历史篇章的时候，学校确立了"学术兴校，科研强校"的发展战略。这不仅是对学校五十多年学术文化与学术传统的历史性传承，而且是谱写21世纪学校发展新篇章的战略性手笔。

　　"学术兴校，科研强校"的"兴"与"强"，是奋斗目标，更是奋斗过程。我们是目的论与过程论的统一论者。我们将对宏伟目标的追求过程寓于脚踏实地的奋斗过程之中。由学校斥资资助出版《中南财经政法大学青年学术文库》，就是学校采取的具体举措之一。

　　本文库的指导思想或学术旨趣，首先在于推出学术精品。通过资助出版学术精品，形成精品学术成果的园地，培育精品意识和精品氛围，以提高学术成果的质量和水平，为繁荣国家财经、政法、管理以及人文科学研究，解决党和国家面临的重大经济、社会问题，作出我校应有的贡献。其次，培养学术队伍，特别是通过对一批处在"成长期"的中青年学术骨干的成果予以资助推出，促进学术梯队的建设，提高学术队伍的实力与水平。再次，培育学术特色。通过资助出版在学术思想、学术方法以及学术见解等方面有独到和创新之处的科研成果，培育科研特色，以形成有我校特色的学术流派与学术思想体系。因此，本文库重点面向中青年，重点面向精品，重点面向原创性学术专著。

　　春华秋实。让我们共同来精心耕种文库这块学术园地，让学术果实挂满枝头，让思想之花满园飘香。

2009 年 10 月

Preface

A university campus, if it holds no intellectual activities or possesses no academic atmosphere, no matter how physically beautiful or modern it is, it would be spiritually desolate and barren. In fact, the earliest historical European universities started from academic learning. The relationship between a university and the academic learning cannot just be interpreted literally, but more importantly, it should be set on the ideas and academic learning which are the so – called sources of the energy and vitality of all universities.

Zhongnan University of Economics and Law is a high education institution which enjoys rich academic atmosphere. Having the academic germs seeded by such great masters as Fanwenlan, Jiwenfu, Panzinian and Mazhemin, generations of scholars and students in this university have been sharing the favorable academic atmosphere and making their own contributions to it, especially during the past fifty – five years. As a result, at the beginning of the new century when a new historical new page is turned over with the combination of Zhongnan University of Finance and Economics and Zhongnan University of Politics and Law, the newly established university has set its developing strategy as "Making the University Prosperous with academic learning; Strengthening the University with scientific research", which is not only a historical inheritance of more than fifty years of academic culture and tradition, but also a strategic decision which is to lift our university onto a higher developing stage in the 21st century.

Our ultimate goal is to make the university prosperous and strong, even through our struggling process, in a greater sense. We tend to unify the destination and the process as to combine the pursuing process of our magnificent goal with the practical struggling process. The youth's Academic Library of Zhongnan University of Economics and Law, funded by the university, is one of our specific measures.

The guideline or academic theme of this Library lies first at promoting the publishing of selected academic works. By funding them, an academic garden with high – quality fruits can come into being. We should also make great efforts to form the awareness and atmosphere of selected works and improve the quality and standard of our academic productions, so as to make our own contributions in developing such fields as finance, economics, politics, law and literate humanity, as well as in working out solutions for major economic and social problems facing our country and the Communist Party. Secondly, our aim is to form some academic teams, especially through funding the publishing of works of the middle – aged and young academic cadreman, to boost the construction of academic teams and enhance the strength and standard of our academic groups. Thirdly, we aim at making a specific academic field of our university. By funding those academic fruits which have some original or innovative points in their ideas, methods and views, we expect to engender our own characteristic in scientific research. Our final goal is to form an academic school and establish an academic idea system of our university through our efforts. Thus, this Library makes great emphases particularly on the middle – aged and young people, selected works, and original academic monographs.

Sowing seeds in the spring will lead to a prospective harvest in the autumn. Thus, let us get together to cultivate this academic garden and make it be opulent with academic fruits and intellectual flowers.

Wu Handong

关于真、意义与逻辑的对话

周志荣（以下简称"周"）：王老师，您好，我有本书要出版了。这本书主要是关于意义问题的，是在我的博士论文的基础上形成的。您比较了解我的博士论文，而且您对这本书的主题，也就是"真与意义"，也很熟悉，是这方面的专家。所以，我很冒昧地请您为我的这本新书写一个序。

王路（以下简称"王"）：你的书稿我看过了，觉得很不错。你让我写序，让我有些为难。我不认为老师就一定可以为学生作序，老师的序就一定会为学生的书增色。一本书的序应该是关于一本书的，因此是它很重要的一部分，应该认真而慎重地对待。提个建议好吗?! 与你这本书相关，你看有些什么问题，我们一起讨论一下，这样对你的书，对读者可能会有所帮助。比如，我就有一个问题：你的书探讨真与意义，书名中的"元语义学"是什么意思呢？

周：好吧，那我就围绕这本书的主题向您再请教几个问题吧。首先我解释一下这本书标题的意思。我博士论文的题目是《真之条件的意义理论研究》，主旨在于探讨真与意义在解释上的先后关系。最近这两年我在不断修改原来的并增加一些讨论的时候，我渐渐发现原有标题容易引起混淆，因为国外已有专门的《真之条件的语义学》的著作，是在戴维森的基础上，借助塔斯基的真之理论构造关于其他各种类型自然语言语句的真之条件。相比之下，其实我讨论的东西并不是戴维森的意义理论或者任何其他意义理论（有的也称语义学，例如证明论的语义学或推理论的语义学）的延续，我没打算在语义学的一些基本原则的指导下借助一些逻辑分析的技术去解决部分自然语言语句的意义问题。所以这本书不是语义学的著作，但它确实讨论了语义学的很多核心问题，例如，"真概念对于构造一种意义理论有什么样的作用","以戴维森的意义理论为例,真概念在这种意义理论中发挥了什么样的作用","非真之理论的意义理论是否能满足组合性原则?"此外,我还论证了,反实在论者和紧缩论者基于不同的真观念对戴维森的意义理论提出了批评,但这些批评是否成立都取决于真概念在意义理论中的作用。这些问题和论点显然不是某种具体的语义学的研究对象,它们与语义学的研究处于不同的层次,它们以意义理论或语义学本身作为讨论的对象。为了突出这一点,避免误会,我想用"元语义学"这样的词是比较恰当的。我查了一下,国外也有"meta-semantics"这样的使用,但不多,不过这也没有关系,我只需要在导言中对这个词专门做一下解释应该能够让大家知道我在干什么。

我在这本书中的目的是要讨论真概念与意义概念以及真之问题和意义问题之间的关系。我对于这个论题感兴趣是因为在读博的时候受到您的影响,起初对真之理论感兴趣,在接触戴维森和达米特的理论之后又对意义理论感兴趣。这些年来,您一直强调真概念是西方哲学的核心概念,例如,在《"是"与"真"——形而上学的基石》(2003)中,您说:"哲学家的工作是求真","把真作为主要的核心概念凸显出来,乃是哲学的发展和进步"。这种立场一直贯彻到"涵义与意谓——理解弗雷格"(2004)、"意义理论"(2006)、"从'是'到'真'——西方哲学的一个根本性变化"(2008)在这些文章中,您认为,真在语言哲学中同样也是核心概念,甚至真概念也是意义理论的核心。然而,在诸多意义理论(语义学)中,并不是所有意义理论都是以真概念为中心,而至少达米特、后期维特根斯坦、紧缩论者(例如霍维奇、菲尔德)主张应该以其他概念为基础来解释意义。他们认为意义概念比真概念更为基础。我们应该怎么来看待这些人的意义观?

王:你的问题很大,涉及的面比较宽。后期维特根斯坦除外,你提到的其他人都是围绕真来探讨问题的。但情况不一样。紧缩论的出发点是批评戴维森的真语句,他们认为,戴维森的句子模式赋予真以太大的作用,而真本身没有那么大作用。所以他们要紧缩真的作用,乃至取消真在解释意义中的作用。真与意义对应,真与意义的讨论结合在一起,是20世纪以来语言哲学讨论的一个共识。紧缩论强调意义为先,并不意味着不讨论真,不涉及真。

达米特的情况则更为复杂。他的意义理论无疑是以真为核心的,因为他明确说过，一个意义理论包括一个关于所指（reference）的理论，它的外壳是一个关于涵义的理论；这两部分构成了意义理论的核心。此外它还有一个部分，这就是关于力量（force）的理论。句子有真假，但是说出的句子还有各种各样的力量，比如断定句有断定力，疑问句有疑问力，等等。这三部分一起构成了意义理论。很明显，这种意义理论是基于弗雷格关于意谓（Bedeutung）的理论。其核心概念当然是真。但是在涉及逻辑、涉及真这个概念的时候，达米特还有许多不同的讨论。比如，他批评戴维森的真句子模式不是一种完全的意义理论，因为它预设了对一部分语言的理解。他不接受排中律，他提出的对句子要有正当性说明（justification）的观点，等等，往往超出真假二值讨论的范围，甚至也不预设真这个概念，这与他的直觉主义逻辑背景相关。但是达米特从来没有放弃真这个概念，他明确指出，离开真这个概念，许多逻辑性质无法讨论，也无法辩护。晚年他有一本小书《思想与实在》，他说，如果上帝有逻辑的话，那么一定是三值的。这一观点无疑与他一辈子的直觉主义逻辑观点相关，但是你能说与真无关吗？

周：我同意，真概念确实是西方哲学的核心概念，它始终是哲学家们关注的中心。不过我有个想法，那就是，西方哲学的核心概念并不只有真一个，意义大概也是一个核心。只不过我现在没有确实的证据，仅仅是感觉而已。与您的看法不同的是，我认为真概念并不是意义概念的核心。这也是这本书要论证的观点。这并不否认真概念的重要性，而是说，在构造意义理论的时候并不需要用到它。由于它们的重要性，哲学家们总是将真与意义结合起来说。

王：你陈述的情况大致不错。我分几步来回答吧。首先，西方哲学中有许多核心概念，这个说法是不错的。比如知性（understanding）、因（果）性（causality）、先天、先验、必然、可能，等等，当然，还有近年来我所讨论的是（being）这个概念。因此，真并不是唯一的核心概念，这样说也是不错的。我强调真，主要在于真这个概念始终占有一个重要的位置。比如亚里士多德一方面说，有一门科学，它研究是本身，另一方面又说，把哲学看作关于真的知识是恰当的，这就几乎把真与是放在同等的位置。而他关于真的讨论也是特别多的，尤其是结合是来讨论真，或者结合真来讨论是，这样的地方非常多。在其他人的著作会有一些差异，但是不谈真的几乎没有。随便举一个例子，比如黑格尔的《精神现象学》，这无疑是哲学著作不是逻辑著作吧，似乎 being 也不会不是它的核心概念吧。但是，它在序中一开始就谈论真，不仅谈到各种不同的真，特别还谈论了哲学的真的实质和方法，等等。中文有多种翻译，如"真理"、"真相"、"真假"等等，含糊了"真"这个概念本身，读外文却是可以看得非常清楚的。即使从中文字面上进行思考，是不是也应该思考一下，这些概念是不是与真相关，为什么与真相关呢？

其次，你说意义理论中意义是一个核心概念，这当然是不错的。问题在于，当我说，真是一个核心概念的时候，我只是指人们通过真这个概念来认识意义，并且通过真这个概念获得关于意义的认识。这一点，不仅弗雷格是这样，戴维森是这样，达米特也是这样的。霍维奇等人不同意这种看法，这很正常。他们在讨论中突出意义本身，也不是不可以。问题在于他们对真这个概念有些什么讨论，对弗雷格到戴维森等人的思想作出什么样的批评和反驳，因为他们要紧缩真，就不可能不讨论真，而只讨论意义，或者赤裸裸地讨论意义。最保守地说，他们不可能对迄今为止围绕真来讨论意义所取得的成果不闻不问，弃之不顾吧。

再次，你说真不是意义理论的核心概念，构造意义理论可以不要真这个概念。在这个问题上，我们两人的看法是不一样的，我们也讨论过多次了。我认为你能够坚持自己的看法是好的，能够不断深入思考，并为自己的看法提供文本支持和证明也是好的。但是我还是不大赞同这种看法。"核心"是一个比喻，不过是指重要，离不开的意思。今天的意义理论不可能离开现有的成果，另起炉灶。这一点是共识。因此，真是它的核心概念已是一个事情。具体就真与意义这两个概念来说，你说不依靠真来讨论和认识意义，总要提供一种方法吧。我一直认为，弗雷格提供了一种非常好的方式来回答这个问题。这就是利用真（意谓）来探讨思想（涵义或意义）。举例来说，我们俩这些日子一直在进行讨论，写了那么多东西，我们都理解它们。那么，我们理解的是什么呢？当然是这些文字的意义，而不是它们的真。所以，意谓（Bedeutung）和涵义（Sinn）是两个不同的层面，真在前一个层面，意义在后一个层面，通过真来探讨意义是可行的。现在，不用真来探讨意义不是不可以，问题在于，你用什么来探讨？作出什么样的探讨？顺便说一下，今天有许多人不满意弗雷格关于意谓的探讨，而想对他说的涵义作进一步的探讨。比如，把组合原则应用到关于涵义的探讨上。这样的工作是不是能够说明涵义，我是非常怀疑的。即使可以，实际上这也是用弗雷格的方法来探讨，因而依然是依赖于真。

周：您提到达米特，我的理解也有所不同。达米特在《什么是意义理论Ⅱ》中的确探讨了一种以真之理论为核心的意义理论，但他的目的不是要为这种意义理论辩护而是进行批评，进而提出他自己的证实主义的意义理论（verificationist theory of meaning）。他的批评也是建立在三值逻辑和反实在论的基础上，虽然我认为达米特对戴维森的批评很有问题，但我同意他的意义观念，我在书中也给出了论证。语句的意义可以独立于真而得到解释，但正如你所说，语句的意义总是要与语句的真放在一起讨论。这是弗雷格的哲学传统。不过，另外有一些哲学家，例如 Searle 和 Grice，他们讨论意义的方式与此大有不同。他们将意义还原为言语行为或说话者的意图。这就意味着在他们的理论中，语言始终是与具体的使用相联系的。我认为，这些东西对于语言表达思想而言并不重要，而且与语句的真假也没有关系，这大概也是弗雷格很少谈到这些东西的原因。不知道我的这种看法对不对？

王：达米特在早期理论中使用了"verification"这个词，受到许多批评，后来他改用"justification"这个词。辛提卡教授曾经对我说过，这依然没有解决问题。实际上，他的这一理论也确实受到质疑。"verification"这个词是早期逻辑实证主义者的用语，意思是"证实"，其拉丁词根与真相关。"justification"这个词的词根是"justify"，字面意思是使某物成为正当的（或说明某物是正当的），我曾经说过，一些英文名词与动词的翻译无法对应，比较难译，这个名词即是其中之一。有人采用台湾译语"证成"，我觉得不合适。它没有"证"的意思，"成"也比较含糊，因为"just"的意思是明确的。达米特不承认排中律，拒绝二值原则，并不意味着他拒绝真这个概念。他强调以弗雷格的理论为核心，但是还不够，因为弗雷格的理论是基于二值原则的，但是在语言表达中，还有其他情况，比如三值的情况、没有真假的情况等等，所以他提出不预设二值，探讨语言表达的力量。前一点从直觉主义逻辑出发很容易理解，后一点其实也很容易理解，因为二值考虑是外延的，而考虑表达力量，就涉及内涵语境。二值原则当然是要出问题的。但是，这绝不意谓着他不考虑真，甚至拒绝真。

Searle 和 Grice 讨论意义的方式确实不太一样，至少与弗雷格非常不一样。主要是因为他们没有从真出发，没有围绕真来考虑意义。关于意义的讨论是非常多的，中世纪的讨论很多，近代也不少，比如洛克就讨论过字词的意义，20 世纪 30 年代有一本书叫 *The Meaning of Meaning* 就是专门讨论意义的。但是弗雷格的工作改变了关于意义的研究方式，或者说开创了一种新的意义研究方式，一如戴维森所说，是弗雷格使我们知道有这样一种研究意义的方式。值得注意的是，近年来在一些古典研究中，"意义"也作为重要概念出现，比如 2001 年出的 *Aristotle's Theory of Language and Meaning*，我读过这本书，有意思的是其中一章专门讲真。这样的研究给人以启示：由于有关于真与意义的认识，因此人们可以从这样的角度来进行研究；同时，如果古代没有相关理论，这样的研究大概不会有意义。

周：是的。我从一些二手资料中得知亚里士多德以及斯多噶学派对于意义也有探讨。意义问题在中世纪哲学中也是重要问题。这方面我没有深入的研究，但这使得我意识到意义问题可能不是直到 20 世纪语言哲学产生之后才摆在哲学家们面前的一个哲学问题。您刚才的意思是说，在弗雷格之前，哲学家们也谈论意义，但讨论的方式不是弗雷格的这种方式，是吗？这会不会与背后的逻辑不同有关？

王：这里有两方面的问题，其一，是不是重视和讨论意义问题；其二，如何讨论意义问题。比如亚里士多德讨论"是"，他说，说是者是就是真的，说是者不是就是假的。这是不是与意义相关，是不是关于意义的讨论？又比如他的范畴理论，一个谓词表述的可分为实体、质、量、关系等等，这是不是关于意义的讨论？再比如中世纪的指代理论。这个理论所探讨的是：句子中的词项所表达的东西究竟是什么。谈论方式不同，但是它是不是关于意义的讨论？弗雷格的贡献是不仅探讨句子的意义，而且指出并提供了一种谈论的方式，这就是他说的："'真'这个词为逻辑指引方向。"这使人们认识到，真与意义相关，可以通过真来讨论意义。因此，戴维森假定真这个概念是明确的，因而我们可以用它来解释意义。当然，这些讨论也反映出背后理论背景的不同，或者逻辑理论的不同。

周：这倒使我想到 20 世纪产生的另外一种语义学——"证明论语义学（proof-theoretic semantics）"。这两年我沿着达米特的语言哲学和逻辑出发读了些材料，发现有一批逻辑学家坚持直觉主义逻辑的立场（例如，Gentzen，Prawitz，Hetying，Scroeder-Heister，等等），并在哲学上也坚持与达米特类似的观点，他们在讨论逻辑常项和逻辑后承的时候不是借助真而是借助证明概念，并且认为真概念是由证明概念定义出来。这些逻辑学家在20世纪八九十年代提出了这种不同于真值语义学的语义学，而且现在也有人试图像戴维森一样，将它用于刻画自然语言的意义。

王：20世纪逻辑的发展，确实为讨论哲学的基本问题提供了雄厚的理论基础和丰富的成果。弗雷格和塔尔斯基的工作使人们可以在同一个平台上展开自己的工作，这就是一阶逻辑和真之语义学。逻辑可以发展，但是基于弗雷格的逻辑。语义学可以发展，但是不能脱离基于弗雷格逻辑所发展的逻辑，因而不能完全脱离真之语义学。在这些讨论中，有些可以是纯逻辑的，比如你说的这些，真这个概念与证明这个概念之间是什么关系。这些讨论的结果也可以是逻辑的。但是它们无疑也可以应用到其他领域，比如应用到哲学上去，如你所说，探讨自然语言的意义。我认为这里面的问题比较复杂。不管怎样，由于一阶逻辑是基础，真之语义学是基础，因此真这个概念一定是必要而重要的。

周：既然前面提到弗雷格的涵义理论，现在我想问一个具体问题。尽管戴维森赞扬弗雷格为探讨意义提供了方法，但他也提出了两点批评。一是，将意义等于指称无法解释逻辑等值的语句往往不同义；二是，将意义等于指称无法满足组合性要求。我认为戴维森误解了弗雷格的意义理论，他将弗雷格的指称理论当成了他的涵义理论（意义理论）。这可能是因为"意义"一词的翻译问题，您在"弗雷格关于意义和意谓的理论"（1993）谈到过这个问题。就第二点批评而言，尤其是关于弗雷格对涵义的说明，后来有许多讨论，不过您好像讨论得不多。我认为，涵义在弗雷格那里是可以作为意谓的，只不过一个表达式的涵义与意谓总是有所区别，"'A'的涵义"这个表达的意谓就是"A"的涵义。Schwayder（1967）将弗雷格的涵义的组合性表示为：$\sum(A \oplus B) = K(\sum(A), \sum(B))$，意思是说，复合表达式的意义是由构成部分的意义按照一定组合方式构成的。这个表达肯定会将"A"的涵义转化为"'A'的涵义"的意谓。涵义层面的组合性变成了意谓层面的函数运算。您觉得，Schwayder的表达符合弗雷格关于涵义的组合性的本意吗？

王：在一些文献中，尤其是近年来，确实可以看到许多关于涵义的探讨。关于弗雷格的意义理论，我确实只讨论意谓，而不怎么讨论涵义。这里面至少有两个层次的问题。一个问题是，弗雷格是不是有关于涵义的讨论？另一个问题是，人们关于涵义的探讨，无论形成什么样的结果，是不是对弗雷格思想的确定解释？也就是说，关于涵义的探讨是一回事，关于弗雷格思想的探讨是另一回事。区别了这两个层次，就比较容易回答你的问题。

　　首先，弗雷格没有关于涵义的探讨，说明他不重视或不在意这个层次的问题。那么，在探讨弗雷格思想的时候，我们应该考虑，为什么他会这样？其次，人们可以对涵义进行探讨，但是这样的探讨可以形成什么样的结果，有什么样的道理，是可以讨论的。但是它们是不是可以解释弗雷格的思想，是不是有助于说明弗雷格的思想，这是另一回事。我不认为这样的探讨会对理解弗雷格的思想有什么帮助。

　　周：即使弗雷格没有这样的探讨，人们也可以探讨呀。即使对于理解弗雷格有偏差，能够获得一些理论成果也是好的呀。

　　王：这个问题大概没有那么简单。直观上考虑，弗雷格区别出涵义和意谓，为什么只探讨意谓而不探讨涵义呢？他是故意留下来让后人探讨吗？在我看来，他关于意谓的探讨，其实就是关于涵义的探讨，他通过关于意谓的探讨来说明涵义。比如，他认为，对专名涵义可能会有不同理解，但是只要不改变句子的真值，这种歧义就是可以容忍的。这难道不是通过意谓（真值、对象、概念）而对涵义（思想、思想的一部分）的说明吗?！人们可以不满足于这种说明，而对涵义作进一步的说明。比如把组合原则同样应用于涵义本身，比如你引述的"$\sum(A \oplus B) = K\sum((A), \sum(B))$"。问题在于，这样得到的是一种什么样的说明呢？它肯定无助于对弗雷格思想的说明。那么它有助于我们关于涵义的认识吗？这就是为什么前面我说，我对这样的工作表示怀疑。

　　周：弗雷格在"否定"、"思想结构"、"逻辑导论"这些文章中也讨论了思想（涵义）的组合性。他没有使用"函数－主目（function-argument）"这样的术语，而是经常使用"饱和－不饱和（saturated-unsaturated）"来分析涵义，在谈论表达式意谓的时候，他有时候也用"饱和－不饱和"的分析方法。例如，谓词意谓的概念是不饱和的、不完全的、有待补充的，专名意谓的对象是饱和的、完全的。可不可以说，"饱和－不饱和"较之"函数－主目"这种分析是更为基础的分析？我这种提法本身有问题吗？

　　王：函数－主目，或者我的译法：函数－自变元，是弗雷格讨论的一个基本结构。我这样翻译，一个主要的原因在于，弗雷格那里一般没有 Fx 这样的表达式，即我们通常所说的开语句。而只有 Fa、$\forall x Fx$，以及 A→B

这样的句子，即我们通常所说的闭语句。因此，专名的意谓、句子的意谓是饱和的，而谓词的意谓是不饱和的。不过，怎么翻译并不重要。重要的是弗雷格以此提供了一种崭新的看待句子的方式。你问的哪种解释更为基础，我还真没有考虑过。直观上说，讲函数结构，是从句法的角度说的，讲饱和不饱和，是从语义的角度说的。似乎只能说是不同的角度吧。当然，如果认为语义优先也是可以的。问题是，在弗雷格那里，是不是有这样的考虑？我还真没有认真考虑过这个问题。

周：按照您的观点，弗雷格提供了讨论意义问题的基本方法或基本路线。你也说了，弗雷格对一般的涵义其实讨论得不太多，不过关于"思想"他却专门作出过论述，思想也是一种涵义啊。是不是可以认为，他这样做的原因在于，他区分涵义与意谓、讨论思想都是为了他的逻辑学研究服务的；所以，具有真值的语句的涵义，也就是说思想，才是他关心的？

王：这个问题涉及对弗雷格的解释。我的理解是，弗雷格建立了逻辑，当他基于他的逻辑来看待或分析语言的时候，他提供了一种系统的分析方法。我给你们讲过他的句子图示，在这个图示中，句子与思想和真值对应，因而思想与真对应。真值在意谓的层面，这一层面还有对象和概念，因而真值与对象、概念相关。很明显，真为逻辑指引方向。基于逻辑来探讨语言，或者确切地说，探讨语言所表达的东西，当然也要围绕着真来讨论。所以，真才是他关心的东西。因此，区别涵义和意谓、探讨思想等等，不是为逻辑服务，而是基于逻辑而进行的工作。

周：一般这样说是容易理解的，但是涉及具体文本理解就容易出问题。比如，他在"涵义与意谓"这篇文章中花了很大的篇幅来讨论各种从句，这些讨论是为了明确哪些从句表达思想，哪些不表达思想吗？

王：这个问题让很多人纠结。直观上说，从句也是句子，既然句子的意谓是真值，从句的意谓似乎也应该是真值。但是不行。因为在语言中，从句相当于一个名字，比如弗雷格说的名词从句，因而它的意谓实际上相当于一个对象。所以，弗雷格说从句的意谓不是真值，而是间接的意谓，即思想。我给你打个比喻吧：这有些类似塔尔斯基对句子的名字和句子作出的区别。实际上，这里涉及外延语言和内涵语言的转换问题。弗雷格关于句子真值的讨论，一般来说是外延的，但是一旦涉及从句，语境就发生变化，仅有外延的考虑就不够了。弗雷格的认识是深刻的，他的工作是有意义的，由于这些认识和工作他后来不是被称为内涵逻辑第一人吗？

周：能再具体一些说吗？

王：随便举个例子吧："小王知道李红留校了。"在这个句子中，"小王"是专名，"知道"是谓词，我们只讨论"李红留校了"这个从句。单看它是一个句子，"李红"是专名，"留校"是谓词，它的真之条件是清楚的。用弗雷格的理论很好解释。但是在例子中，它是从句。就是说，它不是一个独立的句子，因此不能单独来看。那个例子相当于"小王知道'李红留校了'"。英文加 that，德文加 dass，作用差不多。直观上也可以理解呀：他知道的不是真假，而是这个句子所表达的东西，这当然是它的涵义了。

周：我明白了，您的意思是说，弗雷格力图借助逻辑将自然语言中模糊的东西讨论清楚，这样就要围绕真来进行。但现在不少人却希望直接研究自然语言，发现自然语言的（语言）逻辑。借助的手段往往是引入语境要素、语句的使用说话者的意向，等等。您认为这些研究有价值吗？弗雷格会认同吗？去年广州现代逻辑讨论会上，有的学者报告了这方面的一些研究成果，我觉得您似乎不太认同这种研究。

王：弗雷格是不是认同我不知道。但是这些工作当然是有意义的。我对它们有时候表现出来一些不同看法，主要有两个原因。一个原因是，哲学家与语言学家研究的东西不同，看问题的角度不同，因而同样是研究自然语言，区别会很大。即使哲学家，也存在同样的问题。从逻辑出发来考虑语言与从语言出发来考虑语言，区别也会很大。早期维特根斯坦与晚期维特根斯坦的区别就是最好的例子。另一个原因是，探讨语言问题或从语言出发探讨哲学问题是一回事，解释弗雷格的相关思想是另一回事。我大概没有也不会单纯地探讨语言问题，因为那样就会出圈了。在《走进分析哲学》一书中，我曾谈过这个问题。我区别出语言哲学与泛语言哲学，就有这个意思。

周："出圈"是什么意思？

王：科学就是画圈。哲学是个圈，语言学是个圈。我只能在哲学这圈里讨论。

周：现在不少哲学家们将关于意义的讨论扩展到那些没有真值的语句（例如，包含索引词、副词的语句）或包含含混语境的语句上，而且弗雷格认为是语气或色彩的那些东西都成了讨论的热点。戴维森也研究过隐喻。这些工作是补充了弗雷格的研究，还是偏离了他的路线？这些工作出圈了吗？换句话说，如果弗雷格活在今天并且还是持有他当年所坚持的逻辑观，他会不会认同这些工作？

王：圈是个比喻，不必太当真。弗雷格也讨论过索引词的问题，当然没有后来讨论得那么多，那么具体。他会不会认同这些工作我不知道，但是我认为，除了隐喻的工作以外，这些工作与弗雷格的方向是一致的。简单地说，弗雷格的理论可以用于有真值的句子。由此并不意味着他的工作不可以帮助人们探讨超出具有真值范围的句子。比如，索引词的探讨就是在句子真值考虑的基础上进行的。因为索引词会改变句子的真之条件，所以人们探讨含索引词的句子及其处理办法。关于语气和色彩的考虑被达米特用来区别出与真相关和与真无关的句子，并进而扩展为关于力量（force）的探讨。副词语句至少有两种处理办法。一方面，它可以看作一种从句，这样就可以认为弗雷格也讨论过这样的问题。另一方面，副词可以被看作谓词，因而它所修饰的东西被看作名字。这样就可以用弗雷格的理论来进行处理。所以，你说的这些情况与弗雷格的思想方式是一致的。有些本身就是弗雷格考虑过的，有些是他没有考虑过的，却可以是相关的。关键在于，它们的探讨都与真相关。

周：可以说当今的分析哲学的很多主题都能在弗雷格的哲学中找到起点。就像您所说的，弗雷格的工作可以帮助人们讨论真值以外的语句。虽然我不认为弗雷格主张真之条件的语义学，但戴维森的对于自然语句的处理很多确实可以追溯到弗雷格的工作。在《意义理论》中，您有过详细的论述。您认为，戴维森以弗雷格的理论为基础，就是从逻辑出发来探讨意义理论。这肯定也是您认为真是意义理论的核心的主要原因吧。关于这一点，您能否再多说一点？也就是说，从逻辑出发探讨意义问题，这意味着什么？

王：你的问题归根结底是逻辑与哲学的关系问题。意义理论的研究与逻辑相关，这是显然的。如何认识这种"相关"，如何说清楚这种"相关"，似乎也不难，但是一定会引发许多讨论。尤其是在我国逻辑研究相对较弱、对逻辑在哲学中的作用认识不够的情况下，一些表达可能显得有些刻意强调逻辑的作用和重要性了。比如你说的"从逻辑出发"。即使抬杠也可以问：明明是从意义出发，怎么是从逻辑出发呢？我认为，这里至少有两个问题，一个是哲学中是不是应用了逻辑的理论和方法，另一个是把逻辑的考虑放到一个什么样的位置。我认为，前一个问题是显然的。比如，弗雷格关于涵义和意谓的区别及其讨论，显然是基于逻辑的，而且其中涉及许多逻辑的问题，比如个体与真值的关系、个体与类的关系、以及二值原则、组合原则，等等；罗素的摹状词理论被称为"哲学的典范"，显然也是基于一阶逻辑；奎因著名的本体论承诺"是（to be）乃是变元的值"无疑是基于量词理论；戴维森的真句子模式"x 是真的当且仅当 p"字面上就是基于塔尔斯基理论。对于后一个问题，逻辑背景强一些的人似乎是不考虑的。这一点也很容易理解。一般可以认为，逻辑是一个理论体系，有自身的研究对象，与哲学没有关系。在哲学研究中，是不是应该应用逻辑，如何应用逻辑，这不是逻辑学家的事情，而是哲学家要考虑的问题。我认为这样的看法是有道理的。但是近年来我在研究中发现，亚里士多德不是这样看的，弗雷格也不是这样看的。尤其是当我看到逻辑和哲学有共同的东西的时候，比如它们都关注真这个概念，我的看法也有一些变化。弗雷格说真为逻辑指引方向，由此出发探讨思想。你如何区别和看待逻辑与哲学呢？这个问题可以悬置，暂且不下结论。但是由此出发来看西方哲学，其实不难看出，关于逻辑在哲学中的应用，不同的人认识也是不同的，强调也是不同的。有些人清楚一些，有些人糊涂一些。有些人有明确的论述，有些人没有论述。我们都知道，罗素说哲学的本质是逻辑。这大概是最强的论述了。所以，对"从逻辑出发"可以作多样理解，大致意思是，对逻辑的理论和应用有明确的考虑。

周：与这个问题相关，我还想问一下：您在《走进分析中》区分了语言哲学和泛语言哲学，这种区分是否也可以看成是"从逻辑出发"和"没有从逻辑出发"之间的区别呢？

王：差不多吧，但是也有其他一些意思。语言哲学被认为是一种哲学形态，它突出了关于语言的考虑，这种考虑不仅是对象意义上的，而且是方法论意义上的。但是"语言哲学"这个术语出现之后，也有人在字面意义上理解它，认为这是关于语言的哲学，因而把语言哲学扩展到所有与语言相关的讨论。这样做有许多弊端，一是使语言转向的意义贬值，二是消解了逻辑分析的作用。从对象意义上说，语言哲学要探讨语言，但是它还有方法论的意义呀！这就是如何探讨语言。所以，假如不考虑弗雷格以来人们应用逻辑而产生的那些方式，以及人们基于逻辑而形成的那些成果，谈论语言哲学就没有多大意义。如果说关于语言的考虑就是语言哲学，那么在柏拉图那里就已经存在了。所以我要区别语言哲学与泛语言哲学。

　　周：除了区分语言哲学和泛语言哲学，您还在语言哲学和语言学哲学这两者之间作出了区别。您把乔姆斯基的生成转化语法以及蒙塔古的语义学归入语言学或语言学哲学的研究（不知道我的理解是否准确？）。可是，据我所知，蒙塔古作为逻辑学家，同样是借助逻辑方法来分析自然语言，在这一点上，他的工作与戴维森的工作有很大的相似性，您认为他俩的不同之处是什么？

　　王：这里有两个问题，一是区别语言哲学与语言学哲学，二是如何看待乔姆斯基和蒙塔古的工作。刚才说了，语言转向，语言哲学，都与语言相关。语言学家的研究也与语言相关，因此谈论语言哲学的不仅有哲学家，也有语言学家。或者弱化一些说，谈论语言哲学的人中，有些人哲学的背景强些，有些人语言学的背景强些。这些不同的背景在文献中是有体现的，具体的体现就是一些语言学背景的人愿意使用并谈论 "linguistic philosophy"，而哲学家们一般谈论 "philosophy of language"。"Language"一词是名词，语言转向中的 "语言" 是形容词 "Linguistic"。这两个词的字面差异可以带来意义方面的差异。这一点与德文不同。名词 "Sprache"可以同时有形容词 "sprachlich"。"Linguistic philosophy" 不是我研究的范围，我区别二者一是为了不使我在行文中造成含混，二是为了使有心的读者可以进一步考虑它们的区别。至于乔姆斯基和蒙塔古的工作，我认为那是用逻辑方法做的，但是结果并不是逻辑的，而是语言学的。形式化的工作并不一定是逻辑，比如可能会是一些形式构造。至于是什么，要看怎么解释。逻辑是有语义的。这一点，你我都是清楚的。

　　周：您好像表达过这样的意思：假如没有弗雷格和罗素等现代逻辑学家，也没有产生现代逻辑，仍然会有海德格尔及其众多追随者，他也有许多语言分析，他的追随者对他分析语言的方法也会津津乐道，但是不会形成语言转向，也不会产生今天这样的语言哲学。所以，您区别语言哲学与语言学哲学，区别语言哲学与泛语言哲学，目的主要还是为了强调逻辑，尤其是现代逻辑对于哲学的重要性吧？！

　　王：现代逻辑产生之后，人们对逻辑以及逻辑在哲学中的作用确实有了与以往不同的认识。罗素说，哲学的本质是逻辑，大概是这种认识最典型的体现。当然，哲学的根本任务是对语言进行逻辑分析，这句口号也能够很好地体现这一点。我对这个口号的印象深刻，除了在文献中看到，主要是 20 世纪 80 年代留学德国时在收音机里听鲍亨斯基亲口说的。那时他应该是高寿了，声音依然浑厚。既然是逻辑分析，就一定要运用逻辑的理论和方法。但是，这个口号常被简化为"对语言进行分析"，虽然突出了语言，逻辑却不见了。喜欢这个简化口号的人一定更多。比如语言学家非常推崇这个口号，一些人甚至认为，一定还会有语言转向，那时一定会完全转到语言学（linguistics）上来。在我看来，没有逻辑的理论和方法的运用，仅有语言的考虑是不够的。海德格尔是一个典型的例子，他关于语言的考虑和论述非常多，比如，"语言乃是是的家（Die Sprache ist das Haus des Sein）"，"语言说（Die Sprache spricht）"，等等。但是无论如何，仅仅这样考虑，不会形成语言哲学。但是，在语言哲学大行其道的情况下，人们是愿意赶时髦的，纷纷谈论语言哲学，因此凡是与语言相关的东西似乎都成了语言哲学。既然探讨语言，对这些情况总要有一个交代。

周：看来，在学习哲学或者做哲学研究时，一些细微的概念上的区别还是有必要的。这样的区别不仅对澄清概念本身有帮助，而且对学科的理解，对理论的理解都是有帮助的。

王：在学理上讨论问题，总是要深入，而深入讨论的起点是概念。比如我们做逻辑，总是有起始语言，有引入的语言，对它们要采用定义的方式使它们成为自明的，没有歧义的。哲学讨论其实意思是一样的，如果一些基本概念不清楚，那么讨论起来就比较麻烦。保守地说，对一些基本概念进行辨析，至少不是没有意义的吧。顺便说一下，我区别语言哲学和泛语言哲学还有另一层引申的意思。我觉得语言哲学这个名字确实有一个弊端：它容易产生歧义，使人以为这是关于语言的哲学。今天不是出现了许多哲学吗？比如环境哲学、休闲哲学、儿童哲学、工程哲学，等等。人们似乎也很有理由这样做：既然哲学可以研究语言，当然也可以研究其他东西啊?! 我觉得这就有些问题了。我说了，语言哲学这一命名有方法论的含义，但是所有其他那些"哲学"的修饰语显然都是没有方法论含义的。哲学就是哲学，它也许可以讨论不同的问题，但是在我看来，充其量那只是问题的不同，怎么就成为不同的哲学了呢？

周：关于"真与意义"咱们谈论了很多有意思的问题，有宏观的，也有细节的。咱们在一些问题上观点大概是有分歧的，例如在"真是否是意义理论的核心"这一点上，我的回答是否定的，毕竟这是我的这本书的目的嘛。不过在很多方面我是赞同您的，例如，真概念确实是西方哲学的核心，逻辑对于西方哲学，尤其是现代逻辑对于语言哲学具有基础性的地位。感谢您不厌其烦，花费时间和精力，发了十数封邮件回答我的问题！
您为我，当然也为这本书的读者提供了一些基本的视角、原则和方法，这
对我们理解和研究哲学与逻辑学的确非常重要！遗憾的是，可能我准备得
不太充分，也可能限于文字表达，关于一些问题的讨论无法像在清华跟你
读书时那样直接而深入。但是，这开启了一种向您请教学习的新方式，在
这一过程中，我常常回想起在清华与您一起讨论，跟您学习的美好时光，
那是我一生难忘的。再次感谢您！

　　（注：本对话曾发表于《科学·经济·社会》2004 年第 2 期）

自　序

我于 2010 年秋季进入清华攻读博士学位，入学之后不久，王路教授曾找我谈话，问我自己有没有感兴趣的问题，将来可以作为博士论文的主题。当时我对逻辑和分析哲学的不少问题都感兴趣，也看了一些文献，只不过理解并不深刻，对于将来研究什么也没有具体的想法。王路教授建议我可以多读一读关于真之理论的方面的材料。真之问题毫无疑问是西方哲学的核心问题，而且也是分析哲学的前沿问题。在文献搜集的过程中，我很快就意识到这一点，因为 20 世纪以来，专门以"真"为标题的学术论文汗牛充栋，就算是相关的专著也数量可观。20 世纪后半叶还出了不少专门讨论真之理论或直接以此为书名的著作。即使传统哲学中罕见有直接讨论真之理论的，但探讨"真"仍然是很多名著的核心任务和内容。我在读博的第一年基本上已经把真之理论确立为主要的研究方向，为此也读了不少文献。

由于刚开始并没有具体的问题，读的文献就比较杂。最早接触到的材料就是 Lynch 主编的 *Nature of Truth*，以及 Schantz 主编的 *What is Truth*，这两部论文集收集的文献基本上涵盖了关于"真"的各种哲学讨论。借助这两本书，我才知道海德格尔有专门关于"真"的文章和著作，甚至还花了一段时间专门来研究海德格尔的真之理论。关于其他哲学家的理论，例如亚里士多德的符合论等，当然也读了不少。不过，最令我感兴趣的还是塔斯基的真之理论。这种理论在所有关于"真"的理论中无疑是最重要的，它甚至已经成为其他很多真之理论的基础。本来以塔斯基的真之理论作为切入点，可以有很好的机会来研究形式化或公理化的真之理论，但很可惜，当时我没有能够洞察到"先机"，从而忽略了这些更有意思的论题。这主要是因为我被各种各样的真之紧缩论迷惑了：透明论、冗余论、去引号论、代句子论、极小论，真是令人眼花缭乱。恰恰是那两本论文集收录了很多紧缩论和反紧缩论的文章，令得我感觉真概念的"厚、薄"之争是真之理论研究的热点（事实上确实是热点）。我花了不少时间来了解和研究所有这些理论，期望能够从中找到值得深入的问题。不过，最终事与愿违，不是说围绕紧缩论的各种争论不重要，而是说不太适合拿来作为博士论文的论题。

尽管如此，功夫总算没有白费，通过对各种紧缩论的研究，我至少得到两个方面的认识：首先，紧缩论者拒绝承认真概念包含了更多的东西，但他们能够证明的仅仅是真概念具有而非仅仅具有逻辑特征，但他们的主张倒是能够提醒我们思考真概念是否能够得到真正的定义。塔斯基和戴维森都以不同的方式表达了类似的忧虑。其次，紧缩论者反对用真概念来解释意义，他们的理由是真概念没有内容，而且紧缩论预设了意义。紧缩论者的态度令我更加相信真与意义这两个重要概念在解释次序上存在问题。其实在此之前，我读戴维森的东西就已经感觉这里面有问题。戴维森的工作之所以会引起我的注意，主要因为：一是他要将塔斯基的真之理论推广到自然语言，这显然很有意义，也很冒险甚至也有悖于塔斯基本人构造真之定义时的考虑；二是他的意义纲领在语言哲学界引发了大量的争议，既有对构造自然语言的真之理论是否可能表示怀疑的，也有从根本上反对这么做的。其实，在逻辑学界，用真来解释意义，这已经是习以为常的事情了，真值语义学和可能世界语义学都是这么做的。戴维森的意义纲领可谓是代表了真值语义学的传统。为什么会有这么大争议呢？这让我对戴维森的意义理论产生了兴趣，同时也对真值语义学的传统心存疑虑。于是，我决定以戴维森的真之条件语义学为博士论文研究的对象，这也征得了导师的同意。

尽管我要研究真之条件语义学，但目标一开始就确定了，不是为戴维森的意义纲领做辩护或推广。我始终想讨论真与意义之间的语义学关系。于是我开始梳理关于这种语义学的各种争议和责难。随着研究的深入，我越来越相信"真"不是意义理论的核心概念，如果不加处理，塔斯基的真之理论也不能作为意义理论。这种信念甚至影响了我对逻辑的看法：弗雷格－罗素－塔斯基的以真为目标的逻辑传统大概也仅仅是"一个"而不是"唯一的"传统，因为逻辑符号的意义还存在其他非真之理论的解释方式，逻辑后承关系也存在非真之理论或非模型论的方法来刻画。这些想法激发了我目前所从事的研究。

显然，我对真概念在意义理论中的作用以及对逻辑传统的看法与我的导师王路教授并不一致。然而，他虽不同意我的观点，但仍然支持我的研究。王路教授严谨而又宽容的学术态度令我深受感染。这常常令我觉得，能够成为他的学生真是件非常幸运的事情。在他那里，我不仅获得了学术研究方法和技巧上的严格训练，他在逻辑和哲学的很多问题上的见解也大大开阔了我的研究视野。在清华学习的短短三年时间是愉快的、值得怀念的，除了能够得到良师的教诲，还能够得到益友的帮助。每个学期我的同门师兄弟们都会组织读书会，研读逻辑学和分析哲学的经典，一个人讲解，其他人提问和讨论，非常有趣。王路教授当然也会参加，只不过他一般都是听我们说，然后从旁给出意见。在诸位师兄弟中，郑伟平和马明辉对我的帮助比较大。郑伟平教了我不少科研、工作方面的经验和道理，他做学问的态度也相当严谨，令我佩服。我有很多真之理论方面的资料就是马明辉给我的，他的研究做得很棒、很有想法，每次与他交谈都能够得知他在研究中发现的有趣的新东西，在我的研究上他给予了不少很好的建议。在此，我要对我的导师王路教授以及诸位师兄弟表示诚挚的感谢！

另外，我还要特别感谢我的硕士导师杨武金教授，一直以来他对我的学业和研究都给予了极大的关心、帮助和鼓励。事实上，正是因为他的推荐，我才有机会到清华求学！

最后，中南财经政法大学出版基金对本书出版提供了全额资助，同时本书也是教育部人文社会科学研究青年基金项目的阶段性研究成果。中国社会科学出版社的编辑同志为本书的校改和出版付出了辛勤的劳动，在此一并表示感谢！

2014 年 9 月

武汉·东林外庐

目　录

导　言 …………………………………………………………… (1)

第一章　意义问题的一般考察 …………………………………… (5)
　第一节　意义问题及其回答方式 ……………………………… (6)
　第二节　意义的不同层次 ……………………………………… (11)
　第三节　两种基本的意义观 …………………………………… (15)
　第四节　真之理论语义学的传统 ……………………………… (22)

第二章　戴维森纲领：由真到达意义 …………………………… (28)
　第一节　引入真之理论的理由 ………………………………… (29)
　　一　指称的意义理论的困境 ………………………………… (29)
　　二　摆脱内涵语境 …………………………………………… (33)
　　三　意义理论的基本原则 …………………………………… (37)
　第二节　基于真之理论的意义理论 …………………………… (42)
　　一　塔斯基的真之理论 ……………………………………… (42)
　　二　向自然语言的扩展 ……………………………………… (53)
　　三　从真之理论到意义理论 ………………………………… (63)
　第三节　自然语言的语义学 …………………………………… (67)
　　一　自然语言的复杂性 ……………………………………… (67)
　　二　戴维森的工作以及 TCS 的进展 ……………………… (69)
　　三　TCS 面临的基本问题 ………………………………… (75)

第三章　意义问题中的实在论与反实在论 ……………………… (82)
　第一节　实在论的意义理论 …………………………………… (83)
　第二节　达米特的反实在论责难 ……………………………… (88)
　　一　意义与语言的使用 ……………………………………… (88)

　　二　数学陈述的意义问题 ························· （96）
　　三　证实主义的意义理论 ························· （100）
　第三节　反－反实在论的辩驳 ······················ （109）
　　一　反实在论责难的几点说明 ···················· （109）
　　二　意义理论的核心概念 ························· （118）
　　三　实在论与意义理论 ··························· （123）

第四章　意义与真之紧缩论 ························· （132）
　第一节　真之紧缩论的不同类型及其内容 ··········· （133）
　第二节　真之紧缩论的挑战 ······················· （146）
　　一　真之紧缩论与意义 ··························· （146）
　　二　紧缩论与 TCS 的不相容性 ··················· （152）
　　三　对不相容性的初步分析 ······················ （159）
　第三节　紧缩论是 TCS 可接受的吗 ················· （164）
　　一　表层语义学 ································· （164）
　　二　真概念的中立性 ····························· （169）
　　三　重估不相容性 ······························· （172）

第五章　语言的彻底解释 ··························· （179）
　第一节　解释的循环性问题 ······················· （180）
　　一　循环性问题的提出 ··························· （180）
　　二　意义解释的几种模式 ························· （185）
　　三　关于解释与理解的预先说明 ·················· （189）
　第二节　意义与彻底的解释 ······················· （192）
　　一　翻译手册 ··································· （192）
　　二　何谓"彻底的解释" ························· （198）
　　三　彻底解释的可能性 ··························· （202）
　第三节　TCS 的解释能力 ························· （205）
　　一　整体论与分子论 ····························· （205）
　　二　解释理论的限制条件 ························· （214）
　　三　信念与意义 ································· （221）
　　四　宽容性原则 ································· （224）

第六章　真概念在意义理论中的地位 ……………………………（233）

　第一节　反思意义理论本身 ………………………………………（233）

　　一　两种"意义理论" ………………………………………（233）

　　二　戴维森纲领的双重性 …………………………………（238）

　　三　再论循环性问题 ………………………………………（241）

　第二节　真之条件的确定与意义解释 ……………………………（247）

　　一　真概念与真之条件 ……………………………………（247）

　　二　真之条件的解释功能 …………………………………（252）

　　三　T-理论与真之理论 ……………………………………（255）

　第三节　无真概念的意义理论 ……………………………………（260）

　　一　真概念的非必要性 ……………………………………（260）

　　二　逻辑形式与真 …………………………………………（264）

　　三　意义的组合性原则 ……………………………………（270）

　　四　非真之理论的语义学 …………………………………（280）

　第四节　结论以及进一步的工作 …………………………………（291）

参考文献 …………………………………………………………（296）

导　言

　　意义问题是目前语言哲学的研究热点，也是极为复杂的哲学问题之一。不仅这个问题的回答牵涉到人们关于真、认知、信念、行动等一系列重要的哲学论题的讨论，而且该问题本身就涵盖了诸多细节性的子问题，引发了各种各样的探究和争辩。对于意义问题的研究如果不加以限制，难免会使论题变得散漫而难以获得关于"意义"一词的深刻认识。因此，选择恰当的研究切入点是必要的。真之理论的语义学（truth-theoretical semantics）作为迄今为止语言哲学中最为重要的一种意义理论向来备受关注。戴维森（D. Davidson）是 20 世纪最具影响力的语言哲学家之一，也是这种意义理论的最主要的和最重要的倡导者和推动者，他提出的意义纲领以及做出的理论建构之影响，即便在今天也从未有过丝毫减弱。显然，本书选择以戴维森的理论作为研究意义问题的切入点，乃是延续了语言哲学界探讨意义问题的一般方式。在语言哲学家们那里，无论反对还是支持对于意义问题的戴维森式的解答，或是为了提出一种新的解答方案，首先对这种具有代表性的意义理论展开讨论都是必要的。戴维森式的意义纲领或理论代表了一种理论努力的方向。借助"真（truth）"来说明"意义（meaning）"，这种天才式的构想总是令人眼前一亮。它与那种借助"意义"来说明"真"的塔斯基式的真之理论之构想一样，必定会产生极其重要的理论价值和影响。

　　以真之理论的语义学（尤其是戴维森的理论，即真之条件语义学（truth-conditional semantics，以下简称为 TCS））这种长期以来具有极大影响力和代表性的意义理论为讨论的切入点，将会给本书对于意义问题的研究带来诸多便利：它将使研究具有较为集中的主题并带有强烈的目的性，从而避免陷入涉及甚广却一无所获的境地。当然，这种切入点的选择也存在风险，它有可能会导致本书对意义问题的一般关注蜕变为对这种特殊语义学理论的专门研究。如果仅仅是为了展现 TCS 这种理论的全貌或揭露其存在的缺陷乃至为其寻找弥补的办法，本书的研究会赢得在专门探究一种特殊的意义理论方面所具有的价值，但必定会在普遍性上失去趣味。因此，从这种理论本身的问题及其与其他理论之间的冲突出发，就不同立场的语言哲学家在意义问题以及意义理论上的关键分歧展开讨论，进而澄清争议的实质，找出解决问题的路径，这将使本书的研究对于意义问题乃至真之问题的解答而言更富有吸引力。这种研究目的使这里的研究有别于其他关于意义问题的特殊研究：本书并不是为了试图维护或者责难某一种特殊的意义理论，也并不打算因而构造一种不同的意义理论（也许可能会提出一种构造的设想），而是一般地研究真与意义之间的语义学关系。具体地说，本书希望探讨的核心问题乃是真概念在意义解释中的作用问题。本书将这种区别确立为语义学研究和元语义学研究之别。尽管在讨论中，意义理论的具体构造的很多方面都会被涉及，但它们仅仅是达到最终研究目的的凭借而言。对真与意义的基础性问题的元语义学反思，定将令本书的讨论避免陷入缺乏新意、流于平凡的窠臼。

真之理论的语义学（尤其是 TCS）的确是元语义学研究的一种很好的切入点。因为它看似很自然地将语言哲学的两大主题即真之问题与意义问题捆绑起来，令人们不得不同时考察这两方面以便获得关于其中任何一个问题的解答。即便戴维森的理论影响巨大，它也没有令所有人确信，前一个问题的解答能够为后一个问题的解答提供支持，而且但凡知道塔斯基的真之理论的人都会对戴维森的工作是否可能完成产生疑惑。这种疑惑还可能来自其他方面，例如受到来自其他意义理论或意义观念的影响。如果再追问下去，这种影响难以避免会与不同的真之观念或真之理论有关。对于真之理论的语义学的各种批评背后都隐藏着一种独特的真之观念。这种意义理论吸引人的地方恰恰在于它集中地呈现了真与意义之间的纠缠关系。本书虽然选择以真之理论的语义学（主要是 TCS）为讨论的基点，实则却是"项庄舞剑"，意在别处。正是借助对围绕戴维森的理论所产生的各种责难和辩护的讨论，本书将把真与意义的语义学关系（即它们在解释或定义上的逻辑次序问题）抽绎出来，并在元语义学的层面上加以探究，以期获得对于意义问题以及真之问题的更为深刻的理解，这才是本书的最终目的。围绕真之理论的语义学所展开的一系列元语义学的探讨将会得到重要的结论，而这些结论对于解答"什么是意义"以及"一种语言的语句的意义是什么"这样的问题具有很好的启示性作用。这些结论至少可以帮助我们弄清楚真概念对于这些问题的回答有什么用，或我们探讨意义问题是否必须借助于某种真之理论。而弄清楚这一点，对解答意义问题本身无疑是有价值的。

真与意义之间存在何种语义学的关系？学界对这个问题的回答始终难以取得一致，但哲学家们的论辩常常体现为各种意义理论之间和真之理论之间的争议。为了揭示这种巨大的分歧，本书将对真之理论的语义学（主要是戴维森的理论）招致的责难和获取的辩护做出小心细致的考察。这种考察不过是一种讨论问题的策略，借助它，本书将会清理各种纷杂的意见，消除责难中包含的误解，揭示所有争辩涉及的实质问题。当迷雾散去，我们自然能够看见真与意义的语义学关系问题之本来面目。虽然这样的策略略显迂回但毕竟有效，而且对于已经陷入争辩的泥潭却不知自拔的人来说也能有所启发。

沿着上述思路，本书将在第一章中对意义问题以及真之理论语义学的传统做一般性的说明，以明确研究的范围。第二章至第五章即本书的主体部分，将详细论述戴维森的意义理论（即 TCS）面临的各种责难和问题，去伪存真，引出争辩的实质。本书首先会在第二章中详细阐述戴维森围绕TCS 做出的纲领性的论断及其技术性方面的建构，揭示这种意义理论与塔斯基的真之理论之间的理论关系，并探讨这种意义理论面临的一些技术性的困难以及戴维森和其他哲学家对于这些困难做出的一些回应。在第三章中，本书将阐述真之理论的语义学所受到的来自以达米特为代表的反实在论者的批评，并试图说明这些批评对于这种意义理论并未构成实质的威胁，因为它们的产生很大程度上源于达米特对这种意义理论的误解，而且误解很大程度上是由这种意义理论或戴维森的意义纲领所造成的假象引起的。本书的第四章主要会探讨真之理论语义学受到的另外一种原则上的责难，这种责难主要来自以菲尔德（H. Field）、霍维奇（P. Horwich）、格劳弗（D. Grover）、布兰登（R. B. Brandom）等人为代表的紧缩论者，本书将指出，紧缩论与真之理论语义学的确水火不容，但原因并不是像人们通常所想象的那样。第五章主要探讨真之理论语义学如何能够具有解释能力的问题，它首先延续并着重讨论了前面两章中遗而未决的问题，即这种意义理论是否存在循环解释的危险。这一章的研究将得出否定性的结论，给出的根据则是，真之理论的语义学具有解释能力并不是因为它使用了真概念而是因为它借助了真之理论以外的因素。在第六章中，本书将对以上几章的研究结果进行总结性的回应和延伸，更直接地讨论真与意义的语义学关系，并试图对这一问题给出确切的解答。该章除了明确"真概念对于构造意义理论并不重要"这一点之外，还将讨论构造自然语言的意义理论的核心要求，并尝试提供一种不借助真之理论来分析语言的逻辑形式的方法，使得非真之理论的语义学有可能克服它们在刻画意义的组合性特征上的困难，从而成为与真之理论的语义学一样令人满意的意义理论。此外，还会列举本书之研究所涉及且暂时还没有能够给出直接回答的问题，以表明进一步的研究方向。

第一章　意义问题的一般考察

　　作为语言哲学的核心问题，意义问题自 20 世纪以来得到了语言哲学家们最广泛而深入的讨论。这一问题之所以引起如此之多的关注，不仅因为它本身就是哲学领域内的重要论题之一，还因为其他很多重要的哲学问题也直接或间接地与它相关，例如什么是真、什么是思想、语言与实在的关系是什么等等，这些问题的彻底解决，首先需要人们在意义问题上持有一种基本的态度。但另一方面，如何看待上述一系列重要的哲学问题，也会影响人们对意义问题的考察。事实上，我们目前还很难确定，在解决意义问题和解决其他相关的哲学问题之间，究竟哪一个起着更为基础性和关键性的作用。然而，人们一旦在意义问题或其他相关的哲学问题上获得了某种确切的答案，他们就不可避免地会明确或者隐含地作出一种选择。对于任意一种选择给出充分适当的理由似乎要比作出一种选择本身更为重要，然而判断这些给出的理由是否充分适当或者是否能够被承认，首先要考虑人们是否在相同的层面上讨论问题。换句话说，对答案的争论往往在很大程度上归因于对于问题本身的理解上的差异。这一点也体现在意义问题上，尽管人们关于这个问题已经形成多种成熟而又互不相容的观点，而且人们习惯于将对于这个问题的思考结果统统命名为"意义理论"，并且热衷于考察乃至试图解决或调和各种理论之间的冲突。可惜，所有这些尝试都因基于不同的立场和视角而无可避免地引发了新的冲突。为了避免陷入这些理论混战，以便更为客观地看待任意一种理论，我们首先需要明确关于意义问题的一些基本共识，至少对于提出什么样的意义问题以及应该沿着什么方向来回答意义问题，我们应该具有一些共同的看法。本章将就意义问题的各种理解及其回答作出一般性的考察，尤其对真之理论的语义学作出概述，同时明确本书所讨论之"意义"一词的具体所指，从而为后文的论述廓清基本框架。

第一节　意义问题及其回答方式

　　人们一般会同意，意义问题的核心就是关于意义的这样一种发问：什么是意义。这问题就像关于真（truth）的一种苏格拉底式发问一样。真之问题树立了理论研究的目标，它引导人们探求真这个概念的本质，并竭力给出一种解释或定义[①]。同样地，当我们就"什么是意义"这个问题进行探索的终极目标就是构造处一种完善的意义理论，对意义概念进行系统地说明或定义，以此揭示这个概念的全部内容，包括它的本质和一般特征。沿着这种元语言学或概念论的研究方向，作为分析哲学之父的弗雷格（G. Frege）早在 19 世纪末已经做出了初步而且影响深远的尝试。他首先区分了语言的三个层次：意谓（Bedeutung/reference）、涵义（Sinn/sense）和语力（Kraft/force）[②]，从而确立了意义理论的基本框架。弗雷格分别就指称和涵义作出了大量的讨论，但是他的论述重点在于为一阶逻辑构造一种结构性的语义学，以便在确定作为基本语言要素的专名和谓词的语义值的基础上借助语言的逻辑结构获得所有由之构成的语句的语义值。至于专名与谓词的指称和涵义（它们是什么以及如何获得），弗雷格并未给予充分、清晰的说明。他只是将专名的涵义视为对象的给定方式（Art des Gegebenseins）[③]，而没有详细说明何谓"给定方式"。因此，对于"给定方式"这种说法，学界一直存在不同的解释[④]。主流的意见认为，弗雷格想要表达的观点其实是这样的：专名的涵义是确定或决定专名表示什么对象的方式[⑤]。由这个基本的观点，人们很自然地做出以下推论，即在弗雷格看来，

---

　　① 参见 W. Künne：*Conceptions of Truth*，2003，pp. 1 - 2。

　　② 弗雷格所使用的"sense"这个词，一般被人们认为与"meaning"这个词是同义的，但由于翻译的习惯，本书一般将之称为"涵义"而非"意义"。当然，后文将会讨论到，达米特认为"涵义"与"意义"并不完全相同，前者包含在后者中；但是大多数学者并不重视这种区别，也有很多学者直接认为，弗雷格讨论的就是"意义"。在本书中，为了保持弗雷格自己的用词特点，一般使用"涵义"这个词。但这并不意味着本书认同达米特的观点。

　　③ 参见 G. Frege："Über Sinn und Bedeutung"，1892，p. 24。

　　④ 参见 K. C. Klement：*Frege and The Logic of Sense and Reference*，2002，pp. 60 - 63。

　　⑤ Ibid.，pp. 9 - 10. 类似的论述还可参见 D. Greimann：*Freges Konzeption der Wahrheit*，2003，p. 112；以及 R. M. Sainsbury："Understanding and Theories of Meaning"，1980，pp. 2 - 4。

语句的涵义就是确定语句的真假的方式，即真之条件。这个推论还有一个更为直接的原因，那就是，弗雷格总把直陈句视为真值的名字，而且他还指出，"真值名字的涵义，即思想就是这样一个东西，即这些条件被满足"①。这段经典的表述被很多学者理解为，弗雷格在这里想表达的不过就是：语句的涵义乃是它的真之条件，"被满足"一词的使用完全出于语法表达的便利。这种理解是否合理或者是否符合弗雷格的原意，似乎还是一个问题。不过，这里还不方便就此展开讨论（这个问题将留待本书的第六章来解决），暂时能做的就只能是指出，这种理解已经被人们当作事实而广泛接受了。人们形成的共识是，弗雷格提出了一条重要的原则："给出一个语句的涵义就是给出它的真之条件。"② 不可否认，弗雷格的确总是借助语句涵义即思想来谈论真。然而，我们需要注意的是，弗雷格也曾明确说过："我称思想是某种能借以考虑真的东西，并不是要以此给出一个定义。"③ 这也许可以给我们提供一点暗示，也就是说，在弗雷格看来，"语句的涵义乃是它的真之条件"这种表达可能并不足以成为对语句涵义的定义甚至是解释。

　　或许我们应该简单了解一下，弗雷格能够承认的定义和解释应该具备何种标准。弗雷格区分了两种定义。一种是"构造性的定义"，即引入一种简单的符号来替代一种复杂涵义的表达，前者被弗雷格称为被解释者（die Erklärte）而后者为解释者（die Erklärende），它们的关系是，被解释者通过解释者获得涵义，解释者的涵义则往往是由其构成部分的涵义构造出来的。另外一种是"分析性的定义"，即使用一种复杂的表达来替代一个长期使用的简单符号，它们表达相同的涵义；其中，复杂表达是对简单符号进行逻辑分析的结果，它的各个构成部分的涵义是我们已经知道的，而且它的涵义是由这些构成部分的涵义产生的。无论哪种定义，在弗雷格看来，都必须满足这样的基本要求，即被定义者与定义者具有相同的涵义。当弗雷格指出"语句的涵义乃是它的真之条件"并不是一种定义时，他的观点无疑是正确的。因为，首先，在"语句的真之条件"并不比"语句的涵义"具有更为复杂的结构、能够更容易使人们由它的构成部分的涵义得知它的涵义；其次，我们甚至连这两者是否表达相同的涵义都无法确

---

① 参见 G. Frege：*Grundgesetze der Arithmetik（Band I）*，1893，§32。

② 参见 P. Engel：*The Norm of Truth*，1991，p. 118。

③ 参见［德］弗雷格《弗雷格哲学论著选辑》，王路编译，2006 年，第 132 页。

定（在弗雷格看来，只有"直接的显而易见的情形下"，才能断言这两者的涵义是否重合）。如果按照弗雷格关于说明（die Erläuterung）[①] 与定义的区别（说明的作用并不在于像解释者那样构成涵义，而仅仅在于确保人们对于某些多义词的涵义形成一致的理解、避免造成误解），那么"语句的涵义乃是它的真之条件"这样的说法更像是通过"真之条件"来说明而非定义"涵义"。

如果对于"什么是意义"这个问题的解答采取"意义是如此这般的（东西）"这样一种形式来回答，那么根据弗雷格的观点，最恰当的方式就是为"意义"这个词提供一种分析性的定义：解释"意义"这个词的涵义或意义概念的内涵，需要引入一个复杂的表达式。如果我们得知了这个复杂表达式的构成部分的涵义，那么我们就能得知这个复杂表达式的涵义。换成一般流行的说法，对于意义概念的定义或解释，就需要引入复杂的概念，不过这种复杂的概念是由能够被理解的简单概念组合而成的。也许因为给出或找到这种定义是件十分困难的事情，哲学家们实际上很少以这种直接的方式讨论"什么是关于意义概念的定义"这个问题。有不少人退而求其次，致力于研究意义概念以及意义理论应该具有的性质和特征，他们就意义的可还原性、规范性、组合性等问题进行了深入研究。其中，意义的可还原性研究最为接近对于意义的定义问题的探索，因为这种研究的主要任务是要解答"意义概念是否可以还原为更为基础的概念"以及"意义可以还原为什么样的概念（例如，意向概念或真概念）"这两个问题。也许"还原"一词所表达的涵义大概没有"定义"那么严格，但是将意义概念还原为其他概念也是一种寻找意义概念之定义的尝试。

这里有一种讨论很有意思，值得一提。谢菲尔（S. Schiffer）早期延续格莱斯（H. P. Grice）的纲领认为，可以将意义概念还原为心理学的、内在性的概念，当然这需要假设后者可以还原为其他概念，而该概念与他的物理主义相一致，是外在的并且无须借助语义概念就能得到解释。但他后来又拒绝了这一纲领，因为他发现这样的假设不可能得到满足。他认为，

---

① 王路教授把这个词翻译为"解释"，同时把弗雷格使用的"erklären"也翻译为"解释"。在弗雷格那里，这两个词在作用上有着细微的区别：通过"说明"使词语的一种涵义能够与另外一种涵义区别开来，这种涵义本身可能并不会因此得到充分的揭示，至少说明没有必要涉及这个涵义的构成部分，但在弗雷格看来，整个复杂的表达的涵义恰恰是由其构成部分的涵义产生的。解释却能揭示这一点。

意义的还原论无法成功的原因倒不是在于心理学的或内在性的概念是非初始的，而是在于意义既不是实在的性质或关系，也不指称某个实在的东西，因而其实根本没有东西可被还原。谢菲尔否定了构造一种正确的意义理论的可能性，他将自己关于意义的这种观点命名为无理论的意义理论（no-theory theory of meaning）。这种消极理论的核心观点是，意义问题最终只能得到平凡的答案或者根本不可能有答案。约翰斯通（M. Johnston）在谢菲尔的基础上提出了关于意义的更为一般的观点——意义的极小论，该观点否认意义有任何隐含的实质的东西可被分析，因而关于意义的论说不过是陈词滥调，任何意义理论都没有重要价值。这两种悲观立场的直接推论就是，语言哲学或心灵哲学根本不能深入真正的哲学本质，是没有积极前景的。当然，这种消极的结论绝不会得到所有人的认同和支持[1]。显然，本书更倾向于采取乐观的态度来追寻意义问题的答案。

与上述的元语义学的意义问题研究相比，另外一种普遍流行的讨论意义问题的方式也值得关注，那就是意义的语义学研究。这种研究方式是将原先的意义问题转化为另外一个相关的问题：一个语句（或语词）在语言 L 中的意义是什么？而回答的方式也相应地转变为 "s 的意义（在 L 中）是 m"，或者 "s（在 L 中）意味（means）m"（其中，"意味（means）"一词是 "意义（meaning）" 的动词化形式）。这种问题意识的转变也许还没有得到充分的理论上的论证（我们完全有权利怀疑，通过对于 "一种语言（例如 L）的任意语句的意义是什么" 的讨论是否能解决 "什么是意义" 这问题），但事实是，人们似乎已经接受了并且总是不自觉地做出这种转变。有这种解决问题的思路并不难理解，如果我们想向一个不懂我们语言的人解释 "白色" 是什么意义，最有效的办法就是尽可能多地将白色的东西收集起来展示给他看。假设我们能够将考察范围内所有的对象都考虑到，通过这种枚举的方式足以使对方明白我们想要表达什么，而枚举的有效性依赖于枚举实例的范围。另外，与意义问题最直接相关的就是语言 L 的意义问题，我们对意义的关注恰恰源自于对语言本身以及对各种语言现象、活动的关注。意义问题是从 "语言 L 中语句的意义是什么" 这样的问题衍生出来的，我们首先想知道的是 "s 是否意味 p"，然后才会询问其

---

[1] 赫什菲尔德将这些消极的意义观点统称为 "紧缩论的意义理论"。他认为这种观点的很多论断和论证对于意义问题而言并不适用，因而实质性的意义问题依然存在，对意义问题的回答可以是非紧缩论的。具体论证参见 J. Hershfield："The Deflationary Theory of Meaning"，2001。

中的"意味"或其名词化形式的"意义"是什么。毫无疑问，意义问题与语言 L 中语句的意义问题有着本质而又最为直接的联系。因此，哲学家相信，如果我们能够回答"语言 L 中的任意语句的意义是什么"这个问题，那么我们就回答了关于意义概念的最根本的问题。换句话说，如果我们能够给出一种理论，这种理论蕴涵了所有形如"如果 s 是语言 L 中的语句，那么 s 意味 m"的定理，那么这种理论实际上就解释了意义概念。而且人们一般能够达成默契的是，即便这种理论不能解释意义概念，明确一种语言的任意语句的意义至少也能够增进我们对意义概念的了解①。

　　其实，不管人们在意义问题的讨论方式上做出上述转变的最初动机和缘由是什么，不得不承认的是，转变之后的问题相对而言更加容易回答：只要用一个语句的名字（简单说来，例如加引号的语句）替换"s"，再用另外一个指示相同意义的表达替换"m"，就算是回答了这个语句的意义是什么这个问题。例如，"雪是白的"这个语句的意义是什么？它的意义不过就是**雪是白的**；那"grass is green"这个语句呢？它就意味**草是绿的**②。做出这样的回答很容易，而且对于懂得中文和英语的人而言，很容易判断这两个答案是否正确。然而，这是否就意味着上述回答已经明确了"意义"这个词的内容？事情并非如此简单，不管我们多么容易地就回答了"一个语句的意义是什么"这个问题，还不能说"什么是意义"这个问题就得到了圆满解答。因为在说同一种语言的人群中，凡是具有正常语言能力的人都能够彼此进行交流。一个人可以理解其他人说出的（至少是大部分的）话，知道它们的意思，但在这种情形下，人们未必能够清楚明确地知道"意义"这个词所表达的全部内容，甚至并没有意识到要把这个词的内容弄清楚。这就是说，人们可以理解一个语句的意义而不必做与回答"什么是意义"这个问题相关的任何事情。回答"一种语言的任意语句的意义是什么"这个问题，其实就是要刻画出一个人理解一种语言（即知

---

　　① 也许只要我们考察一下塔斯基的真之定义，就会更容易理解这种转变。无疑，塔斯基在定义真概念的时候也经历了同样的转变：他的工作并没有直接回答"真（或者，在-语言 L 中-真）是什么"，而是仅仅告诉了我们，一种语言的所有直陈句在什么条件下是真的。

　　② 跟随霍维奇的做法，本书对这四个字使用了黑体加重，于是它们不再作为一个语句而是作为一个指示意义的表达式或意义的名字。霍维奇使用的表述方式是将字母大写并且使用了黑体。例如，"I have a dog" means **I HAVE A DOG**。霍维奇之所以这么表达，目的在于表明，意义是概念或性质，**"I HAVE A DOG"** 是"I have a dog"这个语句的意义的名字（参见 P. Horwich：*Meaning*，1998，p. 44）。

道它包含的每个语句的意义）时所知道的东西。尽管对某种语言的任意语句的意义提供解释，与回答"什么是意义"这个问题有着重大的联系（它将使我们更加接近于对意义概念的理解），但这种联系在许多哲学家看来还不足以彻底解决问题，因为回答"语言 L 的任意语句的意义是什么"这个问题与直接解释意义概念并不完全是一回事。

不过，发现"一个语句的意义是什么"与"什么是意义"这两个问题之间的本质联系则是意义问题研究的起点。回答意义问题的最基本要求就是要明确一种语言中的任意语句的意义。因为意义问题首先是关于语言的，正如弗雷格所言，语言表达涵义。正因如此，人们才能够使用语言来表达思想、交流信息。当然，对于解答意义问题而言，不仅需要明确一种语言的任意语句的意义，还需要解释一系列与之相关的问题：一个语句意义为何是这样的？一个语句是如何获得这种意义的？人们何以能够学会一种语言，如何理解其中所有语句？对于这些问题的考察将有助于我们更加接近意义问题的答案，更加有助于理解意义概念的本质。然而，回答这些问题，并不比明确一个语句的意义更加容易，明确一个语句的意义往往顺带着需要对这些问题作出回应。如果认为一个语句的意义与它的真之条件之间存在密切的关系，那么回答"一个语句的意义是什么"这个问题与回答"一个语句的真之条件是什么"这个问题之间就有着某种内在的联系；如果认为一个语句的意义与它在交流中的使用情况密切相关，回答"一个语句的意义是什么"这个问题，就需要着眼于语句的使用；如果认为一个语句的意义与它在语言交流中的作用密切相关，那么回答"一个语句的意义是什么"这个问题，就不得不要考察一个语句在语言交流中的作用。由此可见，明确语句的意义与回答"一个语句的意义为何是这样的"等问题之间有着紧密的关联性。弄清楚一个语句的意义是什么，以及如何明确一个语句的意义，这也要求对与此相关的一系列问题作出回答，同时也决定了应该选择什么样的答案。因此，对语句意义及其相关问题的考察体现了人们关于"什么是意义"这个问题的潜在看法。关于语句意义的各种讨论也包含或体现了对意义概念的各种立场和角度上的不同理解。

第二节　意义的不同层次

在回答"一个语句的意义是什么"这个问题之前，首先需要考虑的是明确本书所讨论的"意义"这个词的意思。"意义"这个词本身是一个模糊语词，包含了多重涵义。我们可以找很多与之近义的语词表达，它们表明了"意义"一词的不同方面的特征。哲学家或语言学家对于意义概念之所以有着不同的理解，除了缘于对意义的确有着完全不同的看法之外，很大程度上也是因为意义本身具有多种层次，他们选择了不同的角度或层次来看待意义（因而并非任意两个意义理论都是彼此竞争的，相反有很多是互补的）。尽管"对'意义'词群扫一眼，可谓一团乱麻"[①]，为了明确本书讨论的方向，这里还是需要首先对意义的各个层次作一下梳理。下面将考察目前学界对意义的几种常见区分：

（1）自然意义（natural meaning）与非自然意义（non-natural meaning）。几乎是格莱斯最先将意义区分为自然的和非自然的，而这种区分完全是从"意义"这个词的动词形式的使用情况出发的。就"x 意味着 p"或者"x 意味 y"而言，区别其中的"意味"是自然的还是不自然的标准有五条[②]：（i）"x 意味着 p"是否蕴涵"p"；（ii）是否可以问"什么东西被 x 所意味"以及是否可以回答"被 x 所意味的东西就是 p"；（iii）是否可追问是谁用 x 意味着 p 的；（iv）意义语句是否可以改写为"x 意味'p'"；（v）意义语句是否可以改写为"……这种事实意味着……"。如果在前四个标准上为否，而在最后一个标准上为是，就是自然意义；否则就是非自然意义。从这几个标准不难看出，格莱斯的用意就是将"意义"一词的使用划分为与语言交流无关的（即自然的）和与语言交流有关的（非自然的）。格莱斯的自然意义也被戴维斯称为"证据性的意义"，"a 意味 b"可以被表述为"a 表明（indicates）b"或"a 为 b 提供证据（provides evidence of）"[③]。自然意义可以视为两个现象之间的自然的证据或标志关系，它不依赖人对语言的理解，也不涉及语言交流。例如，在"乌云意味着将要下雨"中，乌云不是人们用来表示要下雨的，人们也不是通过理解乌云来获知将要下雨。更何况乌云本身作为一种自然现象或事物，是无法被理解的。自然语言与非自然语言之间的区分对大多数语言哲学家而言其

---

① 参见陈嘉映《语言哲学》，2006 年，第 43 页。

② 格莱斯并没有直接提出这些标准，他是通过对两类意义语句的 5 个方面对比得到的自然意义与非自然意义之间的界限。当然，他自己也承认，这种划分未必完全涵盖了"意义"一词的所有使用情形（具体论述参见 H. P. Grice：*Studies in the Way of Words*，1989，pp. 377 - 378）。

③ 参见 W. A. Davies：*Meaning, Expression, and Thought*，2003，p. 22。

实没有太大的重要性，因为语言哲学家关注以及讨论的仅仅是语言的意义。当然，格莱斯这么区分有他的道理，他期望将非自然的意义还原为自然的意义。本书借用这种区分，目的是要将讨论的范围集中在非自然意义。至于非自然意义向自然意义的还原是否可能，则并不是本书关心的重点。

（2）语句意义（sentence meaning）与说话者意义（speaker/utterer meaning）。在对自然意义和非自然意义作出区分之后，格莱斯又将非自然意义分析为语句意义（以及语词意义）和说话者意义（也被他称为场合意义（occasion-meaning））。按照他的标准，语句意义一般被表述为"x 意味 'p'"；而后者则为"借助 x，U（即说话者）意味着 p"。这两种"意义"在表述上的差异表明，语句意义与语言的特殊使用无关，它是语言自身所具有的、稳定的"性质"——用格莱斯的话说，这种意义是永恒的（time-less）[①]。因此，语句意义不会随着语境的变化而变化，也不体现说话者的特定意向。在这种理解下，语句意义一般可以被等同于命题或思想的内容，即弗雷格所说的语句涵义。这并不是说语句意义与语言的使用没有关系，而是说它不受某个说话者的特殊使用的影响。说话者意义则与此大不相同，它直接由说话者的特殊使用即特殊的意向决定。这意味着，同一个语句的说话者意义可能会与它的语句意义完全不同。例如，在"'这是一只小老虎'意味 '这是一只未成年的老虎'"与"一个人说'这是一只小老虎'意味着这个小孩很顽皮"中，前者表述的是语句意义，后者表述的是说话者意义。很明显，对于所有会说汉语的人而言，当他听到"这是一只小老虎"这个语句时，他理解这个语句首先会把握到的意义应该是"这是一只未成年的老虎"；只有分析了说话者的意向和语境，他才能理解说话者用这句话要表达"这个小孩很顽皮"这种意义。尽管格莱斯对这两种意义的区分是为其构建一种意向性的意义理论服务的[②]，未必所有语言哲学家都赞同他的理论，但这种将

---

① 其实，格莱斯还对语句意义做出了更为细致的划分：完全话语类型的无时间性的意义（timeless meaning(s) of a "complete" utterance-type）和不完全话语类型的无时间性意义，完全话语类型的应用的无时间性的意义（applied timeless meaning(s) of a "complete" utterance-type）和不完全话语类型的应用的无时间性意义，以及话语类型的场合意义。这里的"完全的话语类型"包括语句，以及像语句的非语言的话语类型（参见 H. P. Grice：*Studies in the Way of Words*，1989，pp. 88 – 91）。

② 在格莱斯以及其他学者的基础上，达维斯制作了一种精细的意义概念的分析表，在表中，意义被逐步划分为不同的层次与类型。由于这种细致划分并不涉及本书的讨论核心，对此不再赘述（对于非自然意义的具体分析或划分请参见 W. A. Davies：*Meaning*，*Expression*，*and Thought*，2003，pp. 19 – 22）。

语句意义与说话者意义对照起来考察的方法已经被普遍接受。这主要是因为，一方面这两种意义确实存在明显不同，另一方面这两种意义又存在着密切的理论关联。如果一种意义观点或理论要想彻底地解释意义，就需要考察这两种意义并明确它们在理论上的关联性。

（3）字面意义（literal meaning）、通常意义（conventional meaning）与交流意义（communicational meaning）。在格莱斯以及其他很多人那里，语句意义与字面意义和通常意义没有太大的区别。一般人们会认为一种语言的字面意义就是它的通常意义（即经由约定俗成而确定的意义即既定的意义（established meaning）），戴维森指出这种观点是错误的。他借助语言中的语词错用现象来说明，字面意义与通常意义是有区别的①。字面意义在戴维森看来具有三个特点：（i）有能力的说话者和解释者可以系统地解释语言的这种意义；（ii）进行成功且正常的交流的说话者和解释者可以分享语言的这种意义；（iii）通过学习相应的规则和传统可以在进行交流之前学会这种意义。通常意义一般不会同时具有这些特征。典型的通常意义就是语词误用情形下（malapropism）的意义。

字面意义在塞尔（J. R. Searle）看来就是"空语境"或"零语境"下的意义②。一个语句在字面上有一种意义，这种意义是直接从构成语句的语词的意义得到的。通常意义又被称为约定俗成的意义。如果一个语句有一种约定俗成的使用，那么它的约定俗成的意义往往与字面意义不同（例如，"foot the bill"字面意义是"用脚踏账单"，实际上它是习语，表达的意义是"付账"）。如果一个语句在具体的使用中被用于表达某一特定的意思，那么这种使用意义或交流意义也有会与字面意义不同（例如，一个初学英语的人指着满地的白雪说"Snow is green"，但他实际上想表达的意义是"雪是白的"）。另外，即使对具有相同涵义的"意义"一词而言，如果视角或立场不同，也可能形成不同的理论观点（例如，假设本书讨论的

---

　　① 为了说明这个区别，戴维森使用了"第一意义（the first meaning）"这个词，因为他觉得"字面意义"这个词已经被赋予了太多的哲学含义以至于其他东西因而无法再用这个词来做事情。他选用"第一意义"是因为对他而言，这个词的意思应该与"字面意义"更接近。所谓第一意义，按照戴维森的观点，就是通常的说话者在正常的交流中（有别于文字游戏相关的语言使用场合）所说出的话语的意义，"一句话的第一意义可以通过查以实际使用为基础的字典（例如《韦伯斯特字典（第三版）》）就能被发现。笼统地讲，第一意义在解释的顺序中处于第一位"（参见 D. Davidson：*Truth, Language and History*, 2005, p. 91）。

　　② 参见 J. R. Searle：*Expression and Meaning*, 1979, p. 117。

"意义"指的是弗雷格所说的涵义，有的哲学家将一个语句的这种意义视为该语句的真之条件，而其他哲学家则可能会更注重考察语句的这种意义在交流中起到的作用）。

本书主体部分所讨论的"意义"这个词将局限于戴维森所说的语言的"字面意义"。在这种含义上，"语言的交流就是关于字面意义的交流"，"真之理论所处理的就是字面意义"①。与"字面意义"说法类似的还有"语句的意义（sentence's meaning）"② 以及"固定意义（standing meaning）"③。这些术语所表达的都是语句所具有与使用或说话者的意向或具体情境下的语言实践活动无关的内容。当然，事实上，很多哲学家在陈述他们的意义观点时都没有刻意地明确其所使用的"意义"一词具体是指什么，有些时候，如果他们没有强调其讨论的是字面意义，那么他们所使用的"意义"一词就还有可能表达一种混合物，它是由与语句之真假相关的涵义（sense）和与语句之真假无关的其他要素（例如，语气（mood）或语力（force））这两方面构成的④。如果"意义"指的仅仅是语句的涵义，那么它就不会受到说话者的意向或语言的具体使用情景的影响；如果"意义"是指一种复合物，那么它就会涉及语言的具体使用情景，解释语言的这种意义就不能仅仅考虑语言的涵义，还要能够说明语言的使用或说话者的意图以及交流情境对意义的形成产生的影响。

第三节　两种基本的意义观

对意义概念的不同理解或对意义之不同层次的关注与把握，很自然地

---

① 参见 D. Davidson：*Inquiries into Truth and Interpretation*，1984，p. 45。

② 参见 W. G. Lycan："Direct Arguments for Truth-conditional Theory of Truth"，2010，p. 99。

③ 参见 G. Longworth： "Prospects for a Truth-conditional Account of Stangding Meaning"，2012，p. 195。

④ 参见 M. Dummett：*The Seas of Language*，1993，pp. 202 – 203 以及 D. Davidson：*Inquiries into Truth and Interpretation*，1984，pp. 109 – 121。这种构成在弗雷格那里其实已经形成，只不过弗雷格并没有用"意义"一词来统称这些要素：弗雷格从一个断定句中区分出思想（即涵义）、断定和"能够影响听者的感情、情绪或激发听者的想象力"第三种成分（参见［德］弗雷格《弗雷格哲学论著选辑》，王路编译，2006 年，第 135 页）。按照达米特的观点，断定、疑问、命令这些都属于语调（tone），而第三种成分则属于语言色彩（colouring）（参见 M. Dummett：*Frege：Philosophy of Language* (2nd)，1991，p. 2）。

就会导致哲学家们在如何解释意义概念上以及解决意义问题上产生分歧。不可否认，语句的真值、语句的使用以及在交流中的作用这三个要素（也许还有其他要素，但这三个是哲学家们讨论的热点）都与语句的意义相关，但究竟哪些要素对于一个语句的意义而言是最重要的或最本质的，哲学家的看法并不一致，而且分歧颇大。就真概念是否在意义的解释中起核心作用这个问题的回答而言，我们大致可以区别出两大阵营①：真之理论语义学的阵营与非真之理论语义学的阵营。

真之理论语义学的阵营是最具影响力的一种意义理论阵营。处于这个阵营中的人大多是近现代影响巨大的著名逻辑学家或语言哲学家，他们一般坚持认为，意义概念必须借助真概念得到说明。其中，以弗雷格、早期的维特根斯坦（L. Wittgenstein）、卡尔纳普（R. Carnap）、大卫·刘易斯（D. Lewis）、戴维森等人为代表的哲学家从外延逻辑及一阶逻辑真值语义学出发，强调真概念对于解释语句意义的重要性②。在他们看来，回答"一个语句的意义是什么"，也就是要回答"这个语句在什么条件下为真"；把握一个语句的意义，就要把握它的真之条件。因而，意义的问题被转化为真之条件的问题。卡尔纳普、蒙塔格（R. Montague）和辛迪加（J. Hintikka）以及大卫·刘易斯等人则采取了不同的表达形式。他们基于内涵逻辑和可能世界的观念，将意义与真的关系解释为：语句的意义就是它在其中为真的可能世界的集合。在这种解释下，意义就是这样一种东西，它决定了一个语句在哪些可能世界中为真，而把握一个语句的意义就是要知道它相对于一个特定的可能世界集合的真之条件。

这个阵营中的很多人都致力于构造一种适用于自然语言的逻辑语义学，即形式语义学理论。他们坚持的基本理念是语句的意义是由语言的语义和语法性质而非使用或交流意向来确定的，他们认为应该将语句的意义还原为语句的真而非语句的使用或交流意向。因此，形式语义学理论不是以语言的使用或交流意向概念作为基础，它的基础概念是真概念或真之条

---

① 这里的这种划分原则上是基于对在意义理论中是否使用了真概念或是否以真之理论成为基础这个问题的考察。当然还有依据其他原则做出的划分（参见 J. Speaks："Theories of Meaning"，2010）。如果根据对于语句或语词意义的解释是否依赖于语句或语词的指称来划分，同样也会出现两种意义观的对立（参见荣立武《论意义理论中的两条路线》，2011 年）。

② 国内也有不少学者持这种立场。例如王路教授始终认为，"真这一概念是意义理论的核心，意义理论是围绕着真这一概念而展开的"（参见王路《意义理论》，2006 年，第 60 页）。

件概念。它借助这个概念力图说明语句的意义是如何由于语言的规则决定的①。这种理论是否能彻底解释意义，并非所有人对此都持乐观态度。施特劳森（P. F. Strawson）指出，形式语义学理论者面临的核心问题是，"如何能够在不借助交流概念的情况下使得真之条件概念得到解释或理解"②。因此，他们把更多的注意力"投放在真之条件概念，进一步地讲是真概念上……在他们看来，除非我们满足于对真概念有一种合适的一般的理解，否则我们不可能满足于我们对意义概念有一个适当的一般理解"③。施特劳森本人并不认为真概念或真之条件概念是基础的概念，他主张这些概念最终还是要回归到"言语行为的内容"这个概念上④。很明显，施特劳森不是一个真之理论语义学者。

意义理论的另外一大阵营可以笼统地称为非真之理论语义学的阵营。在这个阵营中，人们认为明确语句的意义需要借助别的方式，例如语言的使用、说话者的意向以及语句的证实条件，等等。非真之语义学的阵营极其庞杂，这里用"阵营"一词来概括所有这些哲学家也许并不是很恰当，因为他们在意义问题上往往并不持完全相同的见解，甚至彼此分歧很大。不过，能够找到的共同点大概就是他们都反对将真概念或真之理论作为意义解释的基础。

在这个阵营中，由于哲学家们对意义问题给出的回答并不相同，各有侧重，这个阵营产生的意义理论也各有所异，其中有三类理论最为令人瞩目：语言的使用功能理论（theory of use and function）、交流意向理论（theory of communicaiton-intention）以及证实主义理论（verificationistic theory）。这三类理论有着相同的任务，这就是回答"一个语句何以获得意义以及其意义是什么"这样的问题。使用功能理论本身也涵盖了一类理论，例如后期维特根斯坦的意义理论、霍维奇（P. Horwich）的倾向接受理论以及塞拉斯（W. Sellars）、哈曼（G. Harman）等人的概念作用理论，等等。因为使用功能实际上是一个比较宽泛的概念，它可以包括意义在概念

① 对于这两种意义理论的区分，参见 P. F. Strawson：*Logico-Linguistic Papers*（2nd），2004，pp. 132 – 133。

② 参见 P. F. Strawson：*Logico-Linguistic Papers*（2nd），2004，p. 133。

③ Ibid. , p. 138.

④ 参见 P. F. Strawson："Meaning and Truth"（1969），in A. P. Martinich（ed.）：*The Philosophy of Language*（3rd），1996，pp. 109 – 110。

上的作用（即意义对于我们思想的影响）、意义在一个表达式的所有使用（言语交流）中的作用以及意义在推理上的功能，等等。总的来说，这类理论的共同之处在于，它们的提出者都考虑到了语言的意义在语言使用中的作用。他们主张，对于一个语句的意义的把握就是要了解语言使用者（尤其是语言共同体）对它的使用。因此，回答了"一个语句是如何被使用的"这个问题才算是回答了意义的核心问题。当然，他们并不总是把意义与使用者的交流意向相提并论，也并不完全主张将意义还原为说话者的意向，尽管他们反对基于语句的真值语义特征来解释意义。相比较而言，交流意向理论者（塞尔①、格莱斯、施特劳森是其中的代表人物）的主张单纯一些，他们主要认为，回答"一个语句何以获得意义以及其意义是什么"这个问题也就是要回答，当一个说话者说出一个语句时他想借助这个语句表达什么，或者他要借助一个说出的语句意味什么。说出的语句即话语（utterance）有什么意义，这与说话者说话时的意向有关。因此，意义问题被替代为"一个说话者在说出一句话时的交流环境和意向是什么"这个问题。要确定一个说话者借助他的话顺带意味什么，就要确定说话者在说出这句话时的复杂意向。对于交流意向论者而言，意义并非语句的本质特征，它仅仅是说话者偶然归之于一个语句的东西。语句的意义一般可以还原为说话者的意义，后者则可以还原为说话者说出该语句时的特定意向。

证实主义的意义理论同样关注语言的使用，并力图解释说话者在使用语言时知道的东西。达米特（M. Dummett）是这种理论的主要支持者，他曾强调，"把握一个表达式的意义就是理解它在语言中的作用：一种语言的一个完善的意义理论因此是一个关于该语言如何作为一种语言而起作用的完善的理论"②。达米特从反实在论的立场出发对真之理论的语义学，尤其是基于二值逻辑的意义理论提出了批评。他认为意义理论的核心概念不

---

① 塞尔的身份有点特殊，一方面他主张言语行为理论，另一方面也强调说话者的意向。他说："意义不仅仅是意向的问题，他还是惯例的问题"，"在对言语行为的分析中，我们必须抓住意向的和惯例的方面，尤其是它们之间的关系……在对言语行为的分析中，我们需要表达这两方面因素的结合体"（参见 J. R. Searle："What is a Speech Act"，1965，p. 135）。关于塞尔的言语行为理论，参见 J. R. Searle：*Speech Act：An Essay in the Philosophy of Language*，1969 以及 J. R. Searle：*Expression and Meaning*，1979。国内学者也有对塞尔的意义理论进行评介的文献，参见赵亮英、陈晓平《语境、意向与意义——兼评塞尔的意向性意义理论》，2012 年。

② 参见 M. Dummett：*The Seas of Language*，1993，p. 2。

应该是真概念，而应该是证实概念；一个语句的意义是什么，这个问题与这个语句的证实条件、证伪条件或断定条件紧密相关。因此，在他看来，理解一个语句的意义就是要理解它在何种条件下被证实或被断定。尽管戴维森曾指出，证实条件或者断定条件最终还是需要通过真概念得到说明，如果这一点成立，那么达米特就有可能被划归第一阵营，但是达米特自己肯定不会接受这种划归，因为他曾指出，即便他的理论需要借助真概念，真概念在意义理论中的作用与戴维森所设想的也不一样①。

　　交流意向理论与其他两种理论有着重大区别。这种区别可以说是原则性的。因为就这种理论而言，语言的意义并不是固定的，一句话在不同的语境中、在不同的使用中都有可能发生意义上的变化（例如，格莱斯就将意义划分为语句的无时间的意义和语句的场景意义，后者则可能因为说话者的使用目的而使得在不同的场景下同一个语句表达不同的意义②）。这将导致一个语句有可能会具有多重意义，例如，字面的意义、在长期使用中约定俗成的意义以及在具体使用中的特定意义。尽管支持使用理论与证实主义理论的哲学家也将语言的意义与语言交流或使用联系起来，但他们并不主张借助说话者容易由于情境而发生变动的内在因素来解释语言的意义，相反他们都是借助那些明确的、在相同语境中不变的、规律性的使用现象（如使用规则、言语行为以及证实条件，等等）来解释意义。这些哲学家普遍认同的观点是，语句的使用情况作为语言现象是可以确定的，而且是有规律的。因此，无论在使用理论者还是在证实主义理论者看来，语句的意义都应该是语句的固定特征乃至属性。在意义的稳定性这一点上，意义的使用理论和证实主义理论与真之理论的语义学理论是一致的。尽管在持交流意向理论的哲学家或语言学家们（例如格莱斯）看来，完全有可能在不借助语言学的意义概念的情况下解释说话者的意义，交流意向概念要比语言学的意义概念更为基础，后者需要还原为前者，但他们也许没有

---

　　①　例如，张燕京教授就将达米特同样归入真之理论的语义学阵营。他认为，尽管达米特的意义理论与弗雷格的存在差异，前者注重对于语言实践的说明而使用证实概念来解释语句的意义，但是他们的分歧之根源在于对真概念的不同理解。因此，"弗雷格与达米特意义理论的比较研究充分表明，意义概念是以真概念为基础的，真概念是意义理论的核心概念，对于真概念解释上的差异导致了意义理论形态的差异"（参见张燕京《弗雷格与达米特意义理论的特征差异及其根源》，2004 年，第 46 页）。本书在后面将论证这种观点并不正确，因为即便达米特的意义理论包含了真概念，它也不是整个意义理论的核心概念。

　　②　参见 H. P. Grice：*Studies in the Way of Words*，1989，p. 91。

注意到，他们致力于解释的语句意义与其他两种意义理论的支持者所要解释的语句意义可能并不是一回事。与大多数学者的旨趣一样，在本书中令人感兴趣的并且将要讨论的意义并不是处于某种特殊使用中或语境下的语言表达式的意义，而是解释一个独立于任何语境或使用的语言表达式的字面意义，即它的"固定意义（standing meaning）"或"基础意义（basic meaning）"①。在这种立场上，我们需要接受这样的基本观念：语言交流应该看作对于语言的固定意义的使用，而不是为了顺便制造出新的意义来。因此，语言总是伴随着使用或交流，但一个语言不会因为在某个时候没有被用于说话者和听者之间的交流，就没有意义②。

从不同的视角来探讨意义概念直接导致了不同意义理论的诞生，各个阵营中的哲学家不仅需要阐述各自的理论，还要就竞争对手的各种责难或竞争理论的威胁作出回应。有些时候，我们会发现，这些相互竞争的理论之间的争论起因于误解或者论题的差异。但更多的时候，意义理论之间争论的确揭示了各自理论内部隐含的困难。这些困难或多或少都与各个理论的基本论题有关，也就是与如何理解"什么是意义"以及其他相关问题有关。到目前为止，人们似乎已经形成了这样的共识："'什么是意义？'这个传统问题能够被这样的问题替代，即一个令人满意的意义理论必须具有什么样的形式，语言哲学家们就是这种意义上担负起阐述'意义理论'的任务。"③上述两大阵营的哲学家们对"什么是意义"以及"一个语句的意义是什么"这些问题给出了不同的解答，他们的回答被视为提供了不同的意义理论，或者至少是阐述了与构造一种令人满意的意义理论相关的不同思想。

将哲学家们归入不同的阵营，往往是因为他们对于同样的意义问题本身有着不同方向上的考虑。而直接的原因则是，他们基于这些考虑提出了各自不同的解决方案，即不同的意义理论或观点。上述列举的语言哲学家所提出的意义理论或观点往往服务于不同的理论目的，体现着不同的特

---

① 参见 D. Patterson："*Deflationism and the Truth Conditional Theorey of Meaning*"，2005，p. 279。

② 在这里，我们应该将意义（meaning）与重要性（significance）区分开来。"意义"在大多数（我们正在或将来要讨论的）学者那里都被理解为语言的内容或者近似内容的东西，而非重要性。因而，即便一种语言在交流中失去了人们想要它具有的那些重要性（比如，一种语言不再被人们用于日常交流），这并不会使得这种语言失去内容，即意义。

③ 参见 N. Cooper and P. Engel：*New Inquiries into Meaning and Truth*，1991，p. 1。

点。几乎所有哲学家都会同意戴维森的如下看法："'意义理论'这个词语并不是一个技术术语，而是用以表示一类问题（一个问题类）的。其中最主要的问题是要完成这样一项任务，即求助于较简单的（或至少是不同的）概念来对语言和交流做出解释。"① （达米特也有类似的说法："一种语言的意义理论的任务就是解释那种语言是如何运作的。"②）但是，这种对于意义理论的说明仅仅涉及了意义理论的大致任务，并不十分清楚明确。一种意义理论固然要对语言和交流进行解释，这与解答"什么是意义"这个问题有什么关系呢？这种关系在一些哲学家看来大概应该表现为，语句的意义在语言和交流中起到了关键的作用。人们只有借助有意义的语言（语句）才能成功地进行交流，并且在语言交流中借助意义传达信息。这一方面是因为，说话者在语言交流中总是而且必须通过语言（语句）的内容（即意义）来表明他的想法，进而对于听者产生影响；另一方面，听者则需要理解说话者的话语的意义，以便获取信息、做出适当的反应。意义理论要解释语言和交流，因此它要说明在人们的交流中，一个话语或语言的一个语句为什么会是有意义的以及有这样的意义？它是被说话者赋予（或至少被听者认为是被说话者赋予）的吗？抑或是这种语言本身所具有的？它对于一个固定的语句而言是变动的还是恒定的？这实际上就呼应了本书在前面所讨论的那些与"什么是意义"相关的问题。回答了这些问题（包括前面讨论的那些问题）就是提出了一种意义理论或观点，不同的答案形成了不同的意义理论或观点。在这里，并不打算对这些问题展开全面的考察，更想把精力集中于对意义以及意义理论的一般性问题的讨论。如果一种意义理论"明确了涉及特殊语言的意义，那么对意义理论的一般性质的反思通常来说就是对每个理论所明确的东西的反思，因此就是对意义的一般特性的反思"③，那么对于意义概念的解释，最终需要考察各种意义理论以及一种令人满意的意义理论的一般性质和特征。为了回答意义问题，研究意义理论的一般性质和特征则是有必要的。

　　为此，本书主要关注和致力于解决的将是真之理论的语义学与非真之

----

　　① 这段引文的中文翻译源于牟博和江怡教授的译著（参见［美］戴维森《对真理与解释的探究》，牟博、江怡译，2007年，第258—259页）。本书涉及戴维森这本著作的引文翻译全部参考牟博和江怡的译本，有时略有改动。

　　② 参见 Dummett：*The Seas of Language*，1993，p. 3。

　　③ 参见 R. M. Sainsbury："Understanding and Theories of Meaning"，1980，p. 127。

理论的语义学争论的一个核心问题，即真之理论的语义学是否完全能够并且必须承担意义理论解释语言的任务，更确切地说，真概念在意义解释中是否的确能够起到实质性的作用以及意义理论是否必须以真概念为核心。

第四节　真之理论语义学的传统

无论在语言哲学中还是在纯粹的逻辑学中，真之理论的语义学都是意义理论最主要的一种形式，其核心思想是要借助真概念或真之条件概念来解释语句的意义。人们一般会认为，这种思想在弗雷格以及早期的维特根斯坦那里已经得到表达①。因此，这种借助真来解释意义的语义学传统可以追溯到弗雷格和早期的维特根斯坦那里。弗雷格在《算术的基本规则》（*Grundgesetze der Arithmetik*）第一卷中关于语句的思想及其真之条件的关系有这样一段著名的论述，被认为是经典地表达了 TCS 的核心思想。这段论述是这样的："每个这样的名字［即语句］都是一个真值的名字，表达一个涵义，即思想。我们可以由设定来明确，它在什么条件下意谓真这个值。这个名字的涵义，即思想，就是这样一个东西，即这些条件被满足。"② 这段论述被浓缩为一句话：一个语句的意义就是其真之条件。这句话似乎最直白地表明了弗雷格的意义观，即他认为真概念在意义解释中起着实质的作用。由此，人们得到一个普遍的想法，用达米特的话说就是，"弗雷格是将真概念作为解释涵义的核心概念的第一人"③。早期的维特根斯坦也做出过相似的表述："一个语句当它为真时表明了事物是怎么样的"，"理解一个语句就是要知道当它为真时情况是怎样的"以及"当我们使用它来说事物以特定方式这样且它们的确这样时，一个语句是真的"④。这些陈述同样被理解为表达了"一个语句的意义就是它的真之条件"这种思想。

---

① 参见 P. F. Strawson: *Logico-Linguistic Papers*（2nd），2004，p. 135。

② 参见 G. Frege: *Grundgesetze der Arithmetik*（Band Ⅰ），1893，§ 32。关于这句话是否表明了弗雷格本人的确坚持真之理论语义学的意义观，乃有待商榷。实际上，如果我们仔细考察弗雷格的多处论述，就会发现他的意义理论（确切地说是涵义理论）与他的真之理论或指称理论是并列的关系，他并没有借助真之理论来解释语句的意义。（参见周志荣《弗雷格论意义与真》，2012 年。）

③ 参见 M. Dummett: *The Seas of Language*，1993，p. 125。

④ 参见 L. Wittgenstein: *Logisch-philosophische Abhandlung*，1998，§ 4.022，§ 4.024，§ 4.061。

　　最早明确提出 TCS 之核心观点的人是卡尔纳普①。卡尔纳普在他的
《语义学介绍》（*Introduction to Semantics*）中有这样一段论述："一个语义
系统是一个关于规则的系统，它陈述了对象语言中的语句的真之条件，并
且因此确定了这些语句的意义。［……］以另外一种方式表达出来就是：
这些规则确定了语句的意义或者涵义。［……］我们理解［语句］就在于
理解知道它的真之条件。"② 在这段论述中，卡尔纳普将语句的真值条件与
它的意义或者涵义等同起来。尽管卡尔纳普在这里明确主张真之理论的语
义学，但这并不意味着他认为解释语言仅仅需要这种语义学。他将整个语
言科学或语言理论称为符号学（semiotic），它由语用学、语义学和语法学
这三个部分构成。如果对语言的研究需要涉及说话者或语言的使用者，例
如对说话者的行为、习惯等要素的分析，这部分的研究就要归入语用学。
如果仅仅研究语言表达式的意义，以及研究如何将对象语言翻译为元语
言，这种研究就隶属于语义学。如果仅仅研究表达式在形式上的联系，这
就是语法学的任务。卡尔纳普在塔斯基的真之理论基础上给出了形式语言
的语义系统，奠定了现代逻辑语义学的基本模式。初学现代逻辑的人也许
会产生这样的疑惑：既然语义学是研究表达式的意义的，那么为何我们所
学的逻辑语义学都是规定表达式的满足条件或真之条件的？这恰恰体现了
真之理论语义学的支持者们的核心主张：给出语句的意义就在于给出它的
真之条件。卡尔纳普之所以有这种想法，大概受到了弗雷格的影响。与弗
雷格一样，卡尔纳普认为，"语句 p 是真的"与语句 p 本身的意义相同，
或"断定一个语句是真的与断定它本身相同，即"'月亮是圆的'这个语
句是真的"与"月亮是圆的"仅仅是相同判断的不同表达。这两个陈述在

---

　　① 按照索姆斯的论述，塔斯基也认为真概念是语义学的核心概念，他的真之定义和其他语义概
念的定义能够被用于定义意义理论中的重要概念，但这是受到了卡尔纳普《语义学导论》的影响（参
见 S. Soames：*Philosophy of Language*，2010，p. 41）。索姆斯的这个观点是有道理的。塔斯基的原话是
这样的："在理论的语义学中，我们可以进一步定义和研究更多的概念，［……］我们认为有这样一些
重要概念，例如后承，同义和意义。"（参见 A. Tarski："The Semantic Conception of Truth and the Founda-
tions of Semantics"，1944，p. 354）对这段话，塔斯基加了注解，在注解中，塔斯基说"所有在这一节
中提到的概念都可以借助满足得到定义"，接着他还说，对于后承的定义可以参见他的"论逻辑后承
概念"一文。至于对同义概念的定义则可以参见卡尔纳普的《语义学导论》（Ibid.，p. 373，n. 20）。

　　② 参见 R. Carnap：*Introduction to Semantics*，1942，pp. 22 - 23。这些陈述显然与戴维森的表述尤
为相似，因此卡尔纳普可算是当之无愧的真之理论语义学的提出者。

逻辑的或语义学的涵义上意味相同"①。因而，对于卡尔纳普而言，理解一个语句，就是知道它在什么条件下为真；类似地，解释一个语句，就是明确它的真之条件。

大卫·刘易斯的理论与卡尔纳普等人的语义学理论有所区别，因为他考虑到了可能世界。刘易斯之所以被纳入 TCS 的意义理论阵营，源于他的如下表述："为了说一个意义是什么，我们也许首先要问一个意义做了什么，然后寻找它所做的某些事情。一个语句的意义就是某种决定该语句为真或为假之条件的东西。它决定该语句在各种可能的事态下、在不同时间、不同地点，对于不同的说话者而言等等的真值。"② 在刘易斯那里，一个语句的真不仅依赖于它的意义，还依赖于关于世界的事实，依赖于说话的时间、场合等要素。如果把每个由这些要素构成的集合称为一个可能世界，那么刘易斯就提供了对于语句的真实性或真之条件的另外一种看法，即一个语句总是在某个可能世界中是真的，一个语句的真之条件就是使其在某个可能世界中为真的条件。在这种观点下，意义就是决定语句之真如何依赖于某个可能世界的东西，或用刘易斯自己的术语说，是从可能世界的要素到语句之真的"函数"。未必所有这样的函数都是意义，但意义却是起着这样的函数的作用。对真之条件作出如此分析，优势至少在于它可以统一地对直陈句（declaretives）和非直陈句（尤其是包含索引词和指示词的语句）的真之条件作出刻画。另外，刘易斯的真之理论语义学借助可能世界还能便利地处理内涵语境语句，因而它具有相对于其他真之条件语义学而言的重要优势③。刘易斯的语义学对于戴维森的真之理论语义学（即 TCS）而言是一种很好的补充。

对于真之理论的语义学进行全面阐述和辩护的工作则是由戴维森承担的。戴维森在刘易斯 1970 年发表《广义语义学》（General Semantics）一文之前就已经明确地主张这种意义理论。在其《真与意义》（1967）这篇著名的论文中，戴维森创造性地提出以塔斯基的真之理论为基础构造自然语言的语义学，他将 TCS 这种由形式语言扩展到自然语言的意义理论以纲领的形式正式地提了出来并对其核心思想详加阐述。戴维森还在之后的一系列文章［例如，《自然语言的语义学》（1970）、《彻底的解释》（1973）、

---

①　参见 R. Carnap：*Introduction to Semantics*，1942，p. 26。

②　参见 D. Lewis：“General Semantics”，1970，p. 22。

③　参见 W. G. Lycan：*Philosophy of Language：A Contemporary Introduction*，2000，p. 154。

《对福斯特的答复》（1976）以及《真之结构与内容》（1990）和《试图定义真乃是愚蠢的》（1996）等］中对这种意义理论展开了辩护和修正。正是在戴维森的推动下，真之理论的语义学（尤其是 TCS）逐渐成为一种主体上较为成熟的意义理论。因此，戴维森也被视为主张这种意义理论的典型代表人物。

　　戴维森的意义理论作为真之理论语义学的一种形态，其最吸引人之处在于，它借助了塔斯基的真之理论，却按照一种与塔斯基相反的思路将其用于构造自然语言的语义学。这种天才式的创新所带来的优越性也是显而易见的：一方面，它可以借助塔斯基的递归定义的真之理论，揭示一种语言中的结构较为复杂的表达式（语句）在意义上对于结构较为简单的表达式（语句或者语句的构成部分）的依赖性。这种理论能够很好地说明意义的这种重要性质即组合性。另一方面，这种理论借助 "s 在-L 中-是真的，当且仅当 p"（其中替换 "s" 的是 L 中的语句的名字，替换 "p" 的语句与被命名的那个语句具有相同的内容）这样的 T-模式，就使塔斯基的真之理论所蕴涵的 T-定理具有了经验性的内容，并且它的正确性可以在经验中得到检验。第三方面，借助这种经验性的内容和对于语句意义的组合性特征的刻画，TCS 就可顺利地解释一种语言是如何运作的，即人们是如何解释和理解一种语言的；尤其是这种理论可以解释，人们如何能够学会（使用）一种语言所包含的一些他们之前从来没有遇到过（或使用过）的语句。

　　本书之所以以戴维森提出的 TCS 这种意义理论为讨论的核心，主要是因为作为真之理论语义学的典型代表，它是目前流行的众多意义理论中受到关注和讨论（包括责难和辩护）最多的一种意义理论。毫无疑问，在 20 世纪下半叶"超过三十年的时间里，真之条件［的意义］理论在语言的意义研究中赢得了核心地位"[1]。尽管戴维森的意义理论一度"广为流传"[2]，但它并没有真正赢得所有人的支持：一直以来它都需要面对其他竞争理论（例如霍维奇的使用理论、达米特的证实主义理论等）关于真与意义的语义学次序或关系问题所提出的一系列挑战，其中主要涉及了 TCS 这种理论的两类问题。一类是技术上的问题：自然语言的复杂性导致人们怀

---

　　① 参见 D. Bar-On, C. Horisk and W. G. Lycan："Deflationism, Meaning and Truth-conditions", 2000, p. 1。

　　② 参见 P. Horwich：*Meaning*, 1998, p. 71。

疑塔斯基的真之理论是否能够成功应用于构造自然语言的语义学，对自然语言（例如英语）中的所有语句之意义提供解释。另外一类则是原则性的问题，即哲学家们基于对真概念的不同理解立场而质疑真概念或真之理论原则上是否能够或足以用于解释意义。这种原则性的问题具体表现为：TCS 所基于的真之理论能否是实在论的，以及 TCS 所基于的真概念能否是紧缩论的。至少达米特认为，如果 TCS 是实在论的，那么它就不可能解释那些真值不确定的语句，而且它也不能解释语言的使用。紧缩论者（主要的代表人物是霍维奇）与戴维森的分歧在于，他们并不认为真概念具有实质的性质或真谓词表达了实质的内容，因此他们反对使用真概念来解释意义概念或者用真之条件来说明语句的意义①。相反，他们认为意义概念比真概念更为基础，在给出一个语句的真之条件时需要使用到意义概念。上述两种反对的立场都对 TCS 这种意义理论乃至所有真之理论的语义学构成了严重威胁。

尽管 TCS 受到了各种责难和威胁，但经过细致辨明和深入探究，我们将会发现，根本的问题与 TCS 作为一种意义理论所坚持的那些基本原则关系不大，而主要与它所采用的理论基础（即塔斯基的真之理论）相关。戴维森明确了一种令人满意的意义理论应该遵守的一些基本原则（人们基本上也都能接受这些原则），只要满足这些原则，那么一种语言中的语句的意义就能得到刻画。这些基本原则大多为不同阵营的哲学家所共同接受，但分歧在于什么样的理论能够满足这些原则。戴维森走了一条捷径，他直接引入了塔斯基的真之理论作为其意义理论的基础。由于对真概念的理解本身存在极大的争议，借助真之理论来刻画意义，自然会给 TCS 这种意义理论带来诸多争辩。这些争辩本身还引发了一个令人感兴趣的同时也是极其重要的问题，即真与意义的语义学的关系问题，换言之，真概念在意义理论中究竟应该以及能够担负什么任务的问题。这个问题具体说来就是，（1）真概念能否以及如何被用于解释意义？或意义概念能否被还原为真概

---

① 由于紧缩论者一般认为，"是真的"这个谓词并不表达实质性的性质，甚至是多余的，他们很少使用"真概念"这样的说法。他们谈论更多的是真谓词而非真概念。但是像戴维森这样的非紧缩论者却常常需要使用"真概念"这样的说法。虽然在术语的使用上有区别，但紧缩论者和戴维森讨论的都是同一个"真（truth）"。为了讨论的方便，我们在对比紧缩论者和戴维森的观点时会同时使用"真谓词"和"真概念"，有时候会使用"真谓词（概念）"或"真概念（谓词）"。尽管这几个名词是有区别的，但我们实际上与紧缩论者和戴维森一样指的是"真（truth）"。

念或指称概念？（2）真概念是否是意义解释所必需的？或意义概念是否必须被还原为真概念或指称概念？（3）塔斯基的真之理论是否足以解释语言的意义？

　　关于 TCS 这种意义理论的论辩在深层次上总是与这些问题紧密相关。这种相关性体现在两个方面：一方面，无论是支持还是批评这种意义理论，都蕴涵了对于真与意义的语义学的关系问题的回答；另一方面，对这个问题的预先回答本身也直接影响到哲学家们对于 TCS 乃至所有真之理论语义学的态度。尽管本书打算以 TCS 作为研究的基础和讨论的核心，但本书的研究目的并不在于为这种意义理论提供更多的批评或辩护。其理论任务在于，从梳理和分析那些围绕 TCS 而展开的争辩，转向对真与意义的语义学的关系问题的研究。本书试图从 TCS 这种意义理论所受到各种误解、批评以及辩护中发现真之理论语义学所面临的实质性的问题或麻烦，并引出对于真与意义的语义学的关系问题的思索。进而，希望能够通过各种说明和论证得到一个相关的推论，即真概念对于意义理论而言其实并不重要，意义理论完全可以在不借助真概念的情况下为一种语言提供解释。

第二章　戴维森纲领：由真到达意义

虽然戴维森并非首个支持真之理论语义学的哲学家，但他对这种意义观念的主张却是最明确也最有影响的。在《真与意义》（1965）这篇著名的论文中，他指出，在塔斯基的真之理论与意义理论之间存在"明显的联系"，并宣称，"给出真之条件就是给出一个语句的意义的一种方式"①。这种意义的解释路径常常被称为戴维森的意义纲领，其核心主张可以直接明了地表达为："真（truth）是……到达意义的核心的初始的概念。"② 借助真来解释意义，基于真之理论来构造意义理论，这在形式化的语言中已经成为现实并为人们所习以为常，以塔斯基式的真之理论为基础的逻辑语义学或真值语义学为研究逻辑系统的元理论性质提供了极大的便利。戴维森纲领的重点并非在于构造适用于形式化语言的意义理论，而是在于将逻辑语义学的做法扩展到自然语言的领域，他主张以塔斯基式的真之理论为基础，构造自然语言的语义学，即 TCS。自然语言的复杂性一直以来都是逻辑学家们构造相应的真之理论的首要障碍，它显然也是戴维森纲领首先要面对的难题。戴维森试图对塔斯基式的真之理论作出修正，以便使之适用于自然语言的陈述句以及其他类型的语句。TCS 的后继支持者们也都尝试为此而作出努力。戴维森及其追随者们提出了何种方案来解决这些技术性的问题，以及这些问题是否能够彻底得到解决，都将是本章关注的重点。

---

① 参见 D. Davidson："Truth and Meaning", 1967, p. 310。

② 参见 D. Davidson: *Inquiries into Truth and Interpretation*, 1984, p. xiv。

第一节　引入真之理论的理由

一　指称的意义理论的困境

弗雷格虽然将意义与指称区分开来①，但他也承认，语词和语句的意义与指称应该区分为通常的意义与指称和间接的意义与指称。在间接引语中，如果语词和语句被间接地使用，那么它们的通常意义就变成其间接指称，而它们的间接意义就不再是它们的通常意义，而是整个语境的通常意义的一部分。在弗雷格看来，如果要谈论表达式"A"的意义，可以直接使用"'A'这个表达的意义"这种说法。"'A'这个表达式的意义"相当于一个名字，但它直接指示了"A"这个表达的意义而非指称。弗雷格还指出，在"哥白尼认为，行星的轨道是圆的"这个带有从句的语句中，从句是一种间接引语。因而，"行星的轨道是圆的"这个语句在从句的语境中只能间接地指示它的通常意义，而这个语句本身在语境中具有的意义就不再是它的通常意义②。这样一来，弗雷格区分了一个语句的通常指称和间接指称：语句的通常指称是真值，间接指称是它的意义。弗雷格做出的这种区分容易给人一种误解，那就是弗雷格有时候将一个语词或语句的意义看作是它们的指称。戴维森就是持有这种误解的哲学家之一。戴维森认为，弗雷格提出了一种指称的意义理论。这种理论将对象语言中的语句或语词的意义与指称等同起来，试图通过明确词句的指称来给出它们的意义。当然，弗雷格的意义理论并不是这样的，而且弗雷格的主要工作恰恰是要将一个语句或表达式的指称同它们的意义区别开来。戴维森对弗雷格

---

① 在有些翻译和著作中，学者们使用了"涵义"和"意谓"这一对翻译术语。的确，这一对翻译术语在意思上似乎更加接近弗雷格的"Sinn/sense"和"Bedeutung/meaning"。不过由于戴维森讨论弗雷格的思想时使用的是"意义"与"指称"，为了避免术语转换上的麻烦，本书在这里还是直接沿用戴维森的说法来讨论弗雷格的思想。

② 弗雷格的区分对于解释间接语境的问题有很大启发作用：莱布尼茨律（即等值替换律或保真替换律）在这类语境中似乎失效了。按照莱布尼茨律，用一个具有相同真值的语句（或具有相同指称的语词）替换语境中出现的语句（或它所包含的语词），替换后得到的新语句与原语句总是具有相同的真值。但是，在间接引语语境中，语句的指称并不是其通常指称（即真、假二值），而是其间接指称（即它的意义）。除非用于替换的语句与被替换的语句表达相同的意义，否则替换后的整个间接引语的真值就会发生改变。

的意义理论产生上述这种误解可能还有另外一个方面的原因。弗雷格的术语"涵义（Sinn）"与"意谓（Bedeutung）"在被翻译为英文时，有些翻译所使用的相应的英文术语并不恰当，而且容易造成混乱①。戴维森很可能由于翻译上的混乱而误将弗雷格关于"指称（Bedeutung）"的讨论当作是关于"意义（meaning）"的讨论。

尽管戴维森对于弗雷格意义理论的批评很有可能是张冠李戴，但这并不妨碍他对指称的意义理论提出责难②。这里提及戴维森对弗雷格的（可能的）误解，并不是为了指出他对弗雷格的意义理论给予了不恰当的评价。本书的真正目的在于说明：一方面，我们不应该因为戴维森的批评而认为弗雷格提出的是指称的意义理论；另一方面，即使弗雷格的意义理论是另外一个样子而且还是正确的，这也只能说戴维森对于弗雷格的批评不恰当，而不能说由于这一点戴维森对于指称的意义理论的批评就是错误的。因此，在下面的讨论中，我们应该把注意力更多地放在他对指称的意义理论的评价上。与其说戴维森批评的是弗雷格（的理论），倒不如说他是借弗雷格作靶子来批评指称的意义理论。

在戴维森看来，弗雷格关于意义的观点就是把意义看作是指称，一个语句或语词的意义就是它所指称的对象或实体。戴维森认为，这种观点向人们指明了一条达到意义理论的途径，"由于有了弗雷格，大家才清楚地知道这条探寻的途径，人们循着这条途径进行探索的劲头"③。这条途径就是通过将意义等同于指称来研究语句的意义，或者说这种途径将导致一种指称的意

---

① 在德文中"意谓"一词是"Bedeutung"，它在德文中的使用情况更接近于英文中的"meaning"而非"reference"，因此在一些英文翻译中，译者将"Bedeutung"译为"meaning"。但在另外一些翻译中，"Bedeutung"有被译为"reference"或"denotation"。而弗雷格的"Sinn（涵义）"一词则有时候被译为"sense"，有时候被译为"meaning"。这种翻译为意义理论的讨论造成很大的混乱（参见王路《弗雷格关于意义和意谓的理论》，1993 年，第 57 - 59 页；王路：《逻辑与哲学》，2007 年，第 173 页以及 K. C. Klement：*Frege and The Logic of Sense and Reference*，2002，p. 9，n. 7.）。

② 威金斯认为，戴维森对指称的意义理论大加批判之后甚是自豪地指出，他发现真之理论可以为意义理论服务，然而"这种发现当然不过是一种再发现（rediscovery），是对弗雷格和维特根斯坦所表达的东西的再发现，尽管他没能将这种发现归功于弗雷格"，威金斯借助为弗雷格辩护说，"如果弗雷格原先的洞见不是正确的，那么就不会有这种发现"（参见 D. Wiggins："Meaning and Truth Conditions: from Frege's Grand Design to Davidson's"，1997，p. 17）。

③ 参见 D. Davidson："Truth and Meaning"，1967，p. 306. 另外，这段引文的中文翻译请参见［美］戴维森《对真理与解释的探究》，牟博、江怡译，2007 年，第 31 页。

义理论。戴维森认为通过这种途径来解释语句的意义有问题。他提出的主要反对理由是，在这种途径的引导下，人们不得不将意义当作一种实体。当然，由于弗雷格坚持一种实在论的观点，他不仅不反对意义是实体而且还对这一点给予了大量的论证①。但是，戴维森并非站在反实在论的立场上来反对弗雷格。他对弗雷格的批评主要是从他关于意义理论应该承担的任务的考虑出发的。他认为，一旦将意义作为一种实体归属于语词或者语句，那么就会导致"不能有效地说明语句的意义如何依赖于组成它们的语词（或其他结构特征）的意义"②。在戴维森看来，意义理论的任务之一就是遵循语言的意义的组合性原则，并对这种组合性特点提供说明。指称的意义理论无法满足这一点，他从多个方面说明了这一点。例如，假设指称的意义理论能够说明意义的组合性特点，要明确一个语句的意义，就要明确构成语句的每个语法特征的意义。这里的语法特征既包括了构成语句的语词，也包括了使语词能够组合成语句的结构或串联（concatenation）。这将使指称的意义理论在解释"一个语句的意义如何从构成语句的各个语法特征的意义中产生"这个问题上陷入无穷倒退③：由于语词的串联也是有意义的语法特征，它本身就会与语句的其他部分构成一种新的串联，而这个新的串联本身又会与语句的其他部分构成另外一种串联……。指称的意义理论要明确一个语句的意义，就不得不明确所有这样的串联的意义，而这个过程是无穷的。因此，戴维森认为，指称的意义理论无力解决这种倒退问题。

此外，戴维森还指出，如果按照弗雷格关于函数的思想④，"t 的父

---

① 这些论证集中体现在弗雷格的"思想"（1918/1919）这篇文章中，参见［德］弗雷格《弗雷格哲学论著选辑》，王路编译，2006 年，第 129—156 页。但是，需要注意的是，如果说弗雷格将意义当成实体，那么这种"实体"与戴维森所理解的"实体"并不一样。弗雷格借此强调的是语句的意义（思想）的客观性和独立性，在他看来，思想既不是外在的可感的对象也不是心灵内在产生的东西。而戴维森认为，弗雷格把意义当成实体是因为弗雷格把意义当成指称（语句或表达指称的对象）。从这种差别我们也可以看出，戴维森其实误解了弗雷格。

② 参见 D. Davidson："Truth and Meaning"，1967，p. 306。

③ Ibid. , p. 304.

④ 按照弗雷格的函数思想，专名与函数表达式的结合就得到一个新的专名。在这种结合中，专名意谓一个饱和的东西，即对象；而函数表达式则意谓一个不饱和的东西，即函数（例如，谓词或概念词就是一个以对象为自变元以真值为函数值的函数）。在自变元的位置，"不再仅仅允许数的出现，而且允许一般的对象出现"，"对象是一切不是函数的东西"，而"函数必须对每个自变元都有一个值"，函数值也是对象（参见［德］弗雷格《弗雷格哲学论著选辑》，王路编译，2006 年，第 67—69 页）。

亲"这个短语直接指称着一个人，他（她）是单称词项 t 所指称的那个人的父亲，那么"……的父亲"这个函数表达式对明确整个短语的指称就没起到作用。弗雷格当然可以不承认"t 的父亲"这个短语是直接获得指称的。这个短语的指称毋宁说是这样得到的：将单称词项 t 所指称那个人作为"……的父亲"这个函数表达式所指称的函数的自变元，明确了自变元和函数，就明确了函数的值。因此，弗雷格也可以认为，复杂表达的指称是复杂表达所包含的函数表达式所指称的函数的值。这样一来，指称的意义理论似乎同样可以刻画语句的指称（真值）相对于其构成部分指称的依赖性。被刻画出来的东西往往被称为指称的组合性原则①。但是，戴维森对这种刻画方式并不感到满意。因为在他看来，如果按照指称的意义理论，"忒厄特图斯飞翔"的意义（指称）就是以"忒厄特图斯"的意义（这个专名指示的对象）为自变元，由"飞翔"的意义（这个概念词指称的函数）所得到的值。这等于说"忒厄特图斯飞翔"的意义就是"忒厄特图斯飞翔"的意义，因而什么都没有解释。从指称的意义理论对语句意义的描述上看不出语句构成部分的意义在结构上对整个语句的意义起到什么组合性的作用。戴维森持有这样的观点，主要是因为，在他看来，语句的意义与其构成部分的意义的关系应该与语句与其构成部分的关系相对应。如果人们可以从语句的结构上看出语句是怎么由语词作为部分构成的，人们也应该从意义的结构上看出语句的意义是怎么由作为其部分的语词的意义构成的。指称的意义理论将语句或复杂词组的意义视为一个独立的实体，而构成它们的简单语词的意义则视为另外一些独立的实体。即便这两种实体之间存在某种联系，这种联系也并不是结构上的构成或组合关系。因此，指称的意义理论无法说明，一个语句或复杂词组的意义与它们构成部分的语词的意义在结构上有什么联系。从这一点上看，戴维森对于这种意义理论的批评应该是正确的。

戴维森的确指出了指称的意义理论的根本问题所在，只不过在上述例子中，这一点表现得还不是那么强烈。戴维森的另外一个证明是，如果意义是指称，那么所有具有相同真值的语句就是同义的。显然这是"一个令

① 这也是通常的逻辑语义学刻画的组合性原则。意谓（指称）的组合性特征无疑与语言的逻辑结构相关，明确组合性原则是构造逻辑语义学的基础，弗雷格主要借助他的函数思想来讨论意谓的组合性特征（关于这些内容的具体论述可参见：D. Greimann：*Freges Konzeption der Wahrheit*，2003，p. 249）。

人无法容忍的结论"①。因为即便两个语句在部分上存在区别，但由于这种区别并不影响整个语句的真值，这两个语句还是会因为整体的指称相同而被忽略了部分上的区别。戴维森重视这种部分上的区别，但是如果意义就是指称，那么这种部分上的区别自然就会被抹杀。这恰恰从另一个方面说明了，为什么从指称的意义理论对语句的意义的描述中无法看出语句意义的组合性特征。因为正如前面所说，整个语句的意义就是真（True）这个值或假（False）这个值而已，这两个值在结构上并不是由更为简单的东西构成的。

根据戴维森的论述，指称的意义理论实际上是这样一种理论，它蕴涵所有具有如下形式的语句作为其定理：

（S）s 意味 m（其中"s"可被一个语句或语词的结构性描述所替代，"m"被一个指称那个语句或语词的意义的单称词项所替代）。

语句的意义在这里被作为词项的指称使用。这种理论只能独自地解释每个语句或语词的意义。尽管在语法上，一种语言的语句之间或者语句与构成部分之间存在递归的组合性的联系，但这种联系并不会在这种理论中得到刻画。因为戴维森认为，这种理论本质上是以一种字典式陈列的方式来刻画出每个语句和语词的意义的。在指称的意义理论的每条定理中，替换"m"的词项指称着替换"s"的名字所命名的语句的意义。根据指称的意义理论，"知道那些使得语句有意义的结构特征，以及知道每个初始部分的意义，并不等于就知道了一个语句意味什么"②。由此可见，在戴维森看来，指称的意义理论的根本问题并不是它将意义等同于指称（从而使得意义成为实体），而是一旦这么做，就无法刻画出有意义的语言的组合性特征，即无法解释语句的意义如何由语句构成部分的意义以及结构形成的。

二　摆脱内涵语境

如果一个意义理论是令人满意的，在戴维森看来，那么它必须能够解释一种语言包含的所有语句。要做到这一点，这种意义理论就要能够解释

---

① 参见 D. Davidson："Truth and Meaning"，1967，p. 306。

② Ibid.，p. 307.

如下事实：只要把握了有限多的语言元素的意义及其构成规则，人们就可以理解由这些元素所构成的无穷多的语句。指称的意义理论不能满足这样的条件。戴维森认为，满足这样的条件需要采取一个简单的策略，那就要将 S-模式改写为 St-模式：

（St）　s 意味着 p。①

这两种模式的区别在于，在 S-模式中替换 "m" 的是单称词项，它指称一个意义；而在 St-模式中替换 "p" 的是一个语句，它表达而并非命名一个意义。因为在戴维森看来，虽然一个语句前面加了一个 "that"，我们也可以不让它们构成一个名字，"除非我们决定如此"②。但是考虑到弗雷格的观点，即便语句前面加 "that" 不构成名字，只要一个语句在引语语境中，它的指称就是它的通常意义。因此，替换 "p" 的语句在这个内涵语境中并非表达而是指称一个意义。这是包括引语在内的所有内涵语境的普遍问题。戴维森已经意识到 "s 意味着 p" 这种形式的语句面临着内涵语境的问题。这种包含了内涵语境的语句会给意义理论带来困难，因为 "我们不知道它们的逻辑形式。承认这一点也就是承认，我们也许知道关于它们的其他方面的什么东西，但我们不知道首要的东西"③。戴维森认为，一个语句的逻辑形式涉及这个语句的语义特征，即真假。通过对逻辑形式的分析，可以使人们了解一个语句的真假是如何由语句的构成部分，也就是初始的语言词汇构成的，这些词汇是基本的语言要素，它们通过有限次使用一些语法构成规则从而被组合成一个语句，它们的语义值决定了整个语句的语义值，因而它们对于整个语句的真假作贡献。

　　处于内涵语境的语句，即戴维森的内容语句（content-sentence），无法满足对逻辑形式的这样一种分析。内涵语境的一般标志是包含具有如下

---

　　①　如果看英文的表达，这一点会更明显："s 意味 m" 的英文是 "s means m"（S），而 "s 意味着 p" 的英文是 "s means that p"（St）。需要注意的是，这两个表述的重要区别在于：在前者中，"m" 是意义的名字；而在后者中，"p" 则是一个语句，它与 "s" 所指称的语句表达相同的意义；因而，前者需要预设意义实体，而后者则不需要。

　　②　参见 D. Davidson："Truth and Meaning"，1967，p. 309。

　　③　参见 D. Davidson：*Inquiries into Truth and Interpretation*，1984，p. 93。

形式的短语：*F*-that①，其中"*F*"代表了一类动词，如"说（say）"、"相信（believe）"、"认为（think）"、"断定（assert）"，等等，这些词的特点是，它们往往前接一个人物主语，而后缀一个以"that"引领的语句。如果不考虑这个词语前接什么主语，"意味（mean）"也是这类动词之一。一个语句如果处于内涵语境中，当且仅当这个语句出现在一个形如"*x F*-that *p*"的语句中，并且它占据"*p*"所在的位置（其中"*x*"被一个名字替代）。尽管一个语句（如"地球是自转的"）具有戴维森所说的逻辑形式，它的真假依赖于构成部分的指称情况：谓词"是自转的"所指称的概念是否对于主词"地球"所指称的对象而言是真的，而且这种逻辑形式还保证对语句构成部分可以进行保真互换。然而，这个语句一旦处于内涵语境中，例如"伽利略说了（that）地球是自转的"，或者"'雪是白的'意味着（that）雪是白的"，那么关于这个语句的逻辑形式的所有分析都失效了：它的构成部分不再在语义上对整个语句的真假做贡献，甚至在意义上情况也是如此②。戴维森认为，必须想办法把内涵语境转换成外延语境，否则就不能对语句的逻辑形式进行分析，因而也就不能说明语句的部分与整个语句的意义在结构上的构成关系。

在戴维森看来，内涵语境还有另外一个重要的困难。内涵语境总是与一些内涵性的概念相关，"*F*-that"这样的词组总是表达了一些内涵概念，例如言说、信念、思想，其中包括意义。他认为，要解释这些词组或说明这些概念，首先需要用到意义理论③。因此，如果意义理论蕴涵所有具有St-模式的定理（即St-语句），那么这种理论就预设了"意味着"这个词组的意思已经得到说明。但是，意义理论要解决的问题恰恰就是"'意味着'这个词组是什么意思"（也即"什么是意义"这个问题）。如果一种意义理论在解释意义概念的同时使用了"意味着"这个词，那么按照戴维森的

---

① 在中文里，这一点体现得不是很明显，因为中文的表达中一般没有与引导词"that"响应的部分，如果人为添加的话，可以引入"即"这样的表达，例如"伽利略说了，即地球是自转的"，或者"拿破仑断定（即）敌人出现右翼"。有时候为了更加对应地讨论与英语习惯有关的东西，本书会更强调对"即"这个词的使用。

② 这一点也可以在弗雷格那里得到印证，处于间接引语中的语句整个地意谓它的涵义，在蒯因那里，这种语境被当作直接引语处理，直接引语在某种意义上说就是一种指称短语。如果对这种语境中语句的逻辑形式不能做出分析，那么在它们身上就无法找到结构性特征。

③ 对于这一点的进一步论述还可参见 R. L. Kirkham：*Theories of Truth：A Critical Introduction*，1992，p. 225。

观点，这种意义理论所遇到的（由"意味着"这种内涵语境造成的）问题与它所要解决的问题同样困难。可见，内涵语境问题对于意义理论而言的确很棘手。戴维森甚至称之为"困境"，令人感到"焦虑"①。他还指出摆脱这种困境的关键是要认识到，对于意义理论而言，真正重要的并不在于把什么东西填入一个语句的（结构描述性的）名字和另外一个语句（即"s…p"）之间的空处，而在于用什么样的名字和语句来分别替换"s"和"p"。意义理论不过就是要求给出一种对象语言中的每个语句的意义。换言之，对每个语句都要给出一个与之相匹配的语句，后面这个语句能够给出那个语句的意义。即便后面这个语句是如何给出意义的，这一点还"尚待明确"，这也并不影响一种意义理论发挥它的作用、完成它的任务（明确对象语言的每个语句的意义）。按照戴维森的这种观点，如果一种意义理论要蕴涵所有形如"s…p"的定理，那么处于省略号位置的可以是"意味着"，也可以是别的东西，这在关键的方面并没有对意义理论构成影响（例如，这并不会导致意义理论无法给出一些语句的意义）。只不过如果用"意味着"这个词填到省略号的地方就会带来内涵语境的问题。如果一种语言根据其有穷的初始元素和构成方式可以形成无穷多的语句，那么这种语言的意义理论必须要能够反映出语句的构成方式，刻画语句意义的组合性特征，以便能够以有限的公理给出所有语句的意义。内涵语境问题将导致意义理论无法刻画处于语境中的语句的（逻辑）结构，因而无法以有限的方式给出无穷多的语句的意义。这就是为何戴维森要试图摆脱内涵语境的原因所在。

　　为了避免内涵语境问题，戴维森的做法是，使用"是 T，当且仅当"来替换 St-模式中的"意味着"，从而得到这样的等式："s 是 T，当且仅当 p"（其中，与 St-模式相同的是，"s"将被一个语句的（结构描述性的）名字替换，"p"将被一个语句替换）。这种做法的优势在于，替换"p"的语句不再处于内涵语境中，因而它的结构就可以在意义理论所需要的方向上得到分析和利用。这里的"T"与真谓词具有相同的外延，因此所有具有这种形式的语句都是塔斯基所规定的 T-语句，而对于这种形式提出的限制要求就是他的 T-约定。戴维森宣称，一个意义理论所要完成的任务恰恰能够被塔斯基的真之理论实现，因而塔斯基给出的那种真之定义与意义

---

① 参见 D. Davidson："Truth and Meaning"，1967，p. 309。

理论之间有着明显的联系。这种联系可以表述为：真之定义的工作是"给出每个语句为真的充分必要条件，而给出一个语句的真之条件就是给出意义的一种方式。知道一种语言的真之语义学概念，就是知道什么使得一个语句为真，这就相当于（在一种我们能够给出这个措辞的较好的含义上）理解了这种语言"①。因此，戴维森的意义理论又被称为真之条件的语义学（即 TCS）。戴维森能发现真之理论与意义理论之间的联系，这一点并非出于偶然。在他试图要摆脱内涵语境问题的时候，真之理论的外延性特征在处理语句的逻辑形式或结构方面的优势就已经展现出来了。为了避免内涵语境的问题，戴维森需要求助外延性的方法。他之所以选择外延性的方法来构造意义理论，是因为他希望意义理论能够刻画出语句意义的组合性特征。塔斯基的真之理论在确定对象语言的语句的真之条件时，恰恰能够依据语句的逻辑形式或结构，刻画出语句真值是如何在结构上由其构成部分的语义值确定。塔斯基的真之理论所能提供的东西恰好能够符合戴维森对于意义理论的要求，这很难说戴维森的这种要求没有很早就受到塔斯基的真之理论的影响，毕竟塔斯基的真之理论作为形式语言的语义学流行已久。但我们不得不承认，戴维森将塔斯基的真之理论作为意义理论的想法本身确实是极富创造性的。至少我们可以由此看出，戴维森把握住了真之理论和意义理论共同拥有的某些本质的东西。

三　意义理论的基本原则

戴维森之所以反对指称的意义理论，或者说，他之所以最终会选择塔斯基的真之理论，很大程度上也取决于他关于意义理论本身的一些看法。也就是说，在他看来，意义理论是有一些基本原则的。这些规则决定了哪些意义理论是令人满意的，哪些不是。虽然戴维森并没有专门讨论哪些规定性的东西应该是一种令人满意的意义理论必须遵循的基本原则，但在他对于意义理论的一系列阐述中，我们还是可以看到，他的确强调了一些规定。这些规定很零散地包含在他的一些讨论中。本节试图通过研究他提出这些规定的语境来系统地说明，对于戴维森而言，一种令人满意的意义理论应该遵循什么样的基本原则。

（1）解释性原则。从戴维森对于意义理论的阐述来看，一种令人满意

---

① 参见 D. Davidson："Truth and Meaning"，1967，p. 310。

的意义理论应该遵循哪些基本原则，这首先应该与意义理论的目的相关。意义理论应该完成什么样的任务？意义理论最终应该达到的目的是解释一种语言的使用者如何能够学会使用这种语言。要实现这一点，戴维森强调，必须要满足一个必要条件："一个完善的理论不应该仅仅标出有意义的语句，而是应该给出它们的意义。"① 他认为，意义理论必须说明语句的意义如何依赖于构成它的语词的意义。没有做到这一点，意义理论就不可能正确地解释我们是如何可能学会一种语言的，即如何能够在掌握有限词汇以及语法规则的基础上理解无穷多的语言表达。因此，一种意义理论的直接目的就是要"给出每个有意义的表达式的意义"②。给出语句的意义在戴维森看来就是对语句提供了解释，他期望由这种对语句意义的解释最终达到对整个语言使用现象的合理解释。尽管一种意义理论必须解释对象语言中的所有语句，这是很自然、也很基本的要求，要满足这种要求却并不是简单的事情。当对象语言的语句在数量上不可限制时，如何能够给出所有语句的意义，这就需要在构造意义理论的时候采用一些技巧。这就是说，一种意义理论如果要符合所谓的解释性原则，那么还必须要符合另外一些原则。

（2）组合性原则。一种令人满意的意义理论应该遵循哪些基本原则，还跟以下这个问题密切相关：一种意义理论如何才能完成解释对象语言中所有语句的任务？这个问题又或多或少与对象语言的语句意义具有什么特点相关。戴维森对于语句的意义本身事实上具有哪些特点的直接讨论其实并不多，他更多的是关注应该怎么看待意义。戴维森反对将语句的意义当作实体，强调必须以一种整体论的观念来看待意义。根据他的整体论的意义观，语句的意义依赖于它的构成部分的意义及其构成方式，而语句的构成部分的意义应该是从整个语句的意义中抽取出来的东西。不管这种观念对与不对③，至少戴维森主张，语句的意义具有一种组合性的特征，即语句的意义是由其构成部分的意义依照一定的逻辑形式或结构组合而成的，因此语句的意义依赖于其构成部分的意义。一种令人满意的意义理论必须能解释这种组合性或依赖性。

于是，根据戴维森的观点，意义理论除了要给出一种语言中所有语句

---

① 参见 D. Davidson：*Inquiries into Truth and Interpretation*，1984，p. 60。

② Ibid.，p. 55.

③ 本书将在第五章第三节详细讨论这种整体论的观念及其对语义学构造的影响。

的意义，还需要达到另外一种目的："对于一个说话者而言，真之理论在这样一种意义上是一种意义理论，即关于这种理论的明确知识将足以［使得听者］理解说话者的话语。"① 意义理论要刻画出说一种语言的人能够使用语言进行交流所应具备的知识。只要具有了这种知识，人们就可以进行正常交流，即能够理解说话者所说出的话。这种理论将使掌握它的人能够理解这种语言的所有语句，进而学会这种语言。所谓学会一种语言，不是在现实的意义上理解这种语言的所有语句，而是凭借意义理论提供的知识有能力理解这种语言的潜在的、无穷多的语句。即便一些语句对于听者而言可能很陌生，但只要它们是这种语言的语句，听者就可以根据意义理论提供的知识来把握这些语句的意义。一种令人满意的意义理论要达到上述理论目的，就得遵循一个重要的原则："一种令人满意的意义理论必须对诸语句的意义如何依赖于诸语词的意义［确切地说，其构成部分的意义］提供解释"；它必须解释这样一个事实，即"在掌握了数量有限的词汇和有限的被陈述了的规则，我们能够产生并理解潜在无穷多的语句"②。意义理论解释了这些事实，也就等于说是解释了意义的组合性特征。为此，这里将之称为意义理论的组合性原则（principle of compositionality）。

在戴维森看来，这一原则与意义理论的目的（即对对象语言的每个语句提供解释）是一致的。因为对于自然语言而言，"有意义的表达式的数量似乎没有明确的限制，一个可行的理论必须在按照一定方式展示有穷数量的特征的基础上解释每个表达式的意义。即便人们能够在理解了的前提下发送和接收一些语句，而且这些语句在长度上有一种实际的限制，一个令人满意的语义学也需要解释，如果一些可重复的特征出现于一些语句中，这些特征对于那些语句的意义有什么贡献"③。在假定一种语言可能包含数量不限的语句的前提下，如果意义理论要达到解释所有语句的目的，按照戴维森的观点，它应该首先以一种整体论的观念来看待语句的意义，并按照语句的意义的组合性特征来构造理论。只有这样一种遵循组合性原则的意义理论才有可能实现意义理论的理论目的。

戴维森还指出，一种令人满意的意义理论不仅要能够刻画一个语句的意义是如何依赖于它的构成部分的意义的，还要能够说明语句构成部分的

---

① 参见 D. Davidson："The Structure and Content of Truth"，1990，p. 312。

② 参见 D. Davidson："Truth and Meaning"，1967，p. 304。

③ 参见 D. Davidson：*Inquiries into Truth and Interpretation*，1984，p. 55。

意义是如何通过确定整个语句的语句而被确定的。与组合原则相匹配的是语境原则。戴维森根据这两种原则提出了整体论的要求。根据整体论，一个语句构成部分的意义是从整个语句的意义中抽取出来的；整个语句的意义又是由构成部分的意义组成的。意义理论需要同时说明这两点。

（3）有穷公理化原则。由组合性原则出发，戴维森进一步认为，一种令人满意的意义理论应该"以有限的形式来表达"①。换句话说，这种理论不能将关于每个语句的意义的刻画都当做它的公理，否则就会导致它必须以列举的方式一一描述这些公理。在戴维森看来，"这无益于理解语言的结构"，有悖于组合性原则。因此，这种理论包含的（非逻辑）公理数目必须是有穷的。由这些蕴涵的定理，将分别给出对象语言中的每个语句的意义。本书将这条原则称为有穷公理化原则。符合这条原则的意义理论就可以说是实现了一种令人满意的意义理论所必须要完成的理论任务：它将能够解释，对象语言的无穷多语句是如何从有穷多的词汇和有穷多的规则中产生的。为此，构造一种有穷公理化的意义理论必须首先包含对语言（语句）的深层语法结构（即逻辑结构）有一种递归的描述，进而按照这种递归的方式给出每个语句的意义。这种递归方式保证了该意义理论可以说明语句意义的结构依赖性或组合性问题。按照戴维森的观点，只要说明了这个问题，就能解释语言的使用者是如何能够学会并使用一种语言的。有穷公理化原则也可以说是组合性原则的一个推论②。

（4）外延性原则。一种令人满意的意义理论必须具有外延上的恰当性，它能够（利用语言结构的便利）给出一种语言中的所有可能的语句的意义。戴维森提出这个原则，其实并不是因为意义理论内在地有这种要求。很大程度上，这种原则可以使意义理论避免内涵语境带来的麻烦，一种外延上恰当的意义理论更易于满足其他原则性（尤其是组合性原则）的要求。换句话说，如果从组合性原则来看，外延性的理论显然具有更大的优势。因此，外延性原则也可以说是组合性原则的推论。

---

① 参见 D. Davidson：*Inquiries into Truth and Interpretation*，1984，p. 128。

② 这一条原则在戴维森那里之所以是恰当的，还依赖于一个预设：一般而言，语言的语义初始物（符号、表达）都是有穷的（参见 G. Harman："Davidson's Contribution to the Philosophy of Language"，2009，p. 2）。这大概也是戴维森为何试图摆脱内涵语境的原因之一。因为在戴维森看来，不少学者对于内涵语境的处理导致了，将会有无穷多的语义初始物的出现（参见 D. Davidson：*Inquiries into Truth and Interpretation*，1984，pp. 9 - 15）。

　　于是我们不难发现，在上述四个原则中，最为核心的原则就是组合性原则（实际上，戴维森认为，对于语句的解释就是给出其意义；而只有遵循组合性原则才能成功地给出对象语言的所有语句的意义。因此，在这种意义上可以说，组合性原则也包含了解释性原则）。戴维森经过论证后之处，符合上述四个原则的一个最佳选择就是塔斯基的真之理论。普拉茨将戴维森的论证划分为 6 步[①]：第 1 步，基于解释性和组合性原则的考虑，戴维森提出了外延上的恰当性的要求。第 2 步，戴维森批评指称性的以及 St-模式的意义理论无法满足外延性的要求。第 3 步，将内涵性的 St-模式转化为 "s，当且仅当 p" 这种外延性的模式。第 4 步，指出这种形式的表达式不合语法，因为 "s" 本身是语句的名字而非语句。第 5 步，要求通过一些纯粹技巧性、非实质的手段将这种不合法的表达式合法化，即在 "s" 后面加一个谓词，于是得到 "s 是 T，当且仅当 p"。最后一步，戴维森指出，这里的 T-谓词恰巧与真谓词具有相同的外延，该表达式正好就是 T-语句。因此，意义理论所应该具有的形式恰恰是塔斯基的真之理论所提供的形式。

　　在戴维森看来，塔斯基的真之理论基本上具备了三个特点：第一，通过以一种与真概念相关的方式将语句分析为由有穷多的部分构成的，并能够以此来解释每个语句的意义（真之条件）；第二，能够提供一定的方法来决定，对于任意语句而言，它的意义是什么；第三，这个理论所蕴涵的所有关于单个语句的真之条件的陈述，应该使用与被陈述其真之条件的语句相同的概念。任意一种意义理论如果它能具备其中前两个特点，那么这种理论就足以说明它所描述的语言是可学会的和可理解的；如果它还具备第三个特点，那么它就为一种语言语句的意义提供了正确的解释。戴维森将这三个特点看作是一种可接受的意义理论所必须具备的条件[②]。不难看出，这三点其实是对上述四个原则的一种发挥，而且它们还具体地与真之理论结合起来（尤其是第三点，似乎是特意针对塔斯基的 T-约定来说的，它要保证用于解释的语句和被解释的语句意义相同）。真之理论是否真的具有这些优势？或者它是否真的能够服务于意义理论的目的？戴维森的答案无疑是肯定的。不过要判定戴维森的意见正确与否，首先需要我们对塔

---

　　① 具体的分析请参见 M. Platts：*Ways of Meaning*，1979；以及 A. Miller：*Philosophy of Language* (2nd)，2007。

　　② 参见 D. Davidson：*Inquiries into Truth and Interpretation*，1984，p. 56。

斯基的真之理论有比较深刻的理解。

第二节　基于真之理论的意义理论

一　塔斯基的真之理论

　　20 世纪 30 年代，塔斯基（A. Tarski）提出了真之语义学概念，并给出了形式化语言中的真概念之定义，由此人们认为，他提出了一种新的真之理论，即真之语义学理论（semantic theory of truth）。这种真之理论自问世以来对逻辑学、语言哲学领域内很多问题的研究都产生了深远影响，尤其是真之问题和意义问题。塔斯基的真之理论的核心部分就是针对形式化语言中的真谓词给出定义。试图对真概念或真谓词进行定义，这是哲学的一项传统任务。塔斯基并没有像早期维也纳学派的很多分析哲学家那样将"真"当作一个形而上学的概念毫无保留地排斥在哲学研究之外。他没有避开传统，相反，他认为应该延续一种关于真概念的亚里士多德式的经典直觉，应该"把握这种古老概念的现实意义"①。当然，光有这种直觉还不够，塔斯基同时也指出，哲学传统上对于真概念的所有定义没有一个是令人满意的，因为这些定义"远远没有满足精确性和形式正确性的观点的要求"②。在他看来，一个令人满意的真之定义需要满足两个条件：形式上的正确性（formal correctness）和实质上的恰当性（material adequacy），满足前一个条件，就要使一个真之定义具有如下模式：

　　（Fc）对对象语言 L 的任意语句 x 而言，x 是真的，当且仅当 $x = s$，p。

　　凡是符合 Fc-模式的真之定义就是形式上正确的。形式正确的真之定义还可以采取一种与 Fc-模式等价的形式，即这种定义所蕴涵的定理都具有如下模式（具有如下形式的定理或语句又被理所当然地称为 T-语句）：

---

　　①　参见 A. Tarski："The Concept of Truth in Formalized Languages"，1933，p. 153。类似的论述还可以参见 A. Tarski："The Establishment of Scientific Semantics"，1936，p. 401；以及 A. Tarski："The Semantic Conception of Truth and the Foundations of Semantics"，1944，p. 341。

　　②　参见 A. Tarski："Truth and Proof"，1969，p. 63。

（T） s 是真的，当且仅当 p。[1]

然而，形式正确的真之定义未必都是恰当的，一种形式正确的定义完全有可能蕴涵一些我们不希望出现的错误或奇怪的 T-语句。为了避免出现这种情形，我们必须对 T-语句做出限制。这样，第二个条件就变得尤为重要，这也就是说，一个令人满意的真之定义还要满足下面这个条件：

（T-约定）这种定义蕴涵所有通过如下方式得到的语句，即用对象语言中的语句的结构描述性的名字替换 T-模式中的符号 "s"，用元语言的语句替换 "p"，并且替换 "p" 的语句是替换 "s" 的名字所命名的对象语言的语句在元语言中的翻译[2]。

严格来说，在塔斯基那里，这两个部分即 T-语句和 T-约定单独任何一个都不足以成为一个真之定义[3]。它们两个合起来才共同构成了一个实质上恰当的定义，确切地说，它们提供了一种检验的标准，按照该标准，我们可以知道一个真之定义是否是实质上恰当的。塔斯基认为，一个实质上恰当的真之定义要具有（Fc）这样的正确形式（以（Fc）这种模式描述的真之定义一般也被称为明确的真之定义，这个定义实际上只由一个复杂公理构成）。不过，这种形式要求也很容易满足：只要有了关于基础句的和复杂句的单列的（递归的）真之定义，仅仅需要做简单的转换即可将它

---

① 塔斯基自己的方式表述的 T-模式是，"s 是真语句，当且仅当 p"，或者 "$s \epsilon Tr$，当且仅当 p"（其中 Tr 是所有真语句的集合）。这种表述方式与正文中的表述方式是一致的，而且现在人们讨论 T-语句时一般采取直接的 T-语句的方式。

② 塔斯基的 T-约定中其实还包含这样一条限制：真之定义还必须蕴涵这样的语句 "对任意 s，如果 $s \epsilon Tr$ 那么 $s \epsilon S$"，其中 "Tr" 表示所有真语句的结合，"S" 表示所有语句的集合。不过他认为，这一条并不是本质的（参见 A. Tarski："The Concept of Truth in Formalized Languages"，1933，p. 188）。塔斯基做出这条规定的一个重要原因是，他所定义的真谓词仅仅针对语句，尽管他并不否认在日常语言中还有别的东西也可以被称为真（参见 A. Tarski："The Semantic Conception of Truth and the Foundations of Semantics"，1944，p. 342）。在这里，我们不提这一条并不是因为它不是本质的，而是因为，我们在已有的约定中已经将替换 "s" 的东西归为只能是（有意义的、陈述的）语句的名字。

③ 参见 M. Black："The Semantic Conception of Truth"，1948，p. 52。

们合并为一个明确的真之定义①。由此可见，对于在塔斯基的真之定义而言，单列的真之定义与明确的真之定义一样，可以满足形式上正确性的要求。

在这里需要注意的是，塔斯基通过 T-语句和 T-约定这两个部分并没有定义一个普遍的真谓词（truth predicate）。实际上，他也并没打算给出一个针对所有语言的一般的真之定义，他所给出的真之定义是"单个的一般定义"，即"针对单个语言的"真谓词的一般定义。塔斯基之所以只针对某种特殊的语言给出其真之定义的原因在于，他认为：一方面，并非所有的语句在所有语言中都是真的，也就是说，有的语句在这个语言中是真的，可能在那个语言中是假的，或者没有意义②；另一方面，在日常语言这样的语义封闭的语言中，真谓词的使用会导致悖论；或者，如果某些语言包含无穷阶（infinite orders）的表达式（例如包含如下这个语句："S 是真的"），那么针对这种语言的真谓词就不可能得到（递归地）定义③。因此，塔斯基选择在语义的层面上定义真谓词，即总是在针对某种特殊语言的框架内构造这种定义。实际上，在塔斯基那里，被定义的东西并不是没有任何限制的谓词"真的（true）"（在塔斯基看来，这种定义对于科学研究而言也是不必要的），而是"在-L 中-是真的（true-in-L）"这样的特殊的真谓词（这里的"L"并不是通常意义上的变元，它相当于下标，所以这个真谓词也可以直接写作"是真的$_L$（true$_L$）"，这个下标仅仅表明一个真谓词适用的某个特殊种类的语言，例如自然语言（片段）、一阶算术语言等等。如果对象语言被确定为一阶的皮亚诺算术语言（PA），它的真谓词就可以直接写作"是真的$_{PA}$（being true$_{PA}$）"）。在一般情况下，如果对于某些特殊的论题而言人们觉得没有必要非得强调或指出他们所使用的真谓词针对哪一种特殊语言，或者人们认为他们所讨论的真谓词总是针对某种特殊语言，并且这一点已经被假定了或本身就是众所周知的事情，就可以在他们的讨论中直接使用真谓词而无须提及真谓词所针对的那一种特殊语言。换言之，一旦被定义的真谓词所针对的语言被明确或者被假定了，

---

① 具体的操作办法参见 A. Tarski："The Concept of Truth in Formalized Languages"，1933；以及 S. Soames：*Understanding Truth*，1999，p. 74。

② 参见 A. Tarski："The Concept of Truth in Formalized Languages"，1933，p. 155；以及 A. Tarski："Truth and Proof"，p. 64。

③ 参见 A. Tarski："The Concept of Truth in Formalized Languages"，1933，pp. 265 – 277。

在定义中就不一定非要再出现"在某某语言中"这样的限定语。

还需要说明一点的是，塔斯基给出的真之定义所涉及的语言都是形式化的语言。他对对象语言（即所"提及的"和所"研究的"的语言）的要求是，这种语言必须要使人们能够对它的逻辑形式或结构做出充分的分析。因为"只有当这些语言的形式结构被准确确定下来时，关于这些语言的真之定义的问题才有了准确的意义并且才能以一种严格的方式得到解决"①。准确而充分地分析一种语言的形式结构可以达到两个目的：首先，借助对这些形式结构的分析可以直接将直陈性的语句与语句的表达（也就是将语句表面的语法形式和深层的逻辑形式区分开来）、有意义的语句与无意义的语句区分开来②。另外，还可以通过对这些形式结构的分析看到语句与语句、语句与构成它的基本语言要素之间的语法和语义关系。由这种分析可以使人们认识到语言的形成规则在语句构成上的作用，如果要为一种包含无穷多语句的语言构造一个真之定义，这一点就变得尤为关键了。一种纯粹形式化的语言的优势在于，它不仅能够达到上述两个目的，而且还能防止出现语句意义模糊的情况。因为在形式化的语言中，语句的真值是唯一通过形式结构得到识别的。虽然塔斯基认为只有针对一种受到限制的语言（确切地说，一种在形式结构上能够得到准确分析的语言），严格的真之定义才可能被给出，但他并不认为所谓的形式化的语言指的就是完全借助符号按照一定规则构造起来的语言系统。尽管他认为整个自然语言是一种包含矛盾的、语义封闭的语言，但他并不否认存在一种语言（S_N），它是自然语言的子部分，并且在这种语言中语法结构是明确的，语言也是没有歧义的。而且更为重要的是，在塔斯基看来，如果"在-S_N 中-是真的"这个谓词并不包含在 S_N 这种语言中，那么针对该语言完全可以

---

① 参见 A. Tarski："The Establishment of Scientific Semantics"，1936，p. 403；以及 A. Tarski："The Semantic Conception of Truth and the Foundations of Semantics"，1944，p. 347。

② 塔斯基在这里所说的"有意义"和"无意义"并不是指一个语句有没有内容，而是指一个语句有没有真值（参见 A. Tarski："The Semantic Conception of Truth and the Foundations of Semantics"，p. 342）。这个说法与维特根斯坦以及维也纳学派的卡尔纳普以及艾耶尔等人的观点类似，后者这些哲学家往往将语句是否有意义的标准设定为它们是否有真值，而这又依赖于它们是否能够翻译为符合（一阶）逻辑语法的语句。就此而言，他们与弗雷格的观点有所区别。弗雷格并没有将语句的意义与它们的真假建立依赖关系，他承认有些语句有内容但是没有真值（参见 ［德］弗雷格《弗雷格哲学论著选辑》，王路编译，2006 年，第 127 页）。例如，弗雷格曾认为，"奥德赛在沉睡中被放到伊萨卡的岸上"这个语句既不真也不假，但却有涵义（同前，第 102 页）。

借助精确的方式给出其真之定义。实际上，塔斯基认为，他所说的形式化的语言正是自然语言的一个片段或者至少它可以被恰当地翻译为自然语言的一个片段。但是塔斯基主张这一点丝毫没有削弱形式化语言的优势，他所想要表达的其实是：自然语言也包含了一些片段，这些片段具有与形式化语言相同的优势。按照塔斯基的观点，恰恰因为对象语言的形式结构对于构造一个正确的真之定义而言至关重要，所以在给出真之定义之前，首先需要分析、明确对象语言的形式结构。

现在按照塔斯基所提出的要求，我们为一种非常简单的语言构造它的真之定义：假设一种对象语言 L，它的词汇表中只包含"a"、"b"、"F"、"G"这四个符号（其中前两个是专名，后两个是一元谓词），只有"Fa"、"Fb"、"Ga"、"Gb"才是（有意义的）L-语句。我们使用的元语言为中文，于是规定"句一"、"句二"、"句三"、"句四"分别是 L 中的四个语句在元语言的名字，"孔子是哲学家"、"墨子是哲学家"、"孔子是鲁国人"、"墨子是鲁国人"分别是对象语言中四个语句的翻译。于是，针对语言 L 的真之定义，即对"在-L 中-是真的"这个真谓词的定义可以表述如下：

（Df_1）　句一在 L 中是真的，当且仅当孔子是哲学家；
　　　　　句二在 L 中是真的，当且仅当墨子是哲学家；
　　　　　句三在 L 中是真的，当且仅当孔子是鲁国人；
　　　　　句四在 L 中是真的，当且仅当墨子是鲁国人。

这个定义是由四个 T-语句合取而成（分号表示合取），根据 T-语句和 T-约定，它显然是实质上恰当的，但它还不具有塔斯基所要求的（Fc）的定义模式。不过，我们可以将它改写为明确的真之定义：

（Df_1'）　对任意 L-语句，该语句是真的，当且仅当该语句是句一，孔子是哲学家；该语句是句二，墨子是哲学家；该语句是句三，孔子是鲁国人；该语句是句四，墨子是鲁国人。

不难证明这个改写与前一个定义是等价的：（（Df_1）所包含的每个 T-语句都是（Df_1' 的实例）。经过改写之后的定义完全符合 T-约定以及 Fc-模式，因而它不仅是实质上恰当的，而且是形式上正确的。在定义（Df_1）中，可以很容易看出，这个真之定义蕴涵了四个独立的 T-语句。按照塔斯基的说法，这些 T-语句单独而言都仅仅是部分的定义（partial definitions）。当一个语言只包含有穷多的语句时，塔斯基认为，我们可以直接根据 T-约定通过对"s 是真的，当且仅当 p"这种 T-模式进行替换得到关于对象语言中所有语句的 T-语句。其中，通过替换得到的每个 T-语句都仅仅是"一个关于真［谓词］的部分定义，它仅仅解释了某个单个的语句的真（truth）。［关于'在-L中-是真的'］一般定义（the general definition），在某种意义上，必须是所有这些部分定义的逻辑合取（logical conjunction）"①。塔斯基在这里表达的观点是，只要将针对某种语言的所有的部分定义"逻辑合取"起来就能得到针对该语言的一般的真之定义。按照这种观点，给出真之定义的做法并不复杂，只是将对象语言中的语句列举出来而已。只要一种语言包含有穷多的语句，不管在数量上有多庞大，都可以采取这种做法很容易地给出它的真之定义。由于给出这种定义，只需要列举出所有相关的 T-语句，即使这种定义也需要分析和说明语言的形式结构（以便知道哪些语句是这种语言的语句），但它并没有在定义中刻画出这种语言的语句在语义上对于其构成部分有什么样的依赖关系。

　　就真之定义而言，这种定义的价值极为有限。因为大量的语言都包含了数量众多乃至无穷的语句，这种定义的方式在定义针对这些语言的真谓词上明显是笨拙的，甚至是无力的。这时候就需要借助递归定义的办法。例如，我们通过在对象语言 L 中添加两个联结词，将其扩张为 $L^+ = L \cup \{N, C\}$。由于扩张后的语言 L^+ 中包含了两个联结词，因而可以按照给定的形成规则由初始语句产生数量众多的新语句。在这种情形下，借助递归的方式可以使得真之定义变得更为容易。当然如果一种语言能够包含无穷多语句的时候，按照塔斯基的观点，真之定义就必须要采用递归的方式。如果一种语言的初始词项中包含了量词，那么定义量化句的真谓词就要依赖于引入新的语义概念，即满足概念和指称概念。当然，即便一种语言不包含量词，如果要刻画基础句的真值对其构成部分的语义依赖关系，也可

---

　　① 参见 A. Tarski："The Semantic Conception of Truth and the Foundations of Semantics"，1944，p. 344。

以借助这两个概念①。

现在，我们可以考虑通过在 L^+ 中增加一个一元函数符号对其再进行扩张，从而得到更丰富的语言 $L^* = L^+ \cup \{f\}$。假设元语言是对中文进行适当扩张之后得到的语言。按照塔斯基的策略，首先分别对 L^*-项和 L^*-语句做如下刻画：

（L^*-I）（1）"a"、"b" 是 L^*-项；

　　　　（2）"fa"、"fb" 是 L^*-项；

　　　　（3）其他的都不是 L^*-项。

（L^*-II）（1）如果 "t" 是 L^*-项，那么 "Ft"、"Gt" 是 L^*-语句；

　　　　　（2）如果 "n" 是 L^*-语句，那么 "Nn" 是 L^*-语句；

　　　　　（3）如果 "n" 是 L^*-语句，"m" 是 L^*-语句，那么 "Cnm" 是 L^*-语句；

　　　　　（4）其他的都不是 L^*-语句。

根据对 L^*-项和 L^*-语句的递归刻画，在定义"在-L^* 中-是真的"这个真谓词之前，首先定义指称概念和满足概念，然后在此基础上定义真谓词。当然，我们将采用递归的方式给出如下这些定义：

（D）词项 "t" 在 L^* 中指称对象 o，当且仅当（"t" = "a" 且 o 是孔子）或（"t" = "b" 且 o 是墨子）或（"t" = "fa" 且 o 是 "a" 指称的对象的老师）或（"t" = "fb" 且 o 是 "b" 指称的对象的老师）。

（S）对象 o 在 L^* 中满足谓词 "P"，当且仅当（"P" = "F" 且 o 是

① 如果不需要考虑初始语句的真值对于其构成部分的语义值的依赖关系，那么对 L^+ 这种语言的真谓词的递归定义完全可以只是刻画一个复杂的 L^+-语句在语义上对于构成它的较为简单的 L^+-语句的依赖关系。如果这样的话，基础的 L^+-语句在语义上是如何依赖于构成部分的，这一点当然没有得到刻画。因为，只要直接在元语言中给出每个基础句的翻译即可（参见 M. Black："The Semantic Conception of Truth"，1948，pp. 52–54）。其实，对于任意语言而言，只要它所包含的初始语句是有穷多的，那么一个针对它的真之定义就可以不借助其他的语义概念，因为不需要对初始语句的构成做出递归描述。一旦初始语句的数量极其庞大乃至无穷多，这就意味着在一个真之定义中很难直接给出每个初始语句的翻译。在这种情况下，借助指称概念和满足概念就是大有裨益的。

哲学家）或（"P" = "G"且 o 是鲁国人）。

（Tr）对任意 L^*-语句 s，s 在 L^* 中是真的，当且仅当（s = "Pt"且 "t" 指称的对象满足"P"）或（s = "Nn"且"n"不是真的）或（s = "Cnm"且（"n"是真的且"m"是真的））。

在定义了词项的指称条件和谓词的满足条件的基础上，这个递归的真之定义（Tr）可以被证明是形式上正确且实质上恰当的，因此它是关于"在-L^*中-是-真的"这个真谓词的定义[①]。但（Tr）这个定义中还包含了指称概念和满足概念，如果按照塔斯基的要求，将所有的语义学概念都还原为非语义学的概念，就是要用定义（D）、定义（S）中等式的右边替换定义（Tr）中的这两个概念（定义（D）和定义（S）的作用就在于实现彻底的还原）。这种替换的过程比较烦琐，因此这里仅仅将替换的结果陈述如下[②]：

（Tr*）对任意 L^*-语句 s，s 在 L^* 中是真的，当且仅当（s = "Fa"且孔子是哲学家）或（s = "Fb"且墨子是哲学家）或（s = "Ga"且孔子是鲁国人）或（s = "Gb"且墨子是鲁国人）或（s = "Ffa"且孔子的老师是哲学家）或（s = "Ffb"且墨子的老师是哲学家）或（s = "Gfa"且孔子的老师是鲁国人）或（s = "Gfb"且墨子的老师是鲁国人）或（s = "Nn"且"n"不是真的）或（s = "Cnm"且（"n"是真的且"m"是真的））。

由于 L^* 尽管包含了函数符号"f"，但按照定义（L^*-I），L^* 的词项只有"a"、"b"、"fa"和"fb"，因此将（D）、（S）以及（Tr）综合为（Tr*）的过程还比较容易。如果 L^*-项的数量庞大以及将（D）的第二条改变为"如果't'是 L^*-项，那么'ft'是 L^*-项"这样的递归定义，想

① 参见 S. Soames：*Understanding Truth*，1999，p. 73。

② 具体的转换可以参考 A. Tarski："The Concept of Truth in Formalized Languages"，p. 193，还可以参考 S. Soames：*Understanding Truth*，1999，pp. 74 – 75。

通过替换得到（Tr*）就很复杂了①。

　　到目前为止，本章讨论了针对两种特殊语言的塔斯基的真之定义，这两种语言其实都比较简单。包含了变元和量词的一阶语言，例如塔斯基所讨论的类演算的语言或一阶算术语言，无疑更为复杂。由于在这类语言中会出现 Fx_1 或 $\exists x_1 Fx_1$ 这样的表达式和语句，真之定义还需要借助序列（sequence）这样的概念。所谓序列，就是某个对象域中的对象的排序。这种排序与语句中的自由变元的排序是相对应的，处于序列相同位置的对象就是相应的自由变元的语义值，因而序列相当于对自由变元的语义值的指派。细微的区别大概在于，指派只需要将每个自由变元（按照一定的排序）对应于一个对象，即令每个自由变元都有一个对象作为它的值，而一个序列中出现的对象个数可能会超出自由变元的个数，不过这些多余的对象并不影响整个序列明确自由变元的取值。这种真之定义除了在涉及关于变元以及包含变元的项的指称概念定义、关于包含变元的表达式的满足概念定义和关于量化式的真概念定义这三个方面与前面的定义有所不同之外，其他方面的定义基本不变（前面定义中的对象 o 可以看成是由 o 构成单元序列 <o>）。在借助序列的真之定义中，塔斯基首先定义了"一个序列满足一个（开）语句"：一序列满足"Fx_i"，当且仅当，该序列中第 i 个元素具有"F"所表达的性质；一序列满足"Rx_iy_j"，当且仅当，该序列中第 i 个元素和第 j 个元素具有"F"所表达的性质；一序列满足"$\forall x_i \Phi(x_i)$"，当且仅当，任意与该序列至多在第 i 个元素上不同的序列都满足"$\Phi(x_i)$"；一序列满足"$\exists x_i \Phi(x_i)$"，当且仅当，存在与该序列至多在第 i 个元素上不同的序列满足"$\Phi(x_i)$"。在此基础上，塔斯基定义了真谓词：对任意语句 s，s 在 L 中是真的，当且仅当所有序列都满足 s。由于一方面这种定义针对的语言可能包含了无穷多的语句；另一方面这种定义需要考虑到量化式的内部结构，因此它必须要借助递归的办法。

　　总体而言，在塔斯基那里，真之定义（依照所针对语言的情况）可以分为两种，一种是列举式的，另外一种是递归式的。塔斯基认为，"一般

---

　　① 定义（L^*-I）并不允许对已有的 L^*-项重复使用函数符号 f 来形成新的项，所以 L^*-项只有四个；否则，像"ffa"、"fffb"、"ffffffffffa"这样的表达式也会是 L^*-项，项以及公式数量的增加自然就会增加将（D）、（S）以及（Tr）综合为（Tr*）的过程的复杂程度。

地讲，我们必须描述将被给出［真之］定义的语言的形式结构"①。但是，列举式的定义并不十分依赖于这种关于对象语言中语句的形式结构的描述，因而它无法体现一个复杂的语句与构成它的简单语句、一个简单语句与构成它的词项在语义上的组合性的种种联系。真正依赖于关于对象语言的形式结构的描述的是递归式的真之定义。这种递归定义能够很好地说明对象语言中的语句与语句的构成部分在语义上的依赖关系。

戴维森认为，塔斯基的真之定义或真之理论与意义概念之间存在明显的联系，"这种联系就是：那种定义通过对每个语句为真给出充分必要条件而起作用，而给出真之条件正是给出语句意义的一种方式"②。但确切地说，戴维森构建其意义理论所依赖的并不是塔斯基的真之定义而是真之理论③。有的学者认为，在戴维森那里，"真之定义"与"真之理论"这两个术语实际上并没有特别重要的区别④。这种看法尚有值得商榷之处，因为毕竟戴维森在他一系列论文中谈论较多的总是"真之理论"而非"真之定义"。如果我们一定要强调戴维森在这两种术语使用上的区别，那么这种区别必定与戴维森对于意义理论的看法有关。戴维森认为意义理论必须能够刻画意义的一些显著特征。如前所述，他从整体论的立场出发指出，语句的意义包含了两种显著特征：其一，语句的意义具有组合性的特征。复杂语句的意义依赖于作为其构成部分的语句的意义以及简单语句的意义依赖于更小的构成部分（如主词、谓词）的意义。其二，语句的意义具有语境相关性（context-sensitivity）的特征。任何单一的语词和语句没有意义，只有将它们置于与其他语词或语句的联系中、置于整个语言中才能获得意义⑤（在这一点上，戴维

---

① 参见 A. Tarski："The Semantic Conception of Truth and the Foundations of Semantics"，1944，p. 342。

② 参见 D. Davidson："Truth and Meaning"，1967，p. 310。

③ 参见 J. R. Foster："Meaning and Truth Theory"，1976，p. 8。

④ 参见 A. Reeves："On Truth and Meaning"，1974，p. 345。

⑤ 格劳克认为，关于语句意义的组合性特征的论断以及关于语句意义的语境相关性特征的论断共同构成了整体论的理论基础（参见 H. Glock：*Quine and Davidson on Language*，*Thought and Reality*，2008，p. 145）。这种观点应该是正确的。本书第五章第三节将会详细讨论意义的整体论。在这里，我们暂时只需要明确一点，那就是，整体论是关于意义的观点而不是关于意义理论的原则要求。换句话说，一种意义理论并非因此而必须采取整体论的方式来解释意义，除非构造者本身支持这种观点。

森与弗雷格和蒯因（W. V. O. Quine）是一致的①。按照戴维森的观点，一种
语言的意义理论的任务主要在于解释语句的构成部分在意义上对于整个语言
所做的贡献或所起到的作用，要有助于增进对语言结构的理解。因此，意义
理论必须能够刻画语句意义的上述这两种特征，即它必须要遵循组合性
原则。

前文讲过，并非任意一种符合 T-约定的塔斯基式的真之定义都能够很
好地刻画语句意义的组合性特征。戴维森认为，将每个具有 T-语句形式的
实例都当成公理，收集起来构成一个公理集，这种列举式的真之定义并不
是一种令人感兴趣的真之理论，因为"它们没有产生关于语言结构的任何
见解，因此它对于语句的意义如何依赖于其构成部分的意义这个问题之回
答没有提供任何提示"②。能够被当作令人满意的意义理论的真之定义必须
是对真概念做出递归定义，这样才能使该理论包含有穷多个公理，使它能
够揭示整个语言的形式结构，进而刻画出语句意义的组合性特征。用戴维
森的话说，那就是："为一种语言给出一个递归的真之理论，就是要展示
这种语言的语法至少在这种含义上是可形式化的，即每个真的表达式都可
以被分析为由基本要素（词汇）所形成的，通过使用规则，有限的词汇足
以构成这种语言。"③ 例如，我们可以将（Tr）这个真之定义逻辑地转换为
公理理论的形式：

（Tr-1）对任意 L^*-词项 t 和谓词 P，"Pt" 在 L^* 中是真的，当且仅当
　　　　"t" 指称的对象满足 "P"。

---

① 参见 P. Engel：*The Norm of Truth*，1991，p. 123。相应的论述还可以参考陈嘉映《语言哲学》，
2003 年，第 275 页。

② 参见 D. Davidson：*Inquiries into Truth and Interpretation*，1984，p. 56。这大概也是戴维森将自己
的解释理论与蒯因的翻译理论区别开来的主要原因：翻译理论只要求蕴涵语句和它的翻译构成的二元
组即可，它不必体现语句与其构成部分之间的语义学的联系。有关论述可参见本书第六章。

③ 有学者认为，有穷可公理化的要求是多余的，因为很多理论（如皮亚诺算术和策梅罗 - 法兰
克集合论）不是有穷可公理化的，但人们却能够学会这些系统（参见 C. S. Chihara："Davidson's Exten-
sional Theory of Meaning"，1975，p. 4）。这种质疑不成立，原因是他误解了戴维森提出有穷公理化要求
的目的。戴维森并不是要求一种语言包含有穷多个语句以便人们能够学会它，而是要求这种语言的意
义理论必须包含有穷条公理，因为在戴维森看来，只有这样才能保证意义理论必须以递归的方式揭示
对象语言所具有的结构特征，从而充分体现整体论的特点，以便解释我们如何能够由有限的词汇和规
则产生并理解无限多的语句。

（Tr-2）　对任意 L^*-语句 n，"Nn" 在 L^* 中是真的，当且仅当 "n" 在
　　　　 L^* 中不是真的。

（Tr-3）　对任意 L^*-语句 n 和 m，"Cnm" 在 L^* 中是真的，当且仅当
　　　　 "n" 在 L^* 中是真的且 "m" 在 L^* 中是真的。

虽然这是以公理理论的方式来刻画"在-L^*中-是真的"这个真谓词，但它并不是直接陈述每个语句的真之条件，它采取了递归的形式，因而能够体现语句与其构成部分在语义值（真值）上的依赖关系。另外，这种公理化的真之理论要比（Tr）或（Tr*）那样的真之定义更能直观地表现语句的真之条件与它的意义之间的关联性。戴维森认为，"塔斯基式的真之理论所揭示出来的语句的结构应该叫做语句的逻辑形式。通过给出这样的理论，人们便可令人信服地证明，即便一种语言包含无限多的语句，它也能被一个具有有限能力的人理解"①。他看重的就是"递归刻画"这一点，正是这一点使一种真之理论可以用有限的资源解释无限多的语句。就自然语言而言，它能够由有限的词汇表和语法规则构造出数量庞大的语句，对于这种语言，递归的真之理论无疑是必不可少且非常有用的。具有这种特征的塔斯基的真之理论显然就是戴维森所期望的意义理论，因为他的理论目标恰恰是要构造适用于自然语言的意义理论。因此，如果说在戴维森看来，塔斯基的真之理论是迄今为止最合乎要求的，那么戴维森所讨论的塔斯基的"真之理论"的确切含义就应该是"递归的真之定义"而非任意其他形式的"真之定义"。上述分析并不是为了证明"真之理论"和"真之定义"这两个术语在戴维森那里存在着本质的区别，而是为了强调戴维森之所以对塔斯基的真之理论感兴趣或者很满意，很大程度上就是因为它能够递归地定义出一种语言中所有语句的真之条件。

二　向自然语言的扩展

尽管在戴维森看来，塔斯基的真之理论能够体现意义的组合性特征，因而是构造一种语言的意义理论之天然选择，但这还不能说，这种理论可以直接用于实现意义理论或语义学所要达到的目标。根据戴维森的说法，"语义学理论无法避免的目标是，在自然语言中表达关于（相同或另外的）

---

① 参见 D. Davidson：*Inquiries into Truth and Interpretation*，1984，p. 94。

自然语言的一种理论"①。塔斯基的真之理论原本只是为了定义真概念以及给出一种语言的所有直陈句的真之条件，而且仅仅针对形式化的语言，为了实现意义理论或戴维森式的语义学的目的，必须在两个方面对它做出扩展：

（1）在功能上，真之理论将会由解释真概念转变为解释意义概念，由给出一种语言中的语句的真之条件转变为给出它们的意义。这种转变在塔斯基那里已经呈现出来，他借助指称、满足以及真等概念来构造一种语言的语义学，并将这些概念称为语义学概念。塔斯基已试图将真之理论作为意义理论来使用，只不过针对的语言仅仅是形式化的语言。例如，就一阶皮亚诺算术语言而言，它的语义学主要解释的是"＋"和"S"这样的函数符号、"＝"这样的谓词符号、"¬"、"→"以及"∀"这样的逻辑符号。正是有了这种针对形式语言的语义学（也可称之为逻辑语义学，塔斯基自己称之为"科学语义学"②），我们今天才能研究一个逻辑系统或形式化的公理系统的诸多元理论问题。不管怎样，对于戴维森而言，将真之理论用于解释意义，这依然是一种重要的转变。当然，其重要性并不在于塔斯基的真之理论能够为形式化的语言提供语义解释，而在于它还可以为比形式化语言更为丰富的自然语言提供语义解释。这就涉及了戴维森需要对塔斯基的真之理论做出的另外一方面的扩展。

（2）真之理论由针对形式化语言扩展为针对自然语言，乃至任何一种语言。意义理论或语义学就其本义而言并不局限于形式化的语言，任意语言，只要它是可理解的、可学会的或可用于交流的，那么就应该有一种意义理论来阐述这种语言是如何能够被理解或知晓的。同样地，真之理论也不应该局限于形式化的语言，但如前所述，当一种语言包含了数量庞大的直陈句时，构造这种语言的真之理论就至少要能够对这种语言的形式结构做出精确分析。形式化的语言在这方面具有天然优势：它的形式结构能够得到精确的描述；相对而言，自然语言在形式结构上则复杂得多。如果要将塔斯基的真之理论扩展地用到自然语言上，就得精确描述出自然语言的形式结构并归纳地给出它们的真之条件。自然语言（例如日常英语和日常汉语）不仅包含标准的直陈句（意义明确、指称单一而且表达完整的思想），而且还包含意义不明确的模糊或歧义性的语句（例如，"孔子是身材

---

① 参见 D. Davidson：*Inquiries into Truth and Interpretation*，1984，p. 71。

② 参见 A. Tarski："The Establishment of Scientific Semantics"，1936。

高大的"和"希拉里·克林顿是一个称职的总统的妻子")、包含索引词
的语句（例如"他饿了"）以及表达不完整思想的语句（例如"北京市的
人口超过了三千万"）。构造自然语言的语义学还应该将真之理论对直陈句
的处理扩展到对于其他类型语句（例如祈使句、疑问句以及包含各种从句
的语句等等）的处理①。自然语言的语义学必须对这些语句的形式结构做
出精确分析，并给出它们的真之条件或类似的条件。

　　由于自然语言要远比形式化语言丰富而复杂，塔斯基的真之理论自身
所带有的许多特殊性给它直接服务于构造自然语言的语义学造成了很多障
碍。首先，语义学研究能否达到精确的程度，本质上依赖于是否能够对语
言本身的语法结构给出相应的精确程度的描述，而且这是一种语言的语义
学能否构造起来的前提条件，因此，构造语义学的工作似乎应该仅仅是针
对形式化语言的②。虽然塔斯基并不反对针对自然语言的某些片段也可以
构造恰当的真之理论，但他也不认为自然语言中所有语句的形式结构都可
以得到精确分析。其次，塔斯基的真之理论所定义的真谓词实际上并不具
有普遍性（这种特征或多或少与自然语言的复杂性问题有关）。在塔斯基
看来，无法定义一种普遍的真谓词，因为它会导致所定义的真谓词包含在
对象语言中，进而会造成语义悖论问题。塔斯基为了避免悖论，区分出对
象语言和元语言。在他提供的真之定义中，被定义的真谓词（即"在 $-L$
中 $-$ 是真的"（其中"L"代表某种特殊的语言））只属于元语言。尽管对
象语言中也会包含真谓词，但对象语言中的真谓词与针对对象语言的真谓
词绝不是一回事。塔斯基将真概念称为一种语义概念并且将关于真概念的
定义称为语义定义，这正是因为对它的定义总是与某种特定的语言相关，
要给出这种语言中的所有直陈句的真之条件。自然语言是一种语义封闭的
语言，如果要为自然语言提供一种恰当的真之定义，必须想办法避免导致
语义悖论问题。

　　除了上述两点之外，还需要补充一点，而且也是非常重要的一点：塔

---

　　①　后面将会讨论戴维森不仅要扩展，甚至还要修正真概念的内容。正是因为自然语言包含了这
些语句，在分析它们的真之条件时往往要增加说话者和说话时间等要素，因此更准确地说，真之载体
不是语句而是话语（utterance）或言语行为语句。他说："我们也许应该令真（truth）是话语或言语行
为而非语句的性质。于是这些东西又被确认为语句、时间和说话者构成的特定的有序三元组"（参见
D. Davidson：*Inquiries into Truth and Interpretation*，1984，p. 74）。

　　②　参见 A. Tarski："The Establishment of Scientific Semantics"，1936 ，p. 403。

斯基的真之理论（T-约定）使用了一个意义概念，即翻译概念。塔斯基在他的 T-约定中规定了两种情况。一种情况是，对象语言作为一个片段包含在元语言之中。在这种情况下，对于这种语言的真概念之定义就不需要借助翻译概念，因为 T-等式的右边和左边被命名或指称的语句直接是相同的，但就 T-语句本身的特征而言①，还是需要保证，等式左边被命名或被指称的对象语言中的语句与等式右边的语句是同义的。另外一种情况是，对象语言并不包含或不完全包含在元语言中（在塔斯基本人看来，我们谈论的语言（即对象语言）绝没有必要与我们使用的语言（即元语言）相同）。在这种情况下，定义对象语言的真概念显然需要借助翻译或同义概念。塔斯基关于对象语言和元语言的区分包含了这样一个要求：对于对象语言的任何一个语句，"在元语言中都不仅有这个语句的一个结构表述性的名字，而且还有一个具有相同意义的语句与这个语句相对应"②。因此，当对象语言的语句不属于元语言时，按照塔斯基的观点，为了保证 T-等式（例如，"'Snow is white'是真的，当且仅当雪是白的"）右边的语句与左边被命名的语句意义相同，就得在元语言中找出相应的语句来翻译对象语言的语句。在塔斯基的真之定义（T-约定）中，翻译概念起着至关重要的作用。

　　塔斯基自己并没有对如何保证翻译的正确性以及什么是翻译等问题做出进一步的解释，他只是假定了这一切③。在塔斯基那里，真之理论的目标是定义（一种语言的）真概念，而不是负责处理意义问题。塔斯基倒是

————————

　　①　按照塔斯基的观点，在 T-语句中，等式左边的语法主语如果是对象语言的语句加引号（当然前提是对象语言包含在元语言之中），它和用连字符以及直接使用指称对象语言中语句的名字特征是一样的，换言之，在引号中的语句及其构成部分并不具有通常情况下所具有的独立的语义特征。因此，除非在 T-约定中得到规定，否则我们不能由对象语言包含在元语言之中以及引号中的语句与等式右边的语句字面上相同，而必然得出：等式左边的语法主语所指称的对象语言的语句恰恰就是引号中的语句。尽管如此，去引号论还是从这类 T-语句得到了灵感。

　　②　参见 A. Tarski："The Concept of Truth in Formalized Languages"，1933，p. 187。

　　③　参见 P. Milne："Tarski on Truth and Its Definition"，1997，p. 197。尽管塔斯基在他的真之定义中实际假定的是翻译概念，但有时候，人们也会直接说，他假设的是意义概念。这主要是因为翻译概念就是（或者可以归结为）一种意义概念。一个语句是另外一个语句的翻译，这一点可以被解释为，一个语句与另外一个语句具有相同的意义。当然翻译和意义并不完全是一回事，它们作为两种概念必定是有区别的。只不过如果考虑到仅仅给出语句的翻译就是为它找到一个意义相同的语句，翻译概念完全可以被说成是一种特殊的意义概念。

在其他某些地方谈过可以对翻译概念或意义概念进行解释。但是，他又认为，可用于操作的手段不是真概念而是满足概念。按照他的观点，关于真概念的讨论的结果可以"在做出相应变化的情况下推广到其他语义概念上"，而且"在理论语义学的范围内，我们可以定义和研究一些其他概念，[……]，重要的概念有后承，同义，和意义"①。对此，塔斯基注释说："所有在这节中提到的这些概念都可以借助满足得到定义。"② 从这些论述中可以看出，尽管塔斯基没有详细解释翻译概念或意义概念，但是他并没有打算在真之理论中或者借助真概念来解释翻译概念或意义概念。由此，我们可以认为，塔斯基并不打算而且实际上也没有直接令真之理论成为一种解释意义概念的理论，相反他假设了意义概念，因而对他而言，理解对象语言是一个实质上恰当的真之定义能够构造出来的先决条件③。于是，在真之理论中假设翻译概念（或一般地说，假设意义这个概念），对于塔斯基而言也不会有什么问题。但是，如果将塔斯基的真之理论用于解释意义概念，就可能造成很棘手的问题。由于借助预设了意义概念的真之理论来解释意义概念，这种做法很容易产生定义或解释的循环性问题④。

面对上述这些问题，戴维森要构造自然语言的语义学就需要对塔斯基的真之理论做适当修正。这并不是因为塔斯基的真之理论本身出了问题，而是因为将这一理论扩展性地运用于解释意义时就会面临新的情况。问题产生的根源在于，戴维森与塔斯基所持有的理论目标不同，所要处理的理论问题各异。戴维森采用塔斯基的真之理论并不是为了定义真，而是为了解释意义。他要回答的问题不是"什么是真"，而是"什么是意义"或"一种语言中的所有语句的意义是什么"。戴维森对于如何解释语言以及如果构造意义理论有着一些最基本的考虑和要求。在他看来，意义理论的主要任务是要告诉人们如何学会一种语言。因而实际上，它需要描述人们学会或知道一种语言所具有的能力、技巧和特征。而在这里，至于什么样的语言可以成为研究的对象语言，意义理论没有什么倾向性的选择，自然语言当然也在这种理论的处理范围之内。基于这一点，戴维森为了使塔斯基

---

① 参见 A. Tarski："The Semantic Conception of Truth and the Foundations of Semantics"，1944，p. 354。

② Ibid.，p. 373，n. 20.

③ 类似的论述可参见 S. Soames：*Understanding Truth*，1999，p. 138。

④ 本书的第五章第一节以及第六章第二节将会详细讨论 TCS 所面临的解释循环性的问题。

的真之理论能够成为关于自然语言的意义理论，如前所述，真之理论针对的语言类型必须扩展到更为复杂的自然语言（在这种含义上，戴维森的意义理论（即 TCS）可以视为塔斯基的真之理论"在自然语言上的一种扩展"①）。

　　为了顺利实现这种扩展，戴维森首先做了一些旨在"消除［塔斯基的］悲观情形"的准备工作。针对这种悲观情绪产生的根源，戴维森指出，塔斯基认为自然语言的普遍性（universality）是导致悖论等问题的原因，但"自然语言是普遍的"这种论断本身就值得怀疑。当人们为了具体的目的使用自然语言时，一般仅仅涉及了自然语言的某些片段，而不是语言的整体。戴维森在这里暗含的建议似乎与塔斯基的相同，即将自然语言划分不同的片段来处理，这样就可以避免悖论的威胁。于是，戴维森为构造自然语言的真之理论提出一个大致的方案。按照他的设计，"将真之条件详细地运用于自然语言，这种工作在实践上毫无疑问将会分为两个步骤：第一步，将语言仔细划分为各个部分，为语言的一个部分而非为整个语言刻画真概念。这部分语言尽管在语法上毫无疑问是简陋的，但是它将包含无穷多的语句，这些语句毫无遗漏地可以说明整个语言的表达力。第二步是，将剩下来的每个语句与一个或者（在含混性的意义上）与多个语句相匹配，而关于这些语句的真概念已经得到刻画。我们可以认为，在真之理论的第一步中处理的那些语句给出了所有语句的逻辑形式或深层结构"②。构造自然语言的塔尔斯基式的真之理论，这无疑是一项极其复杂而庞大的工程。它所引发的其中一种质疑之声便是：这样的工程何时能够完工，甚至是否能够完工？对此，戴维森始终保持乐观态度。他的这种乐观主义也不是没有道理。在他看来，事实上，许多哲学家（例如弗雷格、塔斯基、乔姆斯基（N. Chomsky）、卡尔纳普）以及当代语言学家都在试图对自然语言中的一个片段或者相对应的一种理论语言的片段进行逻辑分析，找出其中隐藏的逻辑结构，并且成果丰硕③。

　　然而，光有这种乐观态度并不能完全消除人们的疑虑。对戴维森主张的这种扩张是否应该同样持有一种乐观的态度，或者这种主张是否真的切

---

　　①　参见 R. L. Kirkham：*Theories of Truth：A Critical Introduction*，1992，p. 226。

　　②　参见 D. Davidson：*Inquiries into Truth and Interpretation*，1984，p. 133。

　　③　参见 D. Davidson："Truth and Meaning"，1967，pp. 315 – 321；以及 D. Davidson：*Inquiries into Truth and Interpretation*，1984，p. 132。

实可行，关于这一点的争议一直以来从未消停过甚至也从未有所减弱。导致争议的原因大致有两个方面：一方面，戴维森乐观地认为，只要自然语言一个片段的逻辑结构得到确定，那么就可以为这种语言片段给出相应的真之理论，沿着这个方向一步一步地对语言进行扩张，最终可以为整个自然语言给出一个真之理论。但是，这一点的可行性并没有得到过任何严格的证明。因为正如柯卡姆（R. L. Kirkham）指出的那样，戴维森"从未在那些已经取得的研究成果基础上给出一个意义理论"，尽管戴维森对此可以做出的辩解是，这并不意味着相应的意义理论不能被给出，但"问题是，如果我们不能完成［构造自然语言的意义理论的］第二步，我们实际上就不知道我们是否已经完成了第一步"[1]。人们期望能够将已有的关于自然语言的语义学研究成果转化为一种现实的意义理论，但戴维森恰恰忽视了应该对此给予充分的说明。另一方面，自然语言的复杂性实在令人望而生畏，尽管目前人们已经获得许多重大的进展，但有待解决的问题还是多不可数。面对这些问题，光有乐观的精神似乎还不够。剩下来的问题最终是否一定能够得到解决，这依然有待给出足够充分的论证来加以说明。这些争议同样也只是意味着戴维森的论证不够令人信服，但并不能由此肯定说戴维森的意义纲领必定会失败。尽管存在上述争议[2]，只要戴维森还期望借助塔斯基的真之理论来解释语言的意义，那么这种扩展本身就是必需的。

　　如果塔斯基的真之理论要被用于解释意义，那么还有一个问题也需要戴维森解决，那就是如何去掉 T-约定中的翻译概念。翻译概念的确出现在T-约定中，而 T-约定和 T-语句构成了整个恰当的真之理论。虽然就具体的真之理论中，"翻译"这个词并没有出现在该理论的主体中，即一种真之理论所蕴涵的所有 T-语句中并没有直接出现"翻译"，但这个概念已经暗含在 T-语句中（如果这些 T-语句都是由恰当的真之定义所蕴涵的话）。确切地说，翻译作为一种看似外在的标准对于真之理论的恰当性起到了保证作用。如果按照塔斯基的观点，要构造一种语言的实质上恰当的真之理论，就必须保证它所有蕴涵的 T-语句要符合翻译的标准。要构造一种语言

----

[1]　参见 R. L. Kirkham：*Theories of Truth：A Critical Introduction*，1992，p. 238。

[2]　本章第三节将着重讨论戴维森的方案所遇到的一些技术性问题。这些问题是导致部分学者对自然语言的真之理论持悲观态度的重要原因。但需要指出，这些技术性问题是自然语言的意义理论所普遍面临的问题，除非分析一种语言的语义结构对于构造一种令人满意的意义理论而言并不是必要的。

的正确的意义理论，在戴维森看来，必须要保证相应的真之理论的恰当性。因此，戴维森不能使用翻译概念，否则就会造成循环定义或解释的问题。但是，他又不能简单直接地将这个概念去掉，否则真之理论的实质上的恰当性就无法得到保证。针对这样的困境，戴维森的做法是，选择新的条件来替代翻译概念所起到的作用。他试图构造新的恰当性标准来替代塔斯基的标准。新的标准将 T-语句的恰当性与语句使用者的经验性的语言实践联系起来。根据戴维森的论述，这需要构造意义理论的语言学家首先必须弄清楚说对象语言的人在他自己的语言中把什么样的语句视为是真的，其次是要将对象语言中那些被认为真（假）的语句与被语言学家自己认为真（假）的语句匹配起来。这种匹配的正确性需要得到经验的检验，借助经验的检验，意义理论的构造者可以将这种匹配的一致性最大化。这也就是说，通过经验的检验，意义理论的构造者能够尽量避免对象语言的语句在该理论中既与被他认为真的语句相匹配，又与被他认为假的语句相匹配。戴维森相信，比起其他意义理论而言，如此构造的意义理论 TCS 将是令人满意的，它所生成的 T-语句将会更加恰当地把该对象语言的语句与元语言的语句匹配起来。在戴维森所提出的新的标准中，显然没有出现翻译概念。在这里，戴维森强调了经验的检验对一个恰当的意义理论的重要性。

　　当然毫无疑问的是，形式的检验也很重要，实际上戴维森也并没有放弃塔斯基对于形式正确性的要求。他明确地强调说："如果可接收的真之理论要包含这样一些东西，这些东西承担解释的任务，那么除了要有经验的限制条件还要有形式的限制条件。"[①] 只不过，戴维森需要修正的东西仅仅与保证一个真之理论的实质上的恰当性相关。他强调，一个令人满意的意义理论必须要经受得住形式和经验的双重检验（经验检验的标准是塔斯基的真之理论中所没有的）。同时，他也注意到了，如果对象语言包含在元语言之中，那么经验的检验就不再是必要的。因为在这种情况下，仅凭这种理论所蕴涵的 T-语句的形式就可以辨别它是否是正确的。可惜情况并非总是如此简单，只要对象语言并不完全包含在对象语言中，或者有些对象语言的语句不是元语言中的语句，那么经验的检验对于理论的正确性而言就是重要的。在后一种情形下构造真之理论（在塔斯基那里）需要使用

---

　　① 参见 D. Davidson：*Inquiries into Truth and Interpretation*，1984，p. 173。

翻译概念。如果要消除这个概念，就必须借助经验的检验作为限制条件。附带这种限制条件的真之理论也可以视为是经验性的理论，戴维森由此认为，"如果一种语义理论（不管多么概略地）宣称运用于自然语言，它在性质上必须是经验的，能够被检验"①。就自然语言而言，它的意义理论是否正确，这虽然是理论问题，但这个问题必须放在实践中才能解决。在实际的使用中，"任何人都能辨别它是否正确"②。当然，这假定了，人们可以分辨出一个说另外一种语言的人会在什么情况下认为什么样的语句是真的。③

　　按照戴维森自己的总结，要构造一种令人满意的意义理论（即 TCS），要对塔斯基的真之理论做出三个方面的修正④：（1）扩充元语言涉及的本体论。为了构造包含索引词和指示词的语句的 T-语句，元语言需要引入时间、地点以及情境等语词，因而需要假设相应的"对象"。（2）与（1）相关，作为自然语言的语义学，TCS 需要对包含索引词和指示词的语句的真之条件做出说明，即要蕴涵针对这类语句的 T-语句，而这就需要将塔斯基的真之理论相对化，因而 T-语句中的真谓词就不能仅仅是"是真的"，而必须是"在 t 时间、x 地点对于说话者 s 而言是真的"。（3）使用形式和经验的限制条件替代翻译的标准。这个修正在戴维森看来是最终的或最核心的，因为它将保证即便不是使用翻译概念，TCS 所蕴涵的 T-语句也能给

---

① 参见 D. Davidson：*Inquiries into Truth and Interpretation*，1984，p. 73。

② 参见 D. Davidson："Truth and Meaning"，1967，p. 311。

③ 柯卡姆认为，戴维森所提出的经验检验的标准预设或确立了一个与意义理论相配对的理论，即"关于该语言的说话者相信什么的理论"（参见 R. L. Kirkham：*Theories of Truth：A Critical Introduction*，1992，pp. 231 – 232）。在他看来，戴维森经验检验的标准是这样一种标准，根据这种标准，语言学家可以将说某种语言的人视为真的语句与他自己视为真的语句匹配起来。但是，这种匹配不是随意的，它依赖于这样一个经验性的假设：说某种语言的人说出一句话时所相信的东西恰恰与这种语言的解释者在此时所相信的东西相同。匹配关系除了在说某种语言的人视为真的语句和构造者自己视为真的语句之间发生之外，还（相应地）在以下这两个方面之间发生：（1）说某种语言的人说出一个语句时，他相信什么；（2）解释这句话的其他人（例如意义理论的构造者）由于这句话而相信什么。柯卡姆指出，要确定第一种匹配关系需要明确第二种匹配关系，因此意义理论需要配置以说明说话者信念的理论。戴维森也承认，"一个人说的话意味着什么"与"一个人说话时相信什么"有重大的联系。但是，他否认意义理论需要预设关于说话者的信念的理论（参见 D. Davidson："Truth and Meaning"，1967，p. 313）。本书的第五章第三节将会对此加以说明，并指出戴维森的观点基本上是正确的：对于语句意义的解释不需要预设关于说话者信念的理论。

④ 参见 D. Davidson：*Inquiries into Truth and Interpretation*，1984，pp. 149 – 150。

对象语言的语句提供解释。也正是由于这一点，后文将指出，戴维森的意义理论能够对自然语言提供彻底的解释，本质上依赖的并不是真概念或真之理论，而是这两个限制条件。

　　经验的检验似乎也不能保证能够完全排除例外情形，戴维森也承认这一点："我们可以要求描述自然语言的结构，答案一定是一个经验的理论，它会被检验，可能出错，且注定在某种范围内是不完善的和框架性的"①。一种针对自然语言的意义理论完全有可能出错，这种错误的重要根源之一就是语言的复杂性。它包含了大量的模糊性和歧义性的表达，这些表达将阻碍经验的检验作用。就整个自然语言而言，它的意义理论即便是可能的，也未必是完全可靠的。即便戴维森本人也没有十足的信心来宣称这一点，他最终不得不依靠借助宽容性原则（principle of charity）来弥补理论的这种缺陷。不过，令他感到安慰的是，有了经验检验的标准，他所期望的意义理论（即塔斯基式的真之理论）将能够最大限度地处理自然语言中的语句意义的问题。戴维森的这种信心或乐观的态度并非完全来源于，如前文所提到的对于自然语言的深层逻辑结构的不断发掘（在形式分析上的进步显然有利于补充经验检验的不足），另外还来源于他对宽容性原则的采纳。在他看来，解释的宽容性是"不可避免的"。这种宽容性在戴维森那里表现为两个方面②，首先，这种原则最直接的要求就是，当解释另外一种语言的说话者的话时，人们应该假定他们能相信我们所相信的大部分事情。这意味着，人们应该假定，在绝大部分时候，当我们相信事情如此时，另外一种语言的使用者也相信如此；当我们相信事情不如此时，他们也相信不如此。其次，这种原则还有一个引申的要求，即另外一种语言的使用者对于语言的使用具有最大程度上的自我的一致性，这就是说，我们要处理的语言中大部分构成语句的要素的意义在大部分相同的场合下保持一致。祈求于这样的宽容性原则对构造一种适用于自然语言的意义理论显然是必要的，但这同时也隐含地说明了，在戴维森所主张的意义上，这种适用于自然语言的意义理论几乎不可能再具有针对形式化语言的塔斯基式的真之理论所能具有的精确性和完善性。

---

　　①　参见 D. Davidson：*Inquiries into Truth and Interpretation*，1984，p. 59。

　　②　具体的讨论还可以参见 R. L. Kirkham：*Theories of Truth：A Critical Introduction*，1992，p. 229。本书在第五章还将就宽容性以及相关问题进行深入的讨论。

三　从真之理论到意义理论

由于自然语言的特殊性，当塔斯基的真之理论被用于构造针对自然语言的意义理论时，对前者的扩展和修正是在所难免的。根据上一节的论述，戴维森实际上将这样的扩展和修正落实在两个方面。就处理的语言而言，由形式化的语言扩展到自然语言；就 T-约定而言，翻译概念被修正或替换为经验的检验标准。这两个方面当然无法囊括戴维森为构造一种令人满意的意义理论而对塔斯基的真之理论做出的所有调整。本书尽管无法详细列举所有这些调整，但是在具体的论述中还是会涉及戴维森在那两个方面上做出的一些更为细致的或实际的工作。不过，本书对此做出论述的主要目的仅仅在于指出，戴维森的这些工作或者他在那两个方面的扩展和修正，导致了他的"意义理论"与塔斯基的"真之理论"存在一些差别①。这些差别主要体现为两个方面，现列举如下：

（1）意义理论与真之理论毕竟是有着不同理论问题和目标的两种理论。意义理论要实现的理论目的常常是，对一种语言中的每个语句给出它们的意义；而真之理论要完成的任务则是，给出每个语句的真之条件，以便确定"在-L 中-是真的"这个谓词的外延。这些差异又造成了真概念（或者确切地说，在-L 中-为真这个概念）在这两种理论中的身份产生变化。在意义理论中，真概念是基础的、假定已经被解释了的概念；而在真之理论中，真概念是正待解释的概念。真概念显然不能同时既是已被解释的又是有待解释的。如果真之理论的目的在于解释真概念的内容，那么这种理论就不能同时用于解释语言 L 中的语句的意义②。因此，当塔斯基的真之理论被戴维森用于解释意义时，尽管这样的真之理论就变成了意义理论，但这种理论不能再将真概念作为被定义的概念，而是应该假定它已经得到定义。虽然戴维森的真之条件语义学作为意义理论同样蕴涵 T-语句，并且同样需要符合 T-约定的要求，但是在 T-语句中，"（在 L 中）是真的，当且仅当"将作为一个整体被考虑，它的内容被假定是已知的，而且是在塔斯基那里得到定义的。

---

①　戴维森自己并不否认这一点。他说："关于自然语言的真之理论（按照我的理解）在目的和兴趣上相当不同于塔斯基的真之定义。"（参见 D. Davidson：*Inquiries into Truth and Interpretation*，1984，p. 204）

②　参见 J. R. Foster："Meaning and Truth Theory"，1976，p. 9。

就戴维森的意义理论的目的来说，对于给出一个语句的意义而言重要的其实并不是真概念而是真之条件概念。虽然人们也许会说，真概念包含了真之条件概念，但事实上在戴维森看来，能够给出一个语句的意义的就是它的真之条件（这个真之条件就由处于 T-等式右边的那个语句所表达的东西）。这意味着，一方面，真正能够借以表达一个（处于 T-等式左边的被命名的）语句之意义的乃是处于 T-等式右边的那个语句。由于 T-等式是一个真之理论的定理，处于 T-等式右边的这个语句所表达的东西就是（T-等式左边被命名的语句的）真之条件。另一方面，值得注意的是，在戴维森那里，用于替换"s 意味着 p"中的"意味着"这个内涵概念的是"是 T，当且仅当"而并非直接是"是真的，当且仅当"。戴维森是通过确定 T 谓词与真谓词具有相同的外延才将"s 是 T，当且仅当 p"视为塔斯基的真之定义中的 T-模式。我们由此完全可以猜测（当然戴维森并没有指明这一点）的是，对于意义理论而言重要的是，塔斯基的真之理论能够体现语言的语法结构，即它能体现复杂的表达式在语义上对它们的构成部分的依赖关系），以及处于 T-等式右边的那个语句恰好能够与左边被命名的语句表达相同的意义。"是真的"这个谓词本身似乎并不是最重要的。在内容上，"是 T"不必与"是真的"是相同的谓词，关于这一点，后文（尤其是第六章）还会有更细致的论述。

（2）塔斯基的真之理论所针对的语言是形式化的语言，而戴维森的意义理论（即 TCS）要处理的语言必须从形式语言扩张到自然语言。戴维森需要依据自然语言的句法结构来递归地构造真之理论（意义理论），但自然语言的"语句的表面结构往往会隐藏它的真正的、深层的结构"[1]。TCS 的公理实际上仅仅能直接地运用于那些表面结构不会造成误解的语句。对于那些表面结构容易造成误解的语句，戴维森需要新的公理使每个这样的语句都能够与其他已经得到解释的语句配成对。那些已经得到解释的语句的表面结构是清楚明确的，并且它们与那些在结构上容易造成误解的语句具有相同的真值，因而借助前者来分析后者的深层逻辑结构。为此，戴维森不得不需要对塔斯基的真之理论本身做出修正。由此产生的一个重要结果就是，塔斯基所定义的谓词"在-L 中-是真的"不涉及对象语言中语句的使用语境，但在戴维森那里，真之理论所要处理的对象语言（自然语

---

[1]   参见 R. L. Kirkham：*Theories of Truth：A Critical Introduction*，1992，p. 232。

言）的语句却必须包括语境敏感性语句（例如，时态语句、带指示代词的语句以及带其索引词的语句）①。这些语句的真值与语境相关，可以随着语境的变化而发生变化。因此，戴维森要定义的真概念必须是相对于语境的，语境敏感性语句的真之条件也必须要涉及语境因素。在他看来，"在 – 自然语言中 – 是真的"这个真谓词所表达的"不是语句的一种性质，它是语句、说话者、时间之间的一种关系。如此来看待它并不是要从语言转向非言说出来的永恒实体，如命题、陈述（statements）、断定（assertions），而是以构造一种理论的方式将语言与真的场合联系起来。"② 这就造成了实际上对他而言起作用的真之理论并不是真正意义上的塔斯基式的真之理论，而是关于"（在 L 中）相对于语境 C（即说话者和时间）是真的"这样一种真谓词的真之理论。按照戴维森的观点，真谓词表达的就不再是语句的性质，而是话语、言语行为或由语句、说话者和时间构成的"有序三元组"的性质。于是他认为，如果他的观点是正确的，那么"真之理论必须刻画或定义一个三元谓词 '$T\,s$，u，t'。我们将这个谓词读作 '（作为英语的）语句 s 对于说话者 u 而言在时间 t 是真的'或是'被说话者 u 在时间 t 用（作为英语的）语句 s 表达的陈述是真的'，这对于这个理论而言都是不重要的"③。类似地，"指称"不再是专名或者名词词项与对象的语义关系，即 Ref（"Plato"，柏拉图），而是 < 说话者，时间，专名 > 这样的三元组与对象的语义关系，即 Ref（< U，t，"Plato" >，柏拉图），它表示"Plato"对于说话者 U 而言在 t 时间指称柏拉图；"满足"也不再是赋值或模型与谓词或开语句的语义关系，即赋值 μ 满足"Fx"，而是赋值或模型与 < 说话者，时间，开语句 > 这样的三元组的语义关系，即赋值 μ 满足 < U，t，"Fx" >，它表示"Fx"对于说话者 U 而言在 t 时间被赋值 μ 满足。由于适用于自然语言的真之理论与塔斯基的真之理论所要定义的东西并不完全相同，所构造的定义在形式上自然也会有所差别。

---

① 时态语句就是语句的动词具有时态特征（例如，正在进行时、过去时或将来时），在英文中可以根据动词在语句中的形式判定它的时态，而在中文中一般会根据表达时态的副词来判定动词的时态。例如，"这朵花正在开放"就是一个时态语句。至于另外两种类型的语句，例如，"康德出生在东普鲁士，在那里，他享有很高的声誉"是一个带指示代词的语句，这个语句中的"那里"就是一个指示地点的代词。"我饿了"这个语句是典型的带索引词的语句，其中的"我"就是一个索引词。这些语句都可以被称为语境语句，因为它们所谈论的时间、地点、对象只有在一定的语境中才能被确定。

② 参见 D. Davidson："Truth and Meaning"，1967，p. 319。

③ 参见 D. Davidson：*Inquiries into Truth and Interpretation*，1984，p. 44。

　　在戴维森看来，一个针对日常语言（例如英语）的正确的真之理论应该蕴涵所有通过以下方式得到的语句（定理）：

　　（T_D）语句 s 在英语中对说话者 U 而言在 t 时间是真的，当且仅当 p。（其中，"s" 被（对象语言的）一个英语语句的结构描述性的名称替换①，"p" 被（元语言的）一个英语语句替换，且 "p" 与等式左边是同义的。）

　　在由上述模式进行替换而得到的 T_D-定理中，等式右边的语句实际上为等式左边被命名的语句确定了真之条件。在戴维森看来，这种定义"欠缺塔斯基定义的优雅特征"，那是因为，"塔斯基并不考虑带索引词的语言，他可以使用简单的公式：'s（在 L 中）是真的，当且仅当 p'，其中如果元语言包含了对象语言，那么替换 'p' 的语句就是替换 's' 的表达所描述的语句"②。在塔斯基那里，替换 "p" 的语句是替换 "s" 的名字所指称的语句的翻译（如果对象语言不包含在元语言中的话）。但是在戴维森那里，T-语句所刻画的匹配关系就不再是翻译的语句和被翻译的语句之间的匹配关系，而是说话者 u 在时间 t 所认为真的语句与 T_D-等式右边的语句之间的匹配关系。其中，T_D-等式右边的语句表达了"语句 s 对说话者 U 而言在时间 t 是真的"这一点。例如："我饿了"对于说话者汤姆而言在 2008 年 3 月 14 日早晨 8 点整是真的，当且仅当汤姆在 2008 年 3 月 14 日早晨 8 点整饿了。在经典的塔斯基式的 T-语句，等式右边的语句应该与等式

---

　　①　福斯特认为，结构性描述在戴维森那里似乎很重要，因为这种描述虽然作为语句的名字的一种，它可以保留语句的结构，也就是说，我们从这种描述中可以看到语句的结构形式，例如对 "Snow is white" 这个语句的结构描述可以是 "S^n^o^w^i^s^w^h^i^t^e"（参见 J. R. Foster："Meaning and Truth Theory"，1976，pp. 3－5）。柯卡姆指出，塔斯基的 T-语句与戴维森的 T-语句的区别之一就是：对塔斯基而言，替换 "s" 的东西只要求是对象语言中的语句的名字，而戴维森则要求这种名字必须是结构描述性的。原因是，只有如此才能使一个意义理论可以解释结构和语句的元素对于语句的意义的贡献。但这一点区别并不重要，因为不借助结构描述性的名字，并不会导致无法构造一个递归的定义。至少戴维森可以使用加引号的方式来命名一个语句。而且在戴维森那里，真之理论是以对于一种语言的语句（根据其结构形式）的归纳定义为基础的，定义的递归性质不是体现在这些对象语言语句的名字上，而是体现在处于 T-等式右边的那些元语言的语句上（参见 R. L. Kirkham：*Theories of Truth：A Critical Introduction*，1992，p. 226）。

　　②　参见 D. Davidson：*Inquiries into Truth and Interpretation*，1984，p. 46。

左边被命名的语句具有相同意义；但是在戴维森的 T_D-语句中，我们很难想象，"汤姆在 2008 年 3 月 14 日早晨 8 点整饿了"与"我饿了"具有相同的意义。它的意义似乎更接近于"'我饿了'对于汤姆在 2008 年 3 月 14 日早晨 8 点整是真的"这个语句。于是，在这里重要的是，如果要构造一个适当的真之理论，以便使之成为一种戴维森式的意义理论，其困难应该在于，如何在上述这种情况下来明确 T_D-等式右边的语句。这似乎还需要另外增加一些操作，以便使理论的构造者可以顺利地借助 T_D-等式的左边来确认，应该将什么样的语句放在右边，从而能够保证等式两边不仅是等值的而且是同义的。

戴维森对于塔斯基的真之理论的修正毫无疑问是天才式的。但是，他的纲领在克服由自然语言的复杂性所带来的众多问题上仍然显得不是那么令人满意。随之而来的质疑、责难也不断冲击着戴维森的那种期望借助塔斯基的真之理论来构造自然语言的意义理论的雄心壮志。当然，任何一种理论都会面临两种挑战，一种是致命的、原则上的，另外一种是细节的、技术上的。戴维森的意义理论（即 TCS）同样如此。不过，本章首先将考略那些来自细节上的批评或质疑，因为这种讨论似乎更为简单一些。

第三节　自然语言的语义学

一　自然语言的复杂性

戴维森认为，通过将塔斯基的真之理论运用于自然语言能够构造自然语言的语义学。他也意识到这项工作面临的主要阻力就是自然语言的复杂性。这也是很多逻辑学家排斥自然语言而青睐人工语言的主要原因。弗雷格早就提醒人们要避免日常语言的表面语法对逻辑的误导："我发现语言的不完善是一种障碍，在现在各种最笨拙的表达中都能出现这种不完善性，关系越是复杂，越不能达到我的目的所要求的精确性。概念文字的思想就是由这种需要产生出来的。"此外，他还主张，"逻辑学家不应盲目地遵循语法，而应该认识到他们的任务在于使我们摆脱语言的束缚。[……]因为许多思维错误的根源都在于语言在逻辑上是不完善的"[1]。正因为区别了自然语言的主谓结构与函数结构，弗雷格才能突破亚里士多德的逻辑而

---

[1]　参见［德］弗雷格《弗雷格哲学论著选辑》，王路编译，2006 年，第 2、221 页。

创立了一阶逻辑。然而为了逻辑学研究的需要,弗雷格倾向于构造人工语言而避免使用自然语言。这不是说他不需要再研究自然语言,相反,他的很多重要的逻辑思想都是从分析自然语言的结构中获得的或借此来加以说明的。分析自然语言构成了弗雷格的语言哲学的核心工作,无论是对量化语句的分析,还是对其他复合语句、包含索引词的语句以及各种从句的分析,都堪称经典,为后世研究自然语言的指称问题和意义问题都奠定了基础。弗雷格的工作尽管只是开发了自然语言这座冰山的一角,但这大大激发了后人借助逻辑学形式化的手段来研究自然语言的热情。

分析自然语言的逻辑结构,以便找到能够作适当的形式化处理的片段,这成了很多逻辑学家的任务。按照丘齐(A. Church)的观点,"为了构造自然语言例如英语的语法和语义,解决在现有的(实际的)语言使用中可以发现的特定的不确定性、模糊性以及不一致性,以便用对应的形式化的部分来替换自然语言,这就有必要了"①。问题是,戴维森不是要将真之理论用于自然语言的一个片段来构造其意义理论,他的目标是整个自然语言。塔斯基对这个整体的形式化并不抱希望,其理由是:"真概念(以及其他语义概念)如果与逻辑的标准规则一道被用于日常语言,将不可避免地混淆和矛盾。无论谁,不顾所有这些困难,希望借助精确的方法来研究日常语言的语义学,都将不得不首先承担起一项吃力不讨好的工作,即修正这种语言。他将会发现,很有必要定义其结构来克服其中出现的词项的模糊性,并且最终将这种语言划分为越来越大的部分语言的序列,每个部分都与另一个部分有着相同的关系,这种关系就是形式化语言与它的元语言的关系。然而,可疑的是,在经历这种方式的'理性化'之后,日常语言是否依然保持着它的自然性,它是否不会具有形式化语言的典型特征。"② 塔斯基的怀疑或悲观并不是没有道理,至少在自然语言中存在着语词意义的含混、语义悖论、语句意义的不确定等很多棘手的问题。由于自然语言面临这些问题,塔斯基对是否能够为整个自然语言提供一种正确的真之理论持否定的态度,这不足为奇。

然而,自然语言的这些问题都是满怀希望的戴维森所要面对和解决的。戴维森并不否认借助塔斯基的真之理论构造自然语言的语义学会面临这些问题:"作为深层问题出现的是关于指称的困难、关于为模态语句、

---

① 参见 A. Church: "Carnap's Introduction to Semantics", 1943, p. 298。

② 参见 A. Tarski: "The Concept of Truth in Formalized Languages", 1933, p. 267。

与命题态度、数量词、修饰副词、归属性形容词、祈使句以及疑问句等等一长串列表中的东西给出令人满意的语义学的困难，其中大部分是哲学家们所熟悉的。"① 这些不仅是逻辑学家、语言哲学家所关心的，也是语言学家所要研究的问题。语言学家对于自然语言的分析，例如乔姆斯基的转换生成语法理论对于语句的表层结构和深层结构的区分，也有助于寻找自然语言的逻辑的语法结构。戴维森或多或少也受到了他们的工作成果的激励，他在《自然语言的语义学》一文的注脚中写道："自本文完成以来，很多事情都发生变化：语言学家已经认识到这些问题和更多的问题，而哲学家则在语言学家的推动下开始重视他们从未注意到的问题。"② 当然，戴维森分析语言的方法与语言学家的方法有着很大的差别，他更注重使用现代逻辑的工具去寻找语句的逻辑结构而非仅仅是深层结构，只有找到语句的逻辑结构才能合乎塔斯基的要求，给出其真之条件的定义，进而构造出整个真之理论。

二　戴维森的工作以及 TCS 的进展

戴维森相信，构造针对自然语言的意义理论所面临的一系列细节问题都能被逐个解决。这并不是出于他的一种幻想，而是因为他受到了乔姆斯基等一大批逻辑学家和语言学家在自然语言的语法学和语义学上所取得的丰硕成果的鼓舞。另外，换个角度来说，这些技术上的问题的产生与要对自然语言的语义结构进行精确分析有莫大的关系。如果一种意义理论要给出自然语言所有语句的意义，对语言的形式结构进行充分的分析就是必不可少的。戴维森在推行他的纲领（即借助真之理论构造针对自然语言的意义理论）时做了不少工作。他对包含指示词或索引词的语句做出了新的处理。以"我累了"为例，戴维森的真之理论蕴涵了下述这个语句：

(T_{D-I})　"我累了"对于说话者 U 而言在 t 时间是真的，当且仅当 U 在 t 时间累了。

这个语句规定了包含索引词的"我累了"这句话的真之条件，它显然

---

① 参见 D. Davidson：*Inquiries into Truth and Interpretation*，1984，p. 46。

② Ibid.，p. 63.

是 T_D-模式的一个特例。真谓词在（T_{D-I}）这个语句中涉及了语境，即这里的真概念被处理为语句、说话者与时间三者之间的关系。蕴涵形如 T_{D-I}-模式的这类语句的真之理论显然与塔斯基本人的真之理论有所不同，因为后者所包含的定理仅仅说明了一个语句"（在语言 L 中）为真"而非"（在语言 L 中）在某种情况下为真"的充要条件。这种区别被戴维森描述为"是真（being true）"与"认为真（holding true）"之间的区别。可见，塔斯基所定义的是"真（truth）"，而戴维森需要的是"被认为的真（held truth）"。戴维森对塔斯基的真之理论的这种修正，导致 T-语句"完全是不自然的"。这将造成翻译上的不等同问题，换言之，处于 T_D-模式（即"语句 s 对说话者 u 而言在时间 t 是真的，当且仅当 p"）右边的语句"p"并没有确切地翻译左边被"s"命名的语句的任意部分。相反，它仅仅能够说明左边被命名的语句在什么条件下是真的。戴维森对于塔斯基的真之理论的修正因而将很有可能会导致，他所期望或需要的真之理论不再是塔斯基的真之理论。而且即便人们被迫承认，塔斯基式的真概念能够按照戴维森的理论需要而进行上述的扩展，上文所述的那两个限制条件（即形式的和经验的限制条件）能否实现翻译概念所具有的功能，这还是一个问题。

对于这样的质疑，戴维森给出的辩护是，为了处理索引词，他对于塔斯基的真之理论的这种不自然的修正完全是一种"温和的举动"，这并没有对他的方案构成破坏性的影响。他做出的修正"并非要放弃 T-约定，而是要以新的方式来解读它"①。戴维森承认，处于 T_D-等式（即关于对象语言中包含指示词的语句的 T-等式）右边的语句并没有翻译左边被命名的语句中的索引词或指示词。但是，他也指出，对于索引词或指示词的解释并不需要借助或依赖于翻译。按照他的观点，他对真之理论提出的形式和经验的检验标准与翻译概念的共同之处是，它们都能确保 T-语句的正确性，从而避免真之理论蕴涵奇怪的 T-语句，例如在下一小节中所讨论的像（P）和（Ts）那样的 T-语句。不同之处在于，这两种标准并不直接说明，处于 T-等式左右两边的对象语言的语句与元语言的语句是同义的，或后者给出了前者的意义。它们确保了 T-语句的正确性，正是这一点使 T-语句具有了解释力②。戴维森说，如果我们知道了一种真之理论蕴涵了一个 T-语

---

① 参见 D. Davidson："Reply to Foster"，1976，p. 37。

② 本书将会在第五章中论证，正是由于形式和经验的限制条件保证了一个真之理论具有解释力，TCS 之所以能够解释语言并不在于它借助了真概念，而在于它引入了额外的限制条件。

句，并且我们也知道了这个真之理论满足形式和经验的标准，那么这个 T-语句"就能用于解释一个语句"，对于任意的真之理论而言，"只要它通过了检验，就将用来提供解释"①。戴维森的这种辩护，依赖于这样一个预设：给出一个语句的真之条件就是给出这个语句意义的一种方式（这个预设也是 TCS 的核心论断）。根据这个预设以及戴维森的上述辩解，我们可以发现，处于 T_{D-I}-等式右边的语句的确给出了在其左边的语句的意义。但是，T_{D-I}-等式所解释的却不是"我累了"这个对象语言的语句，而是"由 U 在时间 t 说出的'我累了'是真的"这个元语言的语句。因为"U 在时间 t 累了"给出的是"由 U 在时间 t 说出的'我累了'是真的"这个语句的真之条件，而非"我累了"这个语句的真之条件。"我累了"这个语句原则上（即在独立于语境的情况下）甚至是没有真值的，因而也不会有所谓的真之条件②。故此，戴维森的限制顶多是保证了 T_{D-I}-等式对"由 U 在时间 t 说出的'我累了'是真的"这个语句的解释，并没有对"我累了"这个语句的意义作出单独的解释。

戴维森在此基础上又对引语做出了分析。他拒绝了引语的专名理论、图示理论以及拼写理论。专名理论将引语处理为逻辑上初始的或简单的专名，它不再包含任何结构。这种理论的问题是，每个表达式都会有一个引语，这就是说每个表达式都会产生另外一个专名，而这种理论无法说明引语作为专名在语义上如何依赖于被引用的表达式。图示理论者主张，被加

①　参见 D. Davidson：*Inquiries into Truth and Interpretation*，1984，p. 139。

②　这个观点可分别参见［德］弗雷格《弗雷格哲学论著选辑》，王路编译，第 211、137—140 页。弗雷格认为，像"我累了"这样的语句并不表达完整的思想，因而没有真假。在具体的使用中，不是这样的语句本身有了真值，而是这样的语句加了时间、地点、人物的限制之后所得到（表达完整思想的）新语句（例如，由 U 在时间 t 说出的"我累了"）就是有真值的。这一点可以这么来验证：按照弗雷格的说法，不同的人在不同的语境中说"我累了"，他们所表达的思想有的是真的，有的是假的。如果"U 在时间 t 累了"给出了"我累了"这个语句的真之条件，那么我们就会发现，这个语句的真之条件有无穷多个，例如 U_1 在时间 t_1 累了；U_1 在时间 t_2 累了……以及 U_2 在时间 t_1 累了；U_2 在时间 t_2 累了……那问题是，究竟哪个真之条件给出了"我累了"这个语句的意义？还是所有这些真之条件共同给出了这个语句的意义？事实上，"我累了"这个语句的字面意义并不复杂。这种语句之所以造成麻烦并不是因为它们的字面意义很复杂，而是因为人们总是要用它们表达不同的思想内容。我们借助语境所能理解的不是这种语句的字面意义，而是它们在特殊语境中被用于表达的意义。它们被用于表达的意义实际上是对它们施加时间、地点、人物限制之后得到的语句的意义。这两者的区别似乎被戴维森忽视了，尽管他强调真之理论所给出的是语句的字面意义（参见 D. Davidson：*Inquiries into Truth and Interpretation*，1984，p. 45）。

了引号的表达式指称或描画了该表达式自身，引号的作用在于指出表达式具有描画功能的语境。但引语的语义联系在直觉上显然不是一个表达式与自身的关系，而且这种理论也没有说清楚引号如何能够使一个表达式具有描画自身的功能。拼写理论（又可称为"描述性理论"）将引语视为摹状词，即结构描述性的名字。例如，"Snow is white"这个引语相当于这样的一个摹状词：这是一个由三个单词组成的语句，其中第一个单词的第一个字母是"S"、第二字母是"n"、第三个字母是"o"、第四个字母是"w"，第二个单词的第一个字母是"i"、第二个字母是"s"，第三个单词的第一个字母是"w"、第二个字母是"h"、第三个字母是"i"、第四个字母是"t"、第五个字母是"e"。这个摹状词描述了被引用语句的结构，它也可以更换为更简洁的使用连接符（"^"）的表示方式："S"＾"n"＾"o"＾"w"^空格^"i"＾"s"^空格^"w"＾"h"＾"i"＾"t"＾"e"。这种理论能够克服专名理论和图示理论的缺陷，但它的问题是引号的作用被消解了或被摹状词替代了。另外，引语所指称的表达式从表面上看总是与被引用的表达式相同，但从摹状词或结构描述性语词上我们很难看出这一点。

　　戴维森认为，一种令人满意的引号理论必须满足两个条件：（1）它要能够与一般性的真之理论相兼容；（2）它要能够说明引号的特殊的语义功能。针对这两个要求，戴维森提出了他的引语理论，即指示性理论（demonstrative theory）[①]。按照这种理论，引号是单个词项（singular term），它可解读为"其标记就在这里的这个表达式（the expression a token of which is here）"或"此乃其标记的这个表达式（the expression of which this is a token）"。像"'雪是白的'是一个语句"这个语句就可以被分析为"雪是白的。此乃其标记的这个表达式是一个语句"。其中，"此乃其标记的这个表达式"包含了"此（this）"这个指示词，它本身作为一个指示性的短语指出了"雪是白的"这个语句标记。按照指示性理论，"'雪是白的'是一个语句"这个语句的真之条件定义就可以表达为：由 U 在时间 t 说出的"'雪是白的'是一个语句"是真的，当且仅当，此乃其标记的这个表达式是一个语句并且 U 在时间 t 用"此"指示"雪是白的"，当且仅当，雪是白的，对于 U 在时间 t 而言，此乃是其标记的这个表达式是一个语句。

　　指示性的理论同样被戴维森用于分析间接引语语境。例如，对于"伽

①　参见 D. Davidson：*Inquiries into Truth and Interpretation*，1984，p. 90。

利略说过（that）地球是圆的"这个语句而言，戴维森将其分析为："伽利略说过那个（that）。地球是圆的"，其中"那个（that）"是一个指示词，它指出了后面出现的语句。按照他的说法，"间接语境中的语句，如其所发生的那样，显示着它们的逻辑形式……它们由一个指称着一个说话者的表达式、二元谓词'说过'以及一个指称着一个话语（utterance）的指示词构成"[①]。与直接引语的情况类似，这个包含间接引语语境的语句的真之条件可以规定为：由 U 在时间 t 说出的"伽利略说过（that）地球是圆的"是真的，当且仅当，伽利略说过那个，且 U 在时间 t 用"那个"指示"地球是圆的"，当且仅当，对于 U 在时间 t 而言，伽利略说过那个，地球是圆的。其中需要注意的是，处于后一个等式右边的语句并不是一个合取式，因为"地球是圆的"并不是该语句的实质的构成部分，而仅仅是指代词"那个"的前驱，它在这里标明该指代词的所指代的内容。

戴维森试图通过对一类语句的逻辑形式的分析给出 (U, t, s) 这个三元组的真之条件的定义。通过这种定义，一步步地构造关于自然语言的真之理论。戴维森本人的工作还涉及对行动语句以及命令句等非陈述句的逻辑语法分析[②]。勒珀尔（E. LePore）和路德维希（K. Ludwig）近年来专注于推进戴维森的意义纲领，一方面他们为真之理论的解释性提供了更为细致的辩护，另一方面，他们为自然语言中的其他类型语句提供了逻辑语法的分析，并构造出相应的 T-公理，由它们可以借助典范证明（canonical proof）推出具体的 T-语句（定理），给出了具体语句的真之条件，进而为其意义提供解释[③]。所谓"典范证明"，就从真之理论的公理出发以具体的 T-语句为结论的证明，这些 T-等式的右边不再包含任何语义学概念，而直接是对左边被指称语句的翻译。例如，"'Snow is white and Grass is green'是真的，当且仅当雪是白的且草是绿的"这个 T-语句可以借助下面这个证明推出：

---

① 参见 D. Davidson: *Inquiries into Truth and Interpretation*, 1984, p. 106。

② 戴维森在这些方面的工作，可参见 D. Davidson: "The Logical Form of Action Sentence", in N. Rescher (ed.): *The Logic of Decision and Action*, 1967, pp. 81 – 95; 以及 D. Davidson: *Inquiries into Truth and Interpretation*, 1984, pp. 109 – 121。

③ 参见 E. LePore and K. Ludwig: *Donald Davidson: Meaning, Truth, Language and Reality*, 2005, p. 45; 以及 E. LePore and K. Ludwig: *Donald Davidson's Truth-Theoretic Semantics*, 2007, p. 73, p. 111。还需要注意的是，这里所说的典范证明与证明论语义学的核心概念不是一回事，虽然它们的名称是一样的（关于后者可参见 P. Schroeder-Heister: "Validity Concepts in Proof-Theoretic Semantics", 2006）。

（1）$\forall p \forall q$（"p and q" 是真的，当且仅当（"p" 是真的且 "q" 是
真的））。　　　　　　　　　　　　　　　　　［T-公理］

（2）"Snow is white and grass is green" 是真的，当且仅当 "Snow is
white" 是真的且 "Grass is green" 是真的。

　　　　　　　　　　　　　　　　　　　　［（1），实例化规则］

（3）"Snow is white" 是真的当且仅当雪是白的。　　　　［T-定理］

（4）"Grass is green" 是真的当且仅当草是绿的。　　　　［T-定理］

（5）"Snow is white" 是真的且 "Grass is green" 是真的，当且仅当雪
是白的且草是绿的。　　　　　［（3）和（4），合取添加规则］①

（6）"Snow is white and grass is green" 是真的，当且仅当雪是白的且
草是绿的。　　　　　　　　　［（1）和（5），等值替换规则］

　　这个典范证明借助了两个 T-定理，而它们同样可以借助其他典范证明
从真之理论的其他 T-公理逻辑地推出来。这种证明的重要性在于，它揭示
了被解释语句的语义结构。这正是戴维森（的意义理论）所强调的。因
此，凡是通过典范证明推出的 T-语句（及其集合）自然就会满足形式的限
制条件。

　　为了真之理论能够由非语境敏感性的（context-insensitive）语言扩展
到语境敏感性的（context-sensitive）语言（这种语言往往包含了指示词、
索引词等依赖于语境来确定其指称的语词），勒珀尔和路德维希在 T_D-模式
的基础上对意义定理模式（即 St-模式）也做出了相应的扩展：

　　（St_D）语句 s 相对于说话者 U 在时间 t 而言意味着 p。

　　他们结合（T_D）与（St_D）的语境敏感性的特征，修改了原来针对非
语境敏感性语言的 T-约定，并将这种新的约定称为 "戴维森式的 T-约
定"②：

---

　　①　为了表达上的简洁性，这里将这步推理简化了，在实际具体的推理过程中，还需要借助有关
双向条件式的定义或规则以及条件证明的规则。这些过程不难进行，因而在此略去。

　　②　为了表述上的前后统一，这里没有采用勒珀尔和路德维希本人对这些术语的符号表示，而且
在对 T_D 以及 St_D 的表述上也做了并非本质性的修改。勒珀尔和路德维希本人的表述可参见 E. LePore
and K. Ludwig: *Donald Davidson's Truth-Theoretic Semantics*, 2007, p. 42。

（T_D-约定）针对语境敏感的语言的一种恰当的真理论必须是形式
上正确的并且以所有形如 T_D 的语句作为其定理，其
中"s"被对象语言的结构描述性名词所替代，"p"
被对象语言中的语句替换以便使相应的 St_D-语句是
真的。

满足这样的 T_D-约定的（扩展的）真之理论因而是针对语境敏感性语
言的理论，它借助典范证明可以蕴涵这种语言中的所有语句的真之条件。
在满足 T_D-约定的前提下，勒珀尔和路德维希相继构造了 English$_0$ 和 Eng-
lish$_1$ 这两个英语片段的真之理论，前者是非语境敏感性语言，后者则在前
者的基础上添加了索引词"I"和指示词"that"。另外，他们还分析了包
含形容词、副词、时态动词、间接引语、直接引语的语句并给出它们的真
之条件定义，甚至还对命令句和疑问句作出了真之理论的分析。这些工作
很大程度上说明戴维森的意义纲领在技术上虽然存在障碍但并不是不可
行。正如勒珀尔和路德维希所总结的那样，TCS 在技术层面上主要面临着
四种批评："第一，自然语言没有清晰的语法，因而不适于在形式理论中
得到处理。第二，词汇和结构上的歧义性阻碍了真理论在自然语言上的应
用。第三，语义悖论削弱了构造自然语言的真理论的可能性。第四，语言
中的含混语词引起的真值空缺（truth value gaps）表明针对自然语言没有
正确的真理论能够构造起来。"[1]在他们看来，这些批评并没有对 TCS 构成
真正的危险，至少就他们已经完成的工作而言，这些障碍对于使用扩展的
真之理论来构造自然语言的意义理论而言都是可以克服的。

三　TCS 面临的基本问题

戴维森通过使用"是真的，当且仅当"整个替换 St-模式（即"s 意味
着 m"）中的"意味着"，将构造意义理论方式由内涵性的转变为纯外延性
的。这种替换可以避免"陷入内涵语词所造成的困境"，获得了一种从纯
外延性的角度研究意义理论的方式。在戴维森看来，一种令人满意的意义
理论应该能够蕴涵所有形如 T-模式（即"s 是真的，当且仅当 p"，其中，
"p"是"s"所指称的语句本身或是它在元语言中的翻译）的定理。戴维

---

① 参见 E. LePore and K. Ludwig：*Donald Davidson's Truth-Theoretic Semantics*，2007，pp. 47 – 48。

森还认为，这样一种理论既能符合外延性原则的要求，同时也能够符合组合性、有穷公理性以及解释性的要求。塔斯基的真之理论很自然地成为一种令人满意的意义理论的最佳候选。按照同样的要求，构造出针对自然语言的塔斯基式的真之理论就构造出了它的意义理论。不管戴维森对意义理论的构造方式的这种转变之合理性是否给予了充分论证，也不管塔斯基的真之理论实际上多大程度地符合乃至支持了戴维森对一种令人满意的意义理论提出的要求，将真之理论作为意义理论用于解释自然语言的这种新尝试总是会遭遇一些技术性的问题。尤其是因为，塔斯基的真之理论原先一直被认为仅仅适用于形式化的语言。接下来，这一小节将讨论戴维森的意义纲领所面临的几个技术上的质疑。

（**问题一**）借助塔斯基的真之理论的纯外延性的方式是否能够完全刻画出作为内涵概念的"意义"？换句话说，用相同东西替换 St-模式和 T-模式中的"s"和"p"所得到的 St-模式的实例与 T-模式的实例是否是逻辑上等价以及内容上相同的？

根据索姆斯的论述，要想使戴维森的替换方案成立，必须首先保证下面这样的预设成立[①]：如果 s（在 L 中）是真的，当且仅当 p，那么 s（在 L 中）意谓着 p。如果不再对该条件式的前件作任何限制性补充的话，就无法保证这个预设总是有效的，尽管它的逆论题成立（注意：该条件式的前件并不是完整的塔斯基式的 T-语句，完全的 T-语句必须附带对"s"和"p"的限制性说明！）。因为 St-语句要比单纯的 T-语句的要求强。这说明，给出一个语句的真之条件并不等于说就给出了该语句的意义。这里需要强调的是，戴维森并没有简单地认为，语句的意义就是其真之条件（用他的话说，"真之条件并不等同于意义"）。他只是认为"通过给出语句的真之条件，我们给出它的意义"[②]。这一点其实并不难理解：戴维森要求他的意义理论必须符合整体论的组合性要求。因此，戴维森所需要的真之理论不是要分别给出每个语句的真之条件，而是要刻画出每个语句在真之条件上与它的构成要素之间的语义依赖关系。从表面上看，这种要求本身就有助于将一些奇怪的 T-语句排除在适当的真之理论之外。例如，考虑下面这个

---

① 参见 S. Soames："Truth, Meaning and Understanding", 1992, p. 17。

② 参见 D. Davidson：*Inquiries into Truth and Interpretation*, 1984, p. 56, n. 3。

T-语句：

　　（P）"雪是白的"（在汉语中）是真的，当且仅当草是绿的。

　　如果一个真之理论蕴涵（P）这样的语句，那么这种真之理论就是外延上恰当但非实质上正确的理论，因而它是非解释性的真之理论。TCS 是否能够排除成为这种理论的可能性，这一点受到了怀疑。它面临的这个问题又被称为"外延性问题"①。其产生的主要原因是存在外延相同而意义不同的语言表达式。由于两个表达式的外延可以相同，因此蕴涵"'亚里士多德'指称亚里士多德"的指称理论以及蕴涵"'亚里士多德是哲学家'是真的，当且仅当亚里士多德是哲学家"的真之理论在形式上或外延上无疑是恰当的，但这并不能否定可能存在一种指称理论和一种真之理论，它们分别蕴涵"'亚里士多德'指称弗雷格"以及"'亚里士多德是哲学家'是真的，当且仅当弗雷格是德国人"，这两种理论同样是外延上恰当的。不过，由于两个表达式的意义不同，前一类的指称理论和真之理论都可以用于解释表达式的意义，而后两种理论则不能。存在外延上恰当但非解释性的真之理论，这一点还不是问题的关键，真正的要点在于，如何将这类奇怪的理论与解释性的真之理论区别开来。

　　在戴维森看来，语句（P）作为意义理论的定理，其荒谬性是显然的，因为尽管 T-等式左右两边在真值上等价，但等式左边被命名的语句在语义上与等式右边的语句却毫无关系。为避免 TCS 蕴涵类似（P）这样的一些定理，戴维森选择在整体论的立场上通过构造递归的、符合组合性的真之理论来强调真之条件与被指称语句的关联性。但是凭借如此手段，他并没有能够彻底驳斥另外一种更为巧妙的质疑。这种质疑指出，在满足结构性或整体论原则要求的前提下同样可能出现等式左右两边的语句在意义上不相同的情况。

　　这个质疑是由福斯特提出来的，简单地表述如下：假设 θ 是针对 L-语言按照递归的方法构造起来的塔斯基式的真之定义，显然它是合乎戴维森要求的真之理论。θ' 是另外一个真之定义，它仅仅在关于"雪是白的"这个 L-语句的真之定义上与 θ 不同（或者关于"是白的"这个谓词的语义

　　① 参见 E. LePore and K. Ludwig：*Donald Davidson：Meaning，Truth，Language and Reality*，2005，p. 102。

定义与 θ 不同）。也就是说，θ' 蕴涵着这样一条定理：

(Ts)"雪是白的"（在汉语中）是真的，当且仅当雪是白的且 φ。

其中，"φ"可以是任意不同于"雪是白的"的经验性的真语句（例如"草是绿的"）或任意的逻辑真理。蕴涵 Ts-语句的 θ' 在揭示 L-语句的真之条件方面能够与 θ 一样满足戴维森的要求。因为 Ts-等式的右边能够体现等式左边引号中的 L-语句的形式结构特征，而且等式左右两边在外延上也是等价的。但很清楚的是，它们在意义上不同。按照福斯特的想法，对真之理论 θ 的其他定理也可以作类似的变更，得到的新的真之理论同样符合戴维森的要求，但等式右边的语句与等式左边被命名的语句具有不同的意义[①]。这个问题在塔斯基那里就不会出现，因为塔斯基在他的 T-约定中使用了翻译概念，从而能够保证 T-等式右边的语句应该与等式左边被命名的语句具有相同的意义。翻译概念在塔斯基的理论中是作为初始概念引入的，就像真概念在戴维森的理论中的情况一样。但福斯特所提出的问题在戴维森那里却很棘手，因为他反对在意义理论（即真之理论）中将翻译概念作为未经分析的初始概念加以使用。他要求他的意义理论不能包含在对象语言的语句中没有出现的那些内涵概念（如意义、命题、特性等）。同样地，翻译概念除非已经得到解释，否则不能在意义理论中作为核心概念来使用。

戴维森排斥翻译概念的另外一个更为重要的原因是，这个概念对于意义理论并不是必要的[②]，它在解释一种语言的过程中没有本质的作用。按照戴维森的观点，翻译是在对象语言与主体语言（而非元语言）之间建立联系，只不过一般情况下，主体语言与元语言总是相同的，这一点掩饰了主体语言与元语言之间的区分。翻译对于解释意义而言之所以是不必要的，是因为在将对象语言中的语句翻译为主体语言中的语句的过程中，并没有涉及对该语句的意义进行的解释。但人们一般会误认为，借助翻译手册能够而且足以为意义提供一种解释，但"这依赖于解释者自己知道而理论并没有说出的两件事情，即主体语言是他自己的语言以及他具备了如何

---

① 参见 J. R. Foster："Meaning and Truth Theory"，1976，pp. 12 – 14。

② 对于这一点之原因的具体论述请参见本书第五章。

在自己的语言中解释对象语言的语句的知识"①。这也就是说，误解产生的原因在于，人们忽视了这种解释的过程实际上包含了两个步骤，首先将对象语言中的语句翻译为主体语言（即翻译者熟悉的语言）中的语句，接着是对翻译后的语句进行解释。翻译在整个解释的过程并不起实质性的作用。对于意义的解释而言，翻译是不必要的，因为翻译者对翻译后的语句进行的解释同样可以直接运用于被翻译的语句。戴维森指出，塔斯基是借助预设翻译这个概念来定义真概念，而对于意义理论而言，这么做是不行的，也不必要。他的工作恰恰与塔斯基相反，即借助对真概念的部分理解来阐释翻译概念。但是这样一来就自然会引发另外一个问题。

（问题二）如果翻译以及其他类似的内涵概念或语义概念不能使用，那么戴维森的意义理论（即 TCS）如何能够保证排除所有类似（P）和（Ts）这样的怪异的 T-语句作为其定理？

戴维森的意义理论需要类似于翻译概念的东西作为补充。确切地说，翻译概念所担负的任务和所起的作用在塔斯基式的真之理论中是必不可少的。但在戴维森看来，TCS 不能直接使用这样一种属于意义理论领域内的概念。因此，戴维森似乎陷入了一种两难的境地：如果他放弃使用翻译概念，那么 T-语句就会出现问题，去掉翻译概念的塔斯基的真之理论于是就不适宜用来构造意义理论，因为它不再符合实质上的正确性的要求，当然就不能满足意义理论的解释性的要求。戴维森需要对塔斯基的 T-约定做出适当的修正。他必须通过另外一种方式来替代翻译概念，承担其所起的作用，而不仅仅是将翻译概念取消了事。如前文所述，戴维森的办法是使用形式的和经验的限制条件或检验条件来替代翻译概念，以便将这些条件施加于整个真之理论时能够产生解释性的作用。当然，这些限制条件的本身不需要预设翻译概念。由戴维森的多处论述，我们可以发现，"形式上的限制"指的是一种令人满意的意义理论应该像塔斯基的真之理论那样按照递归的方式构造起来，它能够体现语言的形式结构特征，符合组合性原则乃至整体论原则的要求。这个限制的作用对于 Ts-语句而言没有实质的效用，因为蕴涵 Ts-语句的真之理论 θ' 同样是递归构造起来的。因此，翻译

①　参见 D. Davidson：*Inquiries into Truth and Interpretation*，1984，p. 129。

概念所承担的所有重任都将落在"经验上的限制"上。按照戴维森的论述，这种限制指的是真之理论作为一种令人满意的意义理论所蕴涵的 T-语句的正确性将在经验的检验中得到保证（意义理论在戴维森看来乃是一种经验性的理论）。形式和经验这两个方面的限制条件的重要性对于意义理论而言是毋庸置疑的。这一点似乎也要求戴维森必须对它们做出严格而充分的说明。本书第五章将会专门讨论戴维森以及其他学者对于这两种限制条件的说明以及意见。

（**问题三**）T-约定无疑制约了塔斯基的真之理论扩展到自然语言的语句，因为如果严格依照 T-约定，针对自然语言中的许多语句所形成 T-语句都无法被视为适当的真之理论的定理。戴维森在真之理论上添加了这些限制条件之后，这种理论是否真的能够成为一种针对自然语言的（正确的）意义理论？

戴维森企图使用形式和经验检验这两个限制条件对 T-约定进行修正和补充，并且他坚信这样的补充是有效果的。不得不承认，这个限制条件的确能够阻止类似（P）以及（Ts）这样的 T-语句作为一个恰当的真之理论的定理。但是，对于自然语言中的那些本身就带有内涵特性或复杂特征的语句而言，这两个限制能否保证对它们的意义给予正确的解释，这个问题还没有得到明确的答案，因为戴维森关于一些内涵性语句的分析在很大程度上也是受人质疑的①。

与包含指示词或索引词的语句的分析情形相似，戴维森的纯外延式的意义理论（即 TCS）在处理其他很多内涵性的语句时同样造成了严重的困难②。这种困难简单地说，就是通过揭示语句的真之条件难以完全且准确地给出其意义。塔斯基预设翻译概念无疑是一种明智之举，它能够保证 T-等式左边被命名的语句与右边的元语言语句在意义上严格相等。但戴维森就无法利用这种便利。当然，如果通过引入形式和经验的限制条件来修正和补充 T-约定，戴维森的确能够保证 T-等式左边被命名的语句与右边的语句是同义的，这固然能够使一种通过了检验的真之理论成为关于自然语言的意义理论。不过，该前提假设是否成立，这一点本身已经引起了怀疑并

---

① 参见 B. Loar："Two Theories of Meaning"，1976，pp. 138 – 144。

② 参见 C. S. Chihara："Davidson's Extensional Theory of Meaning"，1975，p. 9。

招致各种责难。当然，我们也应该看到，很多这些责难针对的仅仅是戴维森在构造关于自然语言的真之理论时所遇到的技术上的困难。将真之理论所针对的语言扩展到自然语言，这不可避免地会产生很多令人头疼的技术处理上的问题。尽管戴维森及其追随者们已经对很多类型的语句做出了分析，并给出了相应的 T-语句，但对于自然语言而言，并不是所有语句的真之条件都能够以一种简明的方式（就像塔斯基明确形式化语言中每个语句的真之条件时所采用的那种方式一样）得到明确。

从以上讨论来看，戴维森的意义纲领以及 TCS 所遇到的麻烦是意义理论的普遍问题。只要一种意义理论的构造依赖于对自然语言语句的逻辑结构的分析，即它要满足组合性的要求，自然语言的复杂性就是它必须要克服的困难。因此，本书在这里并不打算纠缠于这些细节问题，而是要将精力放在那些针对 TCS 的更为基础和重要的问题上去。TCS 所受到的原则上的责难大致有两种：来自达米特的反实在论的攻击和来自真之紧缩论者的挑战。这两方面的责难都直接关系到真与意义之间的语义学联系，确切地说，都是因不同的真观念而发出的关于意义观念或意义理论的争议。接下来，本书将分别就这两种责难展开详细的讨论。

第三章　意义问题中的实在论与反实在论

　　虽然戴维森已经意识到，构造一种关于自然语言的塔斯基式的真之理论必定会带来很多问题，但他仍然抱有一种乐观的精神。他认为那些由自然语言的复杂性特点所导致的理论上的困难终究会随着研究的不断深入而逐个得到化解。然而，并不是所有的学者都能认可这种态度。TCS 的一些反对者认为，构造一种针对自然语言的真之理论，有时候遭遇到的并不仅仅是技术上的障碍。在达米特这样的反实在论者看来，TCS 遭遇到的更为棘手的则是原则上的壁垒。

　　达米特认为，TCS 的拥护者实际上坚持了一种实在论的真之观念，这种观念持有者大致说来有两个方面的表现：其一，他们一般都会（至少是含蓄地）承认二值原则。他们一般认为语句只有真和假这两个值，他们所主张的逻辑一般都坚持排中律。其二，他们一般会认为，一个语句的真假（或思想的真假①）与人的认识活动和言语行为无关，与人们是否认识到这个语句的真或假以及对此在语言实践中是否做出了相应的反应无关。反实在论者则持与此相反的观点。于是，达米特反对实在论相应地表现在两个方面：首先，实在论者假设了二值原则，如果坚持这样的原则，以真之理论为核心的意义理论将无法处理那些真值不确定的语句。这就意味着，对于那些语句而言，TCS 的拥护者无法给出其真之条件进而给出其意义。其次，实在论者认为，一个语句的真假与说话者对这个语句的使用无关。因此，一个意义理论所要刻画的东西应该与说话者关于语句的语言实践行为或能力是无关的。这有悖于意义理论本质上是一种使用理论（use theory）

------

　　① 虽然弗雷格一般被看作是一个实在论者，但他一般谈论的是思想的客观性。这种客观性的一个方面就表现为：思想的真假是确定的、非时间性。在他看来，一个语句表达的思想要么是真的，要么是假的。"真值的不确定性"不是指一个思想的真假不确定，而是指一个语句表达什么思想这一点不确定。如果一个思想是真的，那么它在我们知道这个思想之前就是真的，而且永远是真的（参见［德］弗雷格《弗雷格哲学论著选辑》，王路编译，第 154 页）。

这样的基本看法。当然，达米特的批评依赖于"TCS 是以实在论的真概念为核心的"这一前提。如果要使他的批评不失去意义，就必须要保证这一前提成立。

第一节　实在论的意义理论

实在论是一个具有较为广泛含义的形而上学概念，对于这个概念的讨论往往要结合某个具体的领域或主题。达米特首先发现了，在语言哲学的领域中也会出现实在论的问题。这个发现掀起了实在论者与反实在论者之间的一场新的激烈争辩。在语言哲学这个领域中，哲学家们关于实在论的讨论涉及的主题是一类特定的陈述（statements）①，或关于陈述的一个给定的类，例如关于客观世界的陈述、数学的陈述、关于过去和未来的陈述等等，这种实在论因而有着某种特殊的含义。人们或许会觉得，实在论在这里的"特殊含义"就是，弗雷格赋予语句的涵义即思想强烈的客观性。这种客观性导致在某种含义上思想成了实体，以至于人们需要承认有独立于感觉世界和心灵世界之外的第三种范围来安放思想这样一种东西。弗雷格无疑确实有类似的观点，但是在这里，达米特所讨论的以及本章所关注的实在论，与其说是与语句涵义的实体性相关，不如说是与语句的语义值（真值）相关。这一点同样也包含在弗雷格关于思想的客观性的那些观点之中。

在这里，实在论与反实在论就是语义学的两种立场，它们都"关于这样一个问题，即一般而言，当某一给定类中的陈述为真时，什么使它为真"②。实在论者关于这个问题的回答是，一个陈述是真的，当且仅当使它为真的条件（即真之条件）得到满足（obtain）。一个陈述的真之条件一般被认为是包含了两个部分：这个陈述所描述的相应的实在和这个陈述所表达的内容（即它的涵义③）。相应的实在一般是给定的或者能够得到确定

————————

①　达米特在讨论实在论时总是使用"陈述（statement）"这个词，而弗雷格和塔斯基谈论的则是语句（sentence）。根据达米特的论述，他所使用的"陈述"一词相当于"言语（utterrance）"，陈述是对语句的表达。在这里这种术语的使用上的区别不会对我们讨论的主题构成严重影响，因此在本书的讨论中，术语的使用上有时候并不会太在意"陈述"与"语句"的这种区别。

②　参见 M. Dummett："Realism"，1982，p. 55。

③　在这里，我们需要有意识地将"涵义（sense）"与"意义（meaning）"区分开来，因为达米特在他的论述中将这两个概念区分得很明显。为了确保在谈论他的一些观点时不造成误解，本书保留他对于"涵义"与"意义"这两个概念的区分。

的。在这种情况下，一个陈述的涵义就变得唯一重要了。达米特认为，就是因为这样，人们谈论陈述的真值条件时往往仅仅指它的涵义。其实对于实在论而言，重要的不是说明真之条件是什么，而是要弄清楚这种条件总是确定地得到满足或没有得到满足，相应地，一个陈述总是确定地是真的或不是真的。不管一个陈述是不是真的，或一个陈述的真之条件是否已经得到满足，这都与人们能否认识到陈述的真值无关，同样也与人们能否认识到陈述的真之条件无关①。

达米特所谓的"实在论"在这种含义上其实指的就是一种实在论的语义学。按照达米特的理解，实在论"就是这样一种信念，即受争议的一类陈述独立于我们知道它的手段而具有客观的真值：根据独立于我们而存在的实在，它们是真的或假的"②。在达米特看来，实在论至少具有以下两个特点：

它的第一个特点是承认二值原则。实在论的语义学是一种二值语义理论。所有这种类型的语义理论基本上都承认，任何陈述（语句）的语义值只有真和假两个值，因此所有陈述（语句）都确定地是真的或假的。相应地，所有陈述（语句）的真之条件都是确定地得到满足或没有得到满足。在这里之所以能说"所有的陈述（语句）"，是因为即便有些语句的涵义是模糊的，但只要它们有真假，那么它们就确定地是真的或假的。在弗雷格那里，这一点不难解释，因为有真假的实际上是陈述（语句）的涵义即思想：如果一个陈述有真假，那么它当然是确定地是真的或假的，因为这意味着，这个陈述表达一个思想而所有思想都有真假且它的"是真"或"是假"是非时间性的。弗雷格首先将表达思想的语句与不表达思想的语句区分开来了，真假不确定的语句往往是不表达完整思想的语句。要使得这样的语句表达完整思想因而具有确定的真值，就需要对它们进行补充，例如加上时间要素。因此，尽管有些语句（例如"我感到冷"）出自不同人之口就会具有不同的真值，有时这个语句对 A 这个人而言是真的，有时

① 这种表述有点问题，严格来说，应该是"与人们是否能够认识到陈述的真之条件得到满足与否无关"。在这里的表述中"得到满足"一词漏掉了。但这不是本书的问题，这是达米特的问题，这里的表述遵循了达米特的原意。本书将会在这一章的第三节中指出，达米特对于 TCS 造成误解的关键原因在于，他把"能否确定一个陈述的真之条件是否得到满足"与"能否确定一个陈述的真之条件"弄混了。

② 参见 M. Dummett：*Truth and Other Enigmas*，1978，p. 146。

对 B 这个人而言却是假的，这并不是说它的真值会发生变化，而是因为它表达了不同的有真假的思想。"这里发生变化的东西是语言，而不是思想。"① 就每一个思想而言，它和它的真值都是不变的。有些语句没有真假，这在弗雷格看来恰恰是因为它们并不表达完整的思想。因此，无论弗雷格还是塔斯基都追求一种（符号化的）科学语言，因为这种语言能够准确唯一地在表达一个具有确定真值的思想。

对于二值原则，还需要再做两点说明。第一点是，在关于二值原则的描述中出现的"确定地"一词，在达米特看来，是最为本质的、必不可少的②。第二点是，二值原则是辨认一种语义理论是否是实在论的首要标志，但承认二值原则究竟是一种理论具有实在论性质的充分条件、必要条件还是充要条件？这个问题达米特没有专门讨论过。他在有的地方认为承认二值原则仅仅是一种理论成为实在论的必要条件③；在有的地方又认为前者是后者的充分条件④。如果这两种观点都被达米特所认可，那么在达米特那里，一个理论承认二值原则和一个理论是实在论，这两者就是一回事。

实在论的第二个特点是，陈述的真值及其真之条件是客观的，独立于人们的认知⑤。任意陈述（确定地）是真的或假的，相应地，其真之条件（确定地）得到满足或没有得到满足，这与人们是否能够认识到它的真值或是否能够认识到它的真之条件是否被满足无关。因而，在达米特看来，实在论包含了这样一种论断：陈述具有什么真值或真之条件是否得到满足，这完全独立于人们的认识。"如果关于被讨论的陈述的一种适当的真观念就是实在论者所假设的那种概念，这一点是可能的，那么对于这些陈述的理解必须要将这些陈述设想为它们是真的或是假的。对于这些陈述而言，'是真的'或'是假的'是客观的并且独立于我们的知识或获得知识的能力。"⑥ 这就是说，一个语句的真值与它的真之条件是否得到满足有关，与人们是否能够认识到这一点无关。因而，"不需要在我们的能力范

---

① 参见［德］弗雷格《弗雷格哲学论著选辑》，王路编译，2006 年，第 210—211 页。

② 参见 M. Dummett：*The Interpretation of Frege's Philosophy*，1981，p. 435。

③ Ibid. , 1981，p. 437；以及 M. Dummett：*The Seas of Language*，1993，p. 467。

④ 参见 M. Dummett：*The Interpretation of Frege's Philosophy*，1981，p. 439，p. 441。

⑤ 借用瓦尔德的称法，这里把这种特性称为"超越认知性"（参见 A. Ward："A Semantic Realist Response to Dummett's Antirealism"，1988，p. 554），在后面的讨论中，本书会更多地使用这种用语。

⑥ 参见 M. Dummett：*The Interpretation of Frege's Philosophy*，1981，p. 434。

围内说出这些条件是否得到满足"①。

　　实在论所主张的超越认知性，这其实可以由它的第一个特点（二值原则）直接得到。在对于二值原则的描述中，"确定地"这个附加词就已经暗示了，一个陈述的真值并不是相对的，因而也不会相对于人们的认识。在这里需要注意，人们一般会将实在论主张的这种超越认知性与一个不确定的或模糊的语句的真值所具有的超越认知性混为一谈。达米特本人在他的论述中有时候也会出现这样的倾向。达米特强调实在论的超越认知性特征，他对 TCS 的责难很大程度上与这一点有关，确切地说，是从这一点出发的。在他看来，恰恰是实在论的超越认识性这种特征使戴维森的（实在论的）意义理论与语言的使用情况或人们的语言实践脱离关系。但是在具体的论述中，达米特一般很少直接从超越认知性出发来对 TCS 理论提出责难。原因很可能在于，实在论者主张的超越认知性并不必然导致一个语句的真值或它的真之条件得到满足（或没有得到满足）超越了人们的认知能力。提出陈述的真值及其真之条件具有认知超越性的最典型的人物就是弗雷格。他认为，语句所表达的思想的真假是独立于人们的认识的。按照这种实在论的观点，即便人们没有认识到哥德巴赫猜想是真的，这个思想也是真的。一个思想是真的还是假的是一回事，人们是否能够认识到它的真假是另外一回事，后者并不对前者构成影响。如果表达思想的语句严格地表达唯一的且有真假的思想，那么这些语句的真假就仅仅依赖于它们的真之条件是否得到满足。它们是真的，当且仅当其真之条件得到满足，至于人们是否认识到它们的真之条件得到满足，则与此无关。由此可见，实在论的语义理论至多仅仅是刻画了一个语句的真之条件是什么，而没有说明这样的条件实际上是否或者能否得到满足以及任意一种情况是否能够被认识到。实在论者主张的超越认知性确切地说是指，一个语句的真值或它的真之条件得到满足（或没有得到满足）与人们能否认识到这一点无关。这种超越认知性并不隐含这样的推论，即人们无法认识到一个语句的真值或它的真之条件得到满足（或没有得到满足）。

　　基于上述这一点考虑，我们需要注意，尽管有的学者在论证过程中会直接将实在论主张的超越认知性作为前提，并由此推论出人们无法认识到一个语句的真值或它的真之条件得到满足（或没有得到满足），但是他们

---

① 参见 M. Dummett：*Thought and Reality*，2006，p. 48。

所讨论的超越认知性并不完全等同于像弗雷格这样的实在论者所主张的超越认知性。本书在这里以及后面的讨论中所涉及的"超越认知性"一般指的是"由于语句由于模糊性等原因造成的真值无法断定或认知",这样一种超越认知性才是反实在论者所需要的。达米特较常见的论证同样也是以这一点为基础的。他先(通过列举一些真值不确定的语句来)批评二值原则。借助这些例子,他试图说明,有些语句的真值不确定,或它的真之条件得到满足(或没有得到满足)超越了人们的认知能力。通过这样的批评,达米特最终还是为了指出 TCS 无法解释人们如何可能在不知道一个陈述的真值及其真之条件的情况下从事语言的实践活动。对于达米特而言,如果某种意义理论坚持一种多值原则,而语句的真值同时具有认知上的超越性,那么这种意义理论照样会遭到与 TCS 相似的责难①。

达米特认为一种实在论的语义理论必须具备二值原则和超越认知性这样两个特点。在他看来,弗雷格 – 塔斯基式的真之理论就是一种典型的实在论的语义理论。戴维森采用塔斯基的真之理论作为他的意义理论的基础,因而达米特认为,戴维森的意义理论也是实在论的。在很多时候,达米特将 TCS 与实在论的语义理论等同而论。他认为,TCS 这种意义理论包含了经典的二值语义理论并因此支持二值原则。达米特可算是最先将实在论与反实在论的争论引到关于意义理论的讨论中来的人。按照他的观点,实在论与意义理论有着密切的联系,"实在论是一个形而上学的论断,但它的原则性的内容属于意义理论"②。这种联系一般地表现为,如果以真概念为核心的意义理论都接受了二值原则,那么这样的意义理论将以实在论的语义理论作为其基础。用达米特的话说就是,如果"一个意义理论允许引入二值的[逻辑]常项",那么"它将是实在论的"。因为,"实在论的意义理论必须将二值的语义理论作为其基础"③。

虽然二值的(因而是实在论的)语义理论并不天然地是一个意义理论,但它必定是实在论的意义理论的一部分。在达米特看来,以真概念为核心的意义理论(尤其是 TCS)必定包含二值的语义理论。对于持这种理论的人而言,陈述的真值是由它的意义确定的。他们的口号很明确:陈述的意义是确定陈述真值的特定方式。如果一个陈述的意义确定了这个陈述

---

① 参见 M. Dummett:"What is a Theory of Meaning?(Ⅱ)",1976,p. 105。

② 参见 M. Dummett:*The Interpretation of Frege's Philosophy*,1981,p. 449。

③ Ibid.,p. 439,p. 441。

为真的条件（就像在弗雷格看来，涵义是确定意谓的方式一样），那么理解一个陈述的意义就是把握它的真之条件。达米特由此指出，按照类似 TCS 这样的意义理论，"我们的理解必须在于知道这样一个陈述的真之条件，这个条件表现为确定地得到了满足或没有得到满足。实在论因此包含了被讨论的一类陈述的意义概念，这类陈述的意义将借助使它们为真的条件而被给出"①。实在论在这里就与戴维森的意义理论联系起来。根据达米特的论述，实在论作为一种真之理论领域内的形而上学的论断，它的原则性的内容已经影响到了意义理论。所有以真概念为核心的意义理论（尤其是 TCS）就都是一种实在论的意义理论，于是，达米特就将"实在论对于任意陈述类而言是否可能"这个一般性的问题归结为"以真概念为核心的意义理论是否可行"这个问题，而"实在论是否可能"这个一般性的论题就成了关于意义的一般理论所要讨论的问题。达米特认为 TCS 具有实在论的特征，因为这种意义理论以二值的语义理论作为基础。而有些语句真值不确定，它的真之条件得到满足或没有得到满足这一点是超越认知的。这种（与实在论者主张的有所不同的）"超越认知性"就成了 TCS 这种意义理论招致非实在论者的责难的主要原因。

几乎没有人会反对达米特认为弗雷格－塔斯基式的语义理论以及戴维森采用作为意义理论的真之理论具有实在论的特征。但是，达米特的反实在论论证的问题在于，他假设了 TCS 乃至所有以真概念作为核心概念的意义理论都必须要以实在论的真之观念基础，即它们一定依赖于一种二值的（因而是实在论的）语义理论，以及它们必须承认（反实在论者所主张的）超越认知性。达米特没有讨论、也并不关注其他使一种意义理论将真概念作为核心概念的可能性。因此，在他看来，TCS 这样的意义理论必定具有实在论的特征。正是在独断的基础上，达米特从反实在论出发对 TCS 提出了各种责难。在分析这些责难之前，我们有必要考察一下达米特对于意义问题的独特看法及其对"如何构造一种令人满意的意义理论"这个问题的特殊见解。

第二节　达米特的反实在论责难

一　意义与语言的使用

一种令人满意的意义理论应该是什么样的？达米特对这个问题有一种

---

① 参见 M. Dummett：*The Interpretation of Frege's Philosophy*，1981，p. 434。

基本的考虑，这种基本考虑深刻影响了他关于"把握一个陈述的意义在于什么"这个问题的独特见解。一个陈述的意义是否包含比它的真之条件更多的东西？或者把握一个陈述的真之条件是否足以被视为是理解了那个陈述？在这些问题上，达米特的看法与以戴维森为典型代表的真之条件的意义理论者完全不同。这一点并不令人奇怪，因为他们在基础问题上的见解就存在极大差异。戴维森同意一种语言的意义理论就是一种理解理论，并且他也认为，一种语言的意义理论应该表明"一种学会语言的必要特征"，或那些"已经学会说一种语言的人所具备的能力和技巧"①。但是，在戴维森看来，对于理解一种语言而言，重要的毕竟不是知道怎么使用它，而是把握所有语句的意义。也就是说，重要的是知道一种语言的逻辑语法结构和语义组合规则，知道一种语言中的语句是如何由较小的语言单位按照一定规则组合构成的。因为知道了一种语言的逻辑语法结构和语义组合规则就知道了这种语言中的语句的意义是如何由其构成部分的意义组成的。如果一个人掌握了一种语言中的最基本的语言单位的意义，如果他还知道关于这种语言的恰当的意义理论，那他也就可以说知道了整个语言。一个人知道了整个语言，那就意味着他必定知道如何使用它。戴维森因此推论说，意义理论的任务就是要说明"语句的意义如何依赖于语词的意义"并且"除非这种说明被提供给一种特殊的语言，否则就可以论证说，我们能够学会一种语言这个事实没有得到解释"②。与戴维森的这种思路相反，达米特认为，不解释人们是如何使用一种语言的，就不能说明人们是如何理解这种语言的。他还论证说，当一个人知道一种语言时，他所具有的是一种"实践的知识，关于如何说该语言的知识"，因此，"我们的目标是在理论上表述这种实践能力"③。所谓语言实践能力指的是正确地使用语言、完成各种言语行为的能力。意义理论的任务是要表明这种隐含的知识（使之成为明确的知识），以及说明他如何才能具有这种知识。要解释，当一个说话者（正确地）使用一种语言时他隐含地知道了什么，就是要能够表述这种语言的实践能力，以及描述说话者的言语行为。

达米特谈到后期维特根斯坦有一句名言，即"意义就是使用"，他认为，维特根斯坦提出这句名言目的在于"批判"弗雷格关于涵义与语力的

---

①　参见 D. Davidson：*Inquiries into Truth and Interpretation*，1984，p. 3，p. 8。

②　参见 D. Davidson："Truth and Meaning"，1967，p. 304。

③　参见 M. Dummett："What is a Theory of Meaning？（Ⅱ）"，1976，p. 69。

区分（确切地说是语力思想），因而维特根斯坦并未能够正确地指出意义与使用之间的联系。达米特指出，维特根斯坦关于"使用"这个词的使用乃是一种"误用"①。在他看来，对于意义与使用之间的这种联系的正确把握恰恰需要依赖于弗雷格对语句的涵义与语力的区分，即必须承认在语句的内容（即涵义）之外，还有不属于内容的、表达语力（force）的东西。语句的涵义与语力的区别在自然语言中很常见，自然语言还包含了大量表达语力的词汇，例如断定、疑问、祈使、命令、请求，等等。弗雷格通过对比断定句与一般疑问句（即他所说的"语句疑问"）来说明涵义与语力之间的区别。他说，"疑问句与断定句包含相同的思想，但是断定句还含有更多的东西，即一种断定。疑问句含有更多的东西，即一种询问。因此在一个断定句中要区别两点：内容（它与相应的语句疑问所共有）和断定"②。根据弗雷格的论述，"亚里士多德是柏拉图的学生"和"亚里士多德是柏拉图的学生吗"这两个语句表达相同的涵义（而且它们的涵义都是一个完整的有真假的思想），它们的不同之处在于前者带有的语力是断定，而后者带有的语力是询问。由于一个语句的涵义与真假相关（假设这个语句表达完整的思想），而包含在语句中的语力与真假无关，弗雷格因此并不单独关注语力问题，也没有提出一个成形的语力理论。但是在达米特看来，语力问题是十分重要的。他指出："区分涵义与语力是有价值的，恰恰是因为我们说了如此之多不同种类的话（utterance）或者说我们完成了如此之多种类的言语行为：我们做断定、问问题、下命令、给建议、作指示、提请求、表愿望。"③ 戴维森也注意到了语力的区别，按照他的观点，如果说一个语句表达了一种涵义就是描述了一种情况，那么一个断定句就被用于断定这种情况出现了，一个一般疑问句就被用于质疑这种情况是否出现，一个祈使句就被用于请求让这种情况出现，一个命令句就被用于要求这种情况不要出现，等等。不过，戴维森并没有将语力看作意义的组成部分，这是他与达米特在意义理论的构成上所存在的重要区别。

达米特在区分了语句的涵义与语力的基础上指出，要理解不同种类的语句的意义，不仅要把握语句所表达的内容（即涵义），还要明白如何针对不同种类的语句做出不同的言语行为。仅仅知道一个语句的真之条件还

---

①　参见 M. Dummett：*The Seas of Language*，1993，p. 108。

②　参见［德］弗雷格《弗雷格哲学论著选辑》，王路编译，2006 年，第 134 页。

③　参见 M. Dummett：*The Seas of Language*，1993，p. 123。

不是知道了语句的全部意义，在达米特看来，"把握一个表达式的意义就是理解它在语言中的作用：一种语言的一个完全的意义理论因此是一个关于语言如何作为一种语言而起作用的完全的理论（complete theory）"，因此，"我们对意义这个一般性概念的兴趣就是对于语言如何运作的一种兴趣"①。按照达米特的理解，如果意义理论需要刻画语言是如何运作的，它需要解释如何使用一种语言（准确地说，如何使用一种语言中的语句），那么我们知道了语句在语言交流中是如何起作用的，也就知道了它的意义。因此，意义理论必须要解释一种语言的说话者是如何使用一种语言（的语句）的。无论弗雷格的涵义理论还是戴维森的意义理论，如果要成为一种完善的（full-fledged）意义理论就需要添加其他部分作为补充，而其中需要作为补充的一个东西就是一种适当的语力理论。

根据达米特的建议，以真概念为核心的意义理论应该包含两个部分②：第一个部分是由真之理论（或指称理论）和涵义理论共同构成的。在这个部分中，真之理论是核心，它将通过递归的方式明确语言中的语句的真之条件；涵义理论是包在真之理论外围的"壳"，它通过将说话者特殊的实践能力与真之理论的特定的定理对应起来，规定了说话者关于真之理论的知识在于什么。意义理论的另外一个部分是补充性的，即语力理论，这个部分对不同的言语行为（例如，做断定、下命令、提请求等）提供解释。由于这种意义理论以真概念为核心，它总是主张这样一种论断：把握语句的涵义就是要把握语句的真之条件。因此，在达米特看来，这种理论就其部分的功能而言必须能够说明，当说话者把握了语言的一个表达式的涵义时他知道什么，并且它还需要解释，说话者是如何能够获得并表明这样的知识的。因此，这种意义理论"必须采用真之条件的形式：它必须就像弗雷格所做的那样将对于一个语句表达的思想的把握等同于关于这样一种条件的认识，这种条件必须得到满足以便使语句是真的。因此，它必须解释说话者关于那种条件的认识在于什么"③。由这段论述可以看出，这种理论需要回答：说话者是如何具有关于语句的真之条件的知识的。这种理论的拥护者在解答这一问题时一般会遇到两种困难：

---

① 参见 M. Dummett：*The Seas of Language*，1993，p. 2。
② 参见 M. Dummett："What is a Theory of Meaning?（Ⅱ）"，1976，p. 74。
③ 参见 M. Dummett：*The Interpretation of Frege's Philosophy*，1981，p. 447；以及 M. Dummett："What is a Theory of Meaning?（II）"，1976，p. 80。

　　第一种困难是，以真概念为核心的意义理论的拥护者对于这个问题只能提供一种"平凡的（trivial）答案"。在达米特看来，他们对"当一个陈述为真时什么使它为真"这个问题所能够提供的答案只能是那个陈述是真的。按照这种理论，说话者具有关于一个语句的真之条件的知识，这就在于他知道这个语句是真的。对"说话者是如何具有关于语句的真之条件的知识的"这个问题而言，这样的回答并没有提供什么实质性的东西。

　　这种平凡的回答还隐含了另外一种相关的、但更棘手的困境。在弗雷格－塔斯基式的真之理论中，一个语句的真之条件就是处于 T-等式右边的那个元语言的语句所表达的东西。这种意义理论是通过明确描述对象语言的语句的真之条件来给出语句的意义的。说话者对于一个语句的真之条件具有明确的知识，当且仅当他可以明确地知道并且描述出一个语句的真之条件。这将意味着，一方面，构造这样一种明确的意义理论本身就已经包含了说话者对于对象语言以及元语言的理解；另一方面，如果说话者要借助这样的意义理论来理解对象语言，他似乎必须事先能够理解元语言。达米特认为，构造一个以真概念为核心的明确的意义理论，似乎存在着某种理解上的循环问题①，这就是 TCS 面临的第二个问题。因为如果对象语言与元语言重合，那么按照上述说明，说话者关于一个语句的真之条件的知识就在于他能够陈述它的真之条件。如果（例如在 TCS 理论者们看来）一个语句的真之条件就是这个语句的内容，那么说话者就得事先知道这个语句的内容。如果说话者事先就要知道这个语句的内容，那么说话者事先就得具有关于这个语句的真之条件的知识。简单地说，说话者要获得关于真之条件的知识，他就得事先具有这样的知识；同样地，说话者关于一个语句的理解在于他事先就得理解这个语句。这种循环问题在某种程度上也造成了以真概念为核心的意义理论的平凡性。

　　在达米特看来，上述两种困难的根源在于，说话者关于真之条件的知识被视为一种明确知识，而且这种知识需要通过说话者具有直接陈述真之条件的能力这一点来得到表明。达米特认为，对"一个陈述的真之条件的知识在于什么"这个问题，我们可以有非平凡的回答。只不过这种回答需

---

　　①　达米特对这种理解上循环问题的讨论，参见 M. Dummett："What is a Theory of Meaning?（Ⅱ）"，1976，p. 80；以及 M. Dummett：*Thought and Reality*，2006，p. 50。本书第五章第一节将会具体讨论这种循环问题。在那里本书将试图说明，在 TCS 中并不存在这种循环问题，认为 TCS 存在循环问题其实源于一种误解。

要借助于对说话者使用语言的能力的解释，而非借助于说话者关于真之条件的知识，这种使用语言的能力将使说话者能够"在适当的环境中，认识到［真之］条件得到满足或没有得到满足"。他还强调说，"使语句为真的东西就是当我们认识到它为真时候所直接意识到的东西"，因此说话者关于真之条件的知识乃是一种隐含的知识①。意义理论应该通过其他方式来表明说话者所具有的关于真之条件的这种隐含知识。可见，我们需要在意义理论中刻画出说话者关于"语句的真之条件得到了满足（或没有得到满足）"这一点的认识，以此来解释说话者关于真之条件的知识，而非相反，借助关于真之条件的知识来说明说话者的语言使用能力。在达米特看来，虽然有的语句的真值很难借助一些普遍有效的标志来辨明，但设计一个标准，以便使人们可以认识到一个语句的真之条件是否得到满足，这完全是有可能的。不过这样一来，关于真之条件的知识就会转化为关于真之条件是否被满足的认识问题。说话者是否具有关于一个语句的真之条件的知识，就在于他是否有能力找到或把握一个有效的程序，通过这种程序他可以成功地认识到或确定这样的条件是否得到满足。当一个语句的真之条件得到满足时，说话者借助这种程序可以认识到或确定它是真的；当它的真之条件没有得到满足时，说话者借助程序可以认识到或确定它是假的。

　　然而，由于自然语言包含了大量的语句，对于这些语句而言，找不到一个有效的程序来确定其真之条件是否得到满足。也就是说，对于这些语句，我们根本没有能力去认识它们为真的条件是否得到了满足。因此，我们根本没有办法将这种认识能力与关于该语句的真之条件是什么的知识等同起来。面对那些真值不确定的语句，那种以真概念为核心的意义理论就遇到了困难。因为在这种（具有实在论特征的）意义理论中，语句的真之条件总是确定地得到满足或没有得到满足。如果在某些情形下，说话者不具有认识到"一个语句的真之条件得到了满足（或者没有得到满足）"这一点的能力，那么他就不能获得关于这一点的认识，从而也就不可能获得关于真之条件的知识。在这种情形下，以真概念为核心的意义理论就无法将关于真之条件是否得到满足的认知能力与关于真之条件的知识匹配起来，因而它就无法借助对于认知能力的说明来解释说话者是怎么能够具有关于语句的真之条件的知识的。这里的问题可以简单地表述为：对于真值

---

① M. Dummett：*The Interpretation of Frege's Philosophy*，1981，p. 449.

不确定的语句而言，以真概念为核心的意义理论无法对"说话者何以能够获得关于语句的真之条件的知识"这个问题提供解释。

　　在达米特那里，上述这种问题还可以直截了当地归结为以真概念为核心的意义理论的内在问题。达米特这么做是有理由的，在他看来，这种意义理论是实在论的（因为，这种意义理论可以视为对弗雷格的涵义理论的一种扩展，其中所包含的真观念具有二值的、独立于认知的特性，因而是一种具有实在论特性的概念），如果一种真之理论（或更普遍地说，语义理论）是实在论的，那么它就一定会遭遇这样的问题：这种理论所坚持的二值原则无法处理自然语言的所有（直陈性的）语句。对于那些真值不确定的语句而言，二值原则失效了。在这样的情况下，说话者就无法借助语言的实践来表明他认识到了语句的真之条件得到满足（或没有得到满足）以及语句是真（或假）的，因为他根本无法认识到这一点。如果一个意义理论基于这种实在论的真之理论，那么它将无法通过说明说话者的语言使用能力以及描述他的言语行为来解释说话者关于一个语句真之条件的知识。达米特由此断言，接受二值原则一般而言将不可能使语句的真之条件与语句的使用之间的关系得到合适的解释。因此，以真概念为核心的意义理论的困难"不是细节上的：它们是在原则上有困难"①，所谓"原则上"的困难也就是实在论的困难，解决它的出路无疑就是要放弃这种原则。可见，达米特指出的这个困境对于实在论的意义理论而言是多么地糟糕。而所有达米特关于以真概念为核心的意义理论的责难都可以看做是关于 TCS 的责难，因为在他看来，TCS 就是以真概念为核心的意义理论（至少是其中的一种）。

　　当然，达米特强调，上述困境的产生与意义理论的补充部分无关，而是与包在真之理论外面的"壳"（即涵义理论）有关。涵义理论的任务将作为核心的真之理论所包含的命题与说话者的特定实践能力联系起来。由于自然语言中存在大量具有不确定性的语句，对其真值或对其真之条件是否得到满足的认识超出了人们的认识能力。这使涵义理论无法将说话者关于真之条件的知识归结为说话者认识"真之条件得到了满足（或没有得到满足）"这一点的实践能力，以及进而将之归结为说话者能够表明这种认知的语言实践（即言语行为）。这种归结关系的断裂所导致的直接后果就

---

① 参见 M. Dummett: "What is a Theory of Meaning? (Ⅱ)", 1976, p. 68。

是，无法构建作为意义理论之补充构成部分的语力理论。因为语力理论就是要说明如何在言语行为（实践）中表明说话者使用语言的实践能力。达米特宣称，"除非证明能够以一种适宜的方式设计这样一种语力理论，否则构建这样一种［即实在论的］意义理论的整个计划都要破产"①。他对TCS提出的这种责难是正确的，如果TCS确实具有实在论的特点的话。假设像达米特所说的那样，TCS以二值原则作为其必要条件。如前所述，二值原则无法适用于那些其真值无法确定的语句，因而对于这些语句而言，构造一种可行的实在论的意义理论就是不可能的，除非我们首先放弃二值原则的假定。在达米特看来，放弃二值原则，也就等于要放弃TCS最核心的观念（即通过对于真之条件的认识来把握语句的意义）。尽管达米特对TCS的二值原则提出了异议，他并不要据此支持以多值原则为基础的真之理论来担当意义理论的任务（他甚至也不赞同多值原则②）。他之所以强调存在真值不确定的语句，其真正目的在于说明，语句的真值及其真之条件的得到满足与否不应该被视为能够超越人们的认知能力，否则依赖于这种真观念的意义理论就无法解释一种语言的说话者使用语言的实践能力以及他们的言语行为是怎么一回事。

从这里，我们可以很清楚地看到，达米特对TCS的批评至少做了两个预设，并且要确保这些批评是成立的，这两个预设就必不可少。第一个预设是，TCS必须基于实在论的真观念。另一个预设是，意义理论必须解释语言是如何起作用的，进而要对人们对于语言的使用和与此相关的实践能力提供说明。正是基于这两个假设，达米特对TCS提出了责难。当我们反思这些责难是否合理时，首先需要考虑的是，上述两个假设是否正确。关于第一个假设，本书将在这一章的第三节中详加讨论。第二个假设与对于意义理论本身的不同考虑有关。正是在这种含义上，我们可以说，达米特所关注的意义理论与戴维森所期望的意义理论在所要解决的问题或所讨论的话题上并不完全一致。戴维森的意义理论实际上只能看做是对弗雷格涵义理论的一种发展，解释语言的使用问题似乎并不是它的理论目的。但也不能否认，戴维森有些时候会脱离既定的目标而关注语言的功能问题，只不过在戴维森看来，只要一种意义理论能够合乎解释性和组合性的要求，它就能够说明人们是如何能够学会一种语言的。因此，如果一种意义理论

---

① 参见 M. Dummett："What is a Theory of Meaning?（Ⅱ）"，1976，p. 82。

② Ibid. , p. 105.

必须要解释语言本身是如何起作用的以及语言的使用者如何能够获得关于语言的知识，那么 TCS 所阐述的内容就像达米特指出的那样是不够的。达米特主张另辟蹊径，从一类语句的特征出发，构造一种不以实在论的真概念为核心的意义理论。这种意义理论能够说明说话者关于这类语句的使用在于什么。在此基础上可以进一步地将这种构造方式扩展到其他类型的语句。根据达米特的观点，在数学中可以发现这样一种典型的意义理论。这种意义理论借助直觉主义的说明来解释每个数学陈述的意义。

二　数学陈述的意义问题

一个数学陈述的意义是什么？根据真之条件的（因而是实在论的）意义理论，这个问题的答案是，一个数学陈述的意义就是使它为真的那个条件；理解一个数学陈述的意义，就是要把握它的真之条件。但是，在数学中有一些陈述，它们的真假同样超出了人们的认识能力（这里所谓的"人们"指的就是言说或使用数学陈述的人），例如量化陈述。一个全称量化陈述是真的，当且仅当它的每个替换实例都是真的①。在论域为自然数或其他无穷集合的情况下，人们无法认识到所有实例是否是真的，因而就不可能认识到使这个全称量化陈述为真的条件究竟有没有得到满足。达米特指出："如果对于这些陈述的真之条件不是有效可认识的，那么借助真之条件做出的解释就不可避免地是循环的。"② 因为 TCS 这种意义理论对于陈述意义的解释只能依赖于给出一个平凡的定理，即一个 T-语句。出现在 T-等式右边的语句将直接是左边的被命名的语句或者是对它的翻译，并且等式右边的语句所表达的东西将作为等式左边的被命名的那个语句的真之条件。这样一来，明确描述关于真之条件的知识就需要人们事先对出现在 T-等式右边的语句表达的内容有一种理解。由于根据 TCS 的定理，出现在 T-

---

① 例如"所有的自然数都大于 0"就是一个全称量化陈述，它的替换实例是"1 大于 0"、"2 大于 0"、"3 大于 0"……按照达米特的观点（当然他的这个观点源自弗雷格），"所有的自然数都大于 0"是真的，当且仅当"1 大于 0"是真的且"2 大于 0"是真的且"3 大于 0"是真的且……

② 参见 M. Dummett: "What is a Theory of Meaning? (Ⅱ)", 1976, p. 109. 达米特是借助替换性的解释来给出全称量化式的真之条件，即一个全称量化式是真的，当且仅当其所有替换实例都是真的。按照这种解释，事实上，只要这种语言中包含无穷多的名字，任何一个全称量化式的真之条件（即无穷个替换实例的合取）就都不可能被认识。甚至即便名字的数量是有穷的但极其庞大，人们也不可能认识这种真之条件。相比之下，塔斯基的真之理论对量化式的真之条件描述则是简洁的，在认知上具有极大的便利性。

等式右边的语句表达的内容与等式左边的被命名的那个语句的内容相同，因而，人们关于一个语句的真之条件的知识就在于要事先理解这个语句。但是按照戴维森构建 TCS 的设想，理解一个语句就是要知道它的真之条件。于是，就像前面所谈到的那样，这种理解上的循环似乎是难以避免的。达米特对此甚至表示悲观，他觉得，我们没有办法找到一种避免循环的方法来描述我们的语言实践。当然，这种困境只是因为我们坚持要借助真之条件来解释语句的意义。因而摆脱困境的途径，在达米特看来，就是要在根本上或原则上放弃以真概念作为意义理论的核心概念，放弃实在论的意义理论。他认为，可以采取直觉主义的解释理论来取代以真概念为核心的意义理论。直觉主义的意义理论被达米特视为一种典型的反实在论的意义理论，它的核心观念是，一个数学陈述应该借助证明（proof）概念而非真概念得到解释。

达米特论证说，按照实在论的意义理论，对于数学陈述的意义的把握，就是要知道陈述在什么条件下为真，而这种条件是否得到满足与我们能否认识到这一点无关，而且事实上我们也并非总是能够借助一种有效的办法来认识到这个陈述的真假；直觉主义的意义理论则与此不同。直觉主义的意义理论建立在直觉主义的语义理论之上，根据这种意义理论所能够提供的模式，把握一个数学陈述的意义就在于有能力发现关于这个数学陈述的一个证明。这样的证明基于对一种数学构造（construction）的认识。因而可以说，对于一个数学陈述的理解就在于能够认识到任意的一种数学构造是否是关于这个陈述的一个证明。达米特将陈述的意义与证明联系起来的理由差不多与他所认为的 TCS 的拥护者将意义与真之条件等同起来的理由是一样的。在 TCS 的拥护者那里，就像弗雷格将涵义表述为意谓的给定方式一样，语句的意义就是使语句为真的方式或条件。因而，理解一个语句就是把握它的真之条件。在达米特那里，一些数学陈述构成的序列被视为关于一个数学陈述的证明，当且仅当序列中的所有陈述的意义都要被理解。由此可得，"知道一个数学陈述的意义当且仅当要知道什么可被看做是关于它的一个证明"①。但有一点需要说明一下：就解释较为初始或基础的数学陈述（例如数学中的等式）而言，TCS 的拥护者的看法与达米特的观点似乎区别不大。因为这些数学陈述的真值都是确定的，在这种情况

---

① 参见 M. Dummett：*Truth and Other Enigmas*，1978，p. 153，p. 225。

下，我们总是能够找到有效的程序来确定它们的真假（或认识到使它们为真的条件是否得到满足）。TCS 的拥护者与达米特之间的真正区别在于，他们在逻辑常项和量化式的解释上采取了截然不同的方式。值得注意的是，恰恰在这两种情形上，数学陈述的真值之判定遇到了困难。这一点大概可以用于解释，为何达米特要采取一种不同于 TCS 的解释方式来解释数学陈述。

直觉主义的解释理论之所以优于实在论的意义理论，或者它之所以更适合于构造关于数学陈述的意义理论，在达米特看来，有两方面的原因：一方面，正如前面说到的，直觉主义的解释理论不会遭遇到二值原则失效的困境。因为有些数学陈述的真假超出了人们的认识能力，人们无法给出一个有效的程序以便确认这些陈述的真之条件是否得到满足。直觉主义的解释并不需要确定这一点。在直觉主义的解释下，把握一个陈述的意义就在于能够认识到什么可以算作是关于那个陈述的一个证明。至于这样的程序或者证明是否存在，这一点并不重要。因此，直觉主义的解释理论"并不要求每个陈述都是有效可确定的"，尽管"对于任何数学构造，我们能够有效地认识到它是否是给定陈述的一个证明"①。一个陈述（p）是有效可确定的，当且仅当可以找到一个关于它的证明或者找到一个关于它的否定（即非 p）的证明，而关于非 p 的证明说明了 p 是不可证明的。但在达米特看来，有能力找到一个证明，这并不是理解一个陈述所要求的东西；理解一个数学陈述仅仅在于当这样的证明被发现时，说话者能够认识这就是关于那个陈述的一个证明。达米特之所以认为必须用证明概念替代真概念在意义理论中的作用，另一方面的原因是，证明概念可以与对数学陈述的使用联系起来。对于一个数学陈述的理解将会体现在对如何使用这个陈述的掌握上。毫无疑问，如果 TCS 的确是作为一种带有实在论特点的理论，它就会主张对于数学陈述的理解完全独立于对语言使用的描述。在达米特看来，使用一个语句的证明条件这样的概念较之实在论的真之条件概念更为优越，因为证明条件并没有超越人们的认知，一旦这种条件存在，人们就可以认识到它是否是关于这个语句的证明。在这种认识过程中，人们所具有的隐含的知识将会通过他的言语行为（即在对那个语句的具体使用中）直接地体现出来和被表明。根据达米特的论述，虽然任意的陈述是

---

① 参见 M. Dummett：" What is a Theory of Meaning?（Ⅱ）"，1976，p. 109。

否可以得到证明这一点并不能确定，但对任意一个结构是否是一个数学陈述的证明，这一点是确定的。当说话者或听者认识到了一个结构可以算作是一个数学陈述的证明（因而他就知道了这样的证明是存在的），他就可以通过使用断定句对这个陈述进行断定来表明他所知道的东西。

这样一种能够刻画数学语言使用的意义理论显然不能也不需要以一种（实在的）真概念作为其核心概念，它的核心概念是证明。对达米特而言，TCS 只能凭借一些平凡的、甚至隐含着循环危险的公理来解释对象语言的语句。由于 TCS 是平凡的，这种理论自身无法真正做到对于对象语言的语句包括逻辑常项和量化式的意义给出解释。达米特认为，直觉主义的意义理论可以提供一种非平凡的解释，因为它对语言的使用提供了说明。根据直觉主义的意义理论，假设已经知道一个复合的数学陈述的子句的意义（即明确了什么可以算作是关于子句的一个证明），那么对一个复合的数学陈述的主逻辑联结词的意义解释就在于，明确什么样的东西可以算作是关于这个复合陈述的一种证明；对于作为主量词的全称量词的意义解释在于明确，什么东西可以算作是关于相应的每个替换实例的证明。根据上述论述，直觉主义的意义理论对于逻辑常项的解释可以表列如下：

假设 C 是一个构造或一个陈述序列，且 A、B、$\neg$ A、A$\vee$B 和 $\forall x A(x)$ 是任意数学陈述（模式），A(m) 是 $\forall x A(x)$ 的任意一个实例，因而也是数学陈述。于是：

（1）C 要么是要么不是 A 的证明；

（2）C 是 $\neg$ A 的证明，当且仅当 C 是 A 不可证明的证明；

（3）C 是 A$\vee$B 的证明，当且仅当 C 是 A 的证明或 C 是 B 的证明；

（4）C 是 $\forall x A(x)$ 的证明，当且仅当 C 是 A(m) 的证明；

上面这种与真值表相对应的列表被称为"证明表"[①]。从这个表中可以看到，直觉主义的意义理论必须假设有一种构造（序列）。因为尽管按照达米特的论述，一个数学陈述的意义不是它的真之条件而是证明条件，但直觉主义的意义理论原则上要回答的不是"一个陈述的意义是什么"这个问题，而是"什么可算作是一个陈述的证明"（即"当一个证明存在时，

---

① 参见 G. Sundholm："Proof Theory and Meaning"，1986，p. 458。

人们是否有能力认识到它（就是那个陈述的证明）"）这个问题。按照达米特的观点，即使有的陈述可能人们永远也找不到关于它的一个证明，但是人们至少可以确定，已有的所有构造都不是关于它的证明。对于理解一个数学陈述而言，核心之处并不是找到它的证明，而是有能力认识它的证明。直觉主义的意义理论所要解释的就是这种认知能力。因此，这种理论可以很合理地说明，为什么尽管哥德巴赫猜想目前无法证明，但我们还是可以理解它。在达米特看来，我们之所以能理解这个猜想，显然不是因为我们认识到了它是真的（或假的），或者其实我们认识到了那些使这个猜想为真的条件得到了满足（或没有得到满足），因为这些条件超出了我们目前的认知能力。于是，以证明而非真概念为核心的直觉主义的意义理论的优势就体现出来了，但是这种意义理论的优势并不局限于数学领域，在达米特看来，它具有一般性。

三　证实主义的意义理论

如果人们关注的是一类带有断定力的陈述，那么对这类陈述的意义的解释就可以借鉴关于数学陈述的意义的讨论。因为按照达米特的观点，关于数学陈述的意义理论可以很容易地推广至非数学的情形上。只不过使用直觉主义的意义理论来解释数学语言，与使用它来解释一般的（带断定力的）陈述还有个小小的区别。出于一般的语言使用习惯，解释数学的陈述需要借助证明概念；而解释一般的（带断定力的）陈述需要借助证实（verification）概念（这种概念更适用于较之数学语言更为丰富的自然语言的陈述）。当然，在达米特看来，这种区别并不是本质的：它们都是一种可用以确立（establishing）一个陈述为真的手段。较之证明概念而言，证实概念是更具一般性的概念，它适用的陈述具有更多种类而非仅仅局限在数学中。根据达米特的论述，证明更倾向于是一种逻辑推理或形式构造而非直接依赖于经验的验证。在这种含义上，证明概念在达米特那里应该是指受限制的证实概念。既然如此，那么我们之前对于证明概念的所有讨论都适用于证实概念。这么一来，达米特就顺利得出了这样的推论：对一个陈述的理解就在于有能力认识到它的证实条件，即使它被证实或最终被确立为真的东西。这种与以真概念为核心的意义理论相对应并且以证实为核心概念的理论被达米特称为证实主义的意义理论。在达米特看来，这种理论拒绝实在论的二值原则。因而，它并非基于一种实在论的语义理论，本质上是一种直觉主义的意义理论。

达米特关于"证实概念如何在解释陈述的意义上起作用"这个问题的论述与他关于"证明概念如何在解释陈述的意义上起作用"这个问题的类似。在这里，本章不打算对此再作更为细致的讨论，接下来将仅仅就证实主义的意义理论所具有的一些容易引起混淆或误会的方面进行必要的说明或澄清。这些说明将有助于我们更加全面准确地把握达米特关于意义理论的想法及其"证实主义的意义理论（verificationist theory of meaning）"的观念。

（1）"证实"与"证实主义"

谈到证实主义的意义理论①，最容易令人混淆的就是"证实"这个词。因为这个词会使人联想到逻辑实证主义者（logical positivists）所主张的证实概念。在达米特那里，他的证实主义与逻辑实证主义者的概念有所区别②。达米特赞同蒯因的观点，他认为在一个有所限定的语句类中，存在两种不同的语句，一种处于这个类的中心，另外一种处于外围或边缘。这种位置的描述显然是一种隐喻。借助隐喻，达米特实际上想表达的观点是，一类语句（即处于外围的（peripheral）的语句）可以合乎逻辑实证主义者的要求而依赖于直接的感觉经验来证实；而另外一类（即处于中心的或非外围的）语句则无法被经验直接证实，它们只能被间接证实。因此，对于一种语言中的任意非外围的语句而言，要把握它们的意义，并不是要认识到什么样的纯粹的感觉经验（直接地）证实或证伪了它们，而是要领会到它们与其他语句（尤其是与已经被经验直接证实或证伪的外围语句）之间存在什么样的推理上的关系。这些处于非外围的语句总是处于由该语言的语句所形成的关联结构中，且与其他已经得到证实的语句构成某种联系，它们或它们的否定将会借助这种推理结构或程序最终被证实。这种含义上的证实其实也就是（间接）证明。达米特认为，即便在数学领域内，也不是所有的数学陈述都能直接通过其构造（structure）而得到直接证明，实际上很大一部分陈述都要借助一种间接的方式而得到最终的证明。

也许是为了避免人们将证实概念（verification）与（直接的）经验检

---

①　达米特自己就使用这个术语来称谓他的意义理论，参见 M. Dummett："What is a Theory of Meaning?（Ⅱ）", 1976, p. 119。

②　参见 M. Dummett："What is a Theory of Meaning?（Ⅱ）", 1976, p. 111。

验或验证概念混为一谈，达米特在他的后期论述中更多地使用确证（justi-fication）概念①。他认为，"在我们的语言中，对许多不同的概念，我们已经有了表达，这些概念与我们对语言的使用相联系，其中之一就是对一个断定的确证"②。这个概念似乎更倾向于针对言语行为（例如断定）的正确性或正当性，而非行为（语句）的内容③。即便如此，达米特对于直接和间接证实的区分还是有用的。因为根据他的观点，当一个说话者做出一种言语行为（例如断定）时，这种行为是否正确，这一点在做出言语行为的当时很可能还无法得到确定。但这一点可以被间接或最终地得到明确。这种间接的证实总是表现为以一种推理的方式从已经得到证实的语句推出最终需要证实的语句。由于证实过程需要借助推理，这就不可避免地要涉及下面要讨论的话题，即真概念似乎依然在起作用。

（2）证实与真

在达米特看来，以真概念为核心的意义理论是行不通的。这种实在论的意义理论必定会遭遇到无法确定语句的真假或无法确定真之条件是否得到满足的问题。避免这个问题的途径就是放弃使用真概念作为意义理论的核心概念，这样也就从根本上消除了实在论造成的消极影响。但是达米特指出，放弃真概念作为核心概念这一点并不意味要将真概念彻底从意义理论中驱逐出去。真概念可以而且应该在意义理论中承担一定的作用，这种作用可以很重要但绝不是基础性或核心的。

真概念是否应该在意义理论中起作用？它应该起到什么样的作用？达米特对于这两个问题的看法很大程度上源于他对 TCS 的评判与反思。他认为，TCS 使用真概念作为核心概念，这一做法的问题在于，即使我们能够证明，为了构造意义理论必然要使用真概念作为其核心概念，这样的证明也"并未能够说明它是如何可能具有这一功能的"。事实上，"目前我们对

---

① 关于"justification"这个词的中文翻译存在一些异议（例如，有些学者将它直接翻译为"证实"或翻译为证成或辩护）。讨论这些异议与本书的研究关系不大，所以这里不再细究哪种翻译更为恰当，而是选择暂且将"确证"作为这个词的中文翻译。不过，需要强调的是，"justification"与"verification"毕竟是有区别的。

② 参见 M. Dummett：*The Seas of Language*，1993，p. 115。

③ 所谓语言行为的内容，就是一种语言行为是关于什么而做出的。就断定而言，断定的内容就是断定句的内容（思想）。在达米特看来，语言行为和语言行为的内容是有区别的。语言行为有正确与不正确之分，而语言行为的内容有真假之分（参见 M. Dummett：*The Seas of Language*，1993，p. 157）。

将真概念作为意义理论的基础［这种做法］的必要性没有任何证明，我们不应该更加重视那些关于这种做法的可能性的反驳；如果我们要想发现任何这样的证明，我们应该最有可能做的事情就是研究其他意义理论的构成"①。这里所谓的"意义理论的构成"，如前所述，指的就是一种（以真概念为核心的）意义理论通常由指称理论、涵义理论和语力理论这三个部分构成，其中指称理论是整个意义理论的核心，涵义理论是包围在核心外围的"壳"，语力理论是补充部分。按照达米特的论述，如果一个意义理论以真概念或指称概念为核心，那么这种理论就不可比避免地具有实在论的特性。按照这种理论，语句的真值和真之条件具有独立于说话者语言使用和实践能力的特性，这一点将给涵义理论以及语力理论的构造造成障碍：涵义理论的职责恰恰是将指称理论的定理与相应的言语行为或实践能力对应起来；语力理论则无法描述说话者是如何在他的语言实践中表明他关于真之条件的知识的。因此，真概念不能作为意义理论的核心概念。这些思想是达米特在他的众多论文中反复强调的。然而，出于哲学传统的考虑，真概念即使不在意义理论中担负核心任务，是否应该将它从意义理论中彻底去除，这也是需要慎重考虑的。达米特显然没有忽视这种传统的意见，不过他更加注重的是构造一种意义理论的实际需要。

尽管从反实在论的立场出发，达米特反对将"真"作为意义理论的核心概念，并主张通过证明概念来解释数学陈述的意义，但他没有否认这两个概念有着微妙的联系。在达米特看来，"证明就是这样一种手段，它存在于数学中是为了确立（establishling）一个陈述为真"②，因而，"我们借助证明或计算可以认识到一个数学陈述的真"③。他还指出，"假设一个陈述为真，就是假设我们拥有了一种数学的构造，它构成了那个陈述的证明"④。就数学陈述而言，达米特并没有刻意避免将真概念与证明概念放在一起使用。不过，需要大家注意的地方是，按照达米特的观点，事实上并非借助真概念来解释证明概念，而是通过证明概念来解释真概念。他是以这样一种方式来表达这两个概念之间关系的：一个陈述是真的，当且仅当存在一个关于该陈述的证明。因此达米特本人并不否认真概念在关于数学

---

① 参见 M. Dummett："What is a Theory of Meaning？（Ⅱ）"，1976，p. 68。

② Ibid.，p. 110.

③ 参见 M. Dummett：*Truth and Other Enigmas*，1978，p. 153。

④ 参见 M. Dummett："Realism"，1982，p. 61。

陈述的意义理论中起着作用，而且他也不觉得这种作用会是"平凡的"或是可有可无的。而且从达米特的论述中，我们可以在更一般的层面上看到这一点。当构造一个超出数学陈述的意义理论时，尽管在达米特看来应该以证实概念为核心，但同样需要借助真概念。真概念对于在证实主义的意义理论中而言是必需的，理由在于，证实主义的意义理论需要使一部分（确切地说是一大部分的）陈述在间接的意义上得到最终的证实。在这个过程中，（演绎）推理起着至关重要的作用，而对于推理而言，重要的则是如何保证从真的前提一定得到真的结论，推理的有效性问题被看做是与保真性密切相关的问题。因此达米特指出，"为了说明最终而非直接确立一个陈述的可能性，本质上要求助于陈述的真概念，这个概念显然不能仅仅等同于一个陈述被直接证实［的概念］"①。虽然真概念是必要的，但在达米特的意义理论中，它仅仅在解释推理或间接证实的这种有效性的时候是有用的。

　　这里有两点需要说明一下。首先，达米特并非在实在论的立场上看待他所使用的真概念。因为在他的理论中，真概念必须要与说话者的语言实践能联系起来。他认为，证实主义的意义理论"与以真为核心概念的理论之间的区别是，第一，意义并非直接由使它为真的条件而是由使它被证实的条件给出；第二，当真概念被引用时，它必须借助我们认识到陈述为真的能力而不借助超越人类能力的条件以某种方式得到解释"②。在达米特看来，如果一个语句的意义就像维特根斯坦所说的那样是对它的使用，如果说话者理解一个语句所依赖的知识必须能够在他的语言实践中完全被表明，那么我们就不能再以实在论的观念来看待真概念，只有这样借助关于真之条件的知识的意义模型才是可能的；然而这样一来，就意味着实际上存在其他某种与实在论不同的关于"真"的观念，在这种观念之下，一个语句是真的原则上蕴涵了我们能够认识到它是真的。因此，尽管达米特认为应该将确证或证实概念与真概念联系起来，但他是以一种相对性的而非实在论的观念来把握"真"这个概念的。在这种真之观念中，语句之真假相对于人们的认识能力（对于实在论者而言，一个语句是真的，恰恰与能否证实或认识到它是真的这一点没有关系）。

　　其次，即便达米特承认真概念不是完全没有用，它在证实主义的意义

---

① 参见 M. Dummett："What is a Theory of Meaning?（Ⅱ）"，1976，p. 116。
② Ibid.．

理论中也并不是基础性的概念，相反，它有待首先得到解释，用达米特的说法，"对于其意义［借助正确断定的概念］如此被解释的陈述而言，唯一可接受的真概念是这样一种概念，即陈述是真的当且仅当我们能够达到正确地断定它的地步"①。证实概念与真概念之间的联系可以直接地表现为，"一个语句是真的，如果通过它做出的断定可以被确证"，达米特认为只有通过"借助确证一个陈述的东西而被解释"的真概念才是"合法的"。其合法性在于，这种含义上的真概念与反实在论的原则是一致的，它"将使人们无法主张大家可以理解一个语句而不知道使它为真的条件必须存在"②。由此可见，在达米特的证实主义的意义理论中，真概念是一种次要概念或扩展概念，它建立在证明、证实或确证概念的基础上，可以通过后者得到说明甚至（在非严格的含义上）得到定义。达米特通过认知（recognizaton）或确立（establishment）等概念来说明真概念在证实过程中的作用。例如，他指出，"对于一个语句的证实就在于有一种实际的程序，在实践中借助它我们可以因而承认它被最终确立为是真的"③。真概念在这里并不是被用于说明证实概念，而是被用于说明证实的过程。确立一个陈述为真与一个陈述被直接证实完全不同。在证实主义的意义理论中，一个（经验性的）陈述只能被直接证实而不会被直接确立为真。证实概念比真概念具有更广泛、更基础的作用。

虽然达米特主张，真概念在他的意义理论依然而且必须发挥作用，甚至在他看来，我们也可以认为语句的意义是通过其真之条件给出的，但对这里的真概念应该有着某种特别的理解。因此，要解决的问题与其说是应不应该借助真之条件的概念来解释语句的意义，倒不如说是什么样的真概念是可接受的。达米特的证实主义的意义理论与实在论的意义理论的很多分歧都可以归结为他们在对待真概念及其在意义理论中的作用上居于不同的立场，进而形成了不同的真观念和意义观念。

---

①　参见 M. Dummett：*Truth and Other Enigmas*，1978，p. xxii。

②　参见 M. Dummett：*The Seas of Language*，1993，p. 111。

③　参见 M. Dummett："What is a Theory of Meaning?（Ⅱ）"，1976，p. 111，p. 115。值得注意的是，"被确立为真"这种表达存在一种危险，即最终与确证或证实概念相关的不是真而是被当作真这个概念，这将导致一个客观的概念被替换为一个相对的概念。或许这恰恰是达米特反实在论的目的所在，因为很显然的是，并非客观的概念而是相对的概念与人们的认识能力或实践行为构成了紧密联系。达米特在这里就是要克服实在论的真概念所造成的客观性（即独立性或超越性）。

（3）证实与意义理论

达米特反对实在论的意义理论的一个重要结果是，他提出了一种非实在论的意义理论作为替代品，这种理论以证实而非真概念为核心。虽然达米特在他的论著中不断地讨论这种以证实概念为核心的（即证实的）意义理论，但他始终仅仅是提出了一些方案而非某种现实的理论，他所主张的意义理论在语义学的层面实际上并没有得到完全的叙述或刻画。在这一点上，他与戴维森很相似：戴维森同样也没有告诉我们，一个具体的 TCS 究竟是什么样的。但不同的是，戴维森所依据的塔斯基的真之理论是一种具体且现实的理论。至少我们可以知道，对于一种形式语言（如类演算）而言，它的真之理论是什么样的或如何来构造。按照戴维森的思路，由此建立一种针对形式语言的意义理论轻而易举。戴维森面临的困难在于如何建立关于自然语言的意义理论。各种各样的问题和麻烦使戴维森无法对他的理论给出一个详细而全面的刻画，而只能提供较为粗略的方案，这也是 TCS 这种意义理论容易遭受责难的地方。达米特对他的理论也没有提供一种详细明确的刻画，即便是在论述关于数学陈述的意义理论时，他也没有试图做这样的工作。这使我们不得不产生这样的疑问，即构造一种证实主义的意义理论是如何可能的？应该按照怎样的一种操作程序来构造？当然，在达米特看来，对于一个并非处于外围的陈述的证实更大程度上是间接的或"最终的"，这种证实就是一种具有推理性质的证明。但毕竟还是存在一部分陈述（不管在数量上有多么少），对于它们的证实需要借助于感觉经验的直接证明。人们在证明理论及以其为基础之语义学的研究上固然已经得到相当成熟的成果[1]，因此在如何构造针对这样一类陈述（例如，数学陈述）的意义理论上，困难当然要少得多。这样一来，证实主义的意义理论的真正问题似乎就是在于说明人们是如何（经验地）证实那些处于科学理论外围的陈述的。这意味着，达米特将面临逻辑实证主义者遭遇的棘手问题（也许这就是他为何不敢确定是否能够构造出一种以证实概念为基础的意义理论的原因），而且这种困境同样并不那么容易克服。

这里的讨论并不是为了指出达米特的反实在论的意义理论的问题，而仅仅是为了强调那些容易使人们产生误解的地方。这里想指出的是，达米

---

① 参见 G. Sundholm："Proof Theory and Meaning"，1986；以及 R. Kahle and P. Schroeder-Heister："Introduction：Proof-Theoretic Semantics"，2006。

特其实并没有对他的证实主义的意义理论提供一种可操作性的说明。事实上，还需要注意，达米特对证实主义的意义理论给予了大量的讨论，这一般容易让人们形成两种误解：第一种误解是，在达米特看来，这种理论是唯一可能的意义理论；第二种误解是，达米特因此提出了一种完全的意义理论。这两种误解的危害在于，它们容易致使我们错误地把握达米特关于意义理论的核心思想，使我们一方面忽视达米特所要强调的对于构建意义理论而言重要的东西，另一方面过于拔高他所论及的然而并非关键的东西。

首先需要澄清的就是，在达米特那里，一种意义理论是否使用证实概念作为基础概念，这一点其实并不重要。因为以证实概念为核心概念的意义理论，在达米特看来，并不是能够替代 TCS 的唯一可以想象的理论。达米特自己也承认其他意义理论的可能性，例如，以证伪为核心概念的意义理论（即证伪主义的意义理论（falsificationist theory of meaning））就是一种选择，他甚至也花了不少力气来论述这种意义理论的可能性①。在他看来，这种意义理论与证实主义的意义理论的区别仅仅在于，前者并非将语句的意义直接与通过它做出一个断定的理由联系起来，这一点倒是不难理解，因为毕竟证伪一个语句直观上就是证明它是假的，当然不可能再对它做出断定。可惜与证实主义的意义理论的情况相同，达米特并未告诉我们一个现实的以证伪为核心概念的意义理论在语义学层面上是什么样的。不过，由此我们还是可以推知，在达米特那里，对于一种意义理论而言重要的并不在于这种理论应该采用证实概念、证伪概念抑或别的概念，而在于这种被采用作为意义理论之核心的概念绝不能蕴涵实在论。也就是说，意义理论的核心概念不应该导致这样的结论，即对于一种语言的语句之意义的理解或解释与人们的语言实践能力无关。刻画语言是如何运作的或人们是如何使用一种语言的，这一点显然是达米特对于一种令人满意的意义理论的最本质要求。

根据这个要求，我们不难澄清另外一种容易被人们混淆的情形：无论是证实主义的还是证伪主义的意义理论，它们都不是一种完全的意义理论。一个完全的意义理论必须能够就一种语言的所有事情给出解释，能够给出一种语言的所有语句的意义。我们有时候很难看出达米特是否自始至

---

① 参见 M. Dummett：“What is a Theory of Meaning？（Ⅱ）”，1976，pp. 116 - 126。

终都坚持这种看法，但可以肯定的是，他的确意识到过这里面的问题。前文提到，他曾明确指出，语言实践或语言的使用情况有许多，断定只不过是其中一种，除此之外还有疑问、命令、祈使、假设，等等。此外，他还试图说明，"语句的意义就是它的证实方法，这个论题并不是要否认语言的使用有其他不同的方面，而是主张有某种统一的方式使得从任意语句的使用的一种特征能够推演出其他所有特征"①，但是这样的"统一的方式"是什么？以及如何做出这样的推演？这些问题达米特并没有给出明确的回答。达米特一直在做的一件事情就是努力刻画出关于语句使用的一个方面的特征，即构造关于一类特定的陈述的意义理论。达米特所专注的这类陈述的确体现了语句使用的一个最显著、最令人关注的特征，即断定。这类陈述是对语句带有断定力的使用，或也可以说是用语句表达了某种断定。达米特试图构造以证实概念为核心的意义理论，不管这种理论是否可行，它所承担的理论任务仅仅是解释语言的一种使用情况。当然，这里并不想否定，按照达米特的方案也许能够给出一种完全的意义理论。因为达米特在最近的著作中渐渐地将证实概念一般化为确证概念，就像当初将证明概念一般化为证实概念一样。也许这个新的概念（即确证概念）能够使意义理论解释更多类型的语句。不过，我们也应该看到，至少达米特的证实主义的或者证伪主义的意义理论无法直接用于解释那些带有特殊疑问、命令、请求等语力的语句。如果说那些非断定的语句的意义问题对于 TCS 而言是一种难以逾越的障碍，那么这样的问题在证实主义的意义理论中同样没有得到彻底的解决。

　　不管现在人们对于达米特的证实主义的意义理论存在何种评价，需要明确的是，他的证实主义的意义理论本质上并不是一种完全的、成形的理论。这种理论所包含的许多问题实际上是由它所处的理论层次来决定的，因而是无法避免的。受限于本书的理论目的，这里不便对达米特的理论在细节上做过多的叙述。接下来的一节将会把更多的力量放在达米特对 TCS 乃至所有以真概念为核心的意义理论的责难上。当然，本章并不打算通过指出证实主义的意义理论的问题来帮助 TCS 的拥护者反驳达米特的责难，况且这样的反驳对于解除 TCS 所受之质疑而言也不会起到太大的作用。

---

　　① 参见 M. Dummett："What is a Theory of Meaning?（Ⅱ）"，1976，p. 75。

第三节　反－反实在论的辩驳

一　反实在论责难的几点说明

达米特是 TCS 的主要责难者之一，他也是站在反实在论的立场上进行这种责难的代表人物。在这里，并不打算而且也不必要加入到实在论与反实在论的混战中去，站在某一方的立场上去展开辩护或者攻击。因为反实在论者在意义理论上的主张意图并不单纯在于反对实在论，而是在于反对将实在论与意义理论相结合，即反对一种实在论的意义理论。反实在论者与 TCS 的拥护者之间的争论并不同于反实在论者与实在论者的争论。虽然从反实在论立场出发对 TCS 进行批判的人并不止达米特一人，但由于他们（例如赖特（C. Wright）[①]）对于 TCS 的责难基本上追随了达米特的论证路线，接下来本章主要还是围绕达米特的论证来展开讨论。达米特本人对于 TCS 的整个责难可以被看作是论证了一个命题，他以一种让步语气陈明了他致力于论证的命题："即使证明了使用真概念对于这样的目的［即构造意义理论］是必要的，就其本身而言这也不意味着表明了这个概念是如何可能起到这种作用的"，而且他还强调说，"目前我们没有任何证明说使用真概念作为意义理论的基础概念是必要的"[②]。达米特对 TCS 的责难的要点在前面已经得到了较为细节的阐述。为了更为清楚地把握反实在论者对于 TCS 的责难的要点[③]，本章在这一小节将会以一种简明扼要的方式勾勒出达米特对他的这些要点的论证纲要。

一般而言，反实在论者对于 TCS 乃至所有以真概念为核心的意义理论的责难大体上都会遵循达米特的论证思路。这些论证往往会采取这样一种反对实在论的方式：TCS 由于具有实在论的特性，因而不可能是一种令人满意的意义理论。反实在论者对于这种意义理论的责难一般要基于两个前提。一个前提是，反实在论者必须承认，TCS 乃至所有以真概念为核心的

---

① 参见 C. Wright: *Realism*, *Meaning and Truth*, 1987。

② 参见 M. Dummett: "What is a Theory of Meaning? (Ⅱ)", 1976, p. 68。

③ 按照达米特自己的总结，反实在论对于 TCS 的责难主要表现在两点上：其一，TCS 无法说明，说话者在理解一种语言时所潜在具有的关于真之条件的知识是如何通过其语言实践的行为而得到表明的；其二，TCS 无法解释说话者是如何获得关于一个陈述的真之条件之知识的（参见 M. Dummett: *Thought and Reality*, 2006, p. 54）。

意义理论（都必定）是实在论的；另一个前提是，他们必须（至少是隐含地）确定，什么样的意义理论是令人满意的。就第一个前提而言，达米特对于 TCS 的责难实际上依赖于确定 TCS 具有实在论的特征，而这可以展现为如下这个简单的论证（论证-I）：

(1) TCS 是实在论的，当且仅当它基于的真之理论是实在论的 。

[假设]

(2) 一种真之理论是实在论的，当且仅当它包含一种实在论的真观念。

[假设]

(3) 一种真之理论包含实在论的真观念，当且仅当在这种理论中语句是确定地为真或者为假；相应地，其真之条件是确定地得到满足或没有得到满足。

[假设]

(4) TCS 基于弗雷格－塔斯基式的真之理论。

[假设]

(5) 在弗雷格－塔斯基式的真之理论中，语句是确定地为真或者为假；相应地，其真之条件是确定地得到满足或没有得到满足。

[假设]

(6) 弗雷格－塔斯基式的真之理论包含实在论的真观念。

[由 (3) 和 (5)]

(7) 弗雷格－塔斯基式的真之理论是实在论的。　[由 (2) 和 (6)]

(8) TCS 是实在论的。　[由 (1) 和 (7)]

有时候，这个论证的结论往往在达米特那里看来更像是直接假设的。这一点不奇怪。因为对达米特而言，TCS 是实在论的与 TCS 具有承认二值原则的特点是等价的。但需要我们注意的是，在达米特的论述中，即便他没有直接假定 TCS 是实在论的，至少也假定了 TCS 所基于的真之理论是承认二值原则的。只不过，达米特并没有明确论述他的这个假定是合理的而且是必然的。

如前所述，对于达米特这样的反实在论者来说，一种令人满意的意义理论必须满足两个要求：其一，由于意义"根本地和完全地"依赖于使用，一种令人满意的意义理论必须满足以统一方式刻画语句的使用之要求；其二，意义理论作为一种理解理论，必须表明人们在掌握一种语言时所潜在具有的知识是什么，以及如何能够具有这种知识。就前者而言，意义理论必须对语句的不同使用提供解释，必须刻画说话借助一种语言所进行的交流实践活动和能力。在这一点上，达米特或多或少受到了后期维特根斯坦的影响。尽管他不同意"意义就是使用"这样的极端说法，但他们的分歧仅仅在于，达米特同时也接受了弗雷格关于涵义与语力的区分，因而认为使用是意义的一个方面（而维特根斯坦则将语句的意义与语句的使用完全等同起来）。达米特显然很重视这种区分，他指出，"如果我们不熟悉由弗雷格引入的涵义与力量之间的区分，我们对一种意义理论应该如何构造就不会有最为基本的想法"①。因此，在某种程度上也可以说，达米特的意义理论源于弗雷格涵义/语力理论。正是基于这样的区分，达米特看到了对语言使用的刻画对于构造一种意义理论的重要性。就第二个要求而言，达米特将意义理论视为一种理解理论。按照他的看法，关于意义的哲学问题最好解释为关于理解的问题，而关于"一个表达式的意义在于什么"的问题最好理解为关于"何所谓知道它的意义"这样的问题。因此，意义理论必须刻画出当一个人理解一种语言时他知道什么，用达米特的话说就是："意义的理解理论的任务就是要使得一切这样的知识都变得明确，这些知识必须被一个具有完全能力的说话者所隐含地把握，而且婴儿在成为这样说话者之前必须要学会这些知识。"②

上述这两个要求似乎会使意义理论有着不同的导向。但是，如果我们注意到在达米特那里意义理论包含不同的组成部分，那么就会发现一种语言的意义理论是有可能同时完成这个两方面任务的。然而，由达米特对TCS 的批评，我们可以看出，一种令人满意的意义理论必须符合的要求就是要说明语言是如何工作的（即说明它的说话者是如何借助它来交流的），尽管一种意义理论还要说明，当人们知道一种语言（即当他知道该语言的表达式和语句的意义）时他所知道的东西，但达米特更强调意义理论对于语言实践的解释任务，因而对他而言，意义理论与其说是要解释语言使用者所知道的东西，不如说是要说明他何以能够获得关于这种东西的知识。

---

① 参见 M. Dummett："What is a Theory of Meaning? (II)"，1976，p. 72。

② 参见 M. Dummett：*Thought and Reality*，2006，p. 53。这大概也是达米特的意义理论与戴维森的意义理论之间的重要区别：前者本质上是关于意义的一种认知理论，而后者则是关于意义的准本体论，它回答的问题仅仅是一种语言（尤其是自然语言）中所有语句的意义是什么或在于什么，它并不致力于说明说话者是如何能够知道这种意义的。当然，戴维森的理论在说明这一点上并非完全无用，它至少能够表明说话如何能够由对简单语句的理解达到对由此构成的复杂语句的理解。

也有学者认为，达米特的意义理论的确能够将这两个方面很好地统一起来。它之所以达到这种效果，原因是达米特在他的理论中对语言知识（即人们学习、掌握、理解一种语言所知道的东西）的三方面因素进行了区分①。按照这种观点的分析，达米特试图向我们表明，当一个人理解一种语言时，他所具有的语言知识可能是一种明确的（语义）理论知识、一种潜在的（语义）理论知识或是一种纯粹的实践知识（这种知识基于纯粹的实践能力），不过，他最终排除了第一和第三种知识的可能性，他能够给出的理由大概是，就第一种可能性而言，明确的（语义）理论知识会包含对于意义概念的预先把握，因而会导致循环解释；尽管语言知识不能是明确的理论知识，但它同样也不能是纯粹的实践知识。学习一种语言并不像学骑车或学走路那样，只有在某种实践能力的基础上获得了关于语言的知识，才能明白使用语言是怎么一回事。语言知识固然与实践能力有关，但它具有理论性，不是关于"如何做"而是关于"做什么"的一种知识。由此，达米特向我们指出，语言知识只能介于这两者之间，是一种隐含的知识。这种知识与明确的语义知识一样具有实质的内容，但由于它是隐含的，所以必须借助一种语言的实践或使用来表明它。刻画一种语言的使用或运作就是使得掌握这种语言时所具有的隐含知识变得明确化。因此，按照上述那种观点，这就是为何在达米特看来一种意义理论就是一种理解理论或一种刻画语言使用的理论的原因。不管这种观点给出的上述解释或分析是否真的是由达米特本人做出的，它至少指明了我们能够在达米特的文本中清楚看到的两个论断，那就是：首先，说话者关于真之条件的知识必须是隐含的知识；其次，这种隐含的知识只能在说话者的言语行为中得到表明。这两点是达米特以及其他反实在论者关于意义理论的基本观点，也是他们对于 TCS 的责难的主要出发点或依据。

以达米特为代表的反实在论者对于 TCS 以及所有以真概念为核心的意义理论的责难主要基于以下这个论证（论证-II）：

（1）一个令人满意的意义理论就要刻画所有陈述的使用②。　　［假设］
（2）刻画一个陈述的使用就是表明说话者的关于这个陈述的真之条件

---

① 参见 D. Bar-On：“Anti-realism and Speaker Knowledge”，1996，pp. 148 – 152。

② 这里"令人满意的"这个形容词是在一般意义上被使用的；如果用"正确"、"恰当"、"合适"或"理想"这样的词语来替换也不造成什么理解上的问题。

的隐含知识。　　　　　　　　　　　　　　　　　　　　　　　［假设］

（3）说话者所具有的关于一个陈述的真之条件的隐含知识能够被表
明，当且仅当，他能够理解这个语言中的带有断定力的陈述的意
义①。　　　　　　　　　　　　　　　　　　　　　　　　　［假设］

（4）理解一个陈述的意义就是要认识它的真之条件。　　［TCS 假设］

（5）每个陈述都确定地是真的或是假的。　　　　　　［实在论假设-Ⅰ］

（6）如果每个陈述的真之条件都确定地得到满足或者没有得到满足，
那么认识一个陈述的真之条件就是要认识到它的真之条件得到满
足（或没有得到满足）。　　　　　　　　　　　　　　　　　［假设］

（7）每个陈述的真之条件都确定地得到满足或者没有得到满足。

　　　　　　　　　　　　　　　　　　　　　　　　　　　　　［由（5）］

（8）存在一些陈述，其真之条件得到满足（或没有得到满足）无法
得到认识。　　　　　　　　　　　　　　　　　　　　　　　［例证］

（9）认识一个陈述的真之条件就是要认识到它的真之条件得到满足
（或没有得到满足）。　　　　　　　　　　　　　　　　［由（6）和（7）］

（10）存在一些陈述，说话者无法认识它们的真之条件。

　　　　　　　　　　　　　　　　　　　　　　　　　　［由（8）和（9）］

（11）存在一些陈述，它们的意义无法被理解。　　　［由（4）和（10）］

（12）存在一些陈述，说话者具有关于其真之条件的隐含知识无法被
表明。　　　　　　　　　　　　　　　　　　　　　［由（3）和（11）］

（13）存在一些陈述，它们的使用无法得到刻画。　　［由（2）和（12）］

（14）不存在一种令人满意的意义理论。　　　　　　［由（1）和（13）］

（15）TCS 不是一种令人满意的意义理论。　　　　　　　　　［由 14］

　　在确认其他假设的前提下，反实在论者毫无疑问会指出，TCS 之所以
不是令人满意且恰当的意义理论，原因是它蕴涵了实在论的论题（参见论

---

①　在这种一般证明中，本书像达米特一样，仅仅考虑带有断定力的陈述，因为只有这类陈述才
能有真假。达米特之所以仅仅考虑这一类陈述，一方面是因为，真之条件的意义理论基本上关注的也
是这类陈述（语句）；另外一方面是因为，达米特相信，"任何一般的意义理论必须将语句所有具有的
且直觉上与它们意义相关联的一些特征作为其基础概念"，因而"一旦我们能够解释断定性语句的意
义在于什么，［……］，我们就能够借助那种依赖于事先解释断定性语句的意义的方法来解释我们通过
完成其他语言行为而形成的语句的意义"（参见 M. Dummett：*The Seas of Language*，1993，p. 122）。

证-Ⅱ第（1）-（13）步）。其实由上述论证可以看出，无论一种意义理论以什么概念为基础，只要它蕴涵实在论，就不可能是令人满意的。因此，具有实在论的特性，这一点就成为了反实在论者对一种意义理论进行责难的重点。但需要再次强调的是，这种责难与反实在论者对实在论本身的正当性质疑无关。一种蕴涵实在论的意义理论不是令人满意的，并非因为实在论是不正当的，而是实在论的特性使蕴涵它的意义理论无法满足刻画语言使用的要求。换句话说，达米特及其追随者从他们的反实在论前提出发证明了一种令人满意且恰当的意义理论应该是非实在论的。按照达米特的论述，实在论与意义理论的要求之间的分歧可以直接得到例证。在自然语言中，的确存在一些陈述或语句（例如，将来时态句、全称量化语句等），其真之条件得到满足（或没有得到满足），这无法被认识到。因而，人们就不可能通过认识真之条件来把握它的意义。论证-Ⅱ中的假设（8）就是通过这种例证得到的。当然，如果稍加分析，不难看出，论证-Ⅱ中第（5）—（10）步所要证明的无非就是，人们无法认识到某些陈述（语句）的真值或无法认识它的真之条件得到了满足（或没有得到满足）。我们在前面讨论过，不少反实在论者直接从实在论所主张的超越认知性出发，引出相应论断作为前提假设。这样一来，论证-Ⅱ可以得到大大简化。但是，不难发现，这种简化的代价就是还需要借助其他奇怪的假设。我们可以把这种简化的论证称为论证-Ⅱ′①，这个论证在前四步与论证-Ⅱ是相同的，因此省略不写。这里只把后面的步骤陈述如下：

（5′）　一个陈述的真值或真之条件的得到满足与否是超越认知的。

[实在论假设]

（6′）　如果一个陈述的真值或真之条件的得到满足与否是超越认知的，那么就至少存在一些陈述，其真之条件得到满足（或没有得到满足）这种情况无法被认识到。　　　　　　　[假设]

（7′）　认识一个陈述的真之条件就是要认识到它的真之条件得到满足（或没有得到）。　　　　　　　　　　　　　　　[假设]

（8′）　至少存在一些陈述，它们的真之条件是无法认识的。

[由（5′）、（6′）和（7′）]

---

①　这个论证更接近桑德霍姆所给出的论证，不过他的论证在描述上更为简洁一些（参见 G. Sundholm："Proof Theory and Meaning"，1986，p. 482）。

（9′）至少存在一些陈述，其意义无法被理解。　　［由（4）和（8′）］

（10′）至少存在一些陈述，说话者具有关于其真之条件的隐含知识无法被表明。　　　　　　　　　　　　　　　　［由（3）和（9′）］

（11′）至少存在一些陈述，它的使用无法得到刻画。

　　　　　　　　　　　　　　　　　　　　　　　［由（2）和（10′）］

（12′）不存在一种令人满意且适当的意义理论。［由（1）和（11′）］

（13′）TCS 不是一种令人满意的意义理论。　　　　　　［由（12′）］

上文说过，虽然达米特很重视实在论所主张的超越认知性，但他本人很少直接使用超越认识性这个条件（即借助论证-Ⅱ）。相反，很多时候他借助的是例证（即借助论证-Ⅱ′）的形式，以此来论证陈述的真值以及真之条件的得到满足与否具有超越认知性的特征，进而导出他对于 TCS 的责难。我们只要仔细考察一下便会发现，在论证-Ⅱ′中，假定（6′）很奇怪。因为实际上我们的确能够认识很多语句的真值，尽管在这种情况下，按照实在论，它们是真的还是假的与我们能否认知到它们是真的还是假的无关。假定（6′）导致的问题是，论证者想借助它由实在论所主张的超越认知性推出语句的真值及其真之条件的得到满足与否的不可认知性，但事实上这样的推论是行不通的。因此，论证-Ⅱ′看似成立，其实是存在隐患的。有时候反实在论者倾向于直接采用这种论证，是因为他们考虑的前提是语句的真值及其真之条件的得到满足与否是不可认知的，只不过他们以为这就是实在论者所主张的认知超越性。明确这一点的重要性在于，我们以及 TCS 的拥护者需要重视的应该是论证-Ⅱ′所提供的基于上述这种误解的这种责难，即应该是那些关于语句的真值的不可认知性的责难，而不是关于实在论所主张的超越认知性的责难。因为一般来说，对 TCS 构成实质性威胁的是前者而不是后者。后者毕竟比较容易驳斥，而前者则更具有迷惑性：针对语句真值的不可认知性的论证最终要确立的是，人们无法通过语句的使用来表明隐含的语义知识。因此，反实在论者的上述论证也可以称为"表明论证（manifestation argument）"①。如果实在论者主张的超越认知性与反实在论者考虑的不可认知性可以混为一谈，这种表明论证就会给 TCS 造成大麻烦。

---

① 参见 R. Bonzon："Anti-Anti-Realism"，1992，p. 143。关于达米特的这个论证，佩金还给出一个更为简略版本的论证（参见 P. Pagin："Compositionality，Understanding，and Proofs"，2009，p. 717）。

反实在论者还喜欢从直觉主义逻辑的角度来讨论 TCS。当然，他们不单单是为了批评作为基础的经典逻辑，也不是专门为了反对承认二值原则的真之观念。他们提出存在真值不确定的情形，有时候就是为了直接对 TCS 所基于的二值的真之理论的正确性提出挑战。塔斯基的真之理论通过对 T-模式进行替换从而蕴涵了各种 T-语句作为定理，每个定理都是一个等式，其正确性都依赖于经典逻辑和二值原则。达米特认为，当用于替换的对象语言的语句真值不确定时，那么就不能得到关于这个语句的一个正确的 T-语句。例如，如果"飞马飞翔"这个语句既不真又不假，那么"'飞马飞翔'是真的，当且仅当飞马飞翔"就不是一个正确的 T-语句。达米特给出的理由是，相应的 T-语句的左边（例如，"'飞马飞翔'是真的"）是假的而右边（例如，"飞马飞翔"）并非是假的而是无真值，等式的两边真值不一样。如果达米特是正确的①，那么这对于 TCS 而言确实是严重的问题，因为这将意味着，这种理论会蕴涵一些假的定理。

不过这个质疑并不那么有力，达米特的论证存在问题。当我们承认有些语句（例如"p"）可以既不真又不假，那么我们怎么能够由"p"这个语句不是真的推出"'p'是真的"这个语句是假的？原则上，我们只能根据一个正确的 T-语句来确定一个语句的真假。就"'p'是真的，当且仅当 q"而言，如果我们要通过"q"（的真值）来知道"'p'是真的"这个语句的真值，那么首先应该假定这个 T-语句是正确的，也就是说要假定等式的左右两边真值相同。情况对于"'p'是真的，当且仅当 p"而言是一样的。因此，我们只能（根据"p"既不真又不假）知道的是"'p'是真的"既不真又不假。如果像反实在论者所说的那样，"'p'是真的"这句话是假的，那么"这个语句是假的"这个断言显然不是从"'p'是真的，当且仅当 p"这个 T-语句中得到的。在这种情形下，应该根据什么才能知道这个语句为假呢？唯一可能的根据应该是一种假之定义（definition of falsehood），这种定义像塔斯基的真之定义一样明确了假这个概念的外延。假之定义蕴涵所有形如"'p'是假的，当且仅当非 p"这样的正确的 F-语句。事实上，通过这样的 F-语句（确切地说是，"'p'是真的"是假的，当且仅当并非"p"是真的），要想得到"'p'是真的"是假的，就要使

---

① 如果考虑到罗素的摹状词理论对于"飞马飞翔"这个语句的处理，以及蒯因的本体论承诺的思想，当我们采取这样一种本体论使得论域可以包含虚构的东西，那么"飞马飞翔"就是真的，否则就是假的。无论如何，只要借助摹状词理论的处理，这个语句就是有真值的。

"'p'不是真的"（即"并非'p'是真的"）这个条件得到满足。而满足这个条件很容易，因为反实在论者已经规定了"p"既不真又不假。现在，问题好像解决了，借助假之定义似乎可以确定"'p'是真的"是假的。

然而值得注意的是，根据对反实在论者上述辩解的分析，这种假之定义其实也有问题。因为如果"p"没有真假，"非p"同样没有真假。而此时按照反实在论者的观点，"'p'是假的"却是假的。这暗示着F-等式可以一边没有真假而另一边却是假的。既然F-语句的正确性值得怀疑，那我们就不能断然说可以由它得到"'p'是真的"这句话为假。如此一来，达米特及其追随者们似乎陷入了一种两难的境地：他们要想说明某个T-语句有问题，就得承认相应F-语句是正确的；如果承认相应的F-语句是正确的，那么就被迫要承认T-语句是正确的。反实在论者之所以觉得自己的论证没有问题，主要是因为，他们接受了这个T-语句："'p'是真的"是真的，当且仅当"p"是真的。由于"p"不是真的，所以"'p'是真的"不是真的，因而"'p'是真的"是假的。在这个论证过程中，反实在论者暗中假定了：一个语句不是真的就是假的。由此可见，反实在论者在批评TCS所依赖的真之理论的时候并不能完全摆脱对于二值原则的依赖性。这造成的后果是，如果坚持二值原则，他们不得不放弃对于承认二值原则的真之理论的上述批评。

真值的不确定情形在论证上所起到的真正效力，其实是在于它可以被用于证明，的确存在一些语句，它们的真值或真之条件的得到满足与否是不确定的，因而超越了人们的认识能力。虽然从表面上看，达米特的反实在论的责难总是体现为对TCS之不可能性的论证，即真概念不可能在意义理论中起到核心作用。但是这种论证背后同样包含了另外一个证明：真概念作为核心概念也不是意义理论所必要的。达米特下面这个观点无疑是正确的，即到目前为止，人们不管多么热衷于研究TCS这种类型的意义理论，都没有正式且成功地证明，采用真之条件的形式是构造意义理论的必然之选，或一种意义理论必定要采用真之条件的形式。戴维森试图说明这一点，但他提出的论据并不足以证明，用于替换"意味着"的"是T，当且仅当"中的T-谓词必然是真谓词（他之所以要用"是T，当且仅当"替换"s意味着p"中的"意味着"，按照他自己的论述，就是为了避免内涵语境）。至少达米特提供了另外一种选择，他将这里的T-谓词替换为证实或确证谓词，因而真之条件就被自然地替换为证实条件或确证条件①。反实在论者的证实主义的意义理论从某种意义上说，作为一种实例否定了真概念作为意义理论之核心的必要性。但问题也由此产生了：在反实在论者看来，证实或确证概念要比真概念更为核心和更为基础，而实在论的拥护者们则持相反的意见。"是否必要以真概念作为意义理论的核心"这个问题逐渐转变为"真概念与证实或确证概念哪个更为核心或更为基础"的问题。然而，这种进一步的论争似乎与弄清反实在论者的责难是否具有合理性没有直接的关系，即使反实在论者的主张是正确的，也不意味着他们对TCS 的责难就能成立。

二　意义理论的核心概念

达米特并不否认真概念应该在意义理论中发挥（重要乃至不可或缺的）作用，因而真概念对于意义理论而言甚至是必要的，当然这种必要性不是指真概念在意义理论中占据核心地位或基础性的地位。达米特试图用证实概念来替代真概念在意义理论中发挥核心作用②。TCS 的拥护者则刚好相反，他们坚持将真概念作为意义理论的核心概念。争辩双方似乎都能找到充分的理由来说明自己的观点。如前所述，以达米特为代表的反实在论者的理由在于，以真概念作为核心概念的意义理论是实在论的，因而不是令人满意的意义理论。根据实在论，语句的真值和真之条件的得到满足（没有得到满足）具有超越认知的特点，这是反实在论者所不能接受的。为了克服实在论的真观念的这种"缺陷"，他们引入证实概念。一个语句的证实条件总与认知相关，基于证实概念的意义理论能够很好地刻画人们的言语行为及其语言使用能力。因此，一个人是不是反实在论者的关键就看他是否"主张我们关于陈述的意义的知识在于，且仅仅在于我们关于确

---

① 前文对于正确地断定、证实、证伪、证明、确证这些概念之间的关系已做出过解释，这些概念都是达米特的意义理论的核心概念。它们相对于（超越认知的）真概念有着相同的特征，区别只是在于，基于每种概念的意义理论可能针对不同类型的陈述。这些概念可被统一地称为 V-概念，基于每个概念的理论有被称为 V-理论（参见 M. Sintonen："Realism and Understanding", 1982, p. 348）。在明确这一点的基础上，本书在后面的讨论中将只针对证实这个核心概念，顺带提及其他概念，而不再对这些概念作区分或特别做分别考察。

② 许多学者（包括达米特在内）并不区分真概念与真之条件概念：关于陈述的真值或真之条件的得到满足与否的知识与关于真之条件的知识常被等同视之。的确这两者有着密切的联系，但本书将在第六章第一节中指出，这种混同是错误的，而且危害极大。

证或保证它们的使用的那些条件的知识"①。达米特将实在论与反实在论的争论总是限定为针对一类陈述或一个特定的陈述类，而他经常讨论的就是这样一类陈述，它们带断定力，因而在 TCS 的拥护者（实在论者）看来总是非真即假。就这类陈述而言，达米特认为，对它们的理解却在于，知道什么东西可算作是对这些陈述进行断定的适当证据，因为这些陈述之为真仅仅在于获得了这些证据。用达米特的话说："真概念从哪儿来的？与它有最初始关联性的显然是断定这样一种言语行为，正像从我们很自然地称断定为'真的'或'假的'所能看到的那样。"② 这意味着，真概念起源于断定行为的正确性。那么什么是证实？在反实在论者看来，证实一个陈述就是确证（quantify）或确保（warrant）对一个语句的断定（的正确性），也即确认（establish）它是真的。尽管达米特如此将证实等概念与真概念联系起来，其动机很明显，就是为了借助前者来解释后者，但 TCS 的拥护者却抓住这一点，并从这一点出发提出了相反的看法。他们认为，达米特所指出的证实概念与真概念之间的这种联系恰恰说明，不可能在不借助真概念的情况下来说明证实概念。一个陈述只有在被确认为真的情况下才能算作是被正确地断定了，因而也才能算作是被证实了。这样一来，解释证实等概念反而都需要借助真概念。于是，在 TCS 的拥护者看来，只有认识到一个陈述在什么条件下为真，才能认识到它在什么条件下被证实。反过来说似乎更容易理解，如果知道了一个陈述某种条件下被证实了，那么由此就可以知道在这种条件下，这个陈述是真的。TCS 的拥护者由此得出这样的结论：即便从反实在论的观点出发，知道一个陈述的真之条件对于知道其证实条件或知道断定行为的确证条件而言也是必要的③。得出这个推论的另外一种途径是，在 TCS 的拥护者看来，通过陈述而被断定的东西与使这个陈述为真的东西是同一的，换句话说，断定的内容与真之条件是同一的。而按照达米特的观点，"断定的内容就是那个被断定的陈述已

---

① 参见 R. Bonzon："Anti-Anti-Realism"，1992，p. 144。

② 参见 M. Dummett："What is a Theory of Meaning?（Ⅱ）"，1976，p. 82。从达米特对于真概念的这种说明，我们不难看出，达米特与戴维森的真正分歧与他们的真之观念关系并不大，因为一来他们都不赞成真之紧缩论；二来他们最终都主张将真概念与说话者的命题态度和行动联系起来（参见 D. Davidson："The Folly of Trying to Define Truth"，1996，pp. 277 - 278）。

③ 参见 R. Bonzon："Anti-Anti-Realism"，1992，p. 151。

经或能够被证实"①，即断定的内容就是使被断定的陈述被证实的东西，也就是证实条件。因此，达米特在这句话中要表达的是，使被断定的陈述为真的条件也可以说就是使它被证实的条件。

真概念对于证实概念的这种逻辑上的必要性在 TCS 的拥护者看来就相当于在先性、基础性或核心性。需要注意的是，在真（之条件）概念对于证实（条件）概念是否必要这个问题上，TCS 的拥护者与反实在论者其实并没有意见分歧。如前所述，达米特也承认，真概念对于说明证实概念是必要的。在他看来，说明证实概念在很大程度上需要借助推理（甚至直接的（经验）证实也可以被视为某种形式的推理），解释推理的有效性需要借助真概念。TCS 的拥护者与反实在论者的真正分歧在于，后者反对将真概念作为意义理论的核心概念，反对将真之理论作为意义理论的核心部分（就像 TCS 那样）。因为否则，这样的意义理论就会具有实在论的特性。更关键的是，在反实在论者看来，意义理论与实在论这两种东西是互不相容的。因此，即便他们承认真概念在（证实主义的）意义理论中是必要的，承认对证实概念的说明需要借助关于真概念的知识，这也并不意味着他们会将真概念视为核心概念。换言之，反实在论者始终会坚持将（证实主义的）意义理论建立在关于证实条件而非真之条件的知识的基础上。

对此，TCS 的拥护者可能会做出这样的回应：反实在论者反对将真概念作为核心（或基础）概念，乃是依赖于这样一种假设，即如果不能认识到一个陈述的真之条件是否得到满足，也就不能在语言的使用中表明关于真之条件的知识。这个假设其实就是论证-Ⅱ的第（3）—（12）步的一个推论，在反实在论者的"表明论证"中起着重要的作用。尽管情况确实就像达米特所说的那样，"我们的语言中存在许多语句，对于它们我们不知道一个程序，借助这样的程序我们在原则上能够（至少是在完全确证的情况下）断定或否定那些语句"，而且"我们没有理由假定必然存在任何的方

---

① 达米特的这种说法的原文是 "the content of an assertion is that the statement asserted has been, or is capable of being, verified"（参见 M. Dummett："What is a Theory of Meaning?（Ⅱ）"，1976，p. 117）。这种说法与弗雷格的表达如出一辙："思想就是这样一个东西，即这些条件［即真值条件］被满足"（参见 G. Frege：*Grundgesetze der Arithmetik*（Band Ⅰ），1893，§ 32），前文曾论述过，弗雷格的这句话被视为真之条件的语义学之基本原则的经典表达，很大程度上就是因为这句话，弗雷格的意义理论也被视为一种真之理论的语义学。

式借此我们可以认识到语句为真或为假"①，但 TCS 的拥护者还是会认为，上述假设是错误的，于是反实在论者的论证不成立。其能够给出的具体理由大概是，首先，在我们的语言中还存在着大量的真假确定的陈述，对于这些陈述而言，认识其真之条件是不成问题的，就连达米特也不能否认这一点。其次，即便我们遇到这种无法有效确定其真假的陈述，或者当我们无法认识到它们的真之条件是否得到满足时，只要我们能够在这种情况下表明我们关于这些陈述的证实条件的知识，那么也就能表明我们关于它们的真之条件的知识。确切地说，"我们的行为［……］被视为是确证了一个陈述，在这种行为中，我们必然表明我们关于陈述为真的条件的知识。这直接可以从这样的事实得到，即如果我们不知道相应的陈述为真的条件，我们关于他们被证实的条件就不可能有任何认识"②。TCS 的拥护者的反驳假设了，使一个陈述被证实的条件就是使它为真的条件③。从这个前提出发，毫无疑问就能得到一系列的推论：我们对在什么条件下一个陈述能够被证实的认识其实就是对一个陈述在什么条件下为真的认识；表明关于一个陈述的证实条件的知识，就相当于表明关于这个陈述的真之条件的知识。当然，也可能会出现这样的情况，即一个人知道了一个陈述在什么情况下被证实，却不知道这个陈述在这种情况下是否是真的（假如他不具备关于可靠性的知识）。不过，这一点对于上述推论并不构成影响。因为按照达米特的观点，构造一种令人满意的意义理论必须满足的要求是，需要语言的使用者能够在他的言语行为中将他关于真之条件的隐含的知识表明出来，至于使用者本人是否知道他已经把握了一个陈述在何种情况下为真的知识或者他是否知道他自己正在表明的恰恰就是这种知识，这一点并不重要。

　　由 TCS 的拥护者的反驳，我们可以发现，达米特的问题似乎并不在于忽视了真概念对于证实概念的重要性，而在于他对陈述真值的不确定情形

---

①　参见 M. Dummett：*The Seas of Language*，1993，p. 116。

②　参见 R. Bonzon："Anti-Anti-Realism"，1992，p. 153。

③　一般地说，并非所有的真陈述都能得到证实或证明，这一点达米特也并不否认：他试图论证，意义应该借助语句的正确断定条件而非真之条件来解释，"这种思路对于真概念而言有这样的推论，即我们不能假设，即使我们不可能达到正确断定一个陈述的地步，它也可能是真的"（参见 M. Dummett：*Truth and Other Enigmas*，1978，p. xxii）。但达米特给出的这段说明却表明了，正确断定条件与真之条件之间存在对应关系。TCS 的拥护者其实还假定了，凡是能够得到证实或证明的陈述就都是真的，这个假设应该归结于可靠性概念，同样地，达米特也不会否认这一点。

的批判并没有一视同仁地用在陈述的可证实性的不确定情形上。达米特并不否认存在这样两种不确定的情形。一种是，有些陈述的真值不确定。在这种情形下，当使这样的陈述为真的条件得到满足时，我们无法找到一个有效的程序来认识到它的得到满足；当条件没有得到满足时，我们也无法认识到它没有得到满足。另外一种是，确实还有些语句，我们无法找到一个有效的办法来证实它们，同样也无法证伪它们。达米特在对待这两种情形的态度并"不一致"①。对于真值不确定的语句，他采取的显然是批判的态度，而他的批判点恰恰就是，由于这类语句的真值或真之条件的得到满足与否无法确定，我们不可能具有关于它们的真之条件得到满足与否的认识。但与此相反的是，对于暂时无法得到证明的语句，达米特则认为，"我们对于陈述的理解并不在于必然发现一个证明的能力，而是在于当这种证明被发现时认识到它［是一个证明］的能力"②。达米特的意思是说，即便我们无法证实一个陈述或无法认识到其证实条件得到满足与否，只要当这种证明被发现时我们能够认识到这种证明，就能具有关于证明条件的知识。达米特对待真之条件和证实条件的态度的反差可以总结为，他一方面要求必须能认识到真之条件的得到满足或没有得到满足，但另一方面却只是要求认识到被发现的东西是证明，要求认识到证明条件本身而不是认识到如何发现证明、如何发现一个证明的条件得到满足。这种反差掩盖了这样一个事实，即达米特的证实主义的意义理论实际上并没有真正避免他指责 TCS 乃至所有已真概念为核心的意义理论所面临的（与真值不确定性相关的）问题。或者换一种说法，如果他的理论要避免与证实不确定性相关的问题，就必须将关于证实条件的知识与关于证实条件得到满足与否的认识区别开来。在相同的道理上，认识一个语句的真之条件就不应该在于认识真之条件的得到满足或没有得到满足，而在于认识到条件本身。这样一来，TCS 就同样可以避免与真值不确定性相关的问题。

达米特及其追随者似乎很难应对这样的反质疑。当然，这并不等于说，达米特对于将真概念作为基础概念的意义理论的责难就全都是错误的或者没有价值的。因为 TCS 的拥护者到目前为止大概也仅仅能够证明这样一种条件式的论断：如果按照达米特的观点，关于证实条件的知识是可以在言语行为中被表明的，那么关于真之条件的知识同样可以如

① 具体的论证可参见 A. Weir："Dummett on Meaning and Classical Logic"，1986。
② 参见 M. Dummett："What is a Theory of Meaning?（Ⅱ）"，1976，p. 110。

此。进而，如果达米特的证实主义的意义理论是恰当的，那么真之条件的意义理论同样是恰当的。但问题是，这个论断的前件很有可能不成立。因为很可能会出现另外一种情形，那就是达米特的理论本身具有与TCS 相同的问题。这里并不是想说这种理论确实是有问题的，而仅仅是想指出，只要还存在没有彻底解决证实理论有可能具有的实在论特点（例如，如果证实概念是建立在具有实在论特点的真概念之上的话）与意义理论的要求之间的冲突问题，或者（直接地说）只要还没有解决真之理论的实在论特点与意义理论的要求之间的冲突问题之前，就还不能说 TCS 已经摆脱了达米特的责难。因为真概念固然可以成为意义理论的基础概念，但如果这一点就像达米特所假定的那样必定导致实在论的话，以真概念为基础的意义理论就会在最重要的方面遭受反实在论的质疑：这种理论如何能够保证语言的使用者关于真之条件的隐含的知识可以在具体的语言实践中得到表明？实在论者和反实在论者都必须要对这个问题作出认真的回应。

三　实在论与意义理论

　　TCS 的拥护者以及达米特的反实在论的反对者要想有说服力地说明意义理论可以将真概念作为核心概念，就必须首先弄清楚实在论与意义理论的关系问题。对于这个问题的回答实际上需要我们首先弄清楚以下两个问题：TCS 是否一定是实在论的？实在论的意义理论是否一定无法说明语言的使用？达米特及其追随者所持的观点就是，意义理论与实在论不相容。当然，即使他们的论证不够充分，甚至存在严重问题，我们也不能由此直接得出结论说：TCS 作为一种意义理论确实可以以真概念为核心，进而意义理论可以是实在论的。因此，对于反实在论者的论证成立与否这个问题本身的质疑还不足以证明，包括 TCS 在内的以真概念为核心的意义理论不存在达米特等人所指出的问题。对这个推论需要给出独立的证明。

　　达米特对于 TCS，或更普遍地说，对于任意以真概念为基础概念的意义理论之责难的要点就在于，他假定了所有以真概念为核心的意义理论都是实在论的。达米特有时候会将批评的矛盾对向真之理论的二值原则。前文也已经说明了，他这么做的目的不单单是为了质疑二值原则或经典逻辑本身，而主要是在于说明这样的真之理论会带来超越认知性的问题。由于存在这样一些陈述,它们的真假不确定,对于这些陈述的真之条件得到满足与否的认识因而就超出了人们的能力。本质上,在达米特那里,不是二值原则而是超越认知性导致了以真概念为基础的意义理论与实在论的冲突。但是,达米特及其追随者对于直觉主义逻辑或多值原则的讨论难免给人们造成误导,令人误以为他们攻击的最终落点是二值原则。因此,有不少他们的反对者也把过多的力量用于证明 TCS 所基于的真之理论可以不是二值的,而其中的代表人物就是麦克道威尔(J. McDowell)。

麦克道威尔反驳说,"证实主义者对于 TCS 的反驳集中在这样一个论题上,这种理论预设了二值原则(这种原则是每个有意义的陈述句或是真的或是假的)"①。在他看来,如果这种理解是正确的,那么对于反实在论的这种责难的回应方式理所当然就是,我们并不能因为证实主义者拒绝二值原则,就需要另外一种(非真之条件的)意义概念。他给出的理由是,二值原则对于塔斯基的真之定义而言并不是本质的,这种定义同样适用于直觉主义逻辑,而直觉主义者是不接受二值原则的②。麦克道威尔试图说明,TCS 所依赖的真之理论可以是直觉主义的。塔斯基的真之理论加上直觉主义的证明理论(即得到一种直觉主义的真之理论)可以当作真之条件的涵义理论来用。以这种理论为核心,再以一种语力理论作为辅助,似乎就可以符合达米特对意义理论的要求了。这种意义理论虽然同样是以真概念为核心的概念的,但它仅仅能够在达米特所要求的"某种适当方式"③(例如,直觉主义的方式)上被理解。在这种理解之下,真概念与达米特的证实概念之间其实已经没有什么实质的差别。麦克道威尔据此认为,如果达米特的证实主义的意义理论是恰当的,那么他提出的以基于直觉主义的真概念为核心的意义理论就是恰当的。

然而,情况似乎并不那么如人所愿。尽管真概念被直觉主义化了,因而 TCS 就可以避免因二值原则而受到攻击,但 TCS 乃至所有以真概念为核心的意义理论真正受到责难的地方,是(在反实在论者看来)语句的真值

---

① 参见 J. McDowell: "Truth Conditions, Bivalence and Verificationism", 1976, p. 48, p. 51。

② 对于这种观点更为准确的说法就是,塔斯基式的真之定义所刻画的真概念"在哲学上是中性的"(参见 M. Devitt: "Dummett's Anti-Realism", 1983, p. 77)。显然,达米特不会同意这样的观点,在他看来,塔斯基的真概念乃是实在论的。这是他的反实在论的基本假设。

③ 参见 M. Dummett: *Truth and Other Enigmas*, 1978, p. xxii。

及其真之条件的满足情况具有"超越认知性"。这种特点并不会因放弃二值原则而被取消，因为对于像全称量化语句这样的普遍性语句，一种意义理论（不管它基于二值的还是多值的语义原则）只能刻画这个语句的真之条件。根据它的刻画，我们还是难以确定它的真假。如果 TCS 不能排除这个问题，论证-II 的挑战依然存在。

当麦克道威尔将真概念直觉主义化之后，我们几乎很难发现在意义理论的构造上他与达米特存在什么样的差别。与达米特一样，他也主张，说话者对于语句的理解并不仅仅在于要知道某些条件得到满足或者被实现了，还在于拥有获得关于这些条件得到满足与否之知识的能力，即拥有语言使用的能力。在把与一些话语相关的语力理论与涵义理论相结合的基础上，通过描述说话者的语言使用能力将会产生关于语句的真之条件的知识。麦克道威尔指出，涵义理论"确定了什么使一个语句是真的"，"说话者对于语句的理解被表征为关于什么使其为真的知识"。在这种表面上相似的叙述之后，紧接着麦克道威尔就表明了他与达米特之间存在的重大区别，他强调说："即便是对于那些其真值并非通过恰当的证据可确定的语句而言，这一点也成立。缺乏决定性的证据并不阻止理解；理解在这里同样被看作是关于真之条件的知识。因此，说话者被认为是（相似地，就一种无害的简单说法而言）拥有一种真之条件的观念，这些条件也许能够得到满足，也许不能，这都与恰当的证据是否可用无关。"① 麦克道威尔认为他的立场依然是实在论的，因为他没有改变实在论的原则，即语句的真值或真之条件的得到满足与否是超越认知的。在他看来，即便是在直觉主义逻辑的语境中，情况依然可以是这样的：一个语句的真之条件得到满足，但我们不知道它得到满足；它没有得到满足时我们也不知道它没有得到满足。这就意味着，他承认语句的真之条件的得到满足与否可以超越我们的认知。

不过在这里，他还是帮助我们澄清了容易引起误会的一点。他指出，是否能够认识到一个语句的真之条件得到满足以及是否能够认识到它没有得到满足，这与是否能够认识到一个语句是确定地得到满足或没有得到满足是两回事。如果我们接受二值原则，当然就能够认识到一个语句总是确

---

① 参见 J. McDowell："Truth Conditions，Bivalence and Verificationism"，1976，p. 55。

定地为真或为假，它的真之条件也总是确定地得到满足或者没有得到满足①。麦克道威尔的这种澄清很有必要。

　　为此，本书也要做出类似的说明，即这里所使用的表述（例如，"语句的真之条件的得到满足与否可以超越人们的认知"）确切地说是指，真之条件得到满足可以超越人们的认知；同时它没有得到满足也可以超越人们的认知，而不是指"句子 A 的真之条件得到满足或它的真之条件没有得到满足"这样的选言命题超出人们的认知（这个选言命题在实在论者看来是永真的，人们总是能够认知到这一点）。这意味着，一个语句的真假与人们是认识到它为真或者认识到它为假没有关系。有时候，本书会使用"语句的真之条件的得到满足（没有得到满足）可以超越人们的认知"来试图在表达上明确，我们是在分别（同时地）谈论真之条件得到满足与真之条件没有得到满足这两种情况的。如果麦克道威尔坚持以如上的方式来看待语句的真值或真之条件，不管他是否是直觉主义者，毫无疑问他也坚持了一种实在论的立场②。既然如此，直觉主义似乎可以说并不是维护 TCS 的最佳选择，它的作用顶多是削弱了论证-Ⅱ与论证-Ⅱ′，而不是彻底反驳它。

　　与麦克道威尔的辩护相似，对于反实在论的责难还存在另外一种回应：既然使 TCS 遭受责难的罪魁祸首就是实在论的立场，那么避免责难的出路就在于指出 TCS 被误当作是以实在论为基础的，实际上 TCS 与实在论没有关系。但这种回应往往依赖于一种与达米特等人不同的方式来理解"实在论"这个概念。就其中一种方式而言，实在论的核心论断可以表述为："一般意义上的物理实体独立于精神而客观存在"，因而这种原则是关于一类实体的，与真概念"毫无关系。实在论没有谈论任何有关真、甚至真之载体，语句和信念的东西［……］。实在论完全没有谈论语义学"③。按照这种观点，是否坚持实在论与怎么看待真概念之间没有什么实质的关

---

　　①　按照麦克道威尔的意思，我们可以无法知道"p"是真的，或者无法知道"p"不是真的，但是"'p'是真的或者不是真的"这一点对于我们（尤其是实在论者）而言并不难以认识。就像我们可能无法知道一种情况发生了，也无法知道一种情况没有发生。但如果我们知道排中律的话，就能知道，一种情况总是要或者发生了或者没有发生。

　　②　参见 J. McDowell："Truth Conditions, Bivalence and Verificationism"，1976，p. 55。如果我们能够将实在论区别为两种类型：（1）既主张二值原则又主张语句之真假超越认知；（2）仅仅主张语句之真假超越认知，那么后一种类型的实在论显然是一种较弱的、不彻底的实在论。

　　③　参见 M. Devitt："Dummett's Anti-Realism"，1983，p. 76。

联性。如果一种真概念在"语句的真值是超越认知、证据或证实的"这样一种含义上被理解，那么所获得关于真概念的观念就是实在论的①。这种实在论的真观念与实在论不是一回事：实在论并不直接蕴涵实在论的真观念，同样地，实在论的真观念也不蕴涵实在论。因此，一个人完全可以坚持实在论同时认为真概念是与认知相关的，换句话说，一个人可以在坚持实在论的同时反对实在论的真概念。这种观点吸引人的地方在于，它指出了达米特及其追随者们关于实在论与实在论的真观念之间关系的理解是错误的，这样一来，他们对于实在论的批判并不直接针对实在论的真观念。不管这种观点是否正确，我们只需要知道，它对于维护 TCS 而言毫无价值。因为在这种观点之下，达米特及其追随者完全可以辩解说，他们关于 TCS 的责难并不是针对实在论的，而仅仅是针对 TCS 中所预设的实在论的真观念的。其实这一点前文已经论述过了，因此这种观点本身对于这里所一直讨论的问题并没有提出什么有价值的见解。

　　当然，对于实在论概念还有另外一种理解：这种理解没有在实在论与实在论的真观念之间做出诸如上述那样的区分，而仅仅是区分了实在论的真概念与反实在论的真观念。一种真观念是实在论的，当且仅当这种观念认为语句的真假依赖于或需要借助于"语言之外的客观对象"，或者"语句的真之条件由语言之外的客观对象或对象的关联构成"②。正是因为这一点，语句的真之条件或真值才会是超越认知的。即便我们认为语句的真之条件是可知的，只要对于它们的认知依赖于语言之外的客观对象，那么我们坚持的还是实在论的观点。反实在论与实在论的真观念之间争论的焦点在于，是否应该将语言与语言之外的客观对象联系起来。具体说来，反实在论的真观念拒绝承认语句的真假依赖于在语言之外的客观对象，语句的真"毋宁说是由于它们在人类实践中的作用"③。然而，这种分歧并不是绝对的，反实在论的真观念并不反对有些语句的真假与语言之外的客观实在

---

　　①　我们需要注意"真观念"和"真概念"这两个词语之间的重要区别。"真观念"指的是关于真概念的看法、想法、理解。本书有时候说"实在论的真概念"，但绝不是指真概念本身是实在论的（或不是实在论的），真这个概念与实在论的特性没有直接的谓述关系，而仅仅是指真概念被当作了实在论的解释或者真概念具有实在论者所主张的特征。一种真观念可以是实在论的，一种真之理论也可以是实在论的。因为它们都是从某个角度去解释、看待真概念而形成的理论、观点或立场。

　　②　参见 F. Stoutland："Realism and Anti-Realism in Davidson's Philosophy of Language（Ⅰ）"，p. 19。

　　③　Ibid.，p. 21。

相关，而只是反对将这种论断夸大，以至于令人忽视更重要的事情，那就是：许多语句的真假其实都直接依赖于其他语句的真假而非外在的客观实在。如此来理解实在论的真观念与反实在论的真观念之间的区别，其实与达米特的理解不同，它对于实在论概念的规定显然比达米特的规定要强一些。当然，做出这种区分的意义并不仅仅在于强调这两种真观念之间的区别，而在于说明，包括达米特甚至有些实在论者在内，许多人将塔斯基－戴维森式的意义理论所基于的真概念或真之理论视为实在论的，这种做法可能并不恰当。斯多特兰德（F. Stoutland）论证说，戴维森本人其实坚持了一种反实在论的观点。在戴维森的论述中可以看到，他强调的恰恰是要将语句的真假与人们的目的和行动联系起来①。如果上述这种辩解是正确的，它无疑会使反实在论的责难变得没有意义。当然，这种辩解若要真正发挥效用，还需假定这样一个前提，即 TCS 以及其他以真概念为核心的意义理论只能被理解为反实在论的，或者任何意义理论实际上都没有而且也不可能建立在实在论的真（之条件）观念之上。这个假定要满足正当性，似乎部分地需要借助达米特式的证明。另外，否认现实存在基于实在论的真概念的意义理论似乎更加困难。在这一点上，这种为 TCS 辩解的方式与麦克道威尔的十分相似，他们都没有直面反实在论者提出的问题，即（达米特所理解的）实在论究竟与意义理论是否相容？进而，是否 TCS 的确不能是实在论的？

　　上述两种对于实在论的理解以及对反实在论者的责难的辩解都犯了类似的错误，他们都将"实在论究竟与意义理论是否相容"这个相容性问题与"（真正意义上的）实在论应该是什么"这个实在论的问题混淆起来。他们都期望通过对于实在论的讨论来回答反实在论者对于 TCS 的责难。当我们在这里沿着达米特的讨论考察实在论与意义理论的关系时，其实并不需要考虑"实在论"的本意，即实在论本身是什么样一种理论或观点。退一步讲，假设那些实在论者和反对反实在论的人成功地证明了，"实在论"这个词究其真正的含义而言并不指达米特所说的实在论，或达米特确实将这个词误用于表达他认为 TCS 所体现出来的特征。他们就可以得出进一步的推论说，真正的实在论其实与意义理论毫无关联，进而，他们可以总结说，达米特关于实在论与意义理论不相容的论证不成立。但是，这种论证

---

① 参见 F. Stoutland: "Realism and Anti-Realism in Davidson's Philosophy of Language（Ⅰ）", pp. 45 – 50。

还是没有办法解答"达米特等人所讨论的实在论与意义理论是否相容"这个问题。因此对于实在论的讨论与对于"达米特等人所讨论的实在论与意义理论是否相容"这个问题的讨论完全是两回事。

对反实在论者的责难作出回应，首先需要我们承认反实在论责难的出发点，也就是说，要承认达米特对"实在论"一词的理解。真正最终要达到的目的是回答这样的问题：如果实在论坚持一种承认二值原则以及超越认知性的真观念（包含这种观念的意义理论因此是实在论的），那么以此为基础构造起来的意义理论是否可以是恰当的或令人满意的？也就是说，如果要为 TCS 以及其他以真概念为核心的意义理论作辩护，我们要能够说明，即便它们是实在论的[①]，它们也同样可以刻画出语言的使用（针对论证-Ⅱ的假设（1））。为此，必须弄清楚什么是关于真之条件的知识以及如何表明这种知识（针对论证-Ⅱ的假设（2）、（3）），而最直接的途径就是说明，语言的使用者理解一个语句时所具有的并非潜在的知识，而是这样一种知识，它直接"体现在"语言使用者的身上，语言的使用就是这种知识的"具体化"。因而，语言的使用者不再需要具有认知或证实真之条件是否得到满足的能力。这里所谓"体现"或"具体化"，就是指语言的使用者借助他所具有的"构造能力"，"按照相应的组合规则将部分的语义合在一起构造出真之条件"[②]。这种辩护思路还隐含着这样一个目的，借助它能够消除语句的真值及其真之条件的得到满足（没有得到满足）的超越认知性给 TCS 带来的危险，因而这种思路对于 TCS 而言是有利的。

或许回应反实在论者对于 TCS 的责难并不需要这么强的结论。如果能够说明超越认知性隐含的危险并非是由 TCS 理论本身造成的或蕴涵的，或说明这种危险并没有对 TCS 构成实质性的威胁，那么这种说明就足以使得 TCS 避免受到反实在论的责难。语句的真值及其真之条件的得到满足（没有得到满足）的超越认知性之所以对 TCS 构成威胁，原因还是在达米特那里。从论证-Ⅱ中，我们可以看出这一点。达米特在论证-Ⅱ中对于 TCS 的

---

① 如前所述，达米特把一种以真概念为核心概念的意义理论划分为三个部分，相对应的是三个理论：真之理论、涵义理论和语力理论。按照这种思想，TCS 的内容顶多是真之理论以及部分的涵义理论。如果 TCS 是这种涵义上的意义理论，那么我们可以按照达米特的方法在 TCS 的基础上增加涵义理论和语力理论。当然得到一个总的意义理论也可以称为 TCS。我们可以假定，TCS 本身就是一种总的意义理论。

② 参见 D. Bar-On："Anti-realism and Speaker Knowledge"，1996，pp. 157 – 159。

责难依赖于 6 个前提。其中假设（1）到假设（3）都是达米特关于意义理论的基本因素的考虑，对此我们不必做什么评价（一方面，这些想法都是很直观，基本上没有什么问题；另一方面，这里也不需要把关于实在论与意义理论的关系问题的讨论扩大为关于意义理论本身问题的讨论①）。假设（4）是 TCS 的核心论断。假设（5）是实在论的论断。这些都是达米特讨论实在论与意义理论的关系这个问题所必须假设的前提。如果我们要讨论这种关系的问题，就必须假定对于实在论和意义理论本身，双方都会有一些基本的看法。人们基于不同的立场可能会有不同的基本看法，但这不影响每个人以他的基本断定作为前提按照严格的推理得到相应的结论。然而，就达米特的论证而言，仅仅由他关于意义理论以及实在论的基本认识还不足以推论出关于它们之间关系的论断。他还借助了假设（6）。这个假设的前提既不是逻辑定理，也不是关于实在论或者意义理论的基本观点。但是，它对于论证-Ⅱ非常关键，没有它最终的结论就得不到。也许我们可以将假设（6）看作是达米特强加给实在论的一种观点。在本章的第一节中，我们已经讨论过，按照弗雷格的观点，实在论不仅不支持甚至还强烈反对将关于真之条件的认识归结为关于语句的真之条件得到满足（没有得到满足）的认识。换言之，像弗雷格这样的实在论者不会接受达米特等人所描述的那种超越认知性。或许人们认为达米特关于意义理论有一种基本观点：关于陈述的真之条件的知识就在于要认识到语句的真之条件得到满足或没有得到满足，因为他经常提及这一点。只不过，这样的"基本观点"与他关于意义理论的其他论断相比并不直观，而且 TCS 的支持者也不承认这样的意义假设。如果从这种本身就存在分歧的意义假设出发来批评 TCS，这种批评就会难免显得不是那么有底气。

　　为此，要为 TCS 做辩护，我们应该朝着这个方向寻求一种更为普遍的思路。这种思路将致力于表明，关于真之条件的知识与关于真之条件是否得到满足的知识并不是一回事。达米特将这两者混为一谈，在他看来，如果不能认识到陈述是真的还是假的或真之条件得到了满足还是没有得到满足，就不能说认识到了真之条件。这种观点是有问题的：很多学者包括达米特在内没有意识到，语句真值的超越认知性虽然意味着人们可能无法认

---

　　① 前文刚刚也强调过，由那些关于实在论本身展开的讨论，我们不会获得多少真正有价值的结论，借助这些结论我们往往还是难以解决实在论与意义理论之间的关系问题。同样地，如果我们现在把问题复杂化为关于意义理论本身的问题，那就犯了同样的错误。

识到语句的真之条件得到满足与否，但由此并不能推导出人们无法知道语句的真之条件是什么，它并不能表明人们无法获得关于真之条件本身的知识。就真之条件本身而言，对于它的认识和描述甚至也不依赖于把握某种真概念或者在实质的含义上借助某种真之理论。因此，谈论 TCS 涉及的真之条件本身是实在论的或非实在论的，这没什么意义。本书将会在第六章第二节详细阐明这一点。一旦我们能够明确这一点，达米特的反实在论责难自然就垮塌了。

第四章　意义与真之紧缩论

意义与真是两个密切相关的概念，但在如何看待它们之间的相关性上，人们的观点却不尽相同。戴维森以及 TCS 的其他拥护者都期望通过真（truth）来解释意义（meaning），而真之紧缩论者则期望能够使用意义来解释真。这两种看似完全不同的解决问题的思路分别在 TCS 和紧缩论这两种理论的构建中得到了全面贯彻。这两种思路的反向性是否意味着这两种理论之间具有难以化解的不相容性？在各自的拥护者看来，的确存在这种不相容性。这种不相容性导致的结果是，如果紧缩论的核心主张是正确的，那么 TCS 乃至所有以真概念为核心的意义理论就会面临严重的挑战：一方面，按照紧缩论者的观点，使用一个紧缩的（即没有内容的）概念去解释别的概念这种做法根本无法真正达到解释的目的；另一方面，即使可以解释，这种做法实际上也使用了一个需要借助 A 概念才能得到解释的 B 概念来解释 A，因而造成了循环。本章并不打算把重点放在讨论紧缩论是否正确这个问题上，这是分析哲学领域的一个十分重要而且复杂的问题。不过需要加以说明的是，这种回避并不会对后面的讨论造成实质的影响，本章的目的恰恰在于否定这种不相容性，或者确切地说，在于论证不相容性论题的提出本身就没有太大价值。本章还将通过其他方面的讨论试图说明一个更强的结论：即使紧缩论者的主张是正确的，这也不会对 TCS 构成多大威胁，因为戴维森的意义理论与紧缩论没有直接的冲突，这两者可以并行不悖。其根本原因在于，真谓词或真概念在这种意义理论中实际上并没有起到实质性的解释作用①。

---

① 由于紧缩论者并不认为"是真的"表达了实质性的概念，他们一般很少使用真概念这样的术语。他们要么直接使用"真（truth）"或者"是真的（being true）"这种说法，要么使用"真谓词（truth-predicate）"这样的说法。但是戴维森、达米特等人则较多地使用"真概念（concept of truth）"或直接使用"真（truth）"这样的术语。有时候，本书为了表达的方便或者在讨论同一个问题时保证表述上的一致，也会按照一般的习惯来使用"真概念"这样的说法。除非因为一些特殊的原因，这里一般不在"真概念"和"真"或"真谓词"做出严格的区分。

第一节　真之紧缩论的不同类型及其内容

"真之紧缩论（deflationary theory of truth）"通常也可简称为"紧缩论（deflationism）"，这个词在广义上涵盖了一系列的真之理论[①]，例如，弗雷格的透明论（transparency theory）、拉姆塞（F. P. Ramsey）的冗余论（redundancy theory）、施特劳森的表现论（performative theory）、蒯因与菲尔德的去引号论（disquotationalism）、霍维奇的极小论（minimalism）以及格劳弗与布兰登的代句子论（prosententialism）等。作为各个独立的理论，它们虽然被统称为紧缩论，但彼此之间还是存在差异的。只不过这些差异并不是原则上的或根本性的，因此它们在本质上还能够被归入同一个阵营：弗雷格是紧缩论最早期的提倡者，在涵义与意谓以及思想等方面的讨论中，他指出，"是真的"并不是一个真正的谓词，"如果我们说：'思想是真的'，我们似乎将真作为性质赋予思想。这样我们就好像有从属关系这种情况。思想作为对象从属于真这个概念。但是语言欺骗了我们。我们得到的不是对象与性质的关系，而是一个符号的涵义与其意谓的关系"。因此"是真的"并不像"是白的"、"是人"这些谓词那样表达一种真正的性质，它没有实质的内容："为思想加上真这种性质，似乎没有为思想添加任何东西。"换句话说，就内容而言它是空的。因而，"真不能定义；人们不能说：如果表象与现实一致，则它就是真。真是基始的和简单的"[②]。虽然人们总是使用"真"这个词，但实际上说一个语句是真的并不比这个语句本身表达更多的东西。这是透明论的基本观点，冗余论者也持有这种观点。在拉姆塞看来，下面这两个语句表达相同的内容[③]：

（1）凯撒是被谋杀的。

（2）这是真的即凯撒是被谋杀的（It is true that Caesar was murdered）。

拉姆塞认为，有时候我们使用的"真的"这样的词组纯粹是出于加强

---

① 参见 M. P. Lynch：*The Nature of Truth：Classic and Contemporary Perspectives*，2001，p. 421。

② 以上几段引文分别参见［德］弗雷格《弗雷格哲学论著选辑》，王路编译，2006 年，第 246、135、199 页。

③ 参见 F. P. Ramsey："Facts and Propositions"，1927，p. 157。

语气或者满足特殊的语法要求。拉姆塞把"'p'是真的，当且仅当 p"视为完全刻画了"真"这个词的意义，并且这一点是"相当显然的"①。但是，他也意识到了日常语言对于刻画这种意义所造成的困难。例如，像"苏格拉底所说的话都是真的"这样的语句，由它就不能直接地形成具有上述形式的表达。不过，冗余论遇到的这个问题几乎是所有紧缩论都要面对的问题。

施特劳森延续了弗雷格的紧缩论的另一方面。在弗雷格看来，"是真的"在语句中所起的作用并非表示性质而是表达断定。他认为这种作用很重要，"断定句的形式实际上是我们借以表达真的东西，而且它不需要'真'这个词。我们确实可以说，甚至在我们应用'……这是真的'这一表达式的地方，断定句的形式是本质的东西"②。按照弗雷格的观点，判断就是"对一个思想的真的肯定"；而断定就是"对判断的表达"，即对语句的真的肯定表达。断定力是一种对语句的真的肯定性语力。在施特劳森看来，弗雷格的这种关于涵义与语力的区分使我们可以发现，说一个语句是真的与直接说出这个语句并非完全相同。尽管他也承认，前者在内容上的确不比后者表达得更多。施特劳森承认，当人们说一个语句是真的，关于这个语句并没有说出什么别的东西来③。但是，透明论者和冗余论者似乎忽视了"真的"这个词还有其他方面的作用，例如做出断定。于是，施特劳森指出，"真的"在语句中起到了表达断定的功能，它代表断定力。从语句（1）到语句（2），这不是一种鹦鹉学舌式的重复。当一个人说出了（2）时，真谓词的使用表现了他对于语句（1）的赞同、认可、同意等。因此，真谓词的作用就在于表现这些行为。这样一来，施特劳森必须假定我们对任何（可以被真谓词谓述的）直陈句都能做出相应的言语行为。即便对于一些没有直接出现的直陈句，乃至我们无法确定其存在与否的直陈句，我们也要能够做出上述这些言语行为（例如，我们可以说"弗

---

① 参见 F. P. Ramsey：*On Truth*, 1991, p. 9。

② ［德］弗雷格：《弗雷格哲学论著选辑》，王路编译，2006 年，第 203 页。

③ 参见 P. F. Strawson："Truth", 1949, p. 84 和 P. F. Strawson：*Logico-Linguistic Papers*（2nd），2004, p. 150, p. 156。正是因为能够将一个语句的真与说话者对于语句的断定这种言语行为联系起来，斯特劳斯才能论证说，真之条件的意义理论最终也可以被还原为言语行为的意义理论，并且认为语言的意义最终可以借助言语行为得到解释（参见 P. F. Strawson："Meaning and Truth", 1969, pp. 109 – 111）。

雷格所说的都是真的"，但可能根本不知道弗雷格说了哪些话或者不知道所有他说过的话）。然而，"赞同"、"认可"、"同意"等这些言语行为本身就预设了，必定存在着与被赞同、认可、同意的东西①。因此，当一个人做出"警察所说的是真的"（X）或"每个英语直陈句都是假的"（Y）这样的"隐含的"元陈述时，他实际上在"隐含地做存在性的元陈述"②。"警察做了一些陈述"（Xa）或"一些陈述在英语中被做出了"（Ya）这两个语句都是二阶的断定性的语句。Xa 和 Ya 分别是 X 和 Y 的改写，但是它们去掉了 X 和 Y 这两个语句的语力部分。将 X 和 Y 分别分析为 Xa 和 Ya，要达到的目的是说明"有这样一些一阶的断定性的语句"，这些语句被警察说出来了或者被用英语说出来了。X 和 Y 与 Xa 和 Ya 的不同之处就在于，说出 X 和 Y 的人使用真谓词想表现的是他赞同、认可或同意警察做出的那些陈述，或不赞同、反对英语中的一些陈述。施特劳森的这种解释似乎很难获得其他学者的支持③。因为事实上，的确有可能出现这样的情况，警察陈述的内容对于赞同其陈述的人而言是不确定的，或无法知晓其陈述的内容，甚至警察根本就没有做出过陈述，那么那个人何以可能表现出这样的赞同呢？即便可以表现出赞同，也不能说所赞同的东西与警察所陈述的东西是相同的。通过表现理论来解释真谓词在这些隐含语句中的作用，似乎存在困难。这大概意味着，真谓词可以表现赞成或反对等等这类言语行为，但关键在于，它的作用并不局限于表现某种言语行为。至少在同为紧缩论者的去引号论者们看来，真谓词还有表达语句量化或语句概括（generalization on sentences）的作用。

最早提出去引号理论的是蒯因。他论述说，当我们面向实在，但由于"特定的技术上的复杂性而被迫提及语句"时，当我们不得不借助提及语句来谈论实在时，真谓词就发挥作用了④。因此，真谓词的作用就是一种语义上的攀升（assent）和下降（dissent）。真谓词的上述作用被归结为

①　这个观点直接引自于索姆斯，不过就索姆斯的论述而言，他的这个观点也是在总结施特劳森的观点的基础上得出来的（参见 S. Soames："The Truth about Deflationism"，1997，p. 15）。

②　施特劳森将出现真的语句称为元陈述（meta-statement），即它在元语言中陈述了关于对象语言中的陈述的情况（参见 P. F. Strawson："Truth"，1949，p. 92）。

③　参见 J. Cohen："Mr. Strawson's Analysis of Truth"，1950，p. 138；以及 S. Soames："The Truth about Deflationism"，1997，pp. 15 – 16。

④　参见 W. V. O. Quine：*Philosophy of Logic*（2nd），1986，p. 11。

"去引号"三个字，它有两种情形。首先，最直接的情形是，当真谓词谓述一个完整的或展开的直陈句时，真谓词的作用就在下面这个等式上得到了充分的体现：

（DisT）"p"是真的，当且仅当 p。

通过使用直陈句替换"p"就得到这个条件式的实例。例如，使用"雪是白的"作替换，就得到"'雪是白的'是真的，当且仅当雪是白的"。这个实例很容易使我们联想到塔斯基的 T-语句。有这种联想并不奇怪。因为蒯因的去引号论确实是受到了塔斯基的 T-语句的影响。不过需要注意的是，DisT-语句与 T-语句并不完全是一回事，DisT-语句在某种程度上可以视为特殊的 T-语句。一方面，塔斯基区分了对象语言和元语言，他的理论并不要求对象语言一定要包含在元语言中；另一方面塔斯基的真之理论只要求 T-等式右边的语句是左边被命名的语句的翻译，因而等式左边的语法主语只要能够指称或命名对象语言中的语句即可，不必定采用引号的方式（还可以采用连字符的方式，例如 S^n^o^w^^i^s^^w^h^i^t^e，或直接命名的方式，以及本书第二章曾采用的结构描述的方式），在塔斯基看来，通过加引号的方式得到的语句名字不过是"最重要且最通常的名字"[1]。可是，对象语言包含在元语言之中以及采用引号的方式命名对象语言中的语句，这两点对蒯因的去引号论而言却十分关键。因此，蒯因的 DisT-语句就是满足以下条件的这样一些 T-语句：处于 T-等式右边的语句直接就是左边引号中的对象语言的语句。语义上的攀升和下降就体现在，借助 DisT-语句，人们从使用对象语言的语句来谈论世界变换到使用这个语句的名字和真谓词来谈论语句，或者从后者变换到前者。蒯因论证说，真谓词暗示了，"尽管在技术上攀升到对语句的谈论，但是我们的眼睛却盯着世界"[2]。真谓词的作用就是使得人们可以借助谈论语句来谈论世界。这种作用被蒯因形象地总结为"真就是去引号"[3]。当然，这种"去引号"或"消除引号"的提法与 DisT-语句的形式有着直接的关联。在塔斯基那里，处于"是真的"这个谓语前面的可以是对象语言中语句的结构描述性的名字，

---

① 参见 A. Tarski："The Concept of Truth in Formalized Languages"，1933，p. 156。

② 参见 W. V. O. Quine：*Philosophy of Logic*（2nd），1986，p. 12。

③ 参见 W. V. O. Quine：*Quiddities*，1987，p. 213。

或其他形式的名字，而在蒯因这里，必须是在对象语言中的语句外面加引号作为它的名字。因为这个限制条件保证了出现在 DisT-等式右边的语句也能完整地出现在左边（处于左右引号之间）。这将更为明显地展现出真谓词从等式的左边到右边消除引号的功能，即一个语句加上引号再后系真谓词，其效果就相当于将这个语句外面的引号去掉。例如，说"布鲁图杀了凯撒"这个陈述是真的在效果上就等于说布鲁图杀了凯撒。由此可见，蒯因的去引号论的基本观点与拉姆塞的冗余论其实是一致的，"冗余论是去引号论的第一信条"[①]：通过使用真谓词所说的东西就相当于直接说所引用的语句本身，去引号论本身就说明真谓词在内容上没有对被谓述的语句做出贡献，因而是多余的。去引号论的优势在于，它能够对非展开的（即隐含的）真语句给出融贯的解释。

接下来考虑真谓词的去引号功能的第二种情形。在日常语言中，真谓词并非总是出现在"'雪是白的'是真的"这样一些语境中，它并非总是直接谓述一个语句，它还会被用于构成一些表达普遍性的量化语句。这些量化语句不是通过对一些指称对象的名字进行概括而得到的，而是通过对一类（直陈性的）语句进行概括得到的。例如，在"苏格拉底所说的话都是真的"、"凡是具有'p 或非 p'形式的语句都是真的"以及"黑格尔最常说的那句话是真的"这三个普遍性的语句中，真谓词所谓述的显然不是一个直陈句。这三个语句是分别对下列三个类别中的那些直陈句进行普遍概括的结果：

（DisT-a）　如果"雪是白的"是苏格拉底所说的话，则雪是白的；
　　　　　　如果"草是绿的"是苏格拉底所说的话，则草是绿的；
　　　　　　……
（DisT-b）　雪是白的或雪不是白的；草是绿的或草不是绿的；……
（DisT-c）　"雪是白的"是黑格尔最常说的那句话，且雪是白的，
　　　　　　或者"草是绿的"是黑格尔最常说的那句话，且草是绿的，
　　　　　　或者……

在蒯因看来，就像我们对"汤姆是会死的"、"迪克是会死的"等等

---

①　参见 W. Künne：*Conceptions of Truth*，2003，p. 226。

可以得到一般性的量化语句"所有人都是会死的"一样，关于上述每个类别中的语句也可以得到相应的一般性的量化语句，例如通过对 DisT-a 的分句进行概括可得"苏格拉底所说的话都是真的"。蒯因指出，对语句进行概括得到量化句与对名字进行概括得到量化句在本质上是一致，但这两种概括有一个区别，那就是对于对象的名字进行概括所得到量化式不需要使用真谓词，而对语句进行概括必须借助真谓词才能形成一个量化式。真谓词在这里的作用就在于构成一个完整的概括性语句。就像"每个人都是会死的"这个语句实际上表达了"汤姆是会死的且迪克是会死的且……"这样一个有着数量庞大的支语句的合取式一样，按照蒯因的观点，"苏格拉底所说的话都是真的"这个量化概括语句也可以看作是表达了（DisT-a）这个无穷合取式（其中，每个合取支语句和析取支语句都直接讨论了实在）。因此，真谓词的这种概括性的作用又被称为表达无穷合取或无穷析取的作用。如果我们的语言能够允许无穷析取或无穷合取这样的表达存在，或者量词的论域允许包含语句或命题这样的东西，那么就完全可以避免使用真谓词，但往往我们的语言要求所有语句都必须是有穷长度的，而像蒯因这样的哲学家又总是抵制本体论的过度膨胀，这样一来真谓词就必不可少了。总的来说，在句法形式上，真谓词只不过是一种去引号的手段。真概念的本质作用归纳起来其实就是表达语义的攀升、下降以及表达无穷合取和析取①。不过，根据蒯因的观点，通过对无穷合取或析取的支语句进行概括从而得到使用了真谓词的量化语句，这也体现了一种语义的攀升。

蒯因最早提出了真之去引号论的基本设想和原则，去引号的思想显然直接与 DisT-语句的形式相关。前面也提到，这种形式的语句要求带引号的语句必须也是元语言中的语句；如果我们所要处理的带引号的语句不属于元语言，由此所得到的 T-语句就不再是 DisT-语句。蒯因的去引号论需要具有更为广泛的普遍性。因而，这种理论必须突破语言上的限制进而能够解释，当人们用真谓词谓述一个不属于元语言的语句时这意味着什么。菲尔德对蒯因的理论进行了修正。他提出的对策是区别两种去引号的真概念：一种是初始的（primary），一种是扩展的（extended）②。

---

① 参见 S. Leeds："Theories of Reference and Truth"，1978，p. 121。

② 在别的地方，菲尔德又分别将这两个去引号的真谓词称为纯粹的（pure）真谓词和修正的（modified）真谓词（参见 H. Field："Deflationist Views of Meaning and Content"，1994）。

就真谓词的初始使用而言，真谓词一般具有以下两个特征：（1）真谓词就像我们首先想到的那样仅仅用于我们所能理解的语句。（2）对某人 X 所理解的任意表述 u，u 是真的这个断言对于 X 而言认知上等价于 u 本身。菲尔德认为，可以对纯粹的去引号的真概念进行某种扩张，使得它不再具有（1）和（2）这样的特性。但要求是，能够在正当地使用限制性的附加条件的情况下使用纯粹去引号的真概念对其他的真概念进行定义。这样被定义的真概念就扩展了初始的真概念①。按照菲尔德的观点，那些非元语言的语句的真谓词不是初始的，可以通过纯粹的去引号的真谓词得到定义，不过条件是引入翻译或同义概念。例如，我们有一个纯粹去引号的真概念，"是真的$_{pd}$"。"雪是白的"这个语句就是在纯粹的去引号的含义上是真的，因为我们关于它有""雪是白的'是真的，当且仅当雪是白的"这样的（纯粹的）DisT-语句。如果"XYZ"是某个外文语句，它就不是在纯粹的去引号的含义上是真的。因为关于它我们只能有""XYZ'是真的，当且仅当……"这样的 T-语句（能够填入省略号所处位置的都是汉语语句）。在这个 T-语句中的"是真的"谓词确切地说应该是"是真的$_{ed}$"。这个扩展的真谓词需要通过初始的真谓词来定义。而具体的定义就是，""XYZ'是真的$_{ed}$，当且仅当'雪是白的'是真的$_{pd}$，并且'雪是白的'是'XYZ'的翻译"②。这就是说，扩展的去引号论实际上必须假定对象语言中的语句都能够在元语言中得到翻译。这种扩展所引入的限制条件更接近于塔斯基在 T-约定中做出的规定。

与菲尔德不同，霍维奇以另外一种方式考虑了扩展的真谓词问题。他发展了一种针对命题的真之理论（与我们一般意义上所使用的"命题"不同，他讨论"命题"并非语言层面的东西，而是意义层面的东西，可以视为语言表达的内容），并且他认为这种理论中包含的观念同样可以推广到其他真概念或真谓词的使用情形上，即可用于解释其他类型实体（如话语、信念等等）的真③。霍维奇将他的理论称为极小论。这种理论并不否认去引号论者关于真谓词的功能的所有观点，但作为另外一种紧缩论，它

---

① 参见 H. Field：*Truth and the Absence of Fact*，2001，pp. 222 – 223。

② 菲尔德对与扩展的真谓词的解释如下："'s'（在扩展的去引号的意义上）是真的"可以被刻画为"'s'与我们语言的某个语句同义，且这个语句在纯粹的去引号的意义上是真的"（参见 H. Field："Deflationist Views of Meaning and Content"，1994，p. 272）。

③ 参见 P. Horwich：*Truth*，1990，p. 7。

有着不同的基本原则。根据霍维奇的极小论，真之理论的公理都是具有如下"命题形式"的命题：

（MinT）   <p>是真的，当且仅当 p。

MinT-模式与 DisT-模式的区别在于，真谓词在前者中谓述的是命题而不是语句（霍维奇使用"<p>"来表示"命题 p（the proposition that p）"，因此，有时候 MinT-模式也用下面这种方式来表述，即"该命题（that）p 是真的，当且仅当 p"）。另外，按照极小论的断言，语句的真可以通过命题的真得到解释。换句话说，DisT-模式乃至 T-模式都可以还原为 MinT-模式。例如，在定义语句的真概念时，存在以下推理模式（其中，"s"表示语句）：

（1）s 表达 <p>。   ［前提］
（2）s 表达 <p>，则 s 是真的，当且仅当 <p>是真的。   ［前提］
（3）s 是真的，当且仅当 <p>是真的。   ［由（1）和（2）］
（4）<p>是真的，当且仅当 p。   ［MinT-模式］
（5）s 是真的，当且仅当 p。   ［由（3）和（4）］

由该推理模式可见，T-模式可以从 MinT-模式推导出来，不过需要借助两个前提。前提（1）假定了语句表达命题，前提（2）说的则是一个语句与其所表达的命题同真。这两个前提所表达的内容非常类似于弗雷格的思想，尽管霍维奇并不十分强调这一点[1]。如果我们承诺有命题这样的实体存在（蒯因显然不乐意接受这样的承诺[2]），那么接受这两个前提就并不困难。需要承认的事实是，一旦使用了"命题"以及"表达"乃至"翻译"等概念[3]，也就预设了一种意义理论。在这一点上，霍维奇与菲尔德

---

① 参见 P. Horwich：*Truth*，1990，p. 18。

② 参见 W. V. O. Quine：*Philosophy of Logic*（2nd），1986，pp. 8 – 10。

③ 霍维奇在他的书中讨论更多的是话语（utterance），这就会涉及翻译概念：一句话 u 的真，当且仅当（其中，"p"是对 u 的翻译）。话语的真概念同样与命题的真概念一样是极小论的，按照霍维奇的观点，这两种极小论的真概念之间可以互推，当然这需要借助意义概念（或理论）（参见 P. Horwich：*Truth*，1990，p. 107）。

所处的处境相同：他们都需要借助意义理论来说明真之问题。他们两人的理论不同之处在于，处理各种真之问题上各自采取了不同的手段（尽管有这些不同，但在精神上，霍维奇对于真概念的处理方法与蒯因以及菲尔德是相似的[①]。这一方面是因为他们都以紧缩论的观念看待真；另一方面，他们都采用了类似于塔斯基的 T-语句的语句模式来说明真谓词的作用）。例如，对于"苏格拉底所说的话都是真的"这种非展开或隐含的真陈述，霍维奇给出了以下推理：

(1)　苏格拉底说的话都是真的。　　　　　　　　　　　　　［前提］
(2)　苏格拉底说了〈雪是白的〉。　　　　　　　　　　　　［假设］
(3)　〈雪是白的〉是真的。　　　　　　　　　　　　　［由(1)和(2)］
(4)　〈雪是白的〉是真的，当且仅当雪是白的。　　　　　［MinT-语句］
(5)　雪是白的。　　　　　　　　　　　　　　　　　　［由(4)和(5)］
(6)　苏格拉底说了〈雪是白的〉，则雪是白的。

　　　　　　　　　　　　　　　　　　　　　　　［(2)—(5)条件证明］

　　与这个推理相类似的还有以"苏格拉底说了〈草是绿的〉，则草是绿的"等语句为结论的推理。这一系列的推理表明，真谓词在一般化的语句中没有实质性的意义。借助这样的推理，霍维奇试图说明的是，真谓词的意义或价值完全表现为它"在逻辑上的功能"[②]。这使极小论与其他紧缩论一样，将真谓词的意义解释为它的使用价值，例如"作为概括化（generalization）的手段"，而"真"具有的这些功能所要求的东西"不多不少恰好就是等价模式［即 MinT-模式所能包含的东西]"[③]。霍维奇的极小论与上述其他紧缩论的共同特点在于都借助了塔斯基的 T-等式，只不过各自的解释不同而已。极小论与这些紧缩论的另外一个区别可能是，霍维奇并不完全否认真谓词是内容的、有意义的，只不过他认为真谓词的所有内容、意义都包含在 MinT-等式的使用中而已。

　　在众多紧缩论中，较为奇怪的一个理论是由格劳弗等人提出的真之

①　参见 M. Williams："On Some Critics of Deflationism"，2002，p. 147。
②　参见 A. Gupta："Minimalism"，1993，p. 359。
③　参见 P. Horwich：*Meaning*，1998，p. 104，p. 106。

代句子理论①。这种理论并没有采取塔斯基的 T-等式的形式，而是借助了语法学的发现。代句子理论者将真谓词视为代句子的构成部分。代句子是一种指代性质（anaphoric）的语法现象，就像"it"、"here"、"so"在英语语境中分别是指代名词、地点副词、形容词的代词一样，"that is true（**那是真的**）"和"it is true（**这是真的**）"在英语语境中也起着指代作用。不过它们指代的是一个语句，因此被称为代句子（prosentences）。按照代句子理论，在日常语言中，人们会说"这是真的即雪是白的（It is true that snow is white）"，这句话其实可以等价地翻译为"雪是白的。**这是真的**"。在翻译后的语句中，"**这是真的**"仅仅是起着在避免赘述的情况下强调"雪是白的"这句话的作用。在内容上，它与其他指示代词一样，是由它所指代的前驱（antecedent）来决定的。指示代词从前驱那里获得它们的内容，因此代句子的内容也是由它的前驱赋予的。需要注意的是，在格劳弗等人那里，"**这是真的**"整个地是一个代句子，它作为整体而具有指代作用。处于其中的任何一个部分（例如"that"这个词）都不具有指代作用，甚至不具有独立的意义，就像"snow"这个词中的"no"一样。除了指代功能之外，代句子没有其他实质性的作用，因此真谓词除了构成代句子之外也没有什么实质性的内容或有意义的价值。由于英语的自然语言包含情态、时态上的多种变化，格劳弗相应地引入了各种联结词（命题算子），例如"这-不-是-真的-即（It-is-not-true-that）"、"这-也许-是-真的-即（It-might-be-true-that）"等等。这些联结词置于代句子之前，以便表达代句子的前驱的情态或时态上的特征。例如，"凯撒也许是被谋杀的"就可以顺利地翻译为"凯撒是被谋杀的。这-也许-是-真的-即**那是真的**"。于是，"真"这个词还有一个功能，那就是构成联结词。但不管怎样，真谓词的作用仅仅是语法上的或者逻辑上的。在格劳弗等人看来，这一点也是重要的，因为至少"真"也不能被视为完全无用的②。

尽管代句子理论能够解释很多情况下的真谓词的使用，但英语日常语言的复杂性显然也为这种理论带来了很大的麻烦。在处理"哥德巴赫猜想是真的"这样的隐含的真陈述时，格劳弗不得不采取极为复杂的改写

---

① 参见 D. Grover, J. Camp and N. Belnap："A Prosentential Theory of Truth"，1973。对于代语句理论的具体评介还可参见周志荣《真之代语句理论评价》，2012 年。

② 参见 D. Grover, J. Camp and N. Belnap："A Prosentential Theory of Truth"，1973，p. 93。

办法：

> 存在命题₁，使哥德巴赫猜想到**它是真的**₁，并且对任意命题₂，如果哥德巴赫猜想到**它是真的**₂，那么**它是真的**₁⇔**它是真的**₂，并且**它是真的**₁。

在格劳弗自己看来，这种处理虽然操作起来非常麻烦（需要注意，这个翻译包含了两个不同的代句子以及一个特殊的联结词"⇔"，它的意思是"……是-与____相同的-猜想"），但意思很明显。尽管如此，这种复杂的处理办法难免招致非议①。相比之下，布兰登的办法则更为简洁。布兰登是格劳弗的拥护者，但是他们的观点却不完全相同。在布兰登看来，"is true（是真的）"是构成代句子的算子，它可以通过联结语句名称、加引号的语句、that-从句来形成代句子。代句子的语法主词（如"哥德巴赫猜想"）明确了整个代句子所表述的前驱②。就这样，布兰登放弃了格劳弗所坚持的观点。在他看来，"那是真的"这个短句并不是一个不可分析的整体，而且他还承认"那（that）"在代句子中具有独立的指称意义。虽然布兰登的观点并没有违背真之代句子理论的基本原则，即"真"是构成代句子的不可或缺的部分，"那是真的"依然整个地是代句子，而且"真"在他看来还是没有独立的意义，但代句子的指代功能毕竟不再由真谓词来提供，也不由包含真谓词的整个的"那是真的"这个短语来提供。这或多或少会削弱代句子理论的主张甚至动摇它的紧缩论立场。

到目前为止，我们已经简要地介绍了各种类型的紧缩论③。上述各种理论之所以能够被统称为真之紧缩论，因为它们对于真概念有着相似的立场。不管它们从什么角度借助什么样的方法来解释或理解真概念，它们基

---

① 参见 W. Künne：*Conceptions of Truth*，2003，p. 83。

② 参见 R. B. Brandom：*Making It Explicit*，1994，p. 303；以及 R. B. Brandom："From Truth to Semantics：A Path through Making It Explicit"，1997，p. 144。

③ 由于本章的目的并不是研究紧缩论，而仅仅是了解紧缩论关于真概念或真谓词的观点，因而在此不再深入下去。对于紧缩论的详细讨论除了参见各种类型紧缩论主张者的论述之外，还可参见 R. L. Kirkham：*Theories of Truth：A Critical Introduction*，1992；S. Soames：*Understanding Truth*，1999；P. Engel：*Truth*，2002；W. Künne：*Conceptions of Truth*，2003；以及弓肇祥《真理理论》，1999 年。

本的态度是反对实质理论（例如，符合论、融贯论）对于这个概念的处理①。紧缩论者不同意实质理论者的观点。在紧缩论者看来，真谓词并不表达实质的性质，真概念也不具有基础性或重要性的内容。用紧缩论者的最流行的话说，"真并不是一种性质"，确切地说，真不是一种实质的性质。因此，真谓词的全部价值并不像其他实质谓词（例如"是白的"）那样在于表达一种性质。真谓词对语句表达内容根本不起作用，或至少不具有重要的、实质的作用。如果它是有用的，那么它的作用顶多是语法上的或逻辑上的，例如语义的攀升或下降、表达无穷析取或无穷合取以及构成代句子。

　　紧缩论者可能会受到下面这种质疑：它们"没能将意义与使用区分开来"，"认为这种［对于真谓词的使用的］观察对这样一个语句［即'命题（that）p 是真的'］的意义提供了一种分析，这是错误的"②。的确，很多紧缩论者直接将真谓词在逻辑上的作用视为它的意义，但这里的"意义"一词指的往往是"价值（value）"或"重要性（significant）"而非词语表达的"内容（content）"。根据紧缩论，真谓词没有实质性的内容，冗余论的这种观点代表了所有紧缩论的一种基本态度。不同的是，很多其他紧缩论者并不因此而认为这个词在我们的语言中毫无意义。

　　真谓词的重要性使紧缩论仍然面临对它（的功能）进行解释的任务。但霍维奇指出，除了 MinT-语句所能阐述的东西之外，"关于真谓词不再有别的东西需要加以阐述"，以便"解释我们对于它的任何使用"；真这个词的意义仅仅"来源于等价模式"即 MinT-模式③。在紧缩论者看来，MinT-模式或 DisT-模式足以表明真谓词的全部意义（即它的使用价值）。因此，紧缩论的吸引力就在于"它是简单且经济的。［……］它的显著特点是将真（truth）刻画为简单的东西，而避免涉及任何深刻的形

---

　　①　实质理论（substantial theory）也是一类真之理论的概称。这类理论认为，真谓词表达实质性的内容，真概念是语句或陈述一种真正的性质。真之符合论和真之融贯论都是典型的实质理论。有时候为了与紧缩论（deflationary theory of truth）相对应，实质理论又被称为膨胀理论（inflationary theory of truth）。

　　②　参见 S. Soames："The Truth about Deflationism"，1997，p. 17。

　　③　参见 P. Horwich："A Defense of Minimalism"，2001，p. 150。

而上学或经验的本质"。① 但是，从前面的讨论中，我们也可以看到，紧缩论者借助各种类型的 T-等式说明真谓词的作用时，总是需要考虑自然语言的复杂情况，因而有时候紧缩论者不得不需要预设翻译或同义概念，进而预设意义理论。例如，按照去引号者的观点，严格的 DisT-模式应该是这样的：

（DisTM） 如果 s（在 L 中）意味着 p，则 s 是真的，当且仅当 p。

极小论的 MinT-模式其实也隐含了这样的前提，至少在使用命题的真谓词解释语句的真谓词时，必须借助翻译、表达等需要借助意义理论来解释的内涵性概念：

（MinTM） 如果 s（在 L 中）表达 $<p>$，则 s 是真的，当且仅当 p。

尽管各个紧缩论都对真概念（甚至借助了公理模式）提供了解释，但正如霍维奇指出的那样，紧缩论"并不意图提供'真'这个词的一种明确定义，不管是描述性的还是规定性的"。因此，这种理论"并不给出一种方式，这种方式能够表明包含这个词的语句的内容"，而且"事实上，任何这样的构造都是不可能的"②。至少在霍维奇看来，"不可能有更为深刻的理论"能够比极小论所提供更为深刻的关于真的观念③。紧缩论毋宁说是给关于真概念的解释（或真之理论）明确了界限。这种界限就是，关于真概念的解释只能给出关于真谓词的一种隐含的使用上的定义，除此之外的其他定义都是不可能的。确切地说，真谓词除了使用上的特征之外，没有其他可被定义或需要解释的东西。紧缩论关于真概念的这些观点直接影响了它对于真与意义之间的关系的看法：紧缩论者反对借助真讨论意义，他们认为需要借助意义来谈论真。

---

① 参见 M. McGrath："Weak Deflationism"，1997，p. 78。

② 参见 P. Horwich："A Defense of Minimalism"，2001，p. 150。

③ 参见 P. Horwich：*Truth*，1990，p. 50。

第二节　真之紧缩论的挑战

一　真之紧缩论与意义

真之紧缩论对于真概念或真谓词的解释是否正确，这一点并不是本章所关心的问题。在这里，我们需要讨论的问题是，如果真之紧缩论是一种（也许并非是唯一的一种）恰当的真之理论，这种理论对于意义理论有什么样的影响？确切地说，作为真之理论的紧缩论允许什么样的意义理论？当然，本节对于这个问题进行考察，目的并不在于为紧缩论找到一个合适的意义理论，而是为了弄清楚一种以真概念为核心的意义理论是否能够符合紧缩论对于意义理论的要求。经过下面的分析，我们将会发现，紧缩论者们对此持一种否定的态度。他们坚持认为，意义理论必须采取不借助真概念的方式来构造。

由前面的讨论可知，按照紧缩论者的观点，真概念的全部意义都在于它的使用，并且这一点在 DisT-模式或者 MinT-模式上可以得到完全的体现。这些模式可以说都是由塔斯基的 T-模式演变而来的，不同之处在于，紧缩论者将这种模式（确切地说，是具有这种模式的语句）看作是完全表明或解释了真谓词（概念）的意义。按照这种观点，"真"（或"是真的"）这个词的全部意义都体现在所有诸如"'雪是白的'是真的，当且仅当雪是白的"这样的所谓"基础等式"上①。这种等式包含了这样一个论断：一个出现真谓词的语句，例如"'X'是真的"（更为一般地，"……'X'是真的……"）②，在认知上等价于一个不带真谓词的语句，例如"X"（一般地，"……'X'……"）。这意味着，说一个语句是真的，这并不会给这个语句添加任何内容。这种紧缩论的经典论断基于这样的一种假设，前面也提到过，即所有这样的 T-语句必须保证等式左边被命名的语句与右边的语句在表面形式上相同。因此，直接加引号的方式更能体现真谓词的紧缩论的特点。处于这种表面形式背后的理念是，等式左边的被命名的语句要与右边的语句具有相同的内容（即意义）。以加引号的方式

---

① 参见 M. McDermott："Truth and Assertability"，2009，p. 465。

② 这个表达形式表明"'p'是真的"可以是一个复杂语句的构成部分，例如，"如果'柏拉图是哲学家'是真的且亚里士多德是他的学生，则亚里士多德也是哲学家"。

命名当然能够满足这样的要求，但这显然是紧缩论所能处理的一种极为简单的情况。

较为复杂的情况包括两个方面：一方面，命名方式发生变化，例如采取直接方式或者结构描述法来命名；另一方面，在加引号命名的情况下，被命名的语句不是元语言的语句，对象语言不包含在元语言中。这两种情况都可以得到相应的 T-语句，例如，"哥德巴赫猜想是真的，当且仅当每个不小于 6 的偶数都可以表示为两个奇素数之和"和"'Snow is white'是真的，当且仅当雪是白的"。这两个 T-语句如果要用于说明紧缩论的观点，那就要保证这两个 T-语句中的真谓词都是在紧缩论的意义上被使用，这也就要保证等式左右两边的语句在认知上是相等的。做到这一点，就难免需要假设一个前提，即我们（或确切地说是使用真谓词的人）要能够理解"哥德巴赫猜想"和"'Snow is white'"这两个名字所命名的语句，并且知道它们与等式右边相应的语句同义。否则，如果它们所命名的语句实际上并不分别意味"每个不小于 6 的偶数都可以表示为两个奇素数之和"和"雪是白的"，那么上述两个 T-语句就是实质上不正确的。那样的 T-语句就无法用于说明，它们所包含的真谓词是在紧缩论的意义上被使用的。因而，用菲尔德的话说，"如果一个人不理解语句，那么他就不能理解去引号的真的这种归属"[1]。紧缩论（尤其是去引号论）对于真概念的解释依赖于 T-等式，由此也依赖于人们对于语句的理解以及对两个语句的意义相同性的认知。

以去引号论为例，前文曾讨论过，这种紧缩论对于真概念的解释实际上包含两个方面：一方面，（纯粹的去引号论的含义上的）真谓词只能被人们用于谓述自己语言中的语句；另一方面，（在扩展的去引号的含义上的）真谓词只能被人们用于谓述自己所理解的其他语言中的语句。尤其是在第二个方面，去引号论关于真谓词的解释依赖于一种意义观念或意义理论。因为，只要将真谓词用于谓述其他语言的语句（就像在"'Snow is white'是真的，当且仅当雪是白的"这个 T-语句中的情况那样），就需要引入某些属于意义理论的概念例如同义、翻译，以便可以借助纯粹的去引号的真概念来刻画出扩展的去引号论的真概念。无论就哪一个方面，保证等式右边的语句与左边被命名的语句在意义上相等，这一点对于去引号论

---

[1]　参见 H. Field："Correspondence Truth, Disquotational Truth, and Deflationism", 2001, p. 487。

而言都是重要的。

不过，在应该借助同义概念还是其他意义概念上，去引号论者存在一些争议。蒯因不仅质疑语言在不同的说话者之间能够保持意义上的相同性，他还质疑除了相同意义的语言的等价类之外还有别的东西可以用来解释意义。去引号论者要想保证扩展的去引号论的正确性，他们就必须要对蒯因的上述两种质疑有所保留。在菲尔德看来，被蒯因所质疑的同义概念对于扩展的去引号论而言并不是必要的。相比之下翻译概念则要弱一些，扩展的去引号论似乎可以借助于"（好的）翻译"这个概念得到刻画："s"（在扩展的去引号的意义上）是真的，当且仅当"p"是"s"在我们语言中的一个（好的）翻译，且"p"在纯粹的去引号的意义上是真的。即使别的语言中的某些语句在我们的语言中并没有相应的（好的）翻译，或者我们根本就不理解它们，当我们将真归属它们时，实际上也是假定了它们可以翻译为我们所理解的语句。无论是借助同义概念还是借助（好的）翻译概念，去引号论者的理论目的都是保证真谓词只能用于使用者所理解的语句上去。因此，菲尔德指出，只要使用者能够理解一个语句，不管关于它在使用者的母语中有没有与之同义的语句或关于它的一个好的翻译，他都可以将真归属这个语句。这种使用同样符合去引号论的精神，即"一个语句在去引号的意义上是真的，当且仅当它是如-我-所理解-它-那样-真的（true-as-I-understand-it）"[①]。这个对于去引号的真观念的经典"注解"表明，去引号论对于真概念的核心解释依赖于同义或翻译概念，进而依赖于意义理论。

相似的情况也出现在极小论上。霍维奇承认，他的理论对于命题概念的使用"预设了我们能够了解'$\mathbf{u}$ 表达了与 $\mathbf{u}^*$ 相同的命题'这种形式的论断"，"因此，我有义务讨论这个我所依赖的话语翻译概念——至少足以平息循环性的疑虑"。为此，他强调，"命题不是借助真概念而被理解"[②]。事实上，霍维奇还从一般紧缩论的立场出发向我们表明了真概念对于意义概念的依赖性：如果"'超光子能够及时返回'是真的"这句话的意义是通过它的真之条件"超光子能够及时返回"来确定的，那么后面这个语句的意义就不能再用真概念来解释，"因为，当我们解释真概念时已经预设

[①] 参见 H. Field："Deflationist Views of Meaning and Content"，1994，p. 274。

[②] 参见 P. Horwich：*Truth*，1990，p. 97，p. 99。

了它［即'超光子能够及时返回'］的意义"①。因此，严格来说，紧缩论的经典模式应该表达为 DisTM-模式或 MinTM-模式。霍维奇自己也承认，紧缩论必须预设，一个语句或话语是真的，当且仅当这个语句所表达的命题是真的。

正是由于紧缩论的真概念对于意义概念的这种依赖性，或者可以说，意义概念的在先性使紧缩论者选择意义理论时必须注意避免造成解释上的循环性的错误："优先借助于真之条件概念来理解命题性的内容，这是一种根本性的错误。因为在这样的解释中，人们能够做出的对于真的使用本身预设了命题性内容的概念。"② 这就意味着，紧缩论者所允许选择的意义理论必须不能直接或间接地包含真概念或真之条件概念。所谓"间接地"也就是说，那些依赖于真概念而得到解释的概念同样不能在意义理论中起任何解释性的作用。

为此，菲尔德接受了意义的可证实性理论（verifiability theory of meaning），这种理论的核心概念不是真之条件而是证实条件③；霍维奇则接受了意义的使用理论（use theory of meaning）。较之菲尔德的理论，霍维奇的意义理论受到更为广泛的关注，并且引起的争论也更大，因为使用理论自维特根斯坦开始就是一种重要的意义理论，而霍维奇自诩他的理论是使用理论的一种重要发展；另外，霍维奇在对其他意义理论（尤其是戴维森的理论）进行批判的基础上，全面阐述了他的使用理论，并专门为之做出过辩护④。因此本节将会就使用理论的基本内容做一些必要的讨论。

意义的使用理论并不是什么新颖的理论，维特根斯坦在他的《哲学研

---

① 参见 A. Gupta："Minimalism"，1993，p. 363。

② 参见 R. B. Brandom："Exlanatory vs. Expressive Deflationism About Truth"，2002，p. 116。这段引文中出现了"命题性的内容"这样的表达。也许布兰登对这一表达有什么特殊的想法，但这并不影响我们把握他在这段文字中所表达的主要思想，那就是理解语句的意义不能再借助真之条件。这里对于"命题性的内容"这种说法与"语句的意义"或者"语句的内容"大概没有什么实质性的区别。

③ 这种理论的核心概念即证实条件（verification condition）与达米特的证实理论的核心概念至少有一个重要的区别，前者绝不需要借助真概念而得到解释（参见 H. Field："Deflationist Views of Meaning and Content"，1994）。

④ 霍维奇在他的《真》（1990）这部著作中就提出了这种意义理论，在《意义》（1998）一书中则详细阐述了这种理论的基本内容和架构，并作出了适当的辩护，而在《对意义的反思》（2005）一书中，他还为这种理论进行了更为细致且广泛的辩护。分别参见 P. Horwich：*Truth*，1990；P. Horwich：*Meaning*，1998 以及 P. Horwich：*Reflections on Meaning*，2005。

究》（1953）中就曾明确提出："语词的意义就是它在语言中的使用。"①
霍维奇希望能够赋予这种传统理论以新意。他认为，在关于意义理论的众
多限制条件中，只有使用的限制条件（the use constraint）是一个恰当的意
义理论所应该满足的条件。一个恰当的意义理论应该能够解释语言的意义
与其使用之间的关系。在霍维奇看来，意义的使用理论显然能够很好地符
合这种条件②。按照使用理论，对于语句的理解不在于知道它的真之条件
而是在于理解它的构成部分（语词、结构）对于它的正当使用做出了什么
贡献。在霍维奇看来，意义是语言（确切地说，语词和语句）的一种性
质，就像雪有白的这种性质一样，"狗"这个词也有"意味**狗**"这样的性
质③。使用也是性质，但使用性质实际上是包括了很多与使用相关的性质
（例如，语词的使用方式、使用的规则标准等等）在内的一个集合，其中
霍维奇常常讨论的而且最重要的是"可断定性条件"或"接受条件"④。
霍维奇指出，"每个语词的所有使用都源于它具有一种基本的接受性质"，
借助接受条件可以解释语言的所有使用情况（如果我们考察的是话语或包
含索引词的语句的意义的话，当然还需要其他概念的配合，例如语言的使
用环境概念）。翻译概念也可以被刻画为：s（在较弱的意义上）是 u 的翻
译，当且仅当 s 与 u 具有相似的使用性质，进一步地说，s 与 u 具有相同的
（基础的）接受条件。使用或接受条件概念可以用于解释一个语言的任意
语词的意义。例如，按照霍维奇的理论，"'红的'这个词的意义产生自这
样一种事实，即它的使用规则是倾向于接受'那是红的'这个语句，以便

---

① 参见 L. Wittgenstein: *Philosophical Investigations*, 1953, §43。

② 参见 P. Horwich: "What Is It Like to Be a Deflationary Theory of Meaning?", 1994, p. 151 以及 P. Horwich: *Meaning*, 1998, p. 440。

③ 即"'Dog' has a property of meaning DOG"或者"'Dog' means DOG"。霍维奇的这种表达方式有点奇怪，它将因为单词大写以表示这个词实际上表达了一种意义，即一个概念（性质）。为了配合这种表达方式，本书在这里相应地将加黑体，例如"狗"意味**狗**，或"狗"的意义是**狗**。由此可以看出霍维奇并不像看待真概念那样以一个紧缩论者的身份来看待意义概念，"他相信意义是实质的性质，这种性质就在于使用"。霍维奇的关于意义的这种实质性观念将削弱他的真之紧缩论（参见 H. Price: "What Should a Deflationist about Truth Say about Meaning?", 1997, p. 113），因为它对于真的解释需要借助于这样的意义概念。

④ 分别参见 P. Horwich: *Truth*, 1990, pp. 72－73 以及 P. Horwich: *Meaning*, 1998, p. 44。这两个概念其实没有本质上的区别。前者是霍维奇在早期的讨论中常用的概念，而在新近的论著中，霍维奇更喜欢使用"可接受性条件"这个术语。为了方便这里的讨论，本书倾向于仅仅选择使用这个概念来讨论问题。

回应那种因观察一个纯红的表面而正常引起的视觉经验"①。同样地，在霍维奇看来，"真的"这个词的意义也可以借此方式得到解释。当然这种解释并不是严格的定义，因为这个词没有实质的内容可供定义。

以上对于霍维奇的意义理论的大致说明当然还不能算是完全解释了一种意义的使用理论是什么，不过这倒足以让我们看到，这种理论所依赖的核心概念是使用概念（确切地说是接受条件概念）而非真概念，并且这种概念不依赖于或包含真（之条件）概念，相反真（之条件）概念最终倒是需要借助使用概念得到解释②。一般而言，紧缩论者所期望的意义理论是什么（使用理论只不过是一种选择而已），或者他们所期望的这种理论需要借助什么样的核心概念或手段来解释意义，要回答这种问题显然需要研究各个紧缩论者的论述。但探讨这些问题的重要性并不在于了解一些意义理论，而应该在于明确紧缩论者构造意义理论的基本原则。因而这里不便也无须展开讨论，我们只要能够明确以下这一点即可：紧缩论"需要的仅仅是在意义和内容［理论］中起核心作用的东西不能包含真之条件［这样的概念］"③，即在对于意义的刻画中，"真不能被引入"④。这样的原则或要求显然对那些包含了或者依赖于真（之条件）概念的意义理论提出了挑战。由此我们还可看出，只要遵循这样的原则，无论紧缩论寻求什么样的意义理论，那种理论绝不可能像 TCS 那样（试图将真概念作为理论的核心概念）。

当然，如果我们能够说明紧缩论是一种错误的真观念，那么紧缩论者对 TCS 构成的挑战的强度将会因为这种理论自身是错误的而遭到削弱。不过，论证紧缩论是一种错误的真观念，这样的目标似乎并非易事。另外，对于回应紧缩论者的责难而言，重要的问题也不在于紧缩论是否正确，或者它对于意义理论的原则性要求是否恰当，而在于假定紧缩论者关于真概念的立场和观点是可接受的，我们是否必须放弃寻求那种类似于 TCS 的理

---

① 参见 P. Horwich：*Reflections on Meaning*，2005，p. 26。

② 如果接受意义的使用理论，那么 T-等式则可以借助接受条件被解释为：每个包含真谓词的语句的意义即接受条件则由等式另一边的不包含真谓词的语句的接受条件确定（参见 M. McDermott："Truth and Assertability"，2009，p. 465）。这种解释为紧缩论的基本论断做了辩护，它说明了为何等式两边即包含真谓词的语句与被归属真的语句在认知上是等价的，或它们具有相同的内容。

③ 参见 H. Field："Deflationist Views of Meaning and Content"，1994，p. 253。

④ 参见 P. Horwich：*Truth*，1990，p. 99。

论？因此，本章要讨论的最核心的问题是，TCS 是否的确与紧缩论绝对不相容。上述讨论已经得到了紧缩论者关于这个问题的答案：它们是不相容的。既然如此，接下来我们有必要从更为深刻的层面来探讨这种不相容性的回答是否成立。

二　紧缩论与 TCS 的不相容性

关于紧缩论与 TCS 之间的不相容问题一直以来都备受学者们的关注[①]，因为这一点直接威胁到了戴维森意义纲领的合理性，也即构造 TCS 的可能性。在一些紧缩论者看来，TCS 将会受到两个方面的挑战：一方面，它将不能接受紧缩论的真概念作为其基础概念，否则它必将被紧缩论者排斥在可选意义理论的范围之外。因为这样一来似乎就会导致紧缩论包含循环解释问题。甚至，索姆斯（S. Soames）还将这种循环解释的危险引向了塔斯基的真之定义："如果真之条件在解释语句的过程起着重要的作用，那么塔斯基的定义就不是一个对真的恰当的分析。"[②] 而另一方面，它也不能采用实质性的真概念作为理论的初始概念。否则，它同样会被紧缩论排斥。因为这将意味着 TCS 需要假定一种与紧缩论的立场相左的真观念，紧缩论者自然会因为决绝作为 TCS 之基础的真之理论而否定这种意义理论。综合上述两种情况，在紧缩论者看来，TCS 无论如何都不应该将真概念作为其理论的核心。否则，就会与紧缩论发生冲突。这就是所谓的紧缩论与 TCS 的不相容性。

达米特早在 1959 年的"真（Truth）"一文中就谈到了这个问题。根据他的论证，如果真概念在语词的意义解释中起重要作用（例如，联结词的意义一般都是借助真值表来解释的），我们就必须放弃从紧缩论（冗余论）的立场上来理解真概念。下面，我们来看达米特对"或者"这个联结词意义的分析。人们一般会倾向于使用真值表对"或者"这个联结词进行

---

① 按照巴尔－奥恩与西蒙斯的注释，在参与讨论不相容性问题的主要学者中，持有不相容性观点的有索姆斯（Soames，1984）、埃切门第（Etchmendy，1988）、霍维奇（Horwich，1990）、布兰登（Brandom，1994）和拉姆菲特（Rumfitt，1995）、古普塔（Gupta，1993）以及帕特森（Patterson，2005）也对不相容性作出过讨论（参见 Bar-on and Simmons："Troubles with Deflationism"，2006，note 24）。这里需要说明的一点是，巴尔－奥恩与西蒙斯认为索姆斯后来（1999）拒绝了不相容性论断，而实际上，索姆斯并没有拒绝不相容性论断，而只是提出了一种化解的办法。关于这一点，本书在后面还会讨论到。

② 参见 S. Soames：*Understanding Truth*，1999，p. 106。

解释，并借此来说明对于"p 或者 q"的断定是正当的。真值表能够告诉人们的是，"'p 或者 q' 是真的，当且仅当 p 是真的或者 q 是真的"，因此对于"p 或者 q"的断定在于断定"p"或者断定"q"。但如果人们同时接受冗余论的观点的话（即真谓词的全部意义都是由"这是真的即 p，当且仅当 p"这样的 T-等式给定的），那么就只能得到"'p 或者 q' 是真的，当且仅当 p 或者 q"。因此，对于"p 或者 q"的断定就在于断定"p 或者 q"。现在出现了两种情况：第一种情况是，假设真值表提供的解释（按照通常的非紧缩论的观点）依然是"'p 或者 q' 是真的，当且仅当 p 是真的或者 q 是真的"，根据达米特的论述，真值表提供的这种解释必定已经包含了我们对于"或者"这个联结词的理解。因为解释"真的"和"假的"这两个谓词的意义需要借助所有正确的 T-语句，其中就有包含"或者"的 T-语句，这意味着需要预设"或者"的涵义已经得到解释。另外，如果不预设"或者"的涵义，"'p 或者 q' 是真的，当且仅当 p 是真的或者 q 是真的"这个 T-等式的正确性就无法得到保证，更别提它能否具有什么解释性功能。第二种情况是，如果根据紧缩论，真值表提供了"或者"这个联结词的意义解释，但真值表能够提供的不过是"'p 或者 q' 是真的，当且仅当 p 或者 q"这样的 T-语句，其中等式左边有待解释的"或者"直接出现在了右边。这种解释就不足以说明"或者"的意义，它只不过是重复了"或者"这个联结词。因而同样的问题在这种情况下更为突出：借助真值表提供的这样的解释无法说明我们断定"p 或者 q"这类析取命题的正当性。

将上述这两种情况结合起来，我们就可以清楚地看到紧缩论与 TCS 之间的冲突：如果我们接受了紧缩论（尤其是冗余论）的观点，那么我们就"必须放弃我们所自然地具有的观念，即真概念或假概念在解释一般性的语句的意义或者某个特殊的语句的意义中起着本质的作用"[1]。换言之，在达米特看来，如果我们接受冗余论，那么我们将不可能再使用真概念一般地解释，所谓"理解"对象语言的语句是什么意思。根据达米特的论述，其中深刻的原因还在于，TCS 的拥护者期望通过对于"'p' 是真的"的解释来说明"p"的意义，但紧缩论者却认为情况恰恰应该相反。如果同时坚持这两种立场就必定会导致 TCS 在解释上是循环的。

---

[1]　参见 M. Dummett："Truth"，1959，p. 148。

　　其实，不难发现，霍维奇也做过与达米特类似的论述（参见前文提到的"超光子能够及时返回"的例子）。在上一节中，我们可以看到，造成这种循环性的原因往往被人们归结为紧缩论关于真概念的核心观点预设了意义理论。用霍维奇的话说就是，"关于一个语句的真之条件的知识不能同时既构成我们关于它的意义的知识又构成我们关于语句之真的理解"[①]。这一点直接导致了，紧缩论者无法接受包括 TCS 在内的任何一种以真概念为核心的意义理论。毫无疑问，这体现了紧缩论与 TCS 之间的不相容性。

　　值得一提的是，并非所有的紧缩论主张都能导致这种不相容性。假设存在一种（较弱的）紧缩论，它仅仅将命题的真视为真谓词的合法使用，因而它仅仅承认命题的真谓词是紧缩论的（即紧缩论所提供的解释仅仅适用于命题的真谓词（概念）[②]）或者它本身仅仅蕴涵所有 DisT-语句或 MinT-语句而不蕴涵相应的扩展性的 T-语句。不难看出，这种弱紧缩论更

---

　　① 参见 P. Horwich：*Truth*，1990，p. 71。巴尔 - 奥恩和西蒙斯也做出了类似的论断："如果一个人认为，塔斯基的 T-语句说明了关于真概念要说的一切东西，那么他就不能同时将 T-语句视为给定了意义，否则就会造成循环。"（参见 D. Bar-on and K. Simmons："Troubles with Deflationism"，2006，p. 9）

　　② 在麦克格瑞斯看来，非命题的真概念（谓词）是非紧缩论的。因为，例如对于语句的真的解释，必须借助意义理论。否则，过去那些完全的（扩展的）紧缩论就会面临很多难以解决的解释问题，例如它们无法解释意义模糊或歧义的、语境敏感性等语句的意义，而且"最严重的问题是，它们无法解释由真对于意义的依赖性所引发的事实"（参见 M. McGrath："Weak Deflationism"，1997，p. 78）：一方面，如果紧缩论仅仅提供一种包含所有形如"'*p*'表达 <*p*>"模式的公理所构成的理论，那么这种理论也是紧缩论的，它无法达到解释一个语句的意义目的。因为有时候，人们必须预先考虑到，在某种语言中"*p*"表达的是 <*q*> 而非 <*p*>。另一方面，如果紧缩论不得不需要一种实质性的意义理论，那么依赖于这种理论的真之理论就难免会是非紧缩论的。这就是一般化的或者强的紧缩论的问题。麦克格瑞斯认为，如果说真（truth）有一种纯粹性可以不借助其他东西就能被把握，那么这"只能是命题的真的特征"（参见 M. McGrath："Weak Deflationism"，1997，p. 85）。因此，他提出一种弱的紧缩论，根据这种理论，只有命题的真之理论才是紧缩论的。虽然其他非命题之真仍然要依赖于命题的真得到解释，但由于在这一解释过程中借助了实质性的意义理论，关于非命题的真的解释是非紧缩论的。

　　这里的问题是，上述这样的推理是否正确？即一种依赖于非紧缩论的理论得到解释的理论是否就一定也是非紧缩论的？麦克格瑞斯没有对这个问题给出明确的答复。不过，霍维奇却认为他所提出的意义的使用理论也是紧缩论的（参见 P. Horwich："What Is It Like to Be a Deflationary Theory of Meaning?"，1994，p. 154）。虽然使用理论承认，对于一个表达式的意义而言存在着实质性的性质，例如，"意味狗"表达的就是"狗"这个词的一种实质性的性质，但是使用理论并不需要对"*s* 意味（着）*p*"这样的形式做出统一的分析。也许这样的"紧缩论"的意义理论在麦克格瑞斯看来也是实质性的，但霍维奇肯定不会承认他的极小论是实质性的真之理论。

为恰当地说其实就是纯粹的去引号理论或命题性的极小论。纯粹的去引号论与完全的去引号理论的本质区别恰恰就在于，它不像后者那样总是试图在紧缩论的原则上借助意义概念来解释与元语言不同的对象语言语句之真的使用情形；命题性的极小论与完全的极小论的区别类似，后者总是要借助意义概念来解释其他非命题性之真的使用情形。相比之下，这种弱紧缩论就不需要涉及任何意义概念，也不借助任何形式的意义理论。于是也就不会存在真之理论与意义理论谁依赖于谁的问题。相应地，就不会产生紧缩论与 TCS 之间的不相容性的问题。

不过，这种在紧缩论方面做出的调整（包括对于紧缩论的批评）不是这里考虑的重点。当然，就像前文说过的那样，如果可以证明前面所描述的各种紧缩论以及紧缩论的一般原则都是错误，那必定会削弱 TCS 受到的来自紧缩论的挑战。但即便如此（重要的是，这一点并非似乎很难实现），这也不会影响到这里所要讨论的问题，即（有如前文所述的完全的或强的）紧缩论（原则）是否确实与 TCS 不相容。另外，即使有这样一种弱的紧缩论，它是否真的能够做到完全独立于意义理论？这种问题才是我们应该考虑的关键问题。

我们可以考察以下这种论证[①]。柯林斯（J. Collins）指出，"如果我们将注意力集中在真与意义的关系上的话，各种紧缩论之间的最有趣的区别似乎就是语句论的和命题论的观点之间的区别"[②]。也就是说，所有紧缩论无非是关于语句之真的或者关于命题之真的，这两种紧缩论的区别在于，

[①]　类似的论证还可以参见索姆斯以及帕特森的讨论。索姆斯将命题视为初始的真之载体，语句的意义就是他所表达的命题，因此 "$<p>$ 是真的，当且仅当 p" 就是平凡、先天、必然的。"但是如果命题是语句的语义内容，那么我们肯定要有一个意义理论来告诉我们一种语言的不同的语句表达哪个命题"（参见 S. Soames：*Understanding Truth*，1999，p. 107）。帕特森的论证与柯林斯和索姆斯的论证有些不同，他也区分了两种紧缩论，不过一种是对象语言的紧缩论（object-language deflationism），另外一种是元语言的紧缩论（meta-language deflationism）。前者主张的是，对象语言中的真谓词借助对象语言中的语句 s 与 "s 是真的" 这个语句的意义上的等价得到完全解释；后者主张的是，针对对象语言的元语言中的真谓词借助对象语言中的语句 s 与元语言的语句 "s 是真的" 的意义上的等价得到完全解释。前者只涉及对象语言中的语句，因此似乎不需要借助意义理论，而后者则需要。但是前者只不过是后者在对象语言与元语言相同时的一种情况，即 "对象语言的紧缩论坍塌为元语言的紧缩论"（参见 D. Patterson："Deflationism and The Truth Conditional Theorey of Meaning"，2005，p. 287）。这样一来，对象语言的紧缩论还是需要一种非真之条件的意义理论。

[②]　参见 J. Collins："Truth or Meaning? A Question of Priority"，2002，p. 499。

语句的紧缩论的核心思想实际上体现为，真谓词的全部意义都在所有形如 "s 是真的，当且仅当 p" 这样的 T-语句上得到解释。但是，只有这一点还不足以提供解释，它不能保证所有 T-语句都是正确的，因为并非每个 T-语句都是先天为真的，尤其是当对象语言与元语言不重合时。为此，语句的紧缩论必须求助于 "翻译" 或类似的意义概念。因而，语句的紧缩论必须假设一种 "从意义到真" 的原则，该原则就是前面所提到的DisTM-模式所表达的东西（本书称之为 DisTM-原则）。这种原则毫无疑问体现了，在语句的紧缩论那里，真概念对于意义概念（确切地说，翻译或同义概念）的依赖性。与此不同的是，命题的紧缩论则 "不需要求助在先的翻译概念"[1]。这种理论的支持者认为，真谓词的全部意义都在 MinT-语句上得到解释。所有这些语句都是具有 MinT-模式的命题，它们暗含了一种命题性质的 DisTM-原则，即 MinTM*-原则：

（MinTM*-原则）　如果 s（在 L 中）表达 $<p>$，那么被 s 表达的 $<p>$ 是真的，当且仅当 p。

只不过，与语句的紧缩论不同的是，在这个原则中仅仅出现了表达关系，这种关系将一个语句与一个命题匹配起来，并且真谓词依然谓述命题而非语句（这是前文的 MinTM-模式与 MinTM*-模式的细微区别所在）。在这个原则中，没有出现翻译概念。由此，柯林斯辩解说，命题的紧缩论并不像语句的紧缩论那样需要借助翻译概念或不同语言的表达式之间的同义概念，而且 MinT-语句本身都是先天、必然的命题，它所解释的真谓词直接谓述的是命题。因而，它不需要借助语句之间的翻译或同义概念。

虽然命题的紧缩论 "并不明显地求助于意义概念"，但这并不意味着它能够完全独立于意义理论。因为它还需要借助表达概念，它必须保证 "s" 在语言 L 中表达 $<p>$。因此，它 "还是要提供一种关于内容的理论，不过真概念在其中并不是核心"[2]。这个论证试图说明，可能在某些特殊的（受限制的）紧缩论那里，对真谓词的解释会表现出不明显地依赖于意义理论的特征，但它还是会潜在地需要一种较弱的含义上（例如不包含翻译概念）的意义理论，例如一种明显具有紧缩论特性的意义理论，这种理论

---

① 参见 J. Collins: "Truth or Meaning? A Question of Priority", 2002, p. 507, p. 508。

② Ibid., p. 515.

包含所有具有"s 表达 $<p>$"或"s 意味着 p"形式的公理，当然它还可预设了"s 意味着 p，当且仅当 s 表达 $<p>$"这样一条原则，这个原则说明的是一个语句的意义就是它所表达的命题①。这种形式的意义理论当然不会包含真概念作为其初始的核心概念。这从另外一个角度说明了，以真概念为初始的核心概念的意义理论在这里还是不受欢迎。

另外，由前文对霍维奇的极小论的讨论可以看出，一旦我们将真谓词的解释由命题扩展的语句，当必须考虑语句的真谓词时，即使我们承认语句之真可以归结为命题之真，解释语句的真谓词也必须要借助 MinTM-模式（而非 MinTM*-模式）才能保证相应的 T-语句的正确性。因而，这种对语句之真的解释即使最终可归结为 MinT-模式，也还是暗含了一种命题性质的意义原则，即 MinTM-原则（而非 MinTM*-原则）：如果 s（在 L 中）表达 $<p>$，则 s 是真的，当且仅当 p。这样的紧缩论必须借助于表达概念，进而需要预设意义概念。故此，在很多紧缩论者甚至 TCS 的拥护者看来，任意以真或真之条件为核心概念的意义理论（包括 TCS 在内）确实都不允许在紧缩论中得到应用；或者反过来，紧缩论的真概念也不应该在意义理论中得到应用，否则就会造成解释上的循环性问题。

除了上述的循环解释问题之外，还有另外一个方面的原因也可能会造成 TCS 与紧缩论的不相容性。这方面的原因与真概念自身的紧缩论特性有关，它对 TCS 构成的威胁也不小，因而同样不容忽视。在紧缩论者看来，真谓词（即"是真的"）不表达任何实质的性质，它的全部意义都在于它在语法上或逻辑上的使用功能，而这一事实完全体现在各种紧缩论的 T-等式上。这种紧缩论的特征使真概念不可能具备解释能力，无法在解释性的场合发挥重要（即本质）的作用。这是因为，一个没有实质内容的透明（transparent）的概念就不能用于作为初始的概念起解释性的作用。如果真谓词不表达实质的性质，真概念就不具备一些基本的特性，而这些特性一方面可以借助充分必要条件（等式）得到还原性的分析，另一方面可以用于解释别的特征。如果没有这些基本特性，"真就不能用于解释其他一些问题"②，或者也可以说真概念"在哲学上的任

---

① 我们也需要注意，第二章第一小节曾讨论过，这种形式的意义理论恰好受到了戴维森的批评，因为它所蕴涵的定理都是内涵性的语句。在戴维森看来，这样的意义理论不会刻画出语句意义的组合性特征。因此，柯林斯在这里的观点也未必就是正确的。

② 参见 B. Mölder："Normativity and Deflationary Therories of Truth"，2008，p. 180。

何应用都是不恰当且不合法的"①。没有得到严格定义或充分解释的概念就不可能用于定义或解释别的东西,这一点并不难让人理解。而在这里,关键的问题是,在紧缩论者看来,真概念不可能得到严格的定义,事实上紧缩论也并没有给出一个关于真概念的严格定义。既然真概念不能得到严格定义或分析,那么它自然就不能用于解释别的东西。然而,为何真概念不能得到严格定义或分析? 主要原因还是在于,按照紧缩论者的观点,真概念没有包含任何可以用来被定义的内容,它是空的、透明的。尽管在霍维奇看来,所有 T-等式都可以看成是真之紧缩论的公理,但这样的公理有无穷多个(因为紧缩论者并不像塔斯基那样,他们讨论的是更具一般性的"是真的"而非"在-L 中-是真的"并且借助DisT-模式或 MinT-模式也不可能构造一种递归的理论)。于是,这样的理论就不能被视为在严格的含义上定义了真概念。

　　不管怎样,在紧缩论者那里,"真陈述的功能总是表达性的,绝非解释性的",也就是说,"'真'绝不能像任何理论上的初始概念那样起作用"②。既然真并不是那种能够在别的理论中起到解释性或基础性作用的概念,那么"我们就需要一些关于意义的其他观点(除非我们同时放弃意义概念)"③。如果这种观点是正确的,那么由此可以推出的结论就不仅仅是TCS 是紧缩论无法接受的意义理论。实际上,这也强烈地暗示了,TCS 因而就是一种不正当的意义理论。

　　由这种紧缩论的立场出发,我们似乎可以得到这样一种结论:即便在某种情况下,允许将语句的意义、语句表达的命题以及语句的真之条件这三者等同起来,即便人们承认可以有某种类似 TCS 的意义理论(例如,以极小论者所提供的真之理论为基础的意义理论就可以被算作是一种类似 TCS 的理论,因为它通过确定每个语句表达的命题而明确了它们的真之条件),这样的意义理论与戴维森式的意义理论也存在着根本性的区别。因为,按照紧缩论的观点,这样的意义理论即使包含了或使用了真或者真之条件概念,这个概念在理论中也不起重要的解释性的作用(实际上这也是因为它们根本不具备那样的能力)。由此,在紧缩论

---

　　①　参见 A. Gupta:"Minimalism",1993,p. 362。

　　②　参见 M. Williams:"On Some Critics of Deflationism",2002,p. 148;以及 M. Williams:"Context,Meaning and Truth",2004,p. 121。

　　③　参见 M. Devitt:"Meaning and Use",2002,p. 106。

的立场上看，所有以真或真之条件概念作为解释性的核心概念的意义理论都是不可能的。

三　对不相容性的初步分析

关于紧缩论与戴维森的意义理论（即 TCS）的不相容性，并不是所有人都持赞成的态度。上述对于不相容性的论述都是从紧缩论的立场出发来进行的，无论是解释上的循环问题还是真概念的无内容性问题，都是以真之紧缩论的观点为基础提出来的。从上述两个方面的论述可以推论出，紧缩论所有反对意见的核心其实只有一点：一种紧缩论含义上（即纯粹表述性）的真概念不能做重要的、本质的或者实质性的使用，例如令其在意义理论中起初始的、解释性的作用。但是，从一般以真概念为核心的意义理论的立场出发，真概念恰恰需要起初始的、解释性的作用。这一点也暗示着，TCS 需要预设一种实质性的（非紧缩论）真之观念。一旦这种意义理论的拥护者能够说明他们所支持的理论的确需要一种实质性的真之观念，那么紧缩论与 TCS 之间的不相容性就自然地转化为真之紧缩论与非紧缩论的真之理论之间的对决。在胜负分明之前，TCS 所受到的挑战将会源于这样的质疑：在这种意义理论中，他们所期望的实质性的真概念是否确实能够起到初始的、解释性的作用。

在 TCS 的拥护者看来，这种意义理论之所以需要真或真之条件概念在理论中发挥初始的、解释性的作用，乃是基于下面这种论证：一个语句之为真是由语句的意义和世界中的事实共同确定的，因此意义就是（至少部分地是）语句的真之条件。这种论证一般被称为"决定性论证（Determination Argument）"[①]：

（1）一个语句的意义与可能世界中的事实共同确定了这个语句在这个世界上的真值。　　　　　　　　　　　　　　　　　　　[假设]

---

① 参见 D. Bar-On, C. Horisk and W. G. Lycan："Deflationism, Meaning and Truth-Conditions", 2000, p. 4。对于这个论证的一个较早的说明源于大卫·刘易斯："为了说明一个意义是什么，我们或许首先问一个意义做什么，然后发现它所做的事情。一个语句的意义是这样一种东西，它决定在什么条件下语句是真的还是假的。它在不同的事态、不同的时间、不同的地点、对于不同的说话者等情况下决定着语句的真值。"（参见 D. Lewis："General Semantics", 1970, p. 22）类似的讨论还可参见 W. G. Lycan："Direct Arguments for Truth-Conditional Theory of Truth", 2010。

（2）一个语句的意义至少是从可能世界到真值的一个函数。

[由（1）可得]

（3）从可能世界到真值的这个函数就是一个真之条件。

[内涵逻辑的假设]

（4）一个语句的意义至少是一个真之条件。　　　　[由（2）和（3）可得]

从该论证的假设前提可以看出，TCS 需要建立在实质性的真概念之上。假如能够像许多紧缩论者那样将语句意义视为它所表达的命题，假设（1）可以被表示为，"s 是真的，当且仅当 s 表达的 <p> …… p"，其中省略号处可以被一些实质性的关系替代，它将说明 s 的意义 <p> 与 p 是如何"共同决定" s 的真值的。例如，符合就是这样一种关系。如果仅就"决定"的一般含义而言，我们只需要考虑等式从右到左的方向，那么"共同决定"可以简单地表达为：

（CT）如果 s 意味 <p> 且 p，则 s 是真的。

或者，在较强的含义上这种"共同决定"可以被表达为：

（SCT）s 意味 <p> 且 p，当且仅当 s 是真的。

从（CT）这个模式出发，可以推导出，如果 p，那么如果 s 意味 <p>，则 s 是真的（在较强的含义上由（SCT）可以推导出：如果 p，那么 s 意味 <p>，当且仅当 s 是真的）。这意味着，在给定事实的情况下（即在明确 p 的情况下），s 的意义即 <p> 恰好就是 s 为真的条件。

对于上述的决定性论证，紧缩论会提出各种责难。巴尔-奥恩等人讨论了紧缩论者对这个证明有可能提出的四个责难①。通过比较分析可以看出，其中责难-3 和责难- 4 最为棘手也最具代表性。这两个责难分别对决定性论证的假设（1）和从假设（2）到假设（4）的推理过程提出了质疑。责难-3 指出，按照紧缩论（尤其是去引号论）的观点，真谓词的作用就是使我们可以从谈论语句的真假转到谈论世界。因而"雪是白的"这个语句是

---

① 参见 D. Bar-On，C. Horisk and W. G. Lycan："Deflationism，Meaning and Truth-Conditions"，2000，pp. 5 – 18。

真的，这一点直接可以由雪是白的这个事实得到保证；同样地，确定"草是绿的"是否是真的，并不要做比确定草是否是绿的更多的事情。因此，在紧缩论者看来，在确定一个语句的真值的过程中，真正起到作用的是事实而非意义，意义与确定语句的真值毫无关系。在这里，责难-3 所指出的问题在于 TCS 必须要在它的理论中证明，意义的确对语句的真值有决定作用。

　　巴尔-奥恩等人对责难-3 的回应是，为了避免去引号模式产生错误的替换实例，人们必须要首先认识到真对于意义的依赖关系。为此，采用的办法就是像塔斯基提出 T-约定那样给出一些限制性规定，或者像戴维森那样提出形式和经验的检验标准，或者像蒯因那样将对去引号模式的使用限制在那些意义明确的东西上，或者像菲尔德那样允许将 DisT-模式使用于包含个人习语的语句，不过同时需要假定加引号之语句的意义对说话者而言是清楚的。事实上，如果我们比较一下在符合论的立场上和紧缩论的立场上分别对语句的真概念做出的刻画，就可以发现关键的区别。紧缩论者借用塔斯基的 T-语句，但塔斯基对真概念的定义并非仅仅由 T-语句完成。前文谈到，一种真之符合论的原则可以被刻画为（CT）或者（SCT），由此还可以得到另外一个推论（在较强的含义上）：如果 s 意味 $<p>$，那么 p，当且仅当 s 是真的。这恰恰就是 DisTM-模式。再者，如果我们将这个条件式的前件作为一种独立的假定在别的地方补充说明，那么无疑 "p，当且仅当 s 是真的"（可能 "s 是真的，当且仅当 p" 让人看起来更顺眼一些）就可以单独地表达出来，而这个等式恰恰就是 T-模式，而那种补充说明就类似于塔斯基的 T-约定。

　　尽管在人们的讨论中，T-模式总是单独地出现，但这并不意味可以取消 "s 意味 $<p>$" 这样的预设。不过，这一点确实容易被人忽视，就像人们容易忽视塔斯基的 T-约定那样。T-约定在塔斯基那里起的作用与 "s 意味 $<p>$" 这个预设的作用是一致的。在巴尔-奥恩等人看来，我们之所以要接受塔斯基在 T-约定中给出的那些限制条件，原因就在于我们能否获得去引号模式或者 T-模式的一个正确的实例，这个问题 "完全依赖于被去引号的语句的意义。换句话说，这些限制背后的东西是，要认识到意义是这样一种因素，［……］，它必须被用于论说语句的真"①。也许对于一个命题的紧缩论者（或弱紧缩论者）而言，他不需要承认语句的真依赖于它的意义，因为命题本身就是意义，因而是确定的。但如果我们不得不讨论语句及其真假（况且命题毕竟是一个奇怪的实体），那么我们就必须依赖于这样的观念，即语句表达命题，并且一个语句是真的仅当它所表达的命题是真的。巴尔 -奥恩等人试图证明，对于真概念的（无论紧缩论还是非紧缩论的）刻画总是要依赖于意义。其实这一点并没有什么值得新奇的，上文已经做出过充分的说明了。在这里，值得注意的是，通过他们的论证，真依赖于意义这一点恰恰能够说明意义是语句的真之条件。在他们看来，如果意义在刻画真的过程起到了重要的作用，换言之，"语句的意义和事实共同决定着语句的真值"，那么语句的意义无疑就是语句的真之条件，即使语句为真的东西，至少在部分的意义上。而这一点将导致应该遵循戴维森的纲领，使用真来解释意义。这个推论与紧缩论者的看法刚好相反。

另外一个责难（即责难-4）提出了一个更重要的问题：即便人们承认语句的真值依赖于它的意义，但由此就真的能够刻画出意义的内容吗？在紧缩论者看来，如果将一个语句的意义视为从可能世界到真值的函数，那么意义就是这样一种东西：$M = \{ <w, v> \mid w \in W, v \in \{真，假\}\}$（其中W 是可能世界集），意义就是一系列世界与真值的二元有序对的集合。这样一种阐述意义的方式并不能提供任何实质性的东西来解释，"雪是白的"、"草是绿的"等等语句是如何获得它的意义的。因此，TCS 的支持者并不能彻底说服紧缩论者放弃求助于其他非真之条件的概念来解释意义。布兰登指出："说一个有内容的东西有真之条件是一回事。认为人们可以使用具有真之条件这一点作为对命题具有内容这一点的部分解释则完全是另外一回事。就像达米特所认识到的那样，后一种想法出于循环性的原因将被紧缩论禁止。紧缩论者应该知道以真之条件的方式表达语义内容的一般可能性，同时拒绝以真之条件的方式解释语义内容的可能性。"② 布兰登的论述清楚地表明了紧缩论者的态度：他们可以接受一个语句的意义至少在部分上构成了语句的真之条件，但意义与真之条件之间的联系仅此而

---

① 参见 D. Bar-On, C. Horisk and W. G. Lycan: "Deflationism, Meaning and Truth-Conditions", 2000, p. 11。

② 参见 R. B. Brandom: *Making It Explicit*, 1994, p. 329。

已。在紧缩论者看来，语句的意义（也许应该还有可能世界上事实）提供了这样一种条件，语句在该条件下是真的或假的，但借助这一点，或借助这种条件（即真之条件），并不能在意义理论中发挥解释的作用。更准确地说，语句的意义是它的真之条件，这一点与一个语句的意义是什么无关。无论这个语句的意义是什么，那种意义都是它的真之条件。因此，将意义等同于真之条件这一点并不足以解释，任何一个语句的意义是什么和它为何以及如何具有这样的意义。如果这些都是一个真正的意义理论所必须回答的问题，那么 TCS 仅仅凭借语句的意义是它的真之条件这种论断是无法使其成为一个真正的意义理论的。

面对这样的责难，巴尔-奥恩等人坚持认为，如果真之条件在解释语句的意义上没有起到作用，那么就很难说明为何意义能够在确定真值上起作用。真之条件的作用在于保证能够给出一个语句正确的意义，它能够起到解释语句的作用。但是，他们提供的论证仅仅是一些反问，并且他们反复说明的一点仅仅是，"雪是白的"这个语句的意义之所以是雪是白的，而不是别的，恰恰是因为雪是白的这一点能够使这个语句为真。紧缩论者期望通过语言的其他特征（例如概念的作用、语词的使用等）来解释意义，但巴尔－奥恩等人指出，"除非紧缩论者能够证明意义如何能够不需要借助真之条件就确定了真，任何形式的紧缩论，只要它拒绝真之条件在决定性证明中被赋予的解释性作用，它就将是错误的"[①]。按照他们的观点，紧缩论者要么接受 TCS，要么就要承认自己是错误的。但是，他们始终没有给出富有说服力的证据来说明真之条件是如何起到解释性的作用的。

通常，回答"真之条件是如何起到解释性的作用的"这个问题首先要弄清楚，何谓解释，何谓表达。紧缩论反对真概念在意义理论起解释性的作用，这种"解释"意味着什么？它是否与 TCS 所坚持的真之条件可以解释语句的意义中的"解释"是在相同的意义上被使用的？本书将会在第五章具体讨论这些问题。这里需要指出的仅仅是，无论 TCS 的拥护者能否回答紧缩论者提出的问题，这一点都不会改变一个事实，那就是真（之条件）确实能够在意义理论中起作用（尽管如后文所言，它对解释意义而言并不具有必要性）：我们可以借助对于语句的真之条件的了解来掌握语句的意义。但是这又回到了上一节结尾处所提出的问题，

---

① 参见 D. Bar-On, C. Horisk and W. G. Lycan：" Deflationism, Meaning and Truth-Conditions ", 2000, p. 18。

如果真（之条件）概念果真能够在意义理论中起重要的、解释性的作用，那么这种起作用的真概念是否可以是紧缩论？在包括戴维森在内一般的 TCS 拥护者看来，真概念在意义理论中应该具有实质性的内容。甚至紧缩论者也应该承认这一点，因为在他们看来一种空洞的、紧缩论的真概念无法在意义条件中起重要作用。但紧缩论者又不可能接受这一点，因为他们本质上是反对这样一种膨胀的真之观念的。走出两难困境的出路似乎在于找到一种基于真之紧缩论的意义理论，当然前提是要保证这么做不会导致循环解释，并且还要能够说明一种紧缩论的真（之条件）概念如何能够在意义理论中起重要的作用。这种任务对紧缩论者而言似乎天然就是自相矛盾而难以完成的。

第三节　紧缩论是 TCS 可接受的吗

一　表层语义学

威廉姆斯（M. Williams）和科布尔（M. Kölbel）论证说紧缩论的真概念也可以在戴维森的意义理论中发挥作用。这两者的结合物被霍利斯克称为"表层语义学（skim semantics）"[1]。戴维森本人肯定不会看好这种语义学，理由是他对紧缩论根本没有好感。在他看来，紧缩论对于真概念的说明完全独立于意义以及信念，紧缩论的真与意义因而就是两个互相独立的概念。当然，戴维森对紧缩论的看法也并不完全正确。威廉姆斯则指出，戴维森对紧缩论的敌意产生的根源在于他没有区分"意义理论（theory of meaning）"这个词语的两种意义（这一点将会在本书第六章中详细论述）[2]。如果戴维森要在意义理论中解释意义是什么（广义的），他可能就要借助具有比紧缩论的真概念更多内容的真概念；但是如果他仅仅是要在一个公理化的意义理论中给出一种语言的所有语句的意义（狭义的），那么紧缩论恰恰是一种合适的选择。按照威廉姆斯的论证，真谓词在戴维森

---

[1]　参见 C. Horisk："The Expressive Role of Truth in Truth-Conditional Semantics"，2007，p. 535。"表层语义学"这个翻译是从周振中教授处借用的，他通过将紧缩论的真概念更换为"修正的扩展的紧缩论的真概念"，从而构造了一种"相对纯粹的表层语义学"（参见周振中《真值条件意义理论中的真概念》，2010 年，第 1—6 页）。就本书在这里讨论的主题而言，这两种语义学并没有本质的区别，因此这里的讨论仅仅围绕表层语义学来展开，所得到的结论对周振中的理论同样成立。

[2]　参见 M. Williams："Meaning and Deflationary Truth"，1999，p. 552。

的狭义的意义理论或解释理论中的作用是"表达性的（expressive）而非解释性的（explanatory）"，或者说，真概念在其中并没有起实质性的作用，而且狭义的意义理论本身也不需要一种更为丰富的具有解释功能的真概念。"戴维森与霍维奇彼此会比他们想象的更为接近。"① 因此，他宣称戴维森可以成为一个紧缩论者。

科布尔从另外一个方向独立证明了相同的结论。他认为戴维森纲领包含了两个虽非根本但却能导致错误的教条：双向条件式的教条（biconditional doctrine）与真之教条（truth doctrine）。前者的内容是，意义理论的定理必须采取外延性的双向条件式的形式（即 T-模式）；后者说的是，真概念在戴维森的意义理论中起核心的解释性的作用。科布尔否认戴维森纲领的第一个教条有任何吸引力，因为一方面该教条受到福斯特所提出的Ts-语句的挑战（参见本书第二章第三节的论述）；另一方面戴维森及其支持者应对这一挑战而提出一种典范程序或规则用于保证真之理论只能导出正确的 T-语句，但这样的改善方案将会导致如下结果：如果在该真之理论中添加一个从表达真之条件的 T-语句到表达意义的 St-语句的推理规则 R_K，即

(R_K) … （典范证明）…

s 是真的，当且仅当 p

_____

s 意味着 p

那么新理论显然会是一种正确的意义理论，但重要的是，它最终得到的意义定理不再是双向条件式（等式）。因而戴维森纲领的第一个教条就可以放弃了。这里需要强调的是，放弃第一个教条并不意味着完全拒绝使用 T-语句或放弃塔斯基的真之理论。科布尔本人也承认，"真正的工作是由前面 T-定理的导出来完成的［……］（在我们能够找到其他办法之前）塔斯基的工具在理论中起着不可或缺的作用"②。这就是说，这种新理念的核心并不是直接得到意义定理，而是通过典范证明得到由真之理论的公理得到 T-定理（双向条件式）。因此，典范证明的重要性不容忽视，它甚至可以

_____

① 参见 M. Williams："Meaning and Deflationary Truth"，1999，p. 562。

② 参见 M. Kölbel："Two Dogmas of Davidsonian Semantics"，2001，p. 622。

说是构成了新理论的核心部分①。勒珀尔和路德维希指出："我们产生 T-语句的这种证明的形式对于它是否表明对象语言中的语句之构成部分的意义如何共同决定它的意义这个问题是重要的。[……] 这种证明的结构将展示构成部分的语句如何共同决定对象语言语句的意义。"② 塔斯基式的真之理论的优势就在于它能够展现语句与其构成成分语义上的依赖关系，戴维森之所以对塔斯基的理论青睐有加，主要原因也在于此。所以，科布尔与戴维森的根本分歧并不是在第一个教条上，毋宁说，科布尔反对第一个教条的主要目的是，"让人们更好地看到这一点。如果我们令一种语言的意义理论得到's 意味着 p'这种形式而非's 是真的，当且仅当 p'这种形式的断定（定理），那么戴维森引入真之教条的动机就彻底瓦解了"③。显然，戴维森的动机并非单纯因为他对 T-语句的形式的偏爱，更重要的是，他认为 T-语句或真之理论的确能够为语句的意义提供解释。科布尔要拒绝戴维森的意义纲领，就需要提供更有说服力的论证来证明，真之理论并不能承担解释意义的功能，或在新理论中不需要依赖真之理论来给出语句的意义以及解释意义概念。

按照科布尔的论证，戴维森的意义理论仅仅是给出了语句的意义或真之条件，因而只是一种内容理论（a theory of content），它没有解释意义是什么，所以不足以构成一种彻底的解释理论。他赞成麦克道威尔的观点，认为需要额外增加经验性的理论，以便一来保证 TCS 的正确性，二来解释说话者对语言的使用。科布尔指出，额外理论可以不适用于而且也不需要依赖于真概念。这一点充分表明，"没有理由相信真概念起着解释性的作用。[……] 没有必要假定（'是 T'）这个谓词表达了与真概念的某种准理论上的相似性，或需要这种准理论的理解来赋予该（真之）理论以解释力"④。既然真概念在意义理论（包括 TCS）中并不起解释性的作用，将

---

① 戴维森强调："并非 T-语句自己而是 T-语句的典范证明允许我们解释外语的语句。"（参见 D. Davidson: *Inquiries into Truth and Interpretation*, 1984, p. 138）

② 参见 E. LePore and K. Ludwig: *Donald Davidson's Truth-Theoretic Semantics*, 2007, pp. 35 – 36。他们还论证说："更为一般地，如果我们知道一个解释性的真理论和一个典范证明的程序，我们就能够基于每个对象语言语句的有意义的部分及其构成模式来解释它们。"（Ibid., p. 38）这表明，在新理论中，对语句意义起到解释作用的东西其实是具有解释功能的真理论和典范证明，意义定理不过是这两者以及规则 R_K 的衍生物而已，对于意义之解释并不是本质的或重要的。

③ 参见 M. Kölbel: "Two Dogmas of Davidsonian Semantics", 2001, p. 627。

④ Ibid., p. 632.

"是 T"这个谓词视为真谓词是一种巧合吗？科布尔认为这不是巧合，恰恰可以从紧缩论的角度来合理说明这一点。也就是说，这恰恰表明了真概念的紧缩论的功能。

威廉姆斯和科布尔的表层语义学倾向于采用不同的紧缩论。威廉姆斯倾向于采用蒯因、菲尔德的去引号论和霍维奇的极小论（他认为这两种紧缩论本质上没有什么不同）。而科布尔则倾向于采用布兰登的代句子理论。无论基于何种紧缩论，表层语义学都拒绝了戴维森纲领的第二个教条，即真概念必须在意义理论中起解释性的作用。霍利斯克对表层语义学提出了异议，他甚至断言，即便威廉姆斯和科布尔证明了真概念在戴维森的意义理论中并不起实质性的作用，这也不能阻止表层语义学的失败。

霍利斯克为真概念在意义理论中的表达性的功能总结出两个特征：（Ⅰ）元语言的"s 是真的"指称对象语言中的语句；（Ⅱ）所指称的语句完全是借助它们的物理和语法的性质而非借助语义性质被辨认出来的。霍利斯克认为，由于蒯因发现在"'乔尔乔内下象棋'是真的"中，"乔尔乔内"也具有日常的指称，因此这个真之语句并不指称"乔尔乔内下象棋"这个语句，而是指称乔尔乔内、象棋以及下（playing）这个动作。这样一来基于去引号论的表层语义学无法体现特征（Ⅰ），因而就不具有可能性。霍利斯克在这里混淆了一些东西：加引号的语句中的名字具有日常指称功能，这并不说明语句加上了引号就不再指称那个被加引号的语句；去引号论者以及其他紧缩论者并不是用整个的真之语句（例如"'乔尔乔内下象棋'是真的"）来指称对象语言中的语句，他们毋宁说是将语句加引号当做了广义的名字，指称相应的语句。也就是说，霍利斯克总结的第一个特征本身就有问题，是对紧缩论的误解。同样，他总结的特征-Ⅱ也不符合紧缩论关于真概念或真谓词的观点。正是基于对紧缩论的这种误解，霍利斯克证明表层语义学是不可能的。他的论证过程可以表述如下：

（1）St-定理（即形如"s 意味着 p"的定理）可由 T-定理借助一个有效的推理规则（即 R_K–规则）推导出来。　　　　　［假设］

（2）形如"s 是真的"的元语言的语句指称对象语言中的语句，后者是借助它们的物理和语法的而非语义的性质被辨认出来的。
　　　　　　　　　　　　　　　　　　　　　　　　　　［特征-Ⅱ］

（3）St-定理指称对象语言中的语句，后者是借助它们的物理和语法的

　　　　　　而非语义的性质被辨认出来的。　　　　　　　　　　［由(1)和(2)］

　(4)　St-定理是偶然的。　　　　　　　　　　　　　　　　　［由(3)］

　(5)　T-定理是偶然的。　　　　　　　　　　　　　　　　　［由(1)和(4)］

　(6)　关于出现在 T-定理中的谓词"是 T"的可能解释被限制在这样一
　　　　种情形上，即真的 T-定理不是必然性的真理。　　　　　［由(5)］

　(7)　按照真之紧缩论（例如布兰登的真之代句子理论），真的 T-定理
　　　　是必然性的真理。　　　　　　　　　　　　　　　　　　［假设］

　(8)　因此，谓词"是 T"不能被解释为紧缩论的（如布兰登的指代性
　　　　的）谓词"是真的"。　　　　　　　　　　　　　　　［由(6)和(7)］

　　　如果上面这个论证成立，那么表层语义学就会是失败的，因而紧缩论
与戴维森的意义理论是不相容的。霍利斯克假想了关于（5）的一些质疑，
并给出了辩护。其实，真正存在问题的并不是（5）而是这个论证所依赖
的特征-Ⅱ和假设（7）。关于前者，上文已经提到，这是霍利斯克对紧缩
论的误解。威廉姆斯和科布尔都没有忽视扩展的去引号论情形和针对语句
的极小论情形，这两种情形都需要假定 DisTM-定理，即"如果 s（在 L
中）意味着 p，则 s 是真的，当且仅当 p"。由于紧缩论对于真概念的说明
预设了意义概念，因而在紧缩论导出的 T-定理（即"s 是真的，当且仅当
p"）中，"p"是"s"所指称的语句，对这一点的辨认不仅仅需要借助语
句的语法结构，还要首先知道"s（在 L 中）意味着 p"，即要知道语句的
语义性质。即便对于布兰登的代句子理论而言，"哥德巴赫猜想是真的，
当且仅当任意大于 2 的偶数都可以表示为两个素数之和"也不是必然性的
真理，因为完全存在一种情形使"哥德巴赫猜想"并不指称"任意大于 2
的偶数都可以表示为两个素数之和"这个语句。我们之所以认为这个 T-定
理是必然为真的，原因在于知道"哥德巴赫猜想是真的"是一个代句子，
它的前驱是"任意大于 2 的偶数都可以表示为两个素数之和"。然而，有
一件事件被我们忽视了，那就是确定或选择一个代句子的前驱这件事情本
身是偶然的。那么什么才是必然的？在任何情形下都成立的是：一旦一个
代句子的前驱明确了，那么由此就能得到一个正确的 T-定理。换句话说，
并非 T-定理（不管其中真谓词是紧缩论的还是非紧缩论的）是必然的，具
有必然性其实是 DisTM-语句或 MinTM-语句。

　　　因此，如果将（7）这个假设更换为：由一种真之紧缩论推导出来的

真的 T-定理是偶然的，霍利斯克在上述论证中的结论（8）就不再成立。尽管如此，霍利斯克的基本观点并没有出什么问题，即表层语义学的命运并不是由戴维森纲领的真之教条的命运独立决定的。针对这个观点，确切地说，霍利斯克要证明的是，即使真之教条被否定了，即真概念在 T-定理中的确仅仅起到表述性的作用，表层语义学也并非不会失败。而这一小节已经表明，霍利斯克的论证并不成功，但这还不能表明他的基本观点是错误的。威廉姆斯和科布尔根据 TCS 中的真谓词具有表述性功能这一点提出表层语义学，并希望利用这种语义学来缓解紧缩论与 TCS 之间的不相容性。然而，关键的问题是，表层语义学仅仅排除了造成不相容性观点的一个理由，即紧缩论的真概念没有内容因而无法用于解释别的东西；它本身似乎还没有能够排除另外一个理由，即解释上的循环性问题。换句话说，表层语义学也会面临解释上的循环性问题，因为真之紧缩论本身的确预设了意义概念。

二　真概念的中立性

近来，有学者吕文斯坦因（D. Löwenstein）为表层语义学提出了新的辩护。辩护的目的是要证明戴维森的意义理论（即 TCS）与真之代句子理论并非不相容（后者是一种紧缩论，主要是由格劳弗和布兰登等人提出来的），而辩护的主要依据则在于区分真谓词的解释性功能（explanatory role）与表达性功能（expressive role），并且试图通过确立后者以达到规避解释的循环性问题之目的。吕文斯坦因的核心论证可以被表达如下（如前所述，T-语句为具有"'s'是真的，当且仅当 p"这种等式模式的语句）①：

(1) T-语句右边的语句（即"p"）给出了左边被命名语句（即"s"）的意义。　　　　　　　　　　　　　　　　　　　　　　　　［由 TCS］

(2) T-语句的左边"'s'是真的"是一个指代性的表达式（即它是一个代句子），它指代的是对象语言中的语句"s"。

　　　　　　　　　　　　　　　　　　　　　　　　　［由真之代句子理论］

(3) 代句子与它的前驱（即被指代的语句）意义相同，即"'s'是真的"与"s"的意义相同。　　　　　　　　　　　［由真之代句子理论］

---

① 参见 D. Löwenstein: "Davidsonian Semantics and Anaphoric Deflationism", 2012, pp. 28 – 29。

(4) 代句子与 T-语句右边的语句意义相同，即 " 's' 是真的" 与
"p" 意义相同。　　　　　　　　　　　　　[由真之代句子理论]

(5) "s" 与 "p" 意义相同，即按照真之代句子理论，T-语句右边的
语句（即 "p"）给出 "s" 的意义。　　　　　　　[由(3)和(4)]

(6) 如果两个理论蕴涵相同的结论，则它们是相容的。

　　　　　　　　　　　　　　　　　　　　　　[相容性假设]

(7) 戴维森语义学和真之代句子理论是相容的。

　　　　　　　　　　　　　　　　　　　[由(1)、(5)和(6)]

在上面这个论证中，前提（1）、（2）和（3）没有什么可疑的。作为推论，（5）也没有问题。值得思考的是前提（4）和（6）。这里首先讨论前者。吕文斯坦因认为，" 's' 是真的" 是代句子，它指代 "s"。虽然代句子和 "s" 意义相同，仅当就 " 's' 是真的，当且仅当 s" 时，才能推出，代句子与 T-语句右边的元语言语句意义相同；就 " 's' 是真的，当且仅当 p" 这样的 T-语句，同义性就不那么容易被推出，除非预设 "s" 与 "p" 意义相同。因此，即使真之代句子理论（它也可以借助塔斯基式的 T-理论的形式）"被用于"构造戴维森的意义理论，这种真之理论同样需要预设意义概念。这样一来，作为表层语义学的一种特例，基于代句子理论的语义学就会隐含循环解释的危险。

对此，吕文斯坦因辩解说，真或 " 's' 是真的" 这个代句子并没有用于 "解释" 语句的意义。他强调要区分 "概念在解释中的解释性功能和表达性功能"，他认为，只有那些具有解释性的元素才能用于解释某个东西，具有表达性功能的概念只能 "表达解释的形式，而不提供它的基础。它们不是解释者借以解释被解释者的，而是如何来进行解释的方式"①。按照这种区分，在 T-语句中，用以解释 "s" 之意义的东西只有 "p" 这个语句，而非真概念，或 "……当且仅当……" 这样的双向条件式。由此，吕文斯坦因也承认，真概念是实质的还是紧缩的，对戴维森的意义理论没有影响。他还指出："在这两种理论间的选择完全是随意的。T-语句解释对象语言语句它们引用的对象语言语句，这个事实不确定真［概念］是否带有某种解释性的力量。所以指代性的紧缩论与这种观点是相容的。"② 在吕文

---

① 参见 D. Löwenstein：" Davidsonian Semantics and Anaphoric Deflationism"，2012，p. 30。

② Ibid.，p. 31.

斯坦因看来，循环性的批评不能奏效的原因恰恰在于，真之代句子理论并没有借助真"解释"意义。这一点似乎很明显，真概念本身没有内容，当然无法"解释"意义，而且真概念也不可能被其他东西"解释"。在这种含义上，就不再存在"解释"的循环性。

可是，循环性的问题依然可被提出来，只不过针对的不是"解释"，而是"定义"。塔斯基对真谓词的定义，或代句子理论对真谓词的定义（T-语句的正确性）确实需要借助对"s"与"p"的同义性即意义概念的预设。如果对于意义的定义需要借助真之定义，那么在定义上自然就会陷入循环。紧缩论者当然可以辩称，真谓词没有内容，因而不可将 T-语句看做是对真谓词的"定义"。同样，循环性的论题也可以被修正为："'s'是真"是代句子，这一点需要借助"s"的意义或意义概念来说明；"s"与"p"是同义的，这一点需要借助 T-语句以及代句子的特征来说明。这里的循环性并不是在于真概念或真谓词的内容包含了意义概念且意义概念的内容又包含了真概念，而是在于，说明真谓词的代句子特性需要预设"s"与"p"是同义的，而要借助真谓词的代句子特性去确定的东西同样是"s"与"p"是同义的。尽管真谓词对于"s"的意义而言没有起到解释性的作用，但对"s"的意义的解释确实存在循环，即用"s"的意义来解释"s"的意义。

循环解释问题并不是基于代句子理论的表层语义学所独有的，基于真之实质论的语义学（例如戴维森的意义理论）同样会面临这个问题。可见，这个问题并不是由真谓词或真概念具有何种性质造成的。有一点吕文斯坦因说得很对，戴维森的意义理论对于意义的解释并没有借助真。正因如此，真概念的性质对于循环解释问题不负任何责任，造成问题的根源是 T-语句的正确性。当且仅当一个 T-语句是正确的，其右边的"p"才能给出左边的"s"的意义。塔斯基的真之理论（无论将其看做是实质论的还是紧缩论的）如果要成为一种意义理论，它必须保证其所蕴涵的 T-语句的正确性。而塔斯基在他的真之理论中总是借助同义性概念来保证 T-语句的正确性。如果紧缩论（例如这里的代句子理论）与戴维森的意义理论是相容的，这一点意味着紧缩论可以被"用作"意义理论，那么这样构造起来的意义理论一定也是循环的。因此，即便真谓词是指代性的或表达性的，不起解释性的作用，只要这种真之理论被用于提供关于意义的解释，就会造成循环性问题，因而任何一种真之理论都不能被"用作"意义理论，除非它能够摆脱对于意义的预设。基于以上原因，紧缩论与戴维森的意义理论依然是不相容的。另外这也表明，吕文斯坦因论证的前提（6）难以成立。

关于吕文斯坦因的论证还有一点需要加以说明。由前提（2）可见，代句子理论者主张"'s'是真的"是代句子，但这并不能证明，它只能是代句子。换句话说，紧缩论者并没有证明，真谓词在T-语句中一定或只能起表达性的作用，乃至真概念在一般含义上只能是紧缩论的。事实是，真概念在戴维森的意义理论中没有发挥解释性的作用，真概念确实仅仅起着语法上的表达性的作用（本书第六章将论证，真概念本身对于意义解释完全是不必要的），但仅凭这一点，我们还不足以断定真概念本身是否只能起表达性的作用。如果按照戴维森纲领的要求，真概念需要被用于解释意义（概念），那么真概念应该能够发挥更为实质的作用。这样一来，作为意义理论之基础的某种真之理论就必须要对真概念是否具有实质的性质做出断定，此时无论实质论还是紧缩论，都会需要借用意义概念。因此，无论哪种真之理论，一旦它被用于给出语句的意义或解释意义，毫无疑问就会造成循环性问题。然而，就戴维森的意义理论而言，或者就给出语句的意义而言，真概念能够发挥语法的作用即可。戴维森的意义理论不需要明确真概念的性质，因而真概念的这种语法作用未必就意味着真概念是紧缩论的（例如代句子的）。真概念 TCS 中的中立性使它有机会避免循环解释问题，因为这意味着，T-语句的正确性不再是由某种真之理论本身所保证的。这种中立性还表明，真谓词对于意义理论而言并非必不可少，甚至其所发挥的语法作用也可以被替代。

三　重估不相容性

正如戴维森本人所强调的那样，TCS 是以塔斯基式的真之理论为基础的。这一点也是人们产生争议的根源。按照戴维森纲领的目的，这种意义理论应该暗含如下这个要求：真（之条件）概念要能在意义理论中起重要的、解释性的作用。换句话说，这样的概念应该也必定是非紧缩论的。尽管戴维森本人是这么认为的，但威廉姆斯、科布尔以及吕文斯坦因等人的论证表明，事实上并没有理由来说明，一种意义理论必须要借助非紧缩论的真概念。虽然如前所述，在很多学者看来，紧缩论与 TCS 是不相容的。上文已经试图表明，循环性问题与真概念的性质无关，因而表层语义学有望消除解释的循环性问题。如果意义解释本身并不需要真概念发挥解释性的作用（后文将对此加以论证），那么无论真概念是实质的还是紧缩论的，都不会对于意义解释造成影响。排除了这种造成不相容性的因素之后，再消除循环性问题的威胁，就会令驳斥不相容性成为可能。

尽管作为代句子论的拥护者，布兰登在真之问题上坚持紧缩论的立场，甚至他也试图为真之紧缩论寻求一种不同于 TCS 的意义理论，但重要的是，他并不否认真谓词具有解释性作用。他认为，"关于真的表达性作用的指代理论也允许真在意义的局部解释中起到重要的作用"，但是"不能在意义的普遍解释中起重要的作用"[1]。他的这种看法不难理解。他想说的是，如果真概念能够在普遍的解释中起重要作用，那么这就意味着，真概念也能够解释那些它所依赖的概念，比如代句子理论的核心概念（即指代概念）。在这种情况下，"如果一个人对于真乃至真之条件的解释依赖于指代概念，他就不能在避免循环的情况下借助真或真之条件来解释命题性的内容，因为这些概念不能在解释命题性的内容之前做解释性的使用"[2]。如果布兰登的上述观点是正确的，那么这种观点就给了我们一个很好的提示。那就是，如果 TCS 所借助的真（之条件）概念能够由一个（按照传统的观点，例如，塔斯基式的）真之理论提供，但这个真之理论所依赖的意义理论不是 TCS 本身或者它所蕴涵的任意理论，这样一来解释上的循环就被打破了。

我们可以设想这样一种可能情况：真（之条件）概念由塔斯基的真之理论刻画，这种刻画预设了翻译概念，但翻译概念可以在一种非真之条件的意义理论（例如使用理论）中得到解释。当然，这只是一种设想，或是一种可能性。它至少有助于说明，真与意义之间在解释上并不一定是循环性的（威廉姆斯和科布尔也提到几种非真之条件的意义理论，他们的目的与这里的讨论是一致的）。如果我们能够证明的确有可能存在不同的意义理论和真之理论[3]，那么这对 TCS 在解释上的非循环性辩护就更为可信了。这种证明将直接涉及这一小节所要重点解决的一个问题，即如果 TCS 中的真（之条件）概念是紧缩论的，那么它是否必定会造成循环解释。

---

① 参见 R. B. Brandom："Exlanatory vs. Expressive Deflationism About Truth"，2002，pp. 116 – 117。

② Ibid.，p. 117.

③ 本书将在第六章第一节中考察两种具有不同性质的意义理论。在那里的考察将能够帮助我们彻底回答这里所提出的问题。

显然，并非所有的紧缩论者都认为存在这样的循环性。至少菲尔德认为，人们也可以以纯粹的去引号论的方式合法地谈论话语的真之条件。根据去引号论，"'雪是白的'是真的"在认知上与"雪是白的"等价，由此可得出这样一个等式："雪是白的"是真的，当且仅当雪是白的。将该等式换一种方式说出来就是，"雪是白的"有该真之条件即雪是白的。然而，这种谈论真之条件的方式"并没有赋予真之条件以（戴维森所赋予的）核心地位"[1]。这就是说，在菲尔德看来，我们可以借助真或真之条件来讨论语句的意义，前提是要保证它们对于意义的解释而言不起重要的作用。菲尔德之所以能够持有这种观点，真正的原因并非在于真之紧缩论的意义理论完全不存在循环性问题的威胁，而是在于，他根本就不打算借助紧缩论的真概念来解释意义概念或翻译概念，他选择用于解释意义的理论乃是一种概念功能的语义学（conceptual role semantics），即一种不依赖于也不包含真概念的意义理论。

接下来我们考察这样一种意义理论（TCS$_d$），所有形如"p，当且仅当's'是真的"的 T-语句都是它的定理[2]。这种理论与戴维森的意义理论的区别并不在于前者将塔斯基式的 T-语句的左右两边调换了位置（这一点并不重要，因为等式的两边首先是实质上等价的），而它们的真正区别是，这里的"是真的"对意义的解释完全不起作用。因为这种意义理论要求，T-语句的正确性并非借助真概念的性质和特征来确定，而是借助于其他某个不依赖于意义的概念。现在我们可以问：这种意义理论就是科布尔等人的表层语义学或吕文斯坦因的指代性的语义学吗？由于真概念没有起到解释性的作用，这一点容易诱使人们做出肯定的回答。

我们需要区分两个问题：（1）"是真的"这个谓词能否是紧缩论的？（2）紧缩论的真概念是否被用于解释意义？对于第一个问题回答是肯定的。因为代句子理论的主张具有两个特点：首先，真谓词在代句子中的作用是纯粹表达性的或语法上的，即紧缩论的；其次，代句子中与被指代的语句具有相同的意义。在 TCS$_d$ 这种意义理论中，真概念所起的作用并没

---

① 参见 H. Field：" Deflationist Views of Meaning and Content"，1994，p. 252。

② 如果按照接下来的具体论述，我们把"< p >是真的"当作一个代句子，那么极小论的 T-语句应该被写成"p，当且仅当< p >是真的"似乎更好一些。当然这种调整纯粹是出于对于指代现象的习惯性考虑，因为一般指代都是为了省略对前面已经出现的东西的重复赘述，因此这一点不会导致这种理论与戴维森式的意义理论（TCS）之间的重要区别。

有超出这两点，故而其中的真谓词可以是紧缩论的（尽管它不必是）。然而，由这个答案还不能直接推论说，紧缩论的真概念可以用于解释意义。否则这样一来，TCS$_d$ 就会受到如下质疑：首先，怎样保证 T-语句都是正确的，即恰好替代"p"的语句与替代"s"的名字所指示的语句意义相同？回答一般是：这一点是由代句子的特点保证的。那么怎样保证这里的真谓词是代句子的，即如何保证这些 T-语句在真之紧缩论中都是正确的？这个问题表明，这里有可能存在循环解释。人们可能会认为这一点可以通过以下方式来避免，即如何保证两个语句表达相同的意义，这一点可以由另外一个意义理论来解决①。这种意义理论不必"解释"每一个语句的意义，但是借助它可以解释在什么情况下，另个表达式是同义的。例如，它对同义概念做出如下定义：两个表达式是同义的，当且仅当，在相同的语境下相互替换不会导致结果是"不可接受的"。这是使用理论提供的一种解答。当然，这需要我们能够区分出两种意义理论，确切地说是明确"意义理论"这种表述的两层含义：意义陈述性的和概念解释性的。TCS$_d$ 无疑是意义陈述性的意义理论，它的理论目的在于陈述（表明）某种语言中的每个语句的意义，而不是为了解释意义或与意义相关的概念的涵义。

　　就此而言，TCS$_d$ 中的真概念并非被做了解释性的使用，人们由此会认为它一定是被做了"仅仅是表达性的"使用。虽然紧缩论"解释"真概念的时候的确借助了意义理论，但循环在这里（即在 TCS$_d$ 中）毕竟被打破了。这不是因为像代句子理论者所主张的那样，真概念在这里仅仅起到表达性的作用，而是因为存在着两种意义理论，TCS$_d$ 没有在任何一种含义上使用真概念。尽管 T-语句中出现了"是真的"这样的谓词，但它没有被使用，即真概念在 TCS$_d$ 中没有起任何作用（包括表达性的作用），T-语句（即"'s'是真的，当且仅当 p"）的正确性也不是由真概念的特征或真之理论来保证的。真概念没有被使用和仅仅作为表达性的功能被使用是两回事，我们可以通过下面这两个推理对此做出区分：

（P-1）（1）真概念具有 F 特征。　　　　　　　　　　　　　［前提］

　　　　（2）"s"与"p"都满足 G。　　　　　　　　　　　　［前提］

---

　　①　如果这里的同义概念过强，以至于很多人（例如，蒯因）怀疑是否真正存在严格同义的两种语言或两个表达，那么我们也可以使用意义相似性概念，但伴随着的条件就是需要人们对此抱有一种宽容的态度。

（3）如果 T-语句是正确的，则"*p*"给出"*s*"的意义。［前提］

（4）T-语句是正确的。　　　　　　　　　　　　　［由（1）］

（5）"*p*"给出"*s*"的意义。　　　　　　　　［由（3）和（4）］

（P-2）（1）真概念具有 F 特征。　　　　　　　　　　　［前提］

（2）"*s*"与"*p*"都满足 G。　　　　　　　　　　［前提］

（3）如果 T-语句是正确的，则"*p*"给出"*s*"的意义。

　　　　　　　　　　　　　　　　　　　　　　　　［前提］

（4）T-语句是正确的。　　　　　　　　　　　　　［由（2）］

（5）"*p*"给出"*s*"的意义。　　　　　　　　［由（3）和（4）］

　　这两个证明虽然前提中都包含了对于真概念特征的表述（假设 F 这种特征指的就是"仅仅具有表达性的语法功能"），但只有在（P-1）中，这种表述才被用于保证 T-语句的正确性。而在（P-2）中，虽然真概念同样具有特征 F，但这种特征在整个证明中并没有发挥任何作用，它是彻底多余的。在 TCS$_d$ 中情形也是一样的。虽说一个语句（"*s*"）的真之条件（"*p*"）就是它的意义，这一点却并不是由真之条件或真概念的使用得到的。因此 TCS$_d$ 没有循环性问题，即便其中的真概念是紧缩论的。当然，这种意义理论与表层语义学或指代性的意义理论完全不是一回事，绝不可混为一谈。

　　由于 TCS$_d$ 与表层语义学一样，没有使用真概念的解释性功能（区别在于，后者主张真概念根本没有解释性功能，而前者则没有做出这种形而上学的主张），它就容易受到同样的质疑：在紧缩论看来，首先真概念没有内容，其次即使它在某种意义上是一种性质，它也不可能得到清晰的定义。这样的概念如何能用于解释别的东西？对此，最简单的回应就是，TCS$_d$ 并没有使用"真概念"，无论它具有何种功能。进一步讲，在 TCS$_d$ 中，恰如（P-2）这个证明所展示的那样，意义是通过其他不再依赖于意义的因素而被解释。这一点刚刚已经说得很清楚了。TCS$_d$ 与表层语义学确实存在本质的区别：前者根本没有使用真概念，而后者使用了，只不过没有在"解释"的含义上来使用，或者没有使用其解释性的功能而已。

　　这里还需要强调的是，尽管紧缩论在下面这一点上也许是正确的，即真概念的确无法得到清晰的定义或解释，而且事实上塔斯基也没有能够给出关于（我们日常理解的）真概念的一种完全的定义[1]。当然，紧缩论者并不是要说，我们无法尽可能清楚地刻画它，以及在得到清楚刻画的情况下使用它。戴维森指出，按照紧缩论者的说明，真概念是一个极其简单因而"比意义更为清楚的概念"[2]。蒯因也认为，"我们所做的足以赋予'在-L 中-是真的'以足够程度的可理解性，以至于我们不能再排斥使用这个概念"[3]。因此，表层语义学的问题可以归结为，紧缩论者一方面反对真概念可以做解释性的使用，另一方面却坚持真概念确实在意义的解释过程中被使用了。不管怎样，借助紧缩论，我们可以更清楚地看到戴维森的意义纲领可能存在的循环性问题，但同时我们也要看到，紧缩论者的建议并不能彻底排除这一问题。

至此，本节已经充分地说明了，TCS 也可以与紧缩论相容，当然这不是说 TCS "使用了"紧缩论的真概念来解释意义。在假定相容的前提下，TCS 对"是真的"的作用就不能有任何要求。它可以允许真概念本身是实质性的，也可以承认真概念在内容上是简单的，它仅仅具有逻辑上或语法上的功能，但它不可以借助这些特征或功能。在这种含义上，我们说 TCS 中的真概念是保持中立的。换句话说，TCS 对意义的解释既没有基于实质论也没有基于紧缩论。另外，关于作为 TCS "基础"的塔斯基式的真之理论，这里还要多说两句。有不少学者试图论证这种真之理论是一种紧缩论。甚至威廉姆斯认为戴维森应该是紧缩论者[4]。这种观点源自这样的错误推理：紧缩论的真概念因其仅仅具有表达性的功能而不能具有解释性的功能，T-语句中的真概念没有发挥解释性的功能，因此它是紧缩论的。这个推理的错误在于没有意识到，"没有"并不等同于"不能"，不能解释意义也不等同于不能解释其他概念。塔斯基式的真之理论或许的确无法刻画出真概念的实质性的内容，它只能表明真概念的语法上或逻辑上的特征，但这并不意味着真概念只有这种特征。戴维森在"试图定义真乃是愚蠢的"这篇论文的结尾处的论述似乎也表明了这一点，他企图借助实用论来论证真概念是有实质内容的，而这种实质性只能借助实用性概念而非塔

---

① 参见 D. Davidson："The Structure and Content of Truth"，1990，p. 294 以及 D. Davidson："The Folly of Trying to Define Truth"，1996，p. 270。

② 参见 D. Davidson："The Folly of Trying to Define Truth"，1996，p. 271。

③ 参见 W. V. O. Quine：*From a Logical Point of View*（2nd），1980，p. 138。

④ 参见 M. Williams："Context，Meaning and Truth"，2004，p. 121。

斯基的定义才能得到说明。

　　总的来说，对于那些想把紧缩论与 TCS 结合起来的学者而言，不相容性问题就是一个两难问题：如果承认紧缩论的真概念在这种意义理论中被使用了，那不相容性问题就在所难免；如果要避免不相容性问题的产生，那就不能在该理论中使用紧缩论的真概念，这样一来，"紧缩论能否与 TCS 相结合"就成了无所谓的问题。只有在这种含义上，才能说紧缩论与 TCS 是相容的。同样，也只有在这种含义上，实质论才与 TCS 是相容的。本书在下一章将会证明，正是因为真概念没有被用于解释意义（确切地说，给出语句的意义），即便真概念如戴维森所主张的那样是实质的，TCS 也不会出现解释的循环性问题。这里只能暂且得到一种重要的暗示，即在这种意义理论中，真概念其实并不像想象的那么重要，甚至也没有那么必要。真概念固然能够在意义理论起到一些作用，但这种作用完全可用别的东西来替代。这个暗示将会在第六章中得到完全的确证。

第五章　语言的彻底解释

作为一种意义理论，TCS 以得到适当修正的塔斯基式的真之理论为基础，它承担着解释语言的任务。解释语言，在戴维森看来，就是给出或明确该语言中的所有语句的意义。TCS 如何能够做到这一点？它借助了塔斯基的真之理论来给出它们的真之条件。真之理论之所以能够保证给出真之条件就是给出其意义，在于它本身预设了意义概念（例如，翻译）。单纯借助"s 是真的，当且仅当 p"这种形式的 T-语句，并不能保证一定能够给出替换"s"的名字所指示的语句的意义。实际上，我们所讨论过的大多数真之理论都对意义概念有着一种依赖关系，即它们假定了 DisTM-原则。由于这种原则是充分条件式的，我们可以由"s（在 L 中）意味着 p"的实例以及 DisTM-原则共同推论出 T-语句，但不能做反向的推论。按照戴维森的要求，TCS 恰恰是要完成这种反向的推论。

如果要想在塔斯基式的真之理论的基础上构造意义理论，首先需要保证，作为其定理的 T-语句都是实质上正确的。这种保证是由 T-约定提供的，借助 T-约定，塔斯基式的真之理论能够排除如下这些形式上恰当但实质上不正确的 T-语句："'雪是白的'是真的，当且仅当雪不是黑的"、"'雪是白的'是真的，当且仅当草是绿的"以及"'雪是白的'是真的，当且仅当雪是白的且草是绿的"，等等。被塔斯基的真之理论蕴涵的 T-语句必须都要符合 T-约定的要求，即等式的左右两边不仅是等值的，而且是同义的。为了做到这一点，塔斯基引入了翻译概念（这是 T-约定的主要内容）。但这样一来，TCS 就会有陷入循环解释的嫌疑，为此，戴维森必须放弃翻译概念。这无疑需要对单纯的真之理论增加额外的限制条件，以确保塔斯基的真之理论具有解释功能。正如戴维森自己所言："出于解释的目的，T-语句中的真［谓词］是不够的。［……］我们的问题是要找到足够强的限制条件施加于该理论,以便保证它能够被用于解释"①。戴维森的策略是借助实施形式和经验的限制条件来替代翻译概念的作用。本章讨论的问题则是,这些条件是否能够起到翻译所起到的作用,换句话说,TCS是否能够对一种语言的意义给予彻底的解释。

第一节　解释的循环性问题

一　循环性问题的提出

塔斯基希望借助意义来解释真,而戴维森则采取相反的路线:他要借助塔斯基的真之理论来为意义理论服务。对戴维森本人来说,这一点也应该是很清楚的:一种真之理论同时用来解释真和意义,很可能会面临循环性问题的指责。在戴维森的意义理论中,真概念是初始概念。它被假定为已经在塔斯基的真之理论中得到严格定义,或者至少已经得到足够清楚的说明,以至于完全可以用于解释别的东西。但是,包括戴维森本人在内,大家都应该知道,塔斯基定义真概念(确切地说,定义"在-L 中-是真的")时,需要求助于翻译概念,即意义概念②。在面向解释意义概念的任务时,塔斯基与紧缩论者似乎处于相似的境地。在达米特看来,不仅真之紧缩论与 TCS 是不相容的,其实塔斯基的真之理论与之同样不相容③。究其原因,主要在于这种意义理论作为一种以真之理论为基础的意义理论对语句意义的解释将会是循环的。因此,对于 TCS 的"核心的反驳是真之条件的 [意义] 理论的循环性"④。就像上一章所论述的那样,达米特向我们指出了,"为了从对于'P是真的'的理解中获得对 P 的意义的理解,人们必须已经知道,说'P 是真的'这意味着什么"⑤。在达米特看来,在塔斯基的真之理论中,"P 是真的"意味着什么,这个问题的解决需要借助对于"P"的意义的理解。循环

---

①　参见 D. Davidson:*Inquiries into Truth and Interpretation*,1984,p. 150。

②　塔斯基在他的理论中预设的翻译概念,但由于翻译概念是一种意义概念,因此很多时候人们直接认为塔斯基预设的就是意义概念。

③　本书在这里可能做了一种不恰当的递进式的表达,因为在不少学者看来,塔斯基的意义理论就是一种紧缩论,即真之语义理论(参见 P. Engel:*Truth*,2002,p. 47)。但这种观点是存在争议的,至少在戴维森看来,塔斯基是典型的符合论者。因此,这里暂时将塔斯基的真之理论与紧缩论并列论之。

④　参见 M. Dummett:*Thought and Reality*,2006,p. 55。

⑤　参见 M. Dummett:"Truth",1959,pp. 148 - 149。

解释就是这样造成的。关于循环解释问题，还有另外一种表述①：TCS 企图使用依赖于翻译（或意义）概念的真（之条件）概念来解释意义（概念）。这两种表述是有区别的，它们似乎提出了两种不同的循环解释问题。尽管如此，在具体的语境中人们并没有对此做出区别。

人们对于循环解释问题的不同表述难免会增加我们讨论问题的难度。其实在上一章的讨论中，这个麻烦就已经出现了。本书在那里也曾试图避免干扰，在讨论问题的过程中小心翼翼地避开表述上的混乱。在这里，为了避免继续受到干扰，首先需要我们区别上述两种对于循环解释问题的表述。前一种可以称为意义解释上的循环，后一种则为概念解释的循环。有时候，意义解释与概念解释区分得并不是那么明显。例如，对于"单身汉"这个语词而言，它的意义可以解释为"没有结婚的男子"，但我们也同样可以说，"没有结婚的男子"这个概念解释了"单身汉"这个概念。不过，这种区别在语句的意义解释上则是很显著的，毕竟语句的意义不大容易与概念相混淆。意义解释的循环性一般表现为，对于词句"A"的意义的解释需要预先解释词句"B"的意义，但"A"的意义本身就包含在"B"的意义之中；而概念解释的循环性则表现为，概念 A 需要借助概念 B 得到解释（定义），而在解释（定义）概念 B 的时候又使用了概念 A。现在的问题是，如果戴维森的意义理论（即 TCS）是解释上循环的，那么究竟在何种意义上是循环的？按照人们的一般讨论，包括戴维森自己的表述②，TCS 涉及了真概念与意义概念谁在先（或谁解释谁）的问题，因而它似乎更倾向于受到概念解释的循环性问题的威胁。

概念解释的循环性一般依赖于下面这个假设，即"在先性假设"③：如果概念 A 先于概念 B，那么我们不能使用概念 B 来解释概念 A。霍利斯克（C. Horisk）指出，这个假设只有当一个概念需要还原为另外一个概念或通过另外一个概念得到定义时才是有意义的，因为只有在这种情况下，才

---

① 类似的论述还可以参见 P. Milne："Tarski on Truth and Its Definition"，1997，p. 194，n. 34。

② 例如，戴维森认为："真概念与信念和意义概念有着本质的联系"（参见 D. Davidson："The Structure and Content of Truth"，1990，p. 295），他反对霍维奇和达米特等人这样的观点，即"我们理解意义必须不能直接求助于真概念"或"对于意义的解释基于断定或使用概念，它们并不求助于真概念"，他主张"我们不能在没有真概念的情况下理解一个语句"（参见 D. Davidson："The Folly of Trying to Define Truth"，1996，p. 275）。

③ 参见 C. Horisk："Truth，Meaning and Circularity"，2008，p. 288。

有可能导致需要借助在后的概念来解释在先的概念，即导致循解释。按照霍利斯克的论述，真概念和意义概念在戴维森那里并不是还原与被还原或解释与被解释的关系，而是一种相互并列（reciprocal）的关系。尽管戴维森会认为，在意义理论中真概念先于意义概念；而在真之理论中意义概念先于真概念，但在霍利斯克看来，这种在先性并不意味着一个概念需要借助另外一个概念才能得到"解释"，或者如果不理解一个概念就不能理解另外一个概念。这种在先性仅仅意味着，"在正常的成长中"，儿童会先理解一个概念而后理解另外一个概念，这种先后次序不存在依赖关系。因此，说真概念先于（或后于）意义概念，这并不意味着，要使用真概念去解释意义概念，或者相反。霍利斯克说："就像戴维森已经很清楚地表明的那样，他并没有提供一种还原分析，而且提供了一种并列分析，即通过概述真概念与意义概念，以及其他概念之间的联系来丰富我们对于意义的理解。"① 如果对于一个概念的理解果真仅仅在于辨明它与另外一个概念的关系，那么在先性假设就没有意义了。这就是说，如果在内容上，一个概念与另一个概念彼此独立、互不包含，那么也就不存在不能使用一个概念去解释另外一个概念的问题。于是，戴维森对于真概念与意义概念的解释就不会出现循环性问题。

　　尽管霍利斯克说，他所论证的是戴维森本人"很清楚地表明"的观点，但他并没有拿出切实的证据来令人信服地证明这一点②。另外，我们还要注意到，戴维森明确主张过，没有真概念我们就不能理解意义，意义概念"明显地"包含真概念③。这些迹象表明，情况似乎并不像霍利斯克想象的那么简单。当然，他的结论依然可以成立：TCS 的确不会遇到概念解释的循环性问题。但是，这个结论之所以成立，并不是因为像霍利斯克所说的那样，在这种意义理论中真概念和意义概念处于一种并列的地位，而是因为 TCS 实际上并没有定义或解释意义概念（本书第六章将会对此做出论证）。

---

　　① 参见 C. Horisk："Truth, Meaning and Circularity", 2008, p. 291。

　　② 根据霍利斯克在这段引文后面的注释（参见 C. Horisk："Truth, Meaning and Circularity", 2008, p. 297, n. 24），我们可以找到霍利斯克所参考的戴维森的原文出处，戴维森的确表明，意义概念与愿望、意向、信念这些概念是彼此独立的，不能将其中的一个还原为另外一个，但在这些概念中并不包含真概念（参见 D. Davidson："The Structure and Content of Truth", 1990, pp. 314 – 315 以及 D. Davidson："The Folly of Trying to Define Truth", 1996, p. 278）。

　　③ 参见 D. Davidso："The Folly of Trying to Define Truth", 1996, p. 274, p. 278。

戴维森的表述有时候并不是那么清楚：如果他单独说要借助真概念来解释意义，我们确实无法很明确地断定，他所谓的"意义"指的是语句的意义还是意义概念。如果他指的是意义概念，即 TCS 的理论目的在于解释意义概念，那么由于真之理论在说明真概念时使用翻译概念，而翻译概念则预设了意义概念，因而"当戴维森的真之条件理论想要同时阐释真和意义时，它就会遇到这样［即循环解释］的问题"①。如果我们能够肯定，他所说的"理解意义"实际上指的是"理解语句的意义"，而他所主张的 TCS 作为一种意义理论，最主要的任务就是解释一种语言的每个语句的意义，那么霍利斯克的论断就得到了证明。因为这样一来，这种理论当然不会包含概念解释上的循环性问题。其实，我们在讨论真之紧缩论与 TCS 的不相容性时就曾谈到过与概念解释的循环性问题相类似的问题。在那里，我们业已发现，打破循环的可能性在于：尽管 TCS 预设了真概念，塔斯基的（解释真概念的）真之理论预设了意义（或翻译）概念，但是解释意义（或翻译）概念这一目的可以通过构造非真之条件式的意义理论来实现。如果这种设想能够成立，那么概念解释的循环性问题就不会在 TCS 这种意义理论中出现②。因此，在这种情况下，TCS 这种理论所隐含的语句意义解释的（而非意义概念解释的）循环性问题就更值得我们关注。

如果我们可以确定，在 TCS 中，意义概念不是解释的目标，那么这种理论可能面临的循环性问题就一定不是概念解释性的，而只能是意义解释性的。按照戴维森的论述，解释语句的意义需要借助真概念，解释真概念需要借助意义概念。如果戴维森同时还坚持认为，解释意义概念就在于说明每个语句的意义，这就会造成概念解释上的循环性问题。尽管戴维森并没有确切地表明这种观点，但这并不意味着事实上这种观点所阐述的情况不可能发生。因此，现在要解决的问题是，我们是否能够肯定，对于意义概念的解释可以不借助对于语句意义的把握。如果我们不能肯定这一点，那么意义概念解释的循环性问题对于 TCS 而言就始终是一种威胁。然而必须承认的是，要肯定这一点并不是一件容易的事情。目前看来，TCS 的首

---

①　参见 N. Cooper and P. Engel：*New Inquiries into Meaning and Truth*，1991，p. 5。

②　本书将会在第六章第一节区分两种意义理论或"意义理论"一词的两重含义，并由此说明，TCS 这种意义理论的任务不是解释意义概念；而且即便在解释意义概念的理论中，真概念也不起实质的解释性作用。

要任务是给出一种语言中的语句的意义，如果它能够不借助意义概念（这是本章的论证核心），实际上也不借助真概念（这是下一章的论证核心），那么概念解释的循环性威胁就会自动解除。

然而，语句意义解释的循环性问题还在那里。这个问题与另外一种循环性问题有着密切的关联性。在紧缩论者那里，真谓词应该（或只能）被我们用于谓述自己能够理解的语句。这就是要假设"s 在 L 中表达（或意味着）p"这样的前提；在塔斯基那里，他要保证真之理论所蕴涵的 T-语句都是正确的，因此他要假设，每个 T-语句右边的语句都是左边被命名的语句的翻译。这意味着，对于真谓词的刻画、阐释或定义需要假设能够预先理解处在 T-等式右边的表达真之条件的语句。如果确实如此，这将导致另外一种循环性问题，即理解或认知的循环性问题。

这种循环性的问题同样是达米特提出来的[①]。按照戴维森的观点，对于一个语句的真之条件的认知构成关于这个语句的意义的认知；但是由于在 TCS 中，一个 T-语句的左边被命名的语句的真之条件是通过右边的另外一个语句表达出来的，我们要知道这个被命名的语句的真之条件，就要理解这个语句，即知道它的意义。因此如果对象语言包含在元语言中，那么这也就是说，我们需要通过理解一个语句来理解它，这就产生了循环性问题。如果对象语言不包含在元语言中，或者如果被命名的语句不是元语言的语句，我们要认识一个语句的意义，就要认识另外一个语句的意义。于是，我们在借助一个意义理论的同时还得再借助另外一个意义理论。另外，戴维森指出，塔斯基其实并没有在一般的意义上定义真概念[②]，他顶多只是给出了关于"在-L 中-是真的"这个谓词的一种定义或阐述，而其中"L"并不是一个变元，它仅仅表示一种特殊的语言。在这种含义上，戴维森必须承认，我们无法构造一个具有普遍性的意义理论。相应于每种特殊语言（例如 L_1）的真之理论，我们仅仅能提出一种针对这种语言的特殊的意义理论，即 TCS_{L_1}。这样一来，达米特所提出的问题就可以表述为，如果"'p'在 L_1 中是真的，当且仅当

[①] 参见 M. Dummett："What is a Theory of Meaning？（Ⅱ）"，1976，pp. 78 – 80。

[②] 这是因为戴维森认为，"塔斯基没有定义真这个概念，即使是应用于语句的真这一概念也没有定义。塔斯基表明了一些规范的语言各自如何定义真这个谓词，但是他的定义当然没有告诉我们这些谓词共同的东西是什么"（参见［美］戴维森《真之谓述》，2007 年，第 16 页）。

q"是 TCS_{L_1} 的定理，"' q '在 L_2 中是真的，当且 r"是 TCS_{L_2} 的定理，要理解" p "，就要理解" q "，因而先要理解" r"……； TCS_{L_1} 要使得人们能理解" p "，就要求助于 TCS_{L_2} 使得人们可以理解" q "……根据达米特的论述，要构造一种意义理论必须依赖于对于元语言的一种在先的理解，因而依赖于另外一种意义理论。现在的问题是，在这种情况下似乎如果不出现循环就会造成无穷倒退。然而无穷倒退的问题并不是 TCS 面临的最重要的指责，因为任何一种意义理论，只要用语言表达出来，只要它的任务在于给出某一种语言的意义，它就会面临这种问题。它毕竟是要将这种语言的语句的意义表达出来，最终对于任何一种语言的解释都会给归约为对于本国语言的解释，而对于这种语言是否存在彻底的解释，这一点将会在后面做出讨论，但结果并不让人乐观。

二　意义解释的几种模式

前面讨论了几种"循环"：概念解释的循环、语句意义解释的循环以及认知或理解的循环。最后一种循环似乎可以归结为第二种循环。如果要借助一个（元语言的）语句的意义来解释另外一个（对象语言的）语句的意义，在避免无穷倒退的前提下，循环解释的问题自然会产生，尤其是当元语言包含对象语言时，这种情况尤为明显。正是因为存在这种循环问题，理解一个语句才转变为理解另外一个语句。由于戴维森的意义纲领对于解释什么说得并不清楚，故而 TCS 有可能既存在概念解释的循环性问题，又存在语句意义解释的循环问题，或者至少面临其中一者的威胁。戴维森的意义理论（即 TCS）何以能够造成循环性问题？回答这个问题，我们需要了解戴维森的意义纲领所主张的意义解释模式。在对此做出深入讨论之前，戴维森的意义纲领依然体现为一种模糊的意义观念，它也许适用于多种意义解释模式，在每一种模式下，TCS 是否存在以及存在何种循环解释的危险，这是我们在这里所关心的话题。

人们对于戴维森的意义纲领的直接印象就是，它主张了如下的意义解释模式（其中 **T** 表示真之理论；**M** 表示意义理论。在戴维森那里，**T** 与 **M** 表示相同的东西，即塔斯基的真之理论）：

（Ⅰ）意义概念 $\Rightarrow_T$ 真概念 $\Rightarrow_M$ 意义概念

　　其中"$\Rightarrow_T$"表示"在真之理论中，真概念借助意义概念得到定义或解释"，而"$\Rightarrow_M$"则表示"在意义理论中，意义概念借助真概念得到定义或解释"。在直观上，（I）这种解释模式肯定会造成概念解释的循环性问题。如前所述，威廉姆斯和科布尔提出的表层语义学试图证明，如果真概念是紧缩论的，则可以令 TCS 免于循环性问题的威胁。然而，这种尝试并不奏效，而且适得其反。因为没有证据显示 TCS 本身一定遵循这种解释模式，但表层语义学却明确采用了这种模式。假设 TCS 遵循这种模式，按照表层语义学，真概念就必须要用于解释意义（概念）。尽管真概念没有内容，不起解释性的作用（确切地说，它本身并不构成意义概念的部分），但这并不意味着，它在解释中不起实质的作用。因为在这种语义学中，如果没有紧缩论的真概念，对于意义（概念）的解释就不可能进行。

　　由前文的讨论我们可以看到，紧缩论的基本观点依赖于对塔斯基的 T-语句的说明。根据紧缩论，真谓词的全部意义都在所有 T-语句中得到阐明。而一个完善的紧缩论不仅要能蕴涵所有形如"'p'是真的，当且仅当 p"的 T-语句，还要能蕴涵所有形如"s 是真的，当且仅当 m"的 T-语句（其中"s"是对象语言中的句子的名字，"m"是该句子在元语言中的翻译）。因此，一个完善的、正确的紧缩论必须做出如下这样的预设（这个预设同样包含在塔斯基的真之理论（T-约定）中）：

　　（M_T）如果 s 意味着 m，那么 s 是真的，当且仅当 m。

　　去引号论的 DisTM – 模式和极小论的 MinTM-模式及其遵循的相应原则都是（M_T）这个普遍原则的具体化情形。而戴维森的意义理论所预设的原则恰好颠倒过来：

　　（T_M）如果 s 是真的，当且仅当 m，那么 s 意味着 m。

　　即便在这两个预设中，真谓词仅仅具有表达语法的功能，只要在戴维森的理论中（在紧缩论的含义上）真谓词的确是通过所有 M_T-语句得到说明的，以及意义是通过所有 T_M-语句得到说明的，那么真概念就在解释中起着必不可少的作用。戴维森要保证意义理论所蕴涵的形如"s

意味着 m" 的定理都是真的，就要保证 T-语句中的 "s" 的替换实例所指示的语句与 "m" 的替换实例表达相同的意义。这恰恰是由真之紧缩论来保证的，真之紧缩论之所以能提供这样的保证，是因为它预设了同义或翻译概念，也即意义概念。可见，表层语义学本身就会造成概念解释上的循环。这一点在上一章中已经得到了论证，故而不再赘述。

其实，根据对戴维森纲领的上述直观理解，无论采取哪一种真观念，他的意义理论似乎都有可能会面临循环性问题。真之实质论也不例外。如果像一般观点认为的那样假设 TCS 中的真谓词具有实质的内容，可用以解释其他概念，那么如果 TCS 遵循的是（Ⅰ）这种意义解释模式，那它就一定是循环的。因为它所使用的真概念确实是在塔斯基式的真之理论中得到解释的，而对真概念的解释本身预设了意义（即翻译）概念。前文也谈到，霍利斯克为此辩护说这在解释上并不存在循环。因为真概念和意义概念在戴维森那里并不是还原与被还原或解释与被解释的关系，而是一种相互并列的关系。如果对于一个概念的理解果真仅仅在于辨明它与另外一个概念的关系，那么在先性假设就没有意义了。如果在内容上，一个概念并不包括另一个概念，那么也就不存在能不能使用一个的概念去解释另外一个概念的问题。这样一来，戴维森对于真概念与意义概念的解释就不会出现循环性问题。

尽管这种辩解很有道理，我们还是需要注意，戴维森自己明确主张过，没有真概念我们就不能理解意义，意义概念"明显地"包含真概念[1]。而且戴维森认为"真概念与信念和意义概念有着本质的联系"[2]，他反对霍维奇和达米特等人的如下观点，即"我们理解意义必须不能直接求助于真概念"或"对于意义的解释基于断定或使用概念，它们并不求助于真概念"，他主张"我们不能在没有真概念的情况下理解一个句子"[3]。这些论述材料表明，情况并不像霍利斯克想象的那么简单，他的辩护在起点上就缺乏有力的证据支持。如果坚决在直观层面上执行戴维森的意义纲领，正如库珀与恩格尔所言，"当戴维森的真之条件理论想要同时阐释真和意义时，它就会遇到［循环解释］这样的问题"[4]。因

---

① 参见 D. Davidson："The Folly of Trying to Define Truth"，1996，p. 274，p. 278。

② 参见 D. Davidson："The Structure and Content of Truth"，1990，p. 295。

③ 参见 D. Davidson："The Folly of Trying to Define Truth"，1996，p. 275。

④ 参见 N. Cooper and P. Engel：*New Inquiries into Meaning and Truth*，1991，p. 5。

此，就戴维森自己的表面主张而言，概念解释的循环性问题也是基于实质论的真概念的意义理论所无法避免的。

要走出概念解释的循环性问题的阴影，一种可能的策略是将对意义概念的解释替换为对句子意义的刻画，即不再要求解释意义概念，而仅仅要求给出语句的意义，以此来修改（I）。可是，这种策略看似还不够彻底，因为我们在后面将会看到，戴维森的意义纲领还可能隐含另外一种解释意图，即意义概念是通过给出句子的意义来解释的，就像在塔斯基那里，真概念是通过刻画语句的真之条件得到（至少部分的）定义一样。这种意义解释模式可以表示如下：

（II）句子的意义 $\Rightarrow_M$ 意义概念 $\Rightarrow_T$ 真概念/真之条件 $\Rightarrow_M$ 句子的意义

（II*）意义概念 $\Rightarrow_T$ 真概念/真之条件 $\Rightarrow_M$ 句子的意义 $\Rightarrow_M$ 意义概念

这两个解释模式同样也隐含着循环解释的风险。按照这两种模式，意义概念（尤其是同义或翻译概念）是要通过给出语句的意义来定义或说明的，例如，a 与 b 是同义的，当且仅当 a 的意义等于 b 的意义。如果 TCS 的任务在于给出语句的意义（这也是戴维森的意义纲领的主张），那么这种解释模式最终就归结为通过给出语句的意义来给出语句的意义，这无疑会造成循环解释。彻底解决问题的策略是放弃真概念或真之条件在解释中的任何作用，无论是实质的还是表层的作用。真概念没有起到实质的解释作用并不等于它在解释中不起实质或关键的作用。即使是表层的作用，对于意义的解释而言也是实质性的即关键性的。放弃对于真概念的任何使用，取而代之的是与塔斯基的真之理论具有相同组合性的结构的 t-理论（即它同样符合塔斯基的形式恰当性原则）。这种理论将蕴涵具有如下形式的定理：

（t）s 是 t，当且仅当 m。

这个理论将借助其他东西（例如，证据概念以及宽容性原则等标准）而非塔斯基的真之理论中的 T-约定（即意义或翻译概念本身）来排除错误的 t-语句，从而保证"s"所指称的语句与 m 总是具有相同的意义。这样一来，意义的解释路径就变成了：

（Ⅲ）非意义概念$\Rightarrow_t$T-条件$\Rightarrow_M$句子的意义

（Ⅲ*）非意义概念$\Rightarrow_t$T-条件［$\Rightarrow_M$句子的意义］$\Rightarrow_M$意义概念

如果一种意义理论遵循这种解释模式，无论在概念的层面还是语句意义的层面显然都不会存在循环性问题。现在我们回到前面的问题：戴维森的意义理论（即 TCS）是否的确是解释上循环的？这个问题的回答需要我们首先判定戴维森的意义纲领是否容许（Ⅲ）或（Ⅲ*）这种解释路径，以及 TCS 事实上遵循了何种解释路径。

三　关于解释与理解的预先说明

在正式回应循环性问题之前，我们需要辨明（这里所讨论的解释语句意义的）意义理论和理解理论之间的微妙关系①。理解一种语言就是要知道这种语言中的语句的意义，人们对这一点基本上没有异议。人们也常常寄望于将意义理论作为理解理论或者作为理解理论的基础来使用，认为一种语言的意义理论有助于认识这种语言中的语句的意义。正如达米特指出的那样，"关于意义的哲学问题最好解释为关于理解的问题：关于一个表达式的意义在于什么的问题最好理解为关于什么是知道它的意义的问题"②。当说话者使用一种语言进行（成功地）交流时，他是知道这种语言的，即他能够理解这种语言。如果一个意义理论目的在于阐明理解一个语句是怎么一回事，以及如何知道一个语句的意义，以便实现对于这个语句的理解，那么在这种含义上，它就是一种理解理论并且它能帮助我们来理解一种语言。然而问题在于，我们是否一定要借助一种意义理论来理解语言？当然不是。在日常生活中，人们并不是在借助意义理论的前提下才学会一种语言的。另外，意义理论的任务在于解释语句（给

---

①　需要在这里说明的是，对于戴维森而言，意义理论与解释理论没有本质区别。它们的细微区别在于，彻底的解释理论是针对蒯因的彻底的翻译理论而言。因而，彻底的解释理论的主要任务是要为那些与用于构造理论的语言不相同的语言提供解释。例如，对不同于我们母语的语言（即外语）进行解释，给出每个外语的语句的意义。因此，解释理论就是一种特殊的意义理论。意义理论与解释理论的目的都是为了解释某种语言，而解释某种语言就是要给这种语言的所有语句的意义。在这种宽泛的含义上，意义理论也是一种解释理论（参见 D. Davidson：*Inquiries into Truth and Interpretation*，1984，pp. 125–126）。就这里的讨论而言，我们没有必要涉及解释理论与一般的意义理论的那种细微差别。因此关于解释理论的讨论就可以直接被视为是关于意义理论的讨论。

②　参见 M. Dummett："What is a Theory of Meaning？（Ⅱ）"，1976，p. 69。

出它们的意义），它不必保证所有的人都必须借助这种理论去理解一种语言，当然也就不必要让某种语言的学习者或解释者首先理解这种理论，即首先理解一种元语言，以便理解那种对象语言。因而，就意义理论本身的任务而言，它没有义务要想方设法地令人们必须理解它以便理解一种语言。

按照达米特的想法，一种完善的意义理论应该能够使一个什么语言都不懂的人理解一种语言，而这个要求如果被理解为"是必须要满足的"，这就会是个过分的要求。如果一个人理解了关于某种语言的意义理论，他自然就理解这种语言，因为他就会知道这种语言中的每个语句的意义。然而，意义理论本身毕竟不是教学性的理论，它们只是描述、刻画或说明一个人理解语言时所知道的东西，而不是为了教会某个人去实践这种理解①。对于一种理论而言，它能够帮助人们理解一种语言和必须帮助人们理解一种语言，这是两回事。就像一部英语－德语词典（假如它是以一种塔斯基的真之理论的方式来表述的），它对每个英语语句都给出了一种德语的解释，我们丝毫看不到有什么理由使这部词典必须要让一个不懂德语的人要理解那些德语的解释。但是，我们能因此说，这部词典没有给出英语语句的意义吗？不能。同样地，当一个英国人告诉我，"Der Schnee ist weiss"在德文中的意思就是"Snow is white"，可惜我不懂英语，我还是不能理解这个德文语句是什么意思。但是，我们能因此说那个英国人没有给出这个德文语句的意义吗？同样不能。当然，如果一个人是这种意义理论的构造者，那么他需要对这种理论所针对的语言以及他所用于构造理论的语言中的语句有所理解②。但这种理解不需要借助另外一种类似的意义理论。否则就会陷入无穷倒退；而另一方面，人们即便在不知道意义理论的情况下也能够正常地理解。因此，意义理论并不是构成理解的必要基础，恰恰相

---

① 这大概也是达米特的意义理论与戴维森的意义理论之间的区别。前者要刻画语言的使用者是如何使用语言的以及他理解一种语言时所具有的含蓄的知识，因为在达米特看来，"一种意义理论就是一种理解理论"（参见 M. Dummett：*The Seas of Language*，1993，p. 3）。而后者则仅仅陈述这种知识。达米特追求完满的意义理论，而 TCS 仅仅是这种理论的一个组成部分，尽管戴维森认为，对这种知识的陈述足以解答语言的使用者是如何学会一种语言的。

② 这也并不完全意味着这种意义理论的构造者必须要知道这种语言的所有语句的意义。关键还是在于，他应该具备一种彻底解释意义的理论知识，借助这种知识他能够解释或理解任意语句的意义，至少借助这种知识，他能判定任意两个语句在意义上是否是相同或相似的。只要具备这个条件，他完全可以构造一种 TCS 式的意义理论。

反，意义理论要发挥教学性的作用需要依赖于人们对元语言的理解。只不过这种依赖性对于意义理论而言不是必要的，因为教学性的作用对于意义理论而言不是必要的。就 TCS 而言，它所遵循的原则是，一个语句的意义就是它的真之条件；知道一个语句的意义就在于知道它的真之条件。如果一个人能够知道一个语句的真之条件，他就能够理解这个语句。因此，构造一种戴维森式的意义理论就是用塔斯基的真之理论的方法使一种语言中的所有（可被理解的）语句与它的真之条件相配对，以此来给出语句的意义。

　　达米特责难说，真之条件"不可能同时提供给我们关于每个这样的语句之意义的理解，除非事实上我们事先已经知道了如此定义的这个谓词的要点应该是什么"①。这种责难是不恰当的，因为真之条件所提供的仅仅是理解的可能性或可供理解的东西，它并不预设人们对真谓词或真之条件概念要有一种在先的理解，实际上构造意义理论的目的并不是要指导或教会一个人如何理解一种语言（对象语言），因此 TCS 作为一种意义理论就不会产生理解上的循环性问题。另外，导致无穷倒退问题的关键原因也不在于认为 TCS 本身需要预设人们对于元语言语句的理解，而是在于认为理解一个对象语言语句的意义在初始的含义上总是必须要借助于 TCS。这种看法对这种意义理论很不公平。如果能够发现这一点，那么人们就不会觉得 TCS 存在理解上的无穷倒退问题。

　　此外，还需要强调的是，事实上，我们总是局限在日常语言之内来理解语句的意义。例如当我不理解"康德是一个单身汉"这句话时，别人告诉我，这句话的意思就是"一个叫康德的人是一个没有结婚的男人"，而这句话我是理解的，因此我就理解了前一句话。为什么我会理解这个语句？这个问题似乎很难回答，也许是因为我理解这个语句中的每个词的意义（其实这个问题应该由理解理论来回答）。但不管怎样，我们期望并且相信，事实上在这种理解的链条上总会找到一个可以不依赖于别的东西就能理解的东西。否则，我们就不可能理解或学会任何东西。这似乎对于理解理论而言是一个好消息。如果语言的解释同样在某一点上停止，即存在某种语言片段，它的解释不再依赖于对其他语言片段的解释，因而它能够得到彻底的解释，这对于 TCS 来说也会是一个好消息。实际上，戴维森明

---

① 参见 M. Dummett *Truth and Other Enigmas*, 1978, p. xxi。

确指出，"对其他人的话语的所有理解都包含着彻底的解释"①，解决解释上的循环性问题较之理解上的循环性问题似乎更为根本，而解决问题的途径就在于要寻找一种彻底的解释理论。

由此，TCS 就能够摆脱循环性问题的纠缠。它可以解释语句（给出它们的意义），即保证一个语句的真之条件与它的意义是等同的，而同时作为其基础的真之理论所预设的翻译概念也可以借助一种彻底的解释理论而得到说明并且这种理论不再依赖于真概念或意义概念。然而，这样一来，与其说基于真之理论的 TCS 具有解释力，不如说基于这种彻底解释理论的真之理论具有解释力。显然，真之理论的这种解释力并非来自于真概念而应该来自于彻底的解释理论。由于 TCS 的一般问题在于"不仅要说明什么是意义，还要说明什么是真"②，更重要的是要在不借助意义概念的情况下来说"真"，对于戴维森以及 TCS 的拥护者而言，关键的事情似乎不是说明 TCS 如何能够起解释作用，而毋宁是，它所基于的真之理论如何能够具有彻底的解释力。

第二节　意义与彻底的解释

一　翻译手册

塔斯基式的真之理论能够作为意义理论的要诀就在于它能保证它的每条定理（即 T-语句）的左右两边是同义的。如果戴维森原封不动地将这种真之理论引用为"给出语句之意义的"意义理论，那么在这种含义上我们

---

①　参见 D. Davidson：*Inquiries into Truth and Interpretation*，1984，p. 125。格洛克认为，在戴维森那里，"'理解'和'解释'是可以互换使用的"。他还指出，戴维森所说的这句话"是被误导了"（参见 H. Glock："The Indispensability of Translation in Quine and Davidson"，1993，p. 200，p. 202）。他认为，无论蒯因还是戴维森都承认"翻译的必不可少性论题"，即翻译是理解的必要前提，但这个论题本身是不融贯的。格洛克似乎误解了这个论题，蒯因和戴维森借此并不是要阐述翻译和理解在概念上的先后关系，毋宁说是想表达一个直观的道理：如果一个人能理解一种语言，他就一定将它翻译为自己的语言。理解一种语言，就是知道这种语言的语句的意义，即知道一个语句意味什么。在戴维森看来，"什么知识可为解释服务？简单的答案就是，关于每个有意义的表达式意味什么的知识"（参见 Davidson：*Inquiries into Truth and Interpretation*，1984，p. 126）。解释确立了这样的知识，而理解则在于获得这种知识。这也说明，解释理论与理解理论的差别：前者的任务是要给出这些知识即给出语句的意义，后者则是要说明如何才能获得这些知识。

②　参见 N. Cooper and P. Engel：*New Inquiries into Meaning and Truth*，1991，p. 4。

大可以说，"戴维森的理论就像是蒯因的翻译手册"①。因此，似乎翻译手册是能够提供彻底解释力的不错之选。翻译手册本身并不是一个特别新颖的概念，按照蒯因的描述，它其实是一种语言和另一种语言构成二元组，其中后者是前者的翻译②。也许有人会认为，翻译手册可以成为彻底的解释理论所应采用的一种形式，因为我们为了解释一种语言中的某个语词的意义，常常倾向于借助另外一种语言对它的翻译。这种做法很有诱惑力，它让我们觉得那个语词的意义已经得到了彻底的解释，尤其是没有借助本语言中的其他语词的意义。很不幸的是，我们被表象迷惑了。翻译手册并不是彻底解释理论的最佳形式，不仅戴维森这么认为③，蒯因本人也持相同的立场。

　　蒯因给出的主要原因与翻译的不确定性问题相关："我们可以以不同的方式编写把一种语言翻译为另一种语言的手册，这些手册都符合全部言语行为倾向，但彼此之间却不一致。……当然当一个语句与非言语刺激的直接联系愈密切，不同手册的翻译的差异便会愈小。"④ 也就是说，翻译手册可以不是唯一的，而且不同的翻译手册对于同一个语句的翻译可以完全不同。如果我们用翻译手册来解释语句的意义，翻译的不确定性将导致意义的不确定性；然而就我们的母语而言，其意义是确定的，这一点我们可以保证，我们寻求一种意义理论或解释理论就是将这种确定的意义描述出来。而且翻译的不确定性还导致我们没有十足的把握保证或者说根本不能保证，真之理论借助这个概念提供的解释一定是正确的。因而，尽管借助了翻译手册，我们也无法断定 " 'Gavagi is a small animal' 在英语中是真的，当且仅当兔子是一个小动物"是正确的 T-语句。因为我们无法肯定"gavagi"应该被翻译为"兔子"还是应该被翻译为"兔子的不可分割的

---

　　①　参见 M. Williams："Meaning and Deflationary Truth"，1999，p. 556。

　　②　翻译手册的典型范例就是（词典编纂家编写的）词典。蒯因认为，翻译需要基于一个在先的概念，即同义性概念（参见［美］蒯因《从逻辑的观点看》，1987 年，第 46 页），他还指出："词典编纂家可能研究一种语言的形式与另一种语言的形式之间的同义性，或者像编制一部国语词典那样，他也可能研究同一语言的形式之间的同义性。［……］同义性概念能否在这两种情形中都得到令人满意的阐明，还是一个未决问题。"（同前，第 52 页）第一种情形下的翻译更容易令人误以为它为一种语言提供了彻底的解释，尽管事实并非如此。

　　③　戴维森曾明确表态说："我并不认为翻译手册是解释理论应该采用的最好的形式。"（参见 D. Davidson：*Inquiries into Truth and Interpretation*，1984，p. 129）

　　④　参见［美］蒯因《语词与对象》，2005 年，第 28 页。

一部分"。翻译的不确定性的确切含义不是说没有恰当的翻译，而是说有
很多彼此不相容的翻译，它们无所谓一个比另外一个更恰当。这也就是
说，没有一个标准来衡量哪一种翻译是正确的，于是根据不同的翻译手
册，被翻译的语句就会具有不同的意义。

　　为了减小翻译的不确定性①，需要（借助刺激意义）对语句的意义作
直接的解释。蒯因表明了这种直接的解释与翻译之间的关系，他设想当一
个语言学家想要翻一个"迄今未知的语言"，"其任务就是通过说此语言的
人当下可见的反应去复原这种语言"，当这个语言学家已经获得这种语言
的意义时，他才能将其翻译为自己的语言。于是，蒯因宣称，"对我们更
重要的是**彻底**的翻译，即对迄今从未接触过的土著民族语言的翻译"，尽
管他认为，"这种翻译在其极端的形式上，实际上是不存在的"②。显然，
实际上是否存在"迄今从未接触过的土著民族语言"，以及是否的确不存
在任何"能够勉强做点口译的人"，这都不是最重要的。真正值得关注的
是，无论何种程度的翻译最终似乎都要得到彻底翻译的保证。

　　蒯因关于翻译问题的讨论对戴维森的解释理论有着直接影响③。戴维
森自己在"彻底的解释"一文的注脚中毫不掩饰地写道："翻译手册的想
法……对我关于当前这个主题的思考启发很多，我的方法在重要的方面与

---

　　① 博尔顿指责蒯因的不确定性原则依赖了两个错误的关键前提和一个无效的推理，因而蒯因提
供的论证不足以证明不确定性原则（参见 D. E. Bolton："Quine on Meaning and Translation"，1979，
p. 331，p. 334，关于翻译的不确定性论题的进一步讨论，可参见 A. Weir："Indetermination of Transla-
tion"，2008）。在这里，我不打算就这个论题深入下去，因为翻译的不确定性仅仅是戴维森提出的彻
底解释的一个原因，而不是重要的原因，尽管它是蒯因提出彻底的翻译理论的重要原因。因为，戴维
森并不否认他的彻底解释也会面临解释的不确定性问题，他承认："如果以我所讨论的方式来构造解
释，很可能会发现不止一种理论满足要求。结果，解释的不确定性与蒯因的翻译的不确定性在语义上
就是同类。"只不过，戴维森认为，"按照他的方法，不确定性的程度将……比蒯因的要小"（参见 D.
Davidson：*Inquiries into Truth and Interpretation*，1984，p. 153）。本章的后半部分还会谈到，对于戴维森
而言，追问彻底解释的根本原因是要挽救他的意义理论，以免受循环解释之苦。
　　② 参见［美］蒯因《语词与对象》，2005 年，第 29 页。
　　③ 格洛克介绍说，蒯因关于彻底翻译的讨论被普特南赞誉为："康德的范畴的超验演绎之后最令
人着迷和讨论最多的哲学论证。"格洛克还表明，"今天很多分析哲学家赠与戴维森关于彻底的解释之
处理以类似的荣誉"（参见 H. Glock："The Indispensability of Translation in Quine and Davidson"，1993，
p. 195；以及参见 H. Putnam：*Mind, Language and Reality*，1975，p. 159）。可见，无论彻底的翻译，还
是彻底的解释都引起了学界的极大热情。本章的重点并不在于要全面地研究这两种理论，这里的立足
点将围绕它们是如何在解决循环性问题上发挥作用的，以及它们是否发挥了作用这些问题。

蒯因的很接近。"① 不过他并没有完全接受蒯因的翻译理论，戴维森很想避免翻译的不确定性带来的消极因素，因此他更倾向于谈论解释而非翻译，以便有所区别。威廉姆斯则认为，在策略上，戴维森"对于意义的方法［与蒯因］是相同的"，因为，"对于戴维森而言，意义仅仅是解释的实践所揭示的东西"②。威廉姆斯的观点是正确的，即便是蒯因本人也不打算直接借助翻译（手册）来说明意义问题，他强调彻底翻译的重要性，故而蒯因可算是彻底的解释理论的先驱。

翻译手册不适于做彻底的解释理论的第二个原因是，它并没有真正解释一种语言的语句的意义。这一点很关键，许多人之所以指责翻译理论就是因为这一点。例如，福斯特指出，如果为一个真之理论附加上经验和形式的限制条件，而这些条件仅仅保证了处于等式右边的语句是左边被命名的语句的翻译，那么这也不足以使这个理论是"一个恰当的意义理论。它所陈述的东西对于理解语言 L 而言是不充分的"③。福斯特的质疑所针对的问题并不是这样的限制条件是否能够起到翻译在塔斯基理论中所起的作用，而是一个翻译理论是否足以成为一个恰当的解释理论。这个问题在对象语言包含在元语言中的情况下更为明显："'Der Schnee ist weiss'是真的，当且仅当 Der Schnee ist weiss"这个 T-语句显然是塔斯基式的真之理论的一条定理，因而是正确的，但对于不理解德文的中国人而言，借助这条定理并不足以使他理解"Der Schnee ist weiss"这个语句的意义。翻译掩盖了这一问题，而这一点显然被福斯特看到了。他认为，戴维森引入这些限制条件甚至造成了更坏的效果，因为"它增加了那些假想的意义理论的复杂性，但在它们的解释力上却没有任何收获"④。当然，福斯特在这里其实误解了戴维森，戴维森本人也并不支持翻译理论。

达米特认为，构造一个从某种语言到一种已知语言的翻译手册会有一些根本性的原则，通过研究这些根本性的原则来处理意义问题（即来解决如何明确这种语言中的语句的意义的问题）还是有优势的。在他看来，这种研究策略的"优势在于，我们准确地知道翻译手册必须采用何种形式，这种形式也许是一类有效的规则，这些规则将被翻译的语言［对象语言］

---

① 参见 D. Davidson：*Inquiries into Truth and Interpretation*，1984，p. 129，n. 3。

② 参见 M. Williams："Meaning and Deflationary Truth"，1999，p. 553。

③ 参见 J. R. Foster："Meaning and Truth Theory"，1976，pp. 19 – 20。

④ Ibid.，pp. 19 – 20.

的语句映射到用于翻译的语言［元语言］的语句上。因此，我们可以整个地集中关注这些问题，我们如何实现手册中所包含的翻译系统，以及什么条件必须被满足以便这些系统是可被接受的"，但这种策略的严重缺点是，"我们不能肯定在寻求翻译而导致的结果中哪些与意义概念有关，原因仅仅在于它们［即这些结果］并没有直接借助于它［即意义概念］来陈述"，更重要的问题是，"理解一个表达式的意义就是理解它在语言中的作用"，但是借助翻译理论则无法说明这一点①。因此，在达米特看来，翻译手册并没有能够对一个表达式的意义提供解释，进而研究翻译手册对于构造某种语言的一个意义理论而言基本上没有什么作用。

反对翻译手册的第三个原因是对第二个原因的升级，即翻译手册根本没有对意义提供解释，因而它对于意义理论来讲完全不必要。达米特论述说，借助翻译手册的理论一定是简约的（modest）而非充分的（full-blooded），因为它会使用一些事先需要理解的东西。在他看来，"翻译手册导致对被翻译的语言的理解需要借助于对用于翻译的语言的理解，这种理解并非是由它［即翻译手册］自身来提供的。甚至我们可以说，它并没有直接展示，对被翻译的语言的理解在于什么"，"翻译手册假设了对用于翻译的语言有一种理解"②。按照这种观点，如果一种意义理论借助了翻译手册，例如直接将塔斯基的真之理论用作意义理论，那么这种意义理论就是简约的。因为它仅仅解释了，如何借助对另外一种语言的理解来达到对一种语言的解释，这恰恰是翻译手册要做的事情：它并没有解释，如何在独立于关于其他语言的知识的情况下具有关于一种语言（例如，一个人的母语）的理解。比如，通过翻译手册，我们可以知道"the earth"与"地球"意味相同，却不必知道它们中的任意一个意味什么。翻译手册并没有告诉我们，"地球"在我们的母语中应该如何来理解。

为何翻译手册表现得好像是一种意义理论而实际上却没有解释力？按照戴维森的分析③，这是因为翻译理论潜在地涉及了三种语言：对象语言（即被翻译的语言）、主体语言（用以翻译的语言）以及元语言（表达这种翻译过程的语言即翻译理论的语言）。翻译本身是发生在对象语言和主体语言之间的。人们可以不知道对象语言和主体语言中任意语句的意义而

---

① 参见 M. Dummett：*The Seas of Language*，1993，p. 5。

② Ibid.，p. 6.

③ 参见 D. Davidson：*Inquiries into Truth and Interpretation*，1984，pp. 129 – 130。

能够确定一个语句是否是另外一个的翻译①如果主体语言和元语言刚好相同，误会就产生了。一方面，人们误以为，把握这种翻译理论的人必须理解主体语言，事实上，他需要理解的是元语言；另一方面，人们误以为翻译手册解释了意义，其实它仅仅给出了对象语言的意义，却预设了元语言的意义。造成误会的原因是，翻译理论或一个翻译手册掩盖了两件事情。一件是，主体语言在这里被用以表达翻译理论的语言；另一件是，理论的表达者应该具有关于如何使用元语言来表达这种理论的知识。这就是说，一个人如果想要借助翻译理论来工作，他需要做的事情是首先要理解或解释表达这种理论的语言，即元语言，而不是主体语言，除非元语言恰好就是主体语言。

因此，翻译手册并没有说明，人们理解一种语言（尤其是陌生语言）时知道些什么。在戴维森看来，翻译手册并不具有解释的功能，因为它本身已经预设一种语言（元语言）的意义；而且它也未必能够说明对象语言的语句的语义结构，因而未必能够解释一个复杂的语句的意义是如何依赖于构成部分的意义的。如果对这种理论配以另外一种能够说明语义结构的理论，那么就能构造出一种令人满意的意义理论了。但这样的办法采取了"一种不必要的笨拙的形式来达到目的"；就翻译手册本身而言，戴维森认为，翻译手册将被翻译的语言中的每个语句翻译为翻译者的语言中的语句，而解释理论的责任是"给这些熟悉的语句以解释"，因而"对象语言的解释理论于是可以被视为已知语言的结构揭示性的解释理论与从非已知语言到已知语言的翻译系统的组合品"②。可见，这里的翻译系统对于彻底的解释而言是多余的，去掉它剩下来的就是对象语言的结构揭示性的解释理论。所以，在戴维森看来，一种适当的具有彻底的解释力的意义理论

---

① 这一点似乎能够对本章前一节关于循环解释问题的讨论给予佐证：如果翻译概念（以及紧缩论者所需要使用的表达概念）并不涉及对于语句意义的理解，那么构造一种解释语句意义的理论就可以避免循环问题。为何翻译不涉及语句的具体意义，在这个问题上戴维森没有给出详细的说明。不过我们可以在蒯因那里得到关于这个问题的详细讨论（参见蒯因在《语词与对象》第二章中关于刺激意义的讨论，尽管语句意义可以还原为刺激意义，但后者并不直接构成前者）。然而，戴维森对翻译与彻底解释的关系还有另外一种能够导致循环性问题的见解："我们不能事先假设正确的翻译能够被确认而不必预先具备彻底的解释的观点"，可见，如果彻底的翻译借助了翻译手册，就会使得解释陷入循环。因此，他建议，"在经验的应用中，我们必须抛弃这个假设"（参见 D. Davidson：*Inquiries into Truth and Interpretation*，1984，p. 134）。

② 参见 D. Davidson：*Inquiries into Truth and Interpretation*，1984，p. 130。

（即解释理论）不应该是翻译手册，而应该是以一种递归方式构造起来的塔斯基式的真之理论。

二　何谓"彻底的解释"

为了弥补翻译手册带来的不确定性之缺点，蒯因强调彻底翻译的重要性，主张要构造一种"迄今未知的"与翻译者的母语也没有任何联系的语言（如某个与世隔绝的部落的土著语）的翻译手册。这也是蒯因的翻译理论的最终目的。如何构造这样一种"彻底"的翻译手册？蒯因的观点是，"从一个人的当下被观察到的反应获得他的当下语言，这是语言学家的任务，语言学家力求在没有解释者帮助的情况下理解和翻译一个至今未知的语言。他必须依据的所有客观资料都是他看见的因素，其对于当地人的外表和当地人的可观察的行为、声音以及其他方面构成的影响"①。在彻底的翻译中，唯一可用的证据就是我们观察当地人的行为而获得的证据。按照蒯因的观点，翻译是否正确取决于当地人的可观察的行为。关于意义的事实中最基本的就是关于刺激意义（stimulus meaning）的事实，一个语句的刺激意义是由两种感觉刺激构成的，一种诱导当地人赞成一个语句，另外一种诱导当地人反对一个语句。相应地，有两种刺激意义：肯定的刺激意义与否定的刺激意义。翻译的彻底性就体现在，最终要借助刺激意义之间的（归纳性的）等同来确定两种语言的观察语句是同义的。然而，蒯因并不认为彻底的翻译能够完全避免不确定性问题②。

戴维森在蒯因的基础上提出了彻底的解释理论。按照他的说法，他所使用的"彻底的解释"与蒯因使用的"彻底的翻译"有着密切的联系。这两种理论追求的目标都是在不借助任何直接或间接依赖于意义概念的东西之前提下对一种语言的意义做出解释。用戴维森的话说是："这个词组表明它与蒯因的'彻底的翻译'有着紧密的亲缘关系。然而，亲缘关系并

---

①　参见 W. V. O. Quine：*Word and Object*，1960，p. 28。

②　蒯因给出的理由是，土著语的语词（例如"gavagai"）可能会与翻译者的语词（例如，英语中的"rabbit"、"rabbit stage"以及"undetached rabbit"）具有相同的刺激意义，因而没有根据说其中一个语词是前者的更好的翻译（参见 W. V. O. Quine："On the Reasons for Indeterminacy of Translation"，1970，p. 181）。另外，对土著语的语句的翻译依赖于分析性假设，即依赖于对被翻译语句的结构分析，它将土著语的语句分析为更简单的组成部分。而这样的分析性假设系统可能不是唯一的，我们也不能追问哪个是正确的，哪个是错误的，因为在蒯因看来，分析性假设根本就没有对错之分（参见 W. V. O. Quine：*Word and Object*，1960，pp. 73 – 79）。

不完全相同，用'解释'代替'翻译'表明了一个不同点：前者强调明确的语义学特征。"[①] 蒯因的彻底的翻译理论采取的理论形式是翻译手册，而戴维森的彻底解释理论采取的理论形式是塔尔斯基式的真之理论。后者可以视为一种翻译手册，然而翻译手册在一般含义上不必具有语义学的特征，即不必借助 T-语句来表达。就此而言，戴维森与蒯因在解释理论上并不存在本质的差别。同样，这一点也表明，戴维森的方法不过是达到彻底解释的一种途径，而非唯一的途径[②]。暂且把这个推论放在一边（这是下一章论述的重点），本节先把注意力集中于戴维森对"彻底的解释"这一重要概念的阐述上。

戴维森提出的"彻底的解释"的动机并不难理解，就是为了避免循环。戴维森承认，一个真之理论如果要蕴涵"'雪是白的'是真的，当且仅当雪是白的"，需要借助翻译概念对该理论施加限制条件。但这并不意味着需要直接使用这个概念。他还声明说："这不是造成循环解释，因为我们已经假定，这些条件是以非乞辞（non-question-begging）的方式来陈

---

　　① 参见 D. Davidson：*Inquiries into Truth and Interpretation*，1984，p. 126，n. 1。此外，他还在别的地方明确说："我承认我所想的东西本质上就是蒯因关于解释问题所描绘的东西，我想要提出的解决问题的策略显然将主要归功于他。"（参见 D. Davidson：*Inquiries into Truth and Interpretation*，1984，p. 149）

　　② 戴维森不想借助翻译手册，还有另外一个原因。他认为，真之理论在得到修正（如本书第二章所言）能够处理包含索引词和指示词的语句，为了给出这些语句的意义（即真之条件），需要引入时间、地点和说话者。由此构成的 T-语句在戴维森看来其右边的语句并非是左边被命名的语句的翻译。参考这样的 T-语句："'I am hungry' 被 p 在 t 说出时是真的，当且仅当 p 在 t 饿了。"（其中 p 是说话者，t 是时间）在这个 T-语句中，等式的右边"p 在 t 饿了"显然不是"I am hungry"这个英文语句的翻译，虽然前者给出了后者的真之条件。因此，戴维森强调："显然，我的观点并不是使解释一种语言之能力依赖于将那种语言翻译为一种熟悉的语言。[……] 一般，一个恰当的真之理论不使用索引词的手段，因此不能包含对大量不同的这样一些语句的翻译。就这些语句而言，甚至不存在这样的错觉，即解释依赖于翻译的能力。"（参见 D. Davidson：*Inquiries into Truth and Interpretation*，1984，p. 175）只要稍作分析便可看出，戴维森强调他的观点，其实他只考虑到那种基于字面翻译或直译的翻译概念的理论。"I am hungry"这个英文语句的中文直译是"我饿了"而非"说话者 p 在 t 饿了"。然而，还有另外一种翻译的概念，即意译。事实上，在很多场合下，对这句英文的翻译我们都会选择意译。因为，对这些语句的意译比直译能够更准确地表达其意义，且能避免误解。T-语句等式的右边是左边被命名的语句的意义，那么从同义的角度而言，这样的 T-语句同样体现了翻译（手册）的特点。

述的，没有借助我们想要解释的那种语言学概论。"① 所谓语言学的概念只要是指意义、同义、翻译等概念，戴维森希望他的解释理论不再需要（实际上也不能）使用这些概念就能给出语句的真之条件，即它的意义。一种解释理论如果仅仅借助无须依赖于被解释的概念就能得到说明的概念，甚至借助无须再进一步做出说明的概念，它无疑是彻底的。使用有待解释的概念来进行解释，这当然是不彻底的。翻译手册对土著语言中语句意义的解释就预设了本国语言的语句的意义以及土著语言的语句与本国语言的语句是同义的。戴维森指出，即便对本国语言的解释也会存在这个问题。因为这种解释必须通过同义概念来说明用以解释的本国语言和被解释的本国语言是相同的语言，尽管它们在语法层面可能完全相同。为了实现对一种语言的彻底的解释，我们不能借助另一种有待解释的语言。这也正是为何翻译手册不能为彻底的解释服务的原因。

　　既然彻底的解释不能使用像翻译这样的语义学概念，那么塔斯基的真之理论就不能为此提供服务。否则，就得对它做出修正，关于这一点本书在第二章中已经做了初步阐述。然而，如果对塔斯基的真之理论进行修正仅仅意味着去掉 T-约定中的翻译概念，如此得到的真之理论能否胜任彻底解释的工作？对此，戴维森给出了否定性的回答："对于解释的目的而言，T-语句中的真［谓词］是不够的。一个真之理论仅当其 T-语句陈述真之条件且被当做是对对象语言中的语句'给出意义'时才会产生解释。我们的问题是要发现关于这个理论的足够强的限制以便保证它能被用于解释。"② 这表明，仅仅去掉翻译概念是不够的，对塔斯基的真之理论的修正还需要添加新的东西来替代翻译概念所起的作用。新的东西就是所谓的限制条件。简要地说，有两个限制条件：形式的和经验的（关于这两个条件，本书第二章也做出了充分论述）。按照戴维森的

---

① 参见 D. Davidson：*Inquiries into Truth and Interpretation*，1984，p. 178。类似的说法还有："如果我们知道 T-语句满足塔斯基的 T-约定，我们将知道它是真的，并且我们能用它来解释一个语句，因为将知道双向条件式的右边翻译了这个要被解释的语句。现在我们的麻烦来自这样的事实，即在彻底的解释中我们不能假设 T-语句满足翻译标准"（Ibid.，p. 139），"他［塔斯基］能够预设翻译概念。但是在彻底的翻译中，这恰好是不能被假设的"（Ibid.，p. 172），"我试图做的事情是对意义给出说明（解释），而不在本质上使用未经解释的语言学概念"（Ibid.，p. 176）。

② 参见 D. Davidson：*Inquiries into Truth and Interpretation*，1984，p. 150。

表述，这两个限制条件也就是：（1）有穷形式。具体而言，"解释者必须能够理解说话者也许能够说出的无穷多语句中的任意一句。如果我们要明确陈述解释者也许知道的那些使得他能够这么做的东西，我们必须以有穷的形式来表述它"；（2）经验的证据支持。换言之，彻底解释的理论"能够被解释者所有效采用的证据支持或证实"①。戴维森相信，用这两个限制条件取代翻译概念，能够使得 T-语句给出对象语言的语句的意义，从而使 T-理论能够为该理论提供解释。当然，重要的是，这些条件能够保证这样的解释是彻底的。为此，它们必须不能再依赖于语义学或语言学的概念。形式的条件仅仅与语言的结构相关，为了使真之理论成为彻底的翻译理论，它要能够刻画对象语言的逻辑结构。前提是要"强行（procrustean）"假设对象语言与我们的语言在结构上是类似的，即对象语言是一种量词理论。不过，这种假设并不涉及任何语义学或语言学的概念。

　　除了形式的限制条件之外，还需要注意的是经验的限制条件。戴维森讨论了一种恰当的解释理论所需证据的性质。证据必须满足两点②：（1）证据必须可以借助非语义学、非语言学的词汇来描述；（2）彻底的解释者不得预先具备需要假定证据的理论。这两点可归结为一点，即解释理论所依赖的证据不能再借助解释理论本身或解释理论所要解释的东西来说明。由此，我们可以更明确地看出，戴维森所追求的彻底性不过是指对于意义的解释不能借助意义及其亲缘概念。也就是说，在彻底的解释中，意义解释必须舍弃一切需要直接或间接借助意义概念的途径。如果说这是要令经验的限制条件能够保证解释的彻底性，那么这种彻底性与不循环性就是等价的。所以，戴维森所谓的解释的彻底性大概并不是说为了最终完成解释一种语言的任务而去寻找一个完全不用再进一步解释的初始性的东西来，他的目的似乎不是追求解释链条中的最终点。这样看来，戴维森的彻底的解释并不是最彻底的③，不过这一点并不重要。理由是，如果它的

---

　　① 参见 D. Davidson：*Inquiries into Truth and Interpretion*，1984，pp. 127 - 128，p. 128。关于解释理论的限制条件，本书在下一小节中将会作出详细的讨论。

　　② Ibid.，p. 143.

　　③ 大卫·刘易斯提出了更为彻底的解释理论。他将解释理论划分为四个部分：（P）作为物理系统的卡尔（其中，卡尔是任意的一个人）；（Ao）在我们的语言中得到表达的卡尔的态度，如信念和意愿；（Ak）在卡尔的语言中得到表达的卡尔的态度，如信念和意愿；（M）卡尔的意义，即他的完整语

确能够被构造出来，至少解释的循环性问题就不再是问题。就能够避免循环性问题并给出一种语言的语句的意义而言，戴维森的意义理论（即TCS）已经实现了他认为的彻底解释的目的。

三　彻底解释的可能性

现在的问题是：戴维森所提出的彻底的解释理论是否能够构造出来？当然这个问题并不是在问，塔斯基式的真之理论（在形式上）是否能够处理或分析复杂的自然语言？而是在问，以形式与经验的限制条件取代翻译概念能否保证 T-语句都是正确的？或限制条件能否起到翻译概念在T-约定中所起的作用？这些问题指向了彻底解释的可能性。虽然戴维森宣称，"所有理解都包含着彻底的解释"，但是他并没有对这种彻底的解释之存在给出充足的证明，毋宁说他只不过是为了避免对语言的循环解释而很自然地要寻求一种彻底的解释而已。

福多（J. Fodor）和利波尔对彻底的解释之可能性提出质疑，他们认为戴维森对彻底的解释做出的说明包含了一种由语言的现实的可翻译性到其彻底的可翻译性的"超越的论证（transcendental argument）"，而这种论证不成立①。这种指责基于对彻底的翻译概念的这样一种理解：一种语言是可彻底解释的，即它是由彻底解释者的认知情况（epistemic position）可解释的；而且"要求一种语言是可彻底解释的，就是要求这种语言的正确理论能够在认知上被获得"②。所谓认知情况，对于蒯因而言，就是彻底的翻译者对说话者关于一个简单语句的赞成或反对的认知，而对戴维森而言，则是彻底的解释者关于说话者是否认为一个语句为真的认知。按照福多和利波尔的观点，彻底的翻译者或解释者可以利用的初始数据可以分别表达为"单个的赞成语句（singular assent sentences）"（SASs）和"单个的认为真的语句（singular hold true sentences）"（SHTs）。相应地，可以举两个

句的真之条件以及语句构成部分的指称。按照刘易斯的观点，彻底的解释就是"给定 P，即关于作为一个物理系统的卡尔的诸事实，解释其他部分"（参见 D. Lewis："Radical Interpretation"，1974，p. 331）。刘易斯的目的在于提供一种全面的解释方法，基于 P，对 Ao，Ak 以及 M 给予系统的解释。据他所言，戴维森的彻底的解释仅仅解答了对他的彻底解释问题的一个子问题，即完成了对 M 的解释（Ibid., p. 340）。

①　参见 J. Fodor and E. LePore："Is Radical Interpretation Possible?"，1994，p. 101。

②　Ibid., p. 102.

典型的例子：

（SASs）库尔特在周六中午当他的神经末梢以 e 方式被刺激时对"Ga-
　　　　vagai"持赞成态度。
（SHTs）库尔特在周六中午认为"Es regnet"为真且周六中午在库尔
　　　　特附近正在下雨。

上述这两个例子即（SASs）和（SHTs）分别也是彻底的翻译者或彻
底的解释者在彻底翻译或解释一种语言时所唯一能够使用的证据，它们完
全表达了翻译者和解释者关于说话者所能获得的经验信息。其中"赞成"
和"反对"是准行为主义的概念，"认为一个语句为真"是准心灵主义的
概念，但福多和利波尔认为，无论这两者中的哪一个，都不足以实现对一
种语言的彻底翻译或解释。由语言的现实的解释并不能推出彻底的解释，
因为根本不可能有彻底的解释。他们做出的论证是：彻底的解释者仅仅凭
借（SHTs）无法评价任何一种解释理论是否正确，即无法证明自己给出的
解释是成功的，情况对于彻底的翻译者是一样的。彻底的解释者需要借助
更多的东西，例如假设说话者与解释者自己是同种生物，对相同的刺激有
着类似的反应或表现等等。这被福多和利波尔称为"强有力的理论性的背
景假设"，并且这些假设能够通过过去的解释上的成功来自我确证。否则，
这样的解释根本不可能是彻底的。

蒯因提出了一种典型的彻底翻译者：儿童。与语言学家不同，儿童在
学会母语之前似乎没有掌握一种成熟的语言，不存在对某种语言的已有的
理解。按照蒯因的说法，"一个儿童是通过听和在出现适当的刺激时使用
他最初的语词和语句的"[①]。蒯因认为语言学家或彻底的翻译者可以像儿童
一样做到仅仅根据语句的经验性的刺激意义来彻底地翻译一种语言。然
而，无论语言学家还是儿童都不同于彻底的翻译者，根据福多和利波尔的
论证，他们之间的差别在于，即便儿童在学会他的初始的语词和语句时也
是需要背景假设的，即儿童天生具有的能力或信息。儿童与语言学家的细
微区别在于，儿童的背景假设是无法被自我确证的，它根本就不必得到确
证。既然无论语言学家还是儿童都不是彻底的翻译者，而他们的确实现了

[①]　参见 W. V. Quine：*Ontological Relativity and Other Essays*，1969，p. 81，转引自 J. Fodor and E.
LePore："Is Radical Interpretation Possible?"，1994，p. 108。

对某些语言的解释，因此对语言的现实的解释并不能导致彻底的解释。实际上根本没有彻底的解释，解释者在选择正确的解释理论时总是在借助（SASs）或（SHTs）的同时还要借助其他背景理论。

戴维森的回应可以归结为一句话：他被误解了①。戴维森辩解说，他并没有论证自然语言的彻底的解释必须是可能的，而只论证了它是可能的。他提出彻底的解释理论并不是因为自然语言实际上被解释了，但这一点确实是他用来说明如何彻底解释的。戴维森宣称，他对于彻底解释的可能性之论证并不依赖于语言学家或儿童解释或学习一种语言时所实际使用的证据或方法。戴维森也不否认彻底的解释者可以像语言学家或儿童那样具有理论假设，例如他们可以预先掌握一种语言或一些概念，这些东西与被解释者所拥有的语言或概念或多或少相匹配。因此，可以说，戴维森确实被误解了。福多和利波尔所理解的彻底的解释只能借助（SHTs），即说话者认为一个语句为真的经验证据；而戴维森寻求的彻底的解释却并非如此狭隘，它实际上需要借助比（SHTs）更多的东西，至少还需要形式的限制条件、宽容性原则，等等。如前所述，解释的彻底性对于戴维森而言就是用于解释语言（即给出其语句的意义）的东西不能包含或直接使用语义学或语言学的概念。（SHTs）只是实现这一目标的要件之一。戴维森说："作为结果，我认为意义理论是更为普遍的人类行为理论的不可分割的一部分。"② 在这一点上，戴维森与大卫·刘易斯是一致的③。

---

① 参见 D. Davidson："Radical Interpretation Interpreted"，1994，pp. 121 - 128。

② Ibid.，p. 127。在别的地方，戴维森很明确地阐明了提出这些限制条件的目的："我已经提出一些经验的限制条件来施加给一种真之理论以便它是可接受的，这种理论能够无须借助意义、翻译或同义等概念而得到陈述，[……] 尽管一些推理，我已经试图证明，如果这些限制条件被一种理论满足，那么由这个理论推导出来的 T-语句将实际上有关于 s 的翻译来替代 'p'。"（参见 D. Davidson：*Inquiries into Truth and Interpretation*，1984，pp. 172 - 173）

③ 大卫·刘易斯对彻底的解释提出六条限制性的原则：（1）宽容性原则（Principle of Charity），即卡尔应该相信他应当相信的东西，应该想要他应当想要的东西，这里的"应当"是根据解释者自己的信念和意愿情况来决定的。（2）理性化原则（Rationalization Principle），即卡尔应该是一个理性的主体，他的信念和意愿以及相应的行为应该具有合理的理由。（3）真性原则（Principle of Truthfulness），卡尔的一些信念和意愿应该构成他的态度形式，在卡尔的语言中表达这种形式之态度的语句被约定是真的。（4）生成性原则（Principle of Generativity），即意义理论应该以有穷的统一的方式给出每个语句的真之条件（即意义）。（5）显明原则（Manifestation Principle），即在卡尔的语言中表达的他的信念和意愿应该在他的言语行为的倾向中规范地得到显明。（6）三角原则（Triangle Principle），即在卡尔的语言中表达的他的信念和意愿应该与在解释者的语言中表达的相同。这些原则同样也是戴维森的理论

最后再来看自然语言是否能够被彻底解释这个问题。自然语言确实是儿童可学会的，它也是语言学家可解释的。对自然语言的现实的彻底解释，并不是不可能。说英语的人和说汉语的人并非一开始就可以相互交流，我们可以设想第一个说英语的人学会说汉语时，他并没有现成的解释理论或翻译手册可供参考，他所做的工作就是对汉语进行彻底的翻译。也许这还不算是彻底的解释，因为这个人可能需要借助他对于英文的在先理解，那么他学会自己的母语一定可以算作是彻底的解释。按照戴维森的观点，他的彻底的解释理论（即 TCS）未必描述了这种现实的解释者学会一种语言时所知道的东西，但它提供了一种可能性，即如果一个人知道 TCS，他就能够对一种语言做出彻底的解释。作为塔斯基式的真之理论与额外的限制条件的复合物，TCS 的解释能力源自何处？戴维森对这个问题的答案坚定不移："我已经提出一些经验的限制条件来限制接受一种真之理论……然而却并非不需要对真概念有特定的理解"，"我打算通过预设关于真概念的部分理解来阐述翻译概念"[1]。尽管这种主张看似不再那么彻底，但戴维森似乎不会轻易放弃真概念在意义解释中的核心作用。然而，后文将表明，塔斯基的真之理论能够给出语句的意义，原因并不在真概念，而在于翻译概念；而 TCS 的解释能力也并非源于真概念或 T-语句，而恰恰是来自于那些额外添加的限制条件，它们起到了与翻译概念相同的功能。当然，这并不是说这些限制条件本身构成了语句的意义或内容，而是说，修正之后的真之理论所蕴涵的 T-语句之所以能够保证等式的右边的语句给出了左边被命名的语句的意义（即真之条件），关键的因素并不是 T-语句中都包含了真谓词，而是所有 T-语句都被要求满足这些限制条件。

第三节 TCS 的解释能力

一 整体论与分子论

戴维森认为，一种恰当的意义理论就是一种彻底的解释理论。何谓

所要求满足的，不过戴维森很少强调的是第 2、5 这两个原则，它们已经隐含地成为其彻底解释理论的预设。与戴维森类似，刘易斯认为这些原则的"限制性力量使彻底的解释成为可能"（参见 D. Lewis, "Radical Interpretation", p. 335）。

[1] 参见 D. Davidson: *Inquiries into Truth and Interpretation*, 1984, p. 172。

"恰当的意义理论"？其中一个必要的条件是，这种意义理论必须能够解释或潜在地解释这种语言中所有语句的意义。因此，这种理论必须能够说明，这些语句之间是如何具有一种结构上的依赖性的。它要能够说明，一个复杂的语句是如何根据有穷多的具有某种结构的组合规则由有穷多的简单的语句构成的，而简单的语句又是如何根据相应的组合规则由有穷多的有意义的非语句（即原子）的表达式构成。一种令人满意的意义理论"必须根据每个语句的构成给出该语句的真之条件"①。但这似乎会隐含这样的推论，即意义理论应该通过构成简单句的部分之意义来解释简单句的意义。这恰好是所谓的分子论的立场。

　　传统的分子论者认为，人们对于语句的理解或解释总是首先从对语句（包括基础句）的构成部分的理解或解释开始的。分子论的观点假定，一般人们总是先知道了词、短语的意义之后，才能知道由这些词和短语构成的语句的意义；只有先解释了词语的意义，才能在这个基础上，结合相应的组合规则来解释语句的意义。弗雷格就是一个典型的分子论者。在他看来，简单句的构成部分（包括专名和谓词）的意义虽然是整个语句的意义（即思想）的一部分，但它们对于整个语句的意义没有依附关系，是可以独立存在的。一个单独的词也是有意义的。相反，整个语句的意义依赖于构成它们的部分的意义。

　　按照弗雷格的观点，意义的这种特征体现了这种组合性的原则。这个原则大致由两个部分构成。第一部分指出了，构成语句的专名和谓词本身是有意义的，"专名带有某种东西，这种东西与专名的意谓不同，它即使在一些具有相同意谓的不同专名那里也可以是不同的，并且它对于含有专名的语句的思想内容也是至关重要的，［……］是专名的涵义。［……］正像思想是整个语句的涵义一样，思想的一部分是一个语句部分的涵义"②；第二部分

---

① 参见 D. Davidson：*Inquiries into Truth and Interpretation*，1984，p. 202。

② 参见［德］弗雷格《弗雷格哲学论著选辑》，王路编译，2006 年，第 243 页。类似的引文还有很多，例如"如果一个部分语句是无涵义的，那么整个语句就是无涵义的"（同前，第 160 页）；"正像思想是整个语句的涵义一样，思想的一部分是一个语句部分的涵义"（同前，第 243—244 页）；"在语句中出现的一组符号一般也有一种涵义，而这种涵义是思想的一部分"（同前，第 255 页）；"语句由语句部分构成，相应地，思想由思想的部分构成。人们可以称思想部分为相应的语句部分的涵义，同样地，人们也可以将思想理解为语句的涵义"（同前，第 280 页）；"这个语句中有'埃特纳'这个专名，它为整个语句的涵义、为其思想做贡献。这种贡献是这个语句的思想的一份，是'埃特纳'这个词的涵义"（同前，第 280 页）。

则强调了，语句的意义来自各个构成部分的意义，"如果我们相信我们对一个长期普遍使用的词或符号的涵义进行了逻辑分析，我们就得到一个复合构成的表达式，其各个部分的涵义是我们知道的。这个复合构成的表达式的涵义必然从这些部分的涵义中产生出来"①。弗雷格的上述思想体现为一种典型的分子论。

在分子论的这种立场上，语句各个部分的意义共同组成了整个语句的意义即思想②。专名和概念词其实和那些作为构成复合句的部分子句一样，能够为整个语句表达思想做贡献。它们之所以能够做出贡献，就是因为它们为整个语句的思想提供了组成部分。按照弗雷格的说法，它们的贡献就是它们的意义。这种说法并不是承认有一种叫做"贡献"的抽象的东西，而是说，语句构成部分的意义是真正使它们（包括专名和谓词）成为能够为语句表达思想做贡献的东西。就像一个团体要举办晚会，要求每个成员都表演一个节目，这些节目构成了晚会的全部内容。显然，每个成员都为团体举办晚会做了贡献，而他们的贡献就是他们表演的节目。弗雷格更明确地将这种贡献表达为，整个语句的"涵义必然从这些部分的涵义中产生出来"。弗雷格区分两种简单符号与复合构成的符号之间的关系：一种他称之为真正的定义或"构造性的定义"，即由组成部分构造一种意义，再引入新的简单符号来表达这种意义；另外一种他称之为公理或"分析的定义"，即一个复合构成的表达式的意义与长期使用的一个简单符号的意义相同。在这里，我们真正关注的是，不管在哪种情况下，复合构成的表达式的意义都是从"复合构成（Zusammensetzung）"中产生的③。这也就意味着，语句的意义不是由其他方式先于语句部分的意义而产生的。意义的组合方式还表明，正如弗雷格指出的那样，一般来说，复合符号的"各个部分的涵义是我们知道的"。尽管弗雷格并没有明确说，对于整个语句的意义的把握依赖于对语句部分的意义的把握，但意义的组合原则至少暗含

---

① 参见［德］弗雷格《弗雷格哲学论著选辑》，王路编译，2006年，第258页。当然，这种组合的过程还应该考虑到语句或思想的构成方式，这种考虑是必要的。但弗雷格并不总是没有强调这一点，原因很可能是，在他看来，这种组合显然不是简单地相加，对于思想结构的考虑应该已经包含在"组合性"这种说法之中。另外，他指出："思想世界在语句、表达式、语词、符号的世界中有自己的反映。语词构成语句是与思想构造相对应的，在这里，顺序一般并不是无关紧要的。"（同前，第163页）这说明，他对思想结构并不是不重视。

② 弗雷格曾在很多文章中表达了意义的组合性的思想，具体的讨论请参见本书第六章第三节。

③ 参见 G. Frege：*Schriften zur Logik und Sprachphilosophie*；*Aus dem Nachlass*，1978，p. 104。

了，我们可以通过把握语句部分的意义以及语句的组合方式来把握语句的意义。

这可能会导致一种对 TCS 来说极为不利的推论：不仅真概念对于说明语句的意义概念是不必要的，而且理解或解释语句的意义也不一定要通过把握或明确的语句真之条件[①]。而且接受意义的分子论，也无助于解决怪异的 T-语句的问题（例如第二章第三节所讨论的（P）和（Ts）这两种语句），因为一种真之理论可以自一开始就赋予语句的构成部分以错误的解释，这种解释融贯地形成了对整个简单的语句以及更复杂的语句之解释。这样构造起来的真之理论难免会蕴涵怪异的 T-语句，如"'雪是白的'是真的，当且仅当草是绿的"。这些特点显然是戴维森这样的 TCS 的拥护者不能容忍的。戴维森反对意义的分子论，但他并不反对意义的组合性原则。他承认，语句的意义是由语句部分的意义构成的；他反对的是，在解释上，语句部分的意义处于整个语句的意义之前。在戴维森看来，"语词除了在语句中发挥作用之外没有别的功能，它们的语义特征是从语句的语义特征中抽取出来的"[②]。因此，在解释整个语句的意义之前，我们不可能实现对其构成部分之意义的解释。更进一步地讲，只有解释了整个语言或者说某种语言片断的一部分语句，才能解释其中的某一个语句。这就是意义的整体论的观点。

戴维森之所以不同意分子论，有两个方面的原因。一方面，他认为，分子论不能有效地解释语句的意义是如何依赖于语词的意义的。在他看来，即便我们知道"飞马"的意义和"会飞"的意义，从这一点，为什么会以及如何就产生了"飞马会飞"的意义，这一点似乎极为重要且亟待解释，但分子论者的回答显得有些平凡[③]。于是，戴维森认为，"讨论语句的结构以及语词的意义是没有用的，因为它在产生关于语句的意义的说明

---

① 参见周志荣《弗雷格论意义与真》，2012 年，第 33—36 页。在这篇文章中，笔者论证了弗雷格的涵义理论借助这种分子论可以独立于他的意谓理论和真之理论。这一观点在本书第六章第三节再次得到体现，并获得了新的论证支持。

② 参见 D. Davidson：*Inquiries into Truth and Interpretation*，1984，p. 220。

③ 关于这一点，可以参见本书第二章第一节的具体论述。在那里的讨论表明，戴维森对弗雷格的分子论的批评是以误解为前提的，戴维森误将弗雷格的意谓理论当作了他的涵义理论，因而认为弗雷格的指称的意义理论无法刻画意义的组合性原则。殊不知弗雷格根本没有提出所谓的"指称的意义理论"，而他的涵义理论恰恰是能够满足意义理论的组合性原则之要求的。

的过程中没起到任何作用"①。与戴维森的观点相似，蒯因认为，要使每个词语都有独立的意义，就会导致两个问题。一是语词的意义是什么这一点并不清楚；二是语词的意义是如何组成语句的意义的，这一点也是含糊的。因此，这样一种对于意义的逐词分析是"不必要的且令人无法忍受的约束性的"②。由这些问题，蒯因和戴维森就很自然地推论说，人们应该放弃分子论的这种对于意义的观点，不应该将语词而应该将语句作为意义的最基本的单位，语词的意义仅仅是从由之构成的语句的意义抽取出来，也只有在这种含义上，语词才是有意义的。

　　另一方面的原因在于，戴维森认为，即使分子论的基本路线是正确的，沿着这条路也将会导向错误的结论，即语句的语义性质（例如真）将依赖于语词的语义（例如满足和指称），因而如果不借助满足或指称概念，我们就不可能构造出一个意义理论。这种结论之所以是错误的，在戴维森看来是因为，实际上在塔斯基那里，对于真概念的理解先于对于指称概念的理解。塔斯基正是先有了一种关于真的观念，才会求助于T-约定以及其他概念来实现这种观念。尽管离开了指称概念就没法来刻画这种真概念，但是"这并不需要对于指称概念有一种在先的理解"③。更重要的是，一个真之理论是不是正确的，关键在于所有T-语句是不是（实质上）正确的，这与指称概念没有关系，在T-语句中也可以根本不出现满足、指称等语义概念。因此，指称概念对于构造意义理论而言不是必要的，尽管这个概念对于塔斯基构造真之定义而言是必要的。这里似乎出现了"两难的情况"。戴维森建议，应该通过区别"理论内部的解释（explanation within the theory）"和"关于理论的解释（explanation of the theory）"来摆脱困境。在真之理论内部，对于真概念的解释的确需要借助指称和满足概念，因而语句的真之条件就需要借助结构和指称或满足这些概念来确定。例如，"苏格拉底会飞"这句话的真之条件就是"苏格拉底"所指称的对象满足"会飞"这个谓词。但是，当我们将这个理论当成一个整体加以解释的时候，也就是说，当我们要考虑真之理论的正确性时，我们就必须将语句及其真之条件与语言使用者的（交流）活动联系起来，而且人们通过语言进行交

---

① 参见 D. Davidson："Truth and Meaning"，1967，pp. 306 – 307。

② 参见 W. V. O. Quine：*From a Logical Point of View*（2nd），1980，p. 38。

③ 参见 D. Davidson："The Structure and Content of Truth"，1990，p. 299。

流的基本单位恰恰就是语句①。所以 T-语句就需要表述为，例如"'苏格拉底会飞'是真的，当且仅当苏格拉底会飞"而非"'苏格拉底会飞'是真的，当且仅当'苏格拉底'所指称的对象满足'会飞'这个谓词"这样的形式。在戴维森看来，语词的语义特征与人们的经验证据没有直接联系，它们是通过 T-语句才间接地与经验相关。

与戴维森的这个观点相似，达米特同样认为，语句是意义的基本单位。他区分了两种意义理论：如果一种理论蕴涵的公理提供了关于语词的意义的知识，那么这种理论就是原子的；如果是关于语句的，那么它就是分子的。在他看来，虽然没有什么特别的理由说明原子的意义理论原则上是不可能的，但是由于人们交谈的基本单位是语句，"对于意义理论而言就没有必要要求它必须是原子的"②。达米特把他的这种观点归因于弗雷格的影响，他指出，"必须承认的是，在弗雷格之前还没有哲学家成功地表述一种意义观点，这种观点给出了这样一个论断，即'语句是意义的单位'的正确性的原因"③。尽管达米特认为，意义理论没有必要对语词的意义给出解释，但他并不是整体论的坚实拥护者。他的很多处言论更倾向于表明他是一个反整体论者④。达米特之所以承认语句是意义的基本单位，是因为在他看来，只有原子语句才能直接与感觉经验构成联系，因而能够被直接证实或证伪。尽管他坚持一种分子论的观点，但他却承认，"没有语句能够独立于语言中的任何其他部分而有一种意义"⑤。按照达米特的观点，语句的意义依赖于它的构成部分即语词的意义，而这些语词的意义则依赖于它们所出现的其他语句以及比它们低一层级的且可以解释它们的那些表达的使用情况。于是，意义的分子论与整体论之间的区别被达米特表述为，"不是在于，在分子论看来，每个语句原则上都可以孤立地被理解，而在于，在整体论看来，完全不可能在不知道整个语言的情况下理解任何

---

① 蒯因同样主张语言的有意义的单位应该是陈述或语句，应该将翻译或同义视为是陈述与陈述或语句与语句之间的一种关系。甚至他还认为，即便"将陈述作为整体，我们也还是把我们的格子画得太细"（参见 W. V. O. Quine：*From a Logical Point of View*（2ⁿᵈ），1980，p. 42）。就此而言，蒯因也可以算是一个整体论者。

② 参见 M. Dummett："What is a Theory of Meaning?（Ⅱ）"，1976，p. 72。

③ 参见 M. Dummett：Frege：*Philosophy of Language*（2ⁿᵈ），1981，p. 3。从这一点上讲，达米特并不是一个彻底的分子论者。

④ 具体的论证还以参见 A. Bilgrami："Meaning，Holism and Use"，1986。

⑤ 参见 M. Dummett：*Truth and Other Enigmas*，1978，p. 304。

一个语句。然而分子论的观点是，对于每个语句而言，语言都有一个确定的片段，关于它的知识将足以对那些语句形成完全的理解"①。虽然在达米特看来，语句的意义还是要依赖于语言的一些片段，但至少不必像整体论所主张的那样依赖于整个语言。因此，单个的语句还是可以在一定的限制条件下独立地拥有其意义。这种限制条件可以理解为，在与某个语句相关的所有语言片段或语境中，该语句的意义应该在大体上保持一致。

　　达米特的反整体论至少提出了两个明显有说服力的论证，可以说，这两个论证的确指出了整体论的问题：首先，达米特认为，如果按照整体论的观点，所有语句的意义都与同一语言中的所有别的语句的意义密切相关（只有给出了全体的意义，才能给出单个语句的意义），那么假设有这样一种语言 L，我们借助对于 L 全体的解释确定了关于某个语句 "p" 的意义②。如果通过给语言 L 增加一个它本身没有的命题算子和运算规则，就得到这种语言的一种扩张 L^+。当然，"p" 也是语言 L^+ 的语句。但是，L^+ 中还出现了包含 "p" 作为其部分的更为复杂的语句。在这种情况下，之前所确定的 "p" 的意义需要修正吗？在整体论的立场上，修正显然是必要的。因为语言的整体发生变化了。如果是这样，由于在一种语言中借助命题算子对一个语句做可数多次的运算，"p" 所处的语言整体其实总是在发生变化，因而 "p" 的意义就总是处于修正之中，无法得到确定。

　　上述这一点也直接地与第二论证有关：达米特认为如果按照整体论的观点，我们将语言视为一个整体，由此 "对于什么构成了一个说话者关于任意一个词或语句的理解这个问题就没有任何答案：人们只能说，关于整个真之理论的知识在于能够说这种语言，且特别在于在大体上与 T-语句所陈述的东西相符合的条件下倾向于认识到它［即这种语言］的语句为真"③。如果对于某个语句的意义之确定需要借助对于整个语言的所有语句的解释，那么我们如何能够达到对于所有语句的解释？达米特在这里想说的是，我们还是需要一个个地（不一定是列举式的，也可以是递归式的）确定它们的意义。但是，如果按照整体论的原则，如果我们不得不一个个地确定语句的意义，那么我们就不可能解释任何语句。而事实上，情况并非如此。因此，达米特认为，整体论大概是有问题的。

---

①　参见 M. Dummett："What is a Theory of Meaning?（Ⅱ）"，1976，p. 79。

②　参见 M. Dummett：*Truth and Other Enigmas*，1978，pp. 301–302。

③　参见 M. Dummett：*The Seas of Language*，1993，p. 16。

　　整体论存在上述问题，并不是因为它主张将语句作为意义的基本单位，而是因为它主张，只有解释了语言的全体（即包含在语言中的所有语句的意义），才能解释某个语句的意义。有一点需要我们注意一下：有学者认为戴维森实际上并没有坚定不移地坚持这种强烈的整体论观点，他更多的时候表现出了在分子论和整体论这两种原则上的摇摆："戴维森关于他的意义理论对于个体词的意义提供了些什么的实际观点包含了语义整体论和语义组合性之间的非常微妙的平衡。［……］尽管戴维森明显拥护语义整体论，他的观点事实上是一种尝试，即试图调和这两种立场。"① 这个观点并非没有道理。我们的确可以在戴维森的一些论述中发现他在分子论和整体论这两种观念上摇摆不定。例如，一方面戴维森认为，"语句，而不是词，是独立地有意义的"②；但另一方面他也主张，一种恰当的真之理论应该表明"每个语句的意义是如何依赖于语词的意义的"③。也许我们可以从他对于"理论内的解释"和"关于理论的解释"这种区分来说明他在分子论和整体论上的摇摆。在真之理论内部，对于语句的真的解释必须依赖于使用指称、满足概念明确语词的语义特征，尤其是对一种包含量词的语言（因为量化句的构成部分往往并不直接是一个闭语句）。因此，尤其在定义关于包含量词之语言的真谓词时，塔斯基的递归定义将明显地体现为借助指称和满足概念对真概念的定义。在这种情况下，我们总是需要借助已知的东西来解释未知的东西，借助复杂程度较低的表达式的语义特征（例如，专名的指称条件和谓词的满足条件）来解释由之构成的更为复杂的表达式的语义特征（即语句的真之条件）。

　　在分子论和整体论之间体现某种程度的摇摆的并非戴维森一人，蒯因也有类似的倾向：一方面，他认为可以借助语境来解释语词的意义，"每个值得解释的语词都有一些语境"，而这些语境"作为一个整体是足够清楚和准确的以至于是有用的；并且解释的目的就是在明确其他语境的使用时保持这些有利的语境的使用"。然而毕竟并非只有一个语境，所以另一方面，蒯因也认为，"我们关于物理世界的陈述并不是单独地而是仅作为

---

　　① 参见 R. L. Kirkham：*Theories of Truth：A Critical Introduction*，1992，p. 242。

　　② 参见 D. Davidson：*Inquiries into Truth and Interpretation*，1984，p. 55，p. 60。

　　③ 参见 D. Davidson："Truth and Meaning"，1967，p. 310，以及 D. Davidson：*Inquiries into Truth and Interpretation*，1984，p. 61。

一个整体接收感觉经验的评判"①。这恰恰与戴维森所提出的整体论的那一面是一致的，即当我们把一个真之理论作为一个整体来检验它是否是一个恰当的意义理论时，我们就必须保证这种理论所蕴涵的定理都必须具有"s 是真的，当且仅当 p"这样的 T-模式。这意味着，使用真之理论作为意义理论来解释语言时需要首先从语句的意义开始。这是因为，一种意义理论必须体现语词和语句对于整个语言的贡献以及语句作为一种基本的交流媒介在语言交流中的作用；而且能够在经验中得到检验的不是对于语词而是对于整个语句的解释。经验的检验理论或标准当然不应该仅仅对意义理论关于某个语句的解释进行单独考察，必须在考虑到这种理论对于所有语句（至少是与某个语句相关的其他所有语句，例如由它构成的或推导出来的语句、构成或推导了它的语句，等等）的解释后，才能确定这种理论对于这个语句的解释是否正确。

达米特论述说，戴维森在分子论和整体论之间的这种摇摆表明，他没有明确区别对意义的解释和对意义的认知，也没能弄清对于语句的意义和语句部分的意义而言这两点有着不同的发生次序："在解释的顺序上，语句的涵义是第一位的，但在认知的顺序上，语词的涵义是第一位的。"② 达米特要求区分对于意义的认识和解释这一点是正确的，但很可惜，他似乎把顺序说反了。正确的顺序应该是，当我们在认知或理解一个语句的意义时，往往并不是从对于语词的意义认识开始的。尤其是当我们学习一门新的语言时，我们一般先根据对话的情境来理解那门语言的说话者说出的语句，然后才知道其中包含的语词之意义，即便有些对话场合，说话者说出的仅仅是单词句，即由一个语词构成的语句。另外，我们的语言中有很多意义模糊或者包含多重意义的词句。通常，我们认识这些词句的确切意义必须借助于语境（例如上下文）。只有借助对语境即语词在其中出现的语句的理解，我们才能知道这些词句究竟表达什么意思。与此不同的是，当我们要提出一种理论来解释语言时，我们对于要解释的每个词句的意义都是明确的，而我们要做的事情就是把它们的意义一个个地描述出来，通过解释语词来解释语句，或者通过解释简单的语句来解释复杂的语句。因此，在解释上语词应该是第一位的，由语词构成的语句则是第二位的。

---

① 参见 W. V. O. Quine：*From a Logical Point of View*（2nd），1980，p. 25，p. 41。

② 参见 M. Dummett：*The Interpretation of Frege's Philosophy*，1981，p. 4。

　　戴维森的那种摇摆同样也体现为，他没有区分对于语句的解释与对解释的检验（蒯因似乎也有这个问题）。就像蒯因所认为的那样，为了检验一种意义理论对于某个语句的解释是否正确，我们应该尽可能地考察与这个语句（的使用）相关的所有情况。没有这种较为全面的考察，我们就不能断言这种理论给出的解释是正确的。但是，在构造一种解释的时候，我们则是要在明确语词的意义基础上一个个地明确语句的意义的，尽管有时候会采用递归的方式，我们的最终目的还是要让这种理论能够对任意语句都蕴涵一个 T-语句，以便能够通过这个 T-语句给出某个语句的意义。戴维森曾宣称，"研究语言的方法必定是整体论的"①。这一点大概只有在下面这种含义上才会是正确的：我们需要在整体的层面上对一种意义理论进行经验检验，只有借助整体层面上的检验才能确定这种理论正确与否。

　　回过头来，我们可以看到，戴维森的摇摆更能说明，他对于极端的整体论和分子论都不满意，他想采取一种温和的整体论立场，他说："我不是无约束的整体论者，因为我们并没有说一个语句的意义依赖于所有语句的意义。整体论无论如何理解它，都不是由施加于彻底翻译的认知的限制条件导出的：彻底的解释被整体论所限制。"② 这表明，至少在戴维森看来，彻底的解释并不需要极端的整体论，它所需要的整体论只要能够说明语言的诸要素在意义上有着依赖关系以及能够对 T-语句的检验提供帮助即可。

二　解释理论的限制条件

　　如果一种恰当的意义理论或彻底的解释能力必须遵循整体论的原则，那么这种理论就必须蕴涵所有至少是形如"s（在 L 中）意味着 m"（其中"s"被对象语言 L 中的语句的名字所替换，"m"被元语言中的语句所替换）这样的 St-模式的定理，因为这能保证这种意义理论首先处理的是语句的意义。不过，本书第二章曾经论述过，戴维森为了避免陷入内涵语境，他用"（在 L 中）是真的，当且仅当"替换了"意味着"。于是，他发现，他所期望的意义理论恰好就是塔斯基的真之理论。需要再次强调的是，戴维森所主张的温和整体论的原则并不能帮助真之理论完全避免出现""'雪是白的'是真的，当且仅当草是绿的"这种怪异的 T-语句，同样也

---

① 参见 D. Davidson：*Inquiries into Truth and Interpretation*，p. 203。

② 参见 D. Davidson："Radical Interpretation Interpreted"，1994，p. 124。

无法避免福斯特提出来的问题，即这种理论会包含"'雪是白的'是真的，当且仅当雪是白的且 *Tr*"（其中"*Tr*"是任意永真句）[1]。如果一种真之理论存在蕴涵怪异 T-语句的危险，它就不能保证对一种语言给出合适的解释。然而，这些问题本身并非由塔斯基式的真之理论造成的，它们是对塔斯基的真之理论进行修正（即取消翻译概念）的结果。而为了构造彻底的解释理论，这种修正在所难免。为了消除因取消翻译概念而造成的隐患，需要对真之理论施加额外的限制条件。在戴维森看来，"我们能够自动地将 T-语句理解为'给出一个语句的意义'，即便我们没有对它们施加较之令它们为真而言更多的限制，这种想法是错误的"[2]，可见增加限制条件不仅是重要的，而且也是必要的。如前所述，戴维森强调的两种限制条件分别为形式的和经验的限制条件。这两个限制条件在 TCS 中的作用十分关键，在他看来，正是这两个条件使修正过的真之理论作为一种令人满意的意义理论服务于彻底的解释之目的，或者说构造彻底的解释理论的希望恰恰在于"通过对整个理论施加恰当的形式和经验的限制条件，单个的 T-语句事实上将能够提供解释"[3]。本节将着力说明，这两个限制条件如何能够替代翻译概念为修正过的真之理论的（实质上的）正确性提供保证。

　　为了能够成为一种彻底的解释理论，修正过的塔斯基式的真之理论首先要满足形式的限制条件。以有限的形式来解释及其丰富的自然语言，这一点对构造自然语言的意义理论而言十分重要。这也是为何戴维森青睐于塔斯基的递归式的真之理论而非列举式的真之理论的重要原因。"解释一种语言（包括我们自己的语言）中的话语的令人满意的理论"，首先要符合形式的限制条件。要做到这一点，这种意义理论需要做到，"揭示重要的语义结构：对复杂语句的话语的解释将系统地依赖于对较为简单语句的话语的解释"[4]。因此，这种限制要达到的目的在于，一种令人满意的意义理论必须能说明，一种语言中的复杂语句的意义是如何依赖于其构成部分的意义的，即说明复杂语句对于其构成部分的语义上的依赖性。按照戴维森的观点，一种列举式的真之理论"对于洞见语言的结构毫无用处，因而也就不会提供任何提示以便［我们能够］对一个语句的意义如何依赖于它

①　参见 H. Burdick："On Davidson and Interpretation"，1989，pp. 321 – 324。

②　参见 D. Davidson：*Inquiries into Truth and Interpretation*，1984，p. 224。

③　Ibid.，p. 134.

④　Ibid.，p. 130.

的构成部分这个问题给出答案"，而他给出的对策是，"假定非逻辑的公理在数量上是有穷的"，他认为这种限制是"有力的"，足以"保证真之理论具有我们所期望的性质"①。要使这种意义理论包含有穷多的公理，就必须对语言的结构有一种递归式的反映。因为这种［递归性的］特征是解释如何能够理解新的语句所必不可少的，这种形式上的特征确保依照它构造起来的意义理论能够为一种语言所包含的数量庞大的语句提供解释，因为这些语句都是按一定语法结构由语言中的基本要素递归产生的。在戴维森看来，修正过的塔斯基式的真之理论只有首先符合形式的限制条件，才能被用作解释理论。

如果塔斯基的真之理论没有包含 T-约定，那么它就不会在意义理论的问题上具有如此大的重要性。因为这样的话，真之理论就有可能首先在形式上违背要求。戴维森认为，T-约定所提出的要求能够保证，一种针对无穷语言的恰当的真之理论一定是采取递归的方式构建的，因此它"对另外一个完全不同的问题提供了答案。这个问题可以被表述为说明或解释了语句的意义如何依赖于它的部分的意义。［……］由于有无穷多的语句要被解释，这个理论必须通过选择有穷多的与真相关的表达式和有穷多的影响真的结构来发挥作用，所有语句都是由这些表达式构成的"②。然而，即便如此，在戴维森看来，这种形式上的特征还不足以使这种理论成为一种具有解释力的意义理论。这意味着，T-约定的价值绝非仅仅体现在形式要求这一点上。否则，塔斯基的真之定义就不会揭示真概念与意义概念之间的关系。戴维森指出，"除非我们能在真谓词中得到比［塔斯基的］定义所提供的更多的东西，否则这些定理就不能得到关于任意语言的语句的经验性的真理，并且也不能被视为是给出了语句的真之条件"③。据此可以说，形式的限制仅仅是提供了这样一种真之理论成为一种令人满意的意义理论（即彻底的解释理论）之可能性。要具有现实性，还需要添加别的东西。

塔斯基的真之理论之所以能避免福斯特所提出的问题，关键的原因在于，它的 T-约定还保证了 T-等式右边的语句与左边被命名的语句具有相同的意义。它是如何保证这一点的？借助翻译概念（即如果对象语言包含在元语言之中，那么 T-等式右边的语句就是左边被命名的那个语句；如果不

---

① 参见 D. Davidson：*Inquiries into Truth and Interpretation*，1984，p. 56。

② Ibid.，p. 70.

③ 参见 D. Davidson："The Structure and Content of Truth"，1990，p. 295。

包含，那么前者就是后者在元语言中的翻译）。可是，彻底的解释理论不能借助翻译以及任何直接或间接依赖于意义概念的东西。修正过的塔斯基式的真之理论需要借助别的东西来替代翻译概念在 T-约定中所起的作用。也许翻译手册会被认为是一个好的选择。但如前所述，翻译手册并不是构造彻底的解释理论的恰当选择。因此，即便采用了翻译手册，这种理论具有的解释力也并非来自于这种手册本身，而需要来自其他东西（例如，蒯因所说的"刺激"或对说话者赞成和反对一个语句之行为的观察）。因而，翻译手册在彻底的解释理论中其实没有起到实质性的作用。另外，更重要的是，为了彻底排除因保留翻译概念而造成循环解释的危险，戴维森还是坚持认为，在以塔斯基的真之理论为基础构造意义理论时，应该放弃借助翻译概念（因为塔斯基是借助翻译（意义）概念来解释真，而他要做的是反过来借助真概念来说明翻译（意义）概念）。

　　虽然翻译概念在塔斯基的真之理论中没有发挥彻底解释一个语句的意义的作用，但它能够确保 T-等式右边的语句与左边被命名的语句具有相同的意义，进而保证了 T-语句的正确性。放弃 T-约定中的翻译概念，将会导致修正后的塔斯基的真之理论蕴涵（P）和（Ts）这样的怪异的 T-语句。真之紧缩论的处理方式（即令所有的定理都具有 DisT-模式或者 MinT-模式而非 T-模式）似乎可以避免上述难题。但是，当元语言不包含对象语言时即当 T-等式右边的语句不同于左边被引用的语句时，紧缩论还是要借助翻译概念或表达概念来保证等式的正确性。因此，紧缩论的方案并不彻底，因而不足以为彻底的解释理论提供基础。

　　戴维森采取了其他办法来替代翻译概念所起到的作用，形式的限制是其中之一。毫无疑问，这种限制可以阻止一些奇怪的 T-语句出现，在这些语句中，对一个语句的真之条件刻画与在其他情况下的刻画不一致。但是，如果系统地规定一个语句的真之条件，例如，将"雪是白的"这个语句的真之条件规定为"草是绿的"，并且在任何出现"雪是白的"这个语句的语境中，该语句对于整个语境的真值的贡献完全与"草是绿的"所表达的这个真之条件相同。在这种情况下，形式上的限制条件就无法避免一种令人满意的真之理论竟然能蕴涵"'雪是白的'是真的，当且仅当草是绿的"这样的 T-语句。对此，戴维森回应说，具有"'p'是真的当且仅当 p"这样的 T-模式的定理都是纯粹形式的，只有为这些 T-语句附加更多的东西，才能使它们"能获得关于任意语言的语句的经验性的真理"，才能将它们看做"是给出了这些语句的真之条件",而任意特殊语言的真之理论都应该是"关于某一语句类中的每个语句的真之条件的经验理论"①。这是戴维森对具有彻底解释功能的真之理论的基本看法。如前所述,翻译概念所承担的任务并不能仅仅由形式的限制来实现,经验的限制实际上起到了更为本质的作用。修正过的真之理论是经验的,在戴维森看来,这是因为这种理论要对某种语言的每个语句给出真之条件,从而蕴涵各种各样的 T-语句。所有这些 T-语句是否正确,进而这种真之理论是否是恰当的解释理论,这依赖于一些经验证据的检验。一种符合形式标准的且在经验上得到验证的真之理论就是令人满意的意义理论。

与经验主义者或实证主义者不同的是,虽然戴维森主张经验上的检验标准,但按照他的观点,被检验或者被证实的不是 T-等式左边被命名的对象语言的语句,而是整个 T-语句。如果一个 T-语句是正确的(就像塔斯基借助 T-约定所要达到的目标那样),那么处于 T-等式右边的语句在意义上就等同于左边被命名的对象语言的语句。只有这样才能保证,处于 T-等式右边的语句解释了左边被命名的语句(即给出了它的意义)。戴维森强调,引入经验标准,可以使在构造真之理论的过程不必借助类似翻译、同义、意义等概念。"如果一个理论满足了这样的限制条件,那么在由于那个理论推导出来的 T-语句中,替换'p'的语句事实上就翻译了替换's'的名字所命名的语句",因此,"接受这个方面的这般变化并非放弃了 T-约定,而是以一种新的方式解读它"②。戴维森相信,这种限制条件完全可以起到翻译概念所能起到的作用。假如戴维森的如上观点是正确的,那么符合这种限制条件的真之理论就确实可以作为彻底的解释理论来解释对象语言,因为它所蕴涵的每个 T-语句都正确地给出了对象语言的语句的意义即真之条件,而且还是以递归的方式给出的。

如果能够通过经验的检验证明一种真之理论蕴涵的所有 T-语句都是正确的,这种理论当然就能为一种语言提供彻底的解释。不过,戴维森面临的问题是,如何能证明一种真之理论蕴涵的所有 T-语句都是真的。也就是说,我们需要知道,在经验上怎么来对 T-语句进行检验。按照戴维森的论述,这种检验依赖于一些经验证据,它们能够证明一个语句为真时它的真之条件恰好出现或得到满足。为真之理论额外增添一种证据理论或证据检

---

① 参见 D. Davidson: "The Structure and Content of Truth", 1990, p. 295。

② 参见 D. Davidson: *Inquiries into Truth and Interpretation*, 1984, pp. 34 – 35。

验的限制条件，不仅不会影响解释的彻底性（例如，造成循环解释问题），而且还为这种解释的正确性提供保证。因为，根据戴维森的要求，"在彻底的翻译中，[……] 证据必须是这样一类东西，它可被某些人采用，这些人还不知道如何解释这种理论所涵盖的话语：它必须是这样的证据，即它能够被陈述而不必使用例如意义、解释、同义以及类似这样的语言学的概念"①。如果确实能够找到这种证据，那么这对于以真之理论为基础构造彻底的解释理论而言无疑帮助极大。

为了使真之理论或其所蕴涵的 T-语句更适合于进行经验的检验，戴维森在这里做了一种策略上的转变：他将关于一个语句的真之条件的讨论转变为关于一个语句在某种情境下的真之条件的讨论。作出这种转变是有原因的。一来，自然语言中包含了大量的带有索引词和指示词的语句，例如"我饿了（I am hungry）"，"正在下雨（It is raining）"等等，这些语句只有在具体的使用场合下才能被确定为真或为假，因而它们的真之条件与说话者说出这些语句的情境有关。再者，戴维森相信人们使用语言意味什么可以由成功交流的场合推断出来，因而他所诉求的检验 T-语句的证据是说话者在具体交流场合下对语句是否为真的态度，这促使他必须要考虑说话者对语句的具体使用，即考虑到说话者是在什么情境下说出这句话的。然而不管怎样，这种转变都隐含了这样一个假设，用戴维森的话说就是，"应该把一种语言的说话者（在一些被观察到的情境（observed circumstances）之下）认为一个语句为真这一事实作为这个语句在这些情境下为真的明显证据"②。如果说一个语句（在某种使用中）是真的，这一点可以通过语句的使用者即说话者（在一些被观察到的情境中）认为这个语句为真这一点来说明，那么可用于检验这个语句的 T-语句是否正确的证据，就是在特定时候特定场合下说话者是否认为一个语句为真。而按照戴维森对"彻底解释"的阐述，只要明确在何种条件下说话者认为一个语句为真，我们就能给每个语句以彻底的解释。

现在要讨论的问题是：如何用这样的经验证据来检验一个 T-语句是否正确？或用戴维森自己的话说，"这种证据如何能够被用于支持一种真之理论"？戴维森是通过举例来回答这个问题的③。根据他的论述，我们考虑

---

① 参见 D. Davidson：*Inquiries into Truth and Interpretation*，1984，p. 128。

② Ibid.，p. 152.

③ Ibid.，pp. 135 – 136.

下面这样的特殊的 T-语句：

（T_E）当"Es regnet"在周六中午被库尔特说出时在-德语中-是真的，当且仅当在周六中午于库尔特附近正在下雨。

这个 T-语句的证据就是[①]：

（E）库尔特属于德语语言共同体且库尔特在周六中午认为"Es regnet"为真且在周六中午于库尔特附件正在下雨。

为了保证作为（T_E）之直接证据的（E）是可靠的，还应该尽可能确保（T_E）的一般化情形（即 GT，见页下注）的正确性。按照戴维森的观点，还需要寻找更多的证据来支持下面这个全称量化式：

（GE）$\forall x \forall t$（如果 x 属于德语语言共同体，则（x 在 t 时间认为"Es regnet"为真，当且仅当在 t 时间与 x 附近正在下雨））

上面这个量化式断定德语语言共同体的所有成员都会在即下雨的时候认为"Es regnet"为真。它对（E）构成支持。因为如果它是真的，那么库尔特在下雨的时候认为"Es regnet"为真就不纯粹是一个偶然的事情，他认为"Es regnet"为真也不是随意的。由此可以推论出，如果库尔特总是在下雨的时候认为"Es regnet"为真，那么在下雨的时候他所说"Es regent"这句话就是真的。于是，（GE）作为一般的证据就对（T_E）构成了支持作用。反过来，（E）同样也支持着（GE）：如果库尔特在认为一个语句（例如"Es regnet"）为真上具有这样的特点，那么至少（GE）不会被（E）证伪，而且如果语言共同体中的很多人都像库尔特一样（很难考察全部甚至大部分人），这就会对（GE）构成强有力的支持。

---

① 它是下面这个全称量化的 T-语句的特例（GT）：$\forall x \forall t$（当"Es regent"在 t 被 x 说出时在-德语中-是真的，当且仅当在 t 于 x 附件正在下雨）。在戴维森那里，他将这样的 T-语句写成：当"Esregnet"在 t 时间被 x 说出时在-德语中-是真的，当且仅当在 t 时间于 x 附近正在下雨。其中省略了量词，大概为了显示它是一个 T-语句，而且存在众多形式相同的 T-语句。当然，前面全称量化式也蕴涵着戴维森的这个 T-语句。

通过对戴维森的所谓"证据"的分析，不难看出，（E）之所以能够成为检验（T_E）正确与否的证据，连接点就在于库尔特说出"Es regnet"这句话的环境事实，即正在下雨这个事件。按照 TCS 的核心观点，这句话的意义在于使它为真的条件（在这一点上，TCS 与证实主义的意义理论相似，后者主张这句话的意义在于证实它的条件）。使"Es regnet"为真的条件在（T_E）中被确定为"正在下雨"，而这个语句描述的恰是正在下雨这个事件。然而，证据明确的仅仅是说话者在正在下雨时认为这个语句为真，它支持（T_E）为真，即要断定当且仅当说话者说出的"Es regnet"这话为真时恰好正在下雨。这说明，戴维森的证据标准或理论实际上需要预设"认为真（holding true）"与"是真的（being true）"之间有着密切的关系。确切地说是，应该有这样的双向条件式：说话者认为一个语句为真，当且仅当该语句是真的。这个双向条件式显然并不总是成立，其根本原因在于，"认为真"是一个"准心灵主义的概念（quasi-mentalist notion）"[1]。这种概念导致了戴维森的"证据"不可能是完全客观的、可靠的，因而即使有了证据的支持，甚至在证据检验下为真的 T-语句也可能会出现错误、是不正确的。这就为宽容性原则预留了发挥作用的空间。不过，在对此作出更为深入的讨论之前，我们想需要明确"认为真"究竟是什么样的概念，戴维森对这个概念是如何作出的说明的。因为戴维森对于"认为真"的定位是导致必须引入宽容性原则的根源。

三　信念与意义

根据戴维森的证据理论，只要确定了在某种情境下，一个说话者认为一个语句为真，这就使他的解释者可以将这种情境作为他认为那个语句为真的证据，继而确立那个语句的真之条件即意义。"认为真"（或有时候戴维森也使用"接受为真（accepting as true）"）显然是这种证据理论的核心概念，同时也是解释理论的重要概念，一个被修正过的塔斯基式的真之理论是否能够成为彻底的解释理论，最终取决于它在这种证据的检验下是否是正确的。因而，为了回答"如何检验一个 T-语句"这个问题，就需要说明"一个说话者认为一个语句是真的"这是怎么一回事，换言之，就是要弄清楚"认为真"这个表明说话者对语句的基本态度的概念。

---

① 参见 J. Fodor and E. LePore："Is Radical Interpretation Possible?"，1994，p. 104。

戴维森为说明这个重要的概念，采取了一种非常复杂的策略。他首先反对将"认为真"还原为其他内在性的概念，例如意向、信念、愿望等概念。他给出的原因是，对于这些概念解释实际上也要依赖于意义理论①。戴维森宣称，他要采用的方法应该是"外在论的"②。受到蒯因的启发，他认为，应该将对语句的解释与语句被说出来时所处的外部情境和事件联系起来。与蒯因不同的是，他反对将这种联系视为可以从说话者对于语句的赞同或反对的行为推测出来。他并不认为可以将赞同和反对行为作为判定说话者是否认为一个语句为真的依据。戴维森认为，对于这种行为的说明需要预设两点，一是说话者认为一个语句的意思是什么；二是他相信实际的情况是什么样的。这包含了说话者的两种对于解释者而言无法被观察到的态度，它们不能作为明显的证据。他甚至还说，"企图基于更为初始的证据，即行为主义的证据，只能令理论构造的任务更加艰难，尽管它也许会使之更令人满意"③。对戴维森来说，值得考虑的是说话者在说出一个语句时所体现出来的对于这个语句的态度。但这种态度不能简单地是赞同或者反对，因为很多情况下，解释者根据外部情况无法确切地判定说话者是否赞同（或反对）他所说的语句。说话者可能会表现出一种强度上适中的态度，这就涉及说话者对于一个语句的信念程度问题。这种信念程度可以通过说话者的一种更为简单的态度得到说明。戴维森指出，这种基本态度就是，"当说话者偏好一个语句而非另外一个语句为真时针对这两个语句的态度"④。解释者可以从说话者的身上发现这种偏好态度（preferences），

---

①　参见 D. Davidson：*Inquiries into Truth and Interpretation*，1984，p. 144。还需要加以说明的是，尽管后面说到，"认为真"是一个简单的信念概念，这并不意味着戴维森想要或实际已经将意义概念还原为了信念概念。戴维森反对这样的还原，因此在他那里，"认为真"仅仅是作为 T-语句乃至解释理论正确性的证据而发挥作用。这也是他与霍维奇的意义理论的区别，后者借用了对一个语句的"倾向性接受"的概念，但同时主张要将意义还原为这种心理学的概念（参见周志荣《霍维奇论意义、真与使用》，2012 年，第 13—19 页）。

②　参见 D. Davidson："The Structure and Content of Truth"，1990，p. 321。

③　参见 D. Davidson：*Inquiries into Truth and Interpretation*，1984，p. 142。戴维森的反行为主义做法受到利波尔的支持，后者还指出这么做是有传统可循的："传统的智慧证实了戴维森的观点。语句有意义并且关于这些意义的知识部分地保证了在不同环境下听到这些语句时的特定信念。这种智慧继承于柏拉图、笛卡尔、洛克、休谟、弗雷格、罗素、乔姆斯基和其他同样对行为主义的语言理解观不太满意的人。"（参见 E. LePore："Meaning in Truth"，1986，p. 6）

④　参见 D. Davidson："The Structure and Content of Truth"，1990，p. 321。

而不必知道他的意向、信念或者了解他所说的语句之意义。解释者能够说明什么样的外部情境导致了说话者表现出偏好。一旦解释者能做到这一点，他就能够检验一个相关的 T-语句是否是正确的。

在对于证据或"认为真"这个概念的说明上，戴维森的策略从前面的论文看来确实颇为复杂，他既反对将之视为内在性的概念，又反对借助外在论中的行为主义的方式来说明它。似乎他想舍两端而取其中，走一条中庸的道路。不过，戴维森对于内在性概念（尤其是信念）之拒斥态度尤为明显。有些哲学家主张将语句的意义还原为说话者的意义，并进一步将后者还原为说话者在交流中的意向或信念①。戴维森则反对这种还原。反对的理由不完全是他主张借助真概念来解释意义。更重要的理由是，他认为，用于检验 T-语句的证据如果借助信念或意向来说明，就会导致循环解释，因为意向和信念与语言的意义是相互联系的，任何一个都不能独立于其他概念而得到解释。一方面，对信念或意向概念的解释要借助对意义的解释。按照戴维森的说法，"当无法说明一个说话者的语词意味什么时，证实详细的、一般的以及抽象的信念和意向之存在，无论在实践上还是在理论上都会遇到障碍"②。信念和意向依赖于意义，对于说话者的信念和意向的解释不能脱离对于说话者用以表达或包含其信念和意向之话语的解释。因此，戴维森认为，说话者的信念和意向就不适合作为一个解释理论之正确性的证据③。另一方面，还需要注意的是，意义也对信念和意向在解释上有着某种依赖关系。我们似乎不能在不知道说话者意图和信念的前提下去解释他的话语。这种意义与信念和意向相互依赖的局面迫使戴维森得出结论说，为了做到对说话者的话语进行彻底解释，"我们必须做到同时表达一个信念理论和一个意义理论"④。要同时满足这两个方面解释的需求，在戴维森看来，唯一可用的证据就是看一种语言的说话者在特定的时

---

① 参见 H. P. Grice：*Studies in the Way of Words*，1989，pp. 86 – 116。

② 参见 D. Davidson：*Inquiries into Truth and Interpretation*，1984，pp. 143 – 144。

③ 对此，戴维森有多处明确的说法，而且态度相当坚决。例如，他指出："由于相当不同的原因，彻底的解释不能指望将关于复杂的且细致区分的意向之说明作为一个语句的意义的证据"，"我们不能令意向和信念的组合体成为彻底的解释理论的证据基础"，以及"证据不能取决于对说话者信念和意向的细致描述，因为态度的归属［……］要求一个理论必须依赖于与解释所依赖的相同的证据"，"彻底的解释应该依赖于这样的证据，它们不假设关于意义的知识或关于信念的详细知识"（分别参见 D. Davidson：*Inquiries into Truth and Interpretation*，1984，p. 127，p. 134，p. 135）。

④ 参见 D. Davidson：*Inquiries into Truth and Interpretation*，1984，p. 144。

间和特殊的情境下是否认为某个语句是真的。

　　"认为真"这个基本态度的概念有着天然的优势来满足解释的需要：首先，它是对语句的态度，是一种特殊的而又极其简单的信念，解释者很容易就能辨认它，"因为他知道一个人想要通过说出一个语句来表达真理而不必知道什么是真。真诚的断定并非是假定一个人认为一个语句为真的唯一原因"①。按照戴维森的观点，只要说话者说出某个语句的目的是要传递信息，他就会做一个真诚的断言，即说话者要表明他在当时的场合下认为他所说之语句为真，由这样的断言，解释者就能分辨说话者的"认为真"的态度。戴维森还在这种态度的基础上作了推广，对其他命题的处理也与此相关。在他看来，一旦谎言、命令、故事、反话被解释者发觉是对某个语句的态度时，这些态度也能展现说话者是否认为他的语句为真。甚至对语句的其他态度（例如，"希望为真"、"想要使之为真"、"相信某人将要使之为真"，等等）都可以被概括为对语句的"认为真"的态度，因而它们与那种典型的"认为真"的态度一样都可以成为解释理论的证据。其次，正如上文所阐述的那样，戴维森认为，对这种信念的说明不需要预先对相应的语句之意义做出解释，它可以为 T-语句乃至真之理论的正确性提供保证。这个优势与前一个有着直接的联系。正是因为说话者对他的话语"认为真"的态度很容易辨认，而且这种态度可以针对各种类型的语句，因此解释者在辨认说话者是否认为一个语句为真时并不需要借助对说话者的信念或意欲乃至对这个语句的意义做出原先的理解或说明。"认为真"所具有的上述两个优势令戴维森对这个概念充满信心。他认为，这个概念既不依赖于信念和意向，又独立于意义的解释，从它出发为构造正确的彻底解释理论提供了良好的基础。

四　宽容性原则

　　按照戴维森的论述，为使修正过的真之理论能够成为一种彻底的解释理论，其所需要的"证据基础是由这样一些关于环境的事实构成的，在这些情境中，说话者将他们语言的语句视为真的"，而且这样的证据优势在于它"中立于意义和信念，不预设其中任何一个"②。但是，如此产生的证据往往受到说话者的偏好或者情境的影响而表现为具有一定程度的特殊

---

① 参见 D. Davidson：*Inquiries into Truth and Interpretation*，1984，p. 135。

② Ibid.，p. 152.

性。可能一种外部情境使一个说话者将一个语句视为是真的，而对于另外一个说话者而言，相同情境下的情况则完全不同。这就会导致两个相关的严重问题：（1）对同一个语句的解释可能不唯一，因为相同的说话者可能在不同的场合下对同一个语句都表现出"认为它是真的"这种态度，而不同的说话者则有可能会在相同的场合下对同一个语句表现出不同的态度。这样一来，关于同一个语句就至少会有两个相应的 T-语句，并且它们都有证据支持①。（2）如果这两种解释不相容，那么极有可能其中一种解释是错误的。这意味着即便有了证据的支持，一种解释理论也完全有可能是错误的。错误的类型可能有这样一些，例如，某些说话者在一种场合下认为"Es regnet"为真，而另外一些属于同一个语言共同体的说话者则不认为"Es regnet"为真，于是一个 T-语句在某种证据的检验下（对于某些说话者而言）是正确的，而在另外一种证据的检验下（或者对于另外一个说话者）是错误的（当然，这里包含的潜在问题是，对于这个语句可能存在不同的解释，这样的话就又回到了前一个问题上）。再比如，甚至相对于同一个说话者而言，他有时候认为"Es regnet"是真的，但有时在相同的场合下却不再认为这个语句是真的，换句话说，说话者的态度可能会随着相同场合中的其他因素的变化而发生改变，尽管在这些场合中，与被他认为真或为假的语句相关的事件都在说话者附近发生了。于是，一个 T-语句可能在某些时候是正确的，而在另外一些时候则是错误的。

　　对于第一个问题，戴维森的态度是："我并不认为此刻唯一性的问题将会出现。但是，我认为施加于 T-语句之解释的合理的经验限制条件（即在哪些条件下我们发现它们是真的），加上形式的限制条件，将在不同的理论中保持不变，足够令我们可以说真之理论刻画了每个语句的本质作用"，他似乎并不认为这是个严重的问题，因为他觉得，"在不同的可接受的真之理论之间保持不变的东西就是意义。一个语句的意义（解释）通过赋予这个语句以构成语言的语句形式中的语义位置（semantic location）而被给出。不同的真之理论也许赋予了不同的真之条件给相同的语句［……］而这些理论（几

---

① 戴维森并不否认这一点："我们能肯定，解释单个说话者的话语之理论仅以他对语句的态度为基础，将会有很多同样合格的竞争理论"，"如果按我所讨论的那种方式来构造解释，不可能只有一种理论被发现是满足要求的。这样得到的解释的不确定性与蒯因的翻译的不确定性在语义学上相对应"（参见 D. Davidson：*Inquiries into Truth and Interpretation*，1984，p. 153）。

乎都）于语句在语言中的作用这一点上达成一致"①。戴维森的这种回应更像是在回避问题而不是解决问题。他在这里的意思大概是承认有这样的问题，但这种问题并没有威胁到他对彻底的解释所设立的基本原则以及 TCS 作为一种彻底的解释理论在意义解释上的功能。只要他的彻底解释的基本原则都得到满足（例如，以塔斯基式的真之理论为基础，符合形式的和经验的要求），那么由此产生的解释理论就是可以接受的。

对于第二个问题，戴维森的回应则是需要我们对此抱以宽容态度。第二个问题相比较而言更严重，因为它涉及 T-语句乃至解释理论的对错。戴维森引入经验的限制条件，目的就在于保证 T-语句的正确性，避免被他修正过的塔斯基式的真之理论蕴涵怪异的 T-语句，然而基于证据的经验检验只能减轻而并不能根除病症。虽然戴维森承认，被用于支持真之理论的证据可能会出错，但他也强调，"这种方法毋宁说是最合适的一种"，"我们想要这样一种理论，它满足施加在真之理论上的形式限制条件，并且它尽可能地将［语句和其翻译之间的］一致性最大化"②。言下之意，我们不应该强求一种解释理论完全正确，绝不出错。不过，为了尽可能地避免陷入这种困境，戴维森认为，经验的检验可以借助整体论的帮助。也就是说，对于某个 T-语句的检验可依赖于对于所有（至少是所有相关的）T-语句的检验，或将一个说话者对某个语句的态度与整个语言共同体对这个语句的态度结合起来加以考虑。这意味着，这种借助证据的经验检验应该体现出公共性和社会性的特点。因为，语言是社会的、公共的，在语言的共同体中不断收集关于一个 T-语句的证据将会使经验的检验标准更加可靠。在戴维森看来，整体论可以提供一个很好的标准，即"T-语句的总体（在上述意义上）应该最好地适合于关于被本国说话者认之为真的语句的证据"，他指出："目前的观点是塔斯基直接为每个 T-语句假设的东西能够间接地从整体论的限制条件中得到。如果那个限制条件是恰当的，每个 T-语句事实上将得到一个可接受的解释。"③ 由整体论的观点出发，戴维森一再强调，解释理论是容许出现错误的。在他看来，对语言的解释之所以可能，并不是说我们一定能构造出完美的解释理论，而是说我们的理论能够最大限度地消除或避免错误。他否认有任何解释理论是完美无瑕的，事实上，很多理论有时候都必须要假定其中某个部分可能存在错误。承认这一点，并不断将理论中包含的

---

① 参见 D. Davidson：*Inquiries into Truth and Interpretation*，1984，pp. 224 – 225。

② Ibid.，p. 136.

③ Ibid.，p. 139.

分歧消除，达到最大的一致。这就是所谓的宽容性原则。戴维森认为，在对语词和语句的解释中，宽容性是不可避免的。

宽容性原则蕴涵了对构造彻底解释理论的乐观精神。对戴维森而言，尽可能地追求理论的正确性，这还是可以做到的。他的理由是："只有意见大量一致的情况下，意见的一致或者不一致才是可理解的。［……］我们共同接受或拒绝的语句越多（无论是否借助一种解释的媒介），剩下来的语句我们就能理解得越好，不管我们对它们是否形成一致的意见。"此外，戴维森还鼓励说："如果我们想要对尚未完成的工作（也许其中有些已经完成了）抱悲观情绪，我们应该想想弗雷格在对达米特称之为'多样普遍性'的处理中取得的辉煌成就。弗雷格还没有想到塔斯基式的真之理论，但明显的是他寻找且发现了这种真之理论所能给出的那种结构。"① 也许由于自然语言的复杂性，要在塔斯基式的真之理论的基础上构造适当的语义学以便对其提供彻底的解释，这的确困难重重，但希望是有的。只要一种真之理论符合戴维森所提出的形式的和经验检验的限制条件，它就能较好地乃至最佳地作为一种意义理论为解释语言服务。这些限制条件还能保证，经过检验的真之理论对一种语言所提供的解释并不会像蒯因所认为的那样具有十分糟糕的不确定性。尽管这种理论难以完全摆脱翻译或解释的不确定性的困扰，但戴维森并不特别在意这个问题。因为他觉得不确定问题还不足够恶劣，以至于表明整个意义理论在显著的差别上无法作出明确的确定。

现在，让我们回顾一下戴维森为使一种修正过的塔斯基式的真之理论成为彻底的解释理论所做出的努力，以便明确 TCS 的解释力之根源。戴维森用形式的以及经验的限制条件作为修正过的塔斯基式的真之理论的额外补充，这种补充在他看来，完全能够使该种真之理论胜任解释语言的工作。一个符合形式和经验的限制条件的真之理论就是（经验上）正确的理论，这一点将证明该种真之理论是一种令人满意的意义理论或彻底的解释理论②。由这个过程，我们可以发现，戴维森处理意义问题的手段包括两

① 参见 D. Davidson: *Inquiries into Truth and Interpretation*，1984，p. 133。

② 戴维森认为，如果将"认识 T-语句的真假问题归结为翻译问题"，而经验上证明了一个真之理论是正确的，那么也就证明了"从对象语言到元语言的翻译模式（一个翻译手册）是正确的"（参见 D. Davidson: *Truth*, *Language and History*, p. 70）。这一点也说明，对戴维森而言，经验的检验标准与翻译概念起到的作用是相同的，就是要保证 T-语句等式右边的语句是左边被命名的语句的翻译。

个部分：第一个部分刻画了这样一种知识，即当任意语句被清楚地陈述出来时，听者知道语句所意味的东西所（潜在）具有的知识，刻画这种知识的理论就是意义理论。能够胜任这项工作的理论显然就是塔斯基式的真之理论。他宣称说，这种真之理论所蕴涵的 T-语句（等式）可以看作是给出了语句的意义，但前提是，这种理论满足了限制条件的要求。

威廉姆斯认为，戴维森所讨论的这些限制条件构成了他的意义理论或解释理论的方法论层面的东西，因而"是戴维森的意义理论的第二个组成部分"①。戴维森本人也不应该否认这一点。因为在他看来，对于一种语言作出解释需要两个东西，一个是由真之理论的公理借助典范证明蕴涵的所有具体的 T-语句；另外一个是借助证据理论来取代翻译在 T-约定中的作用。这两个部分简单说来就是塔斯基的（被去掉翻译概念的）真之理论和形式与经验上的限制条件。如果一种意义理论要解释一种包含数量极其庞大乃至无穷的语句的语言，形式上的限制条件是必不可少的②。形式上的限制条件的作用体现在，使意义理论有能力对于整个语言具有解释力。就解释力本身而言，主要的贡献还是来自经验的限制条件。正是由于经验的限制，真之理论才能正确地给出一个语句的真之条件。因此，在 TCS 中，真正使真之理论能够成为彻底的解释理论或具有解释力的因素乃是经验的限制条件。

如果上面的分析是正确的，那么经验的限制条件就是戴维森的意义理论（即 TCS）的核心。然而，戴维森对于这个理论核心的说明还存在不少问题有待解决。例如，正如前面提到的，戴维森关于对意义理论进行经验证实的想法包含了一些与信念相关的东西。柯卡姆指出，按照戴维森对于经验检验标准的说明，"当我正试图解释另外一种语言的说话者时，我们

---

① 参见 M. Williams："Context, Meaning and Truth"，2004，p. 122。

② 布尔迪科认为，"戴维森的［典范证明］方法不能避免将附加了 '和 LT' 的 T-语句当做解释，并且借助其有限的形式，它唯有以无法对解释概念给出任何真正的说明为代价才能排除这些附加物"（这里的 "LT" 指的是逻辑真理，是它这个词组（即 logical truth）的首字母缩写，参见 H. Burdick："On Davidson and Interpretation"，1989，p. 324）。布尔迪科提出 "T-手册（T-manuals）"，它既像塔斯基的真之理论一样体现语言的语义结构，又像翻译理论一样但能避免带有附加物的 T-语句。然而，布尔迪科强调，T-手册既需要解释者知道（在-L 中）真的概念，也需要知道如何解释语言 L。他辩称说，"不是要一个人预设关于在-L 中-为真之知识来获得解释，也不是要预设关于解释的知识来获得在-L 中-真［的概念］，而是要他整体上知道这两者"（Ibid.，p. 326）。也许他认为戴维森的方法无法提供一个令人满意的解释理论这一点是正确的，但他自己提出的方法未必比戴维森的更好。当然，这种比较并不是这里所讨论的重点。

就在对他们相信什么做出一种假设，就像对他们的话的意义做出假设一样。我们事实上同时检验了针对他们语言的意义理论和关于他们相信什么的理论"①。可见，在柯卡姆看来，戴维森的说明无疑意味着，对于意义理论的经验检验预设了外国人能准确地说出什么时候事情是这样的，什么时候事情不是这样的，或者至少需要假定，当我们相信事情如此时，外国人也相信如此，当我们相信事情不如此时，他们也相信不如此。这种预设必定隐含着理论出错的可能性。如前所述，戴维森期望借助宽容性原则来弥补这个问题。

柯卡姆还发现，戴维森为了说明经验的检验标准而偷偷做了概念上的转换。对于信念的预设本质上与戴维森将经验的检验归结为发现说话者认为一个语句为真时所处的外部情境有关。戴维森在这里假设了，可以通过说明说话者在什么情况下认为一个语句是真的，来说明一个语句在什么情况下是真的。这意味着，戴维森所要讨论的论题由一个语句的真之条件变成了一个语句被认以为真的条件。这是从"是真的（to be true）"到"被认以为真（to be held true）"的概念上的转变，戴维森并没说明这种转变是合适的②。另外，这种概念上的转变还会导致，戴维森从探讨语句的意义转变为探讨语句

---

① 参见 R. L. Kirkham: *Theories of Truth: A Critical Introduction*, 1992, p. 230。

② 事实上，弗雷格早就告诉我们，这两者有着重大的差别。在弗雷格看来，逻辑的任务是要认识"是-真（Wahrsein/to-be-true）"而不是为了认识"认为-真（Fürwahrhalten/holding-true）"。在弗雷格看来，"是真的"没有时间性，也不相对于某个人；而"认为-真"则有时间性，相对于某个人。一个东西是真的，这一点不需要理由；但要一个东西被认为真就需要考察做判断的外部环境。这两个词的"内容完全不一样，并且它们是彼此独立的，以至于任何一个都不能从另外一个推导出来"（参见 G. Frege: *Grundgesetze der Arithmetik*（Band I），1983，p. XVII）。弗雷格的观点可以引出两点对于戴维森而言极为不利的推论。一个推论是，按照弗雷格的说，一个东西是真的与一个东西被视为真，这是两回事。它们之间没有必然的联系。如果弗雷格是正确的，那么戴维森从谈论语句是真的，到谈论语句真，这种转变就有问题了。另外一个推论是，在弗雷格看来，"认为-真"是心理主义逻辑学家研究的概念，而且"根据心理学规律，把假看做真和把真看做真这两种情况都会出现"（参见［德］弗雷格《弗雷格哲学论著选辑》，王路编译，2006 年，第 129 页）。而且弗雷格还认为，"如果我们根据是真的规律来判断把某物看做真是不是合理的，我们很可能会感到缺少心理过程的推导和解释"（同前，第 130 页）。如果把某物视为真这一点的确与判断者的心理活动有很大的关系，戴维森就不得不考虑这种内在的因素。如果不能找到内在的某种可以被视为规律性的东西，就不能说明，如何避免同一个语句可能会被某人在某个时候视为真而在另外一个时候视为假的情形，以及如何避免在一个语言共同体中，一个语句可能会被一个人视为真而被另外一个人视为假的情形。这些问题都是应该得到重视的，但戴维森似乎没有看到这一点。

的使用意义，而非语句的"字面意义"①。他认为意义理论应该解释语句的字面意义。尽管语句的使用意义与字面意义同样要受到语境的影响，但在戴维森看来，它们的区别是，使用意义是说话者通过说出一个语句所想要意味的东西，而字面意义是被说出的语句所意味的东西。使用意义与说话者的意向有关，而字面意义"脱离了说话者的外在于语言的意向（intention）"。然而，由于戴维森不得不通过考察一个说话者说出语句时的态度来明确该说话者在说出一个语句时是否将认为这个语句是真的，尽管他强调这种态度是外在的东西，但他还是难以避免地要考虑到说话者在具体场合下的表达意向。从讨论"是-真"到讨论"认为-真"的转变，甚至迫使戴维森不得不从谈论语句的字面意义转变为谈论它的使用意义。

　　戴维森在较近的文章中的论述更加明显地表现出了这一种转变。他辩解说，"对说话者而言的真之理论在这样一种含义上是一种意义理论，即关于这种理论的明确知识足以令人理解说话者的话语。它之所以能实现这一点，是因为它描述了［……］说话者如何想要（intends）他的话语被解释。上述这种理解主要针对一般被我称之为语词的字面意义的东西。我用'字面意义'大概指的就是说话者想要解释者把握的意义"②。尽管戴维森在这里依然使用"字面意义"这样的说法，但是这个词与他早期所使用的"字面意义"一词已经具有了不同的含义。他在这里所使用的这个词与他早期所使用的"使用意义"在含义上更为接近，它们都表示与说话者的意向有关的东西。戴维森近来的这种转变至少表明了，他之前对经验检验标准的说明遇到了麻烦。虽然他在解决问题的方法上做出了转变，但这种转变迫使他更换了所讨论的话题。如果经验检验的标准得到了说明，但真之理论却不再用于解释语句的字面意义，那么这样的标准就是失去了它原来具有的价值。③

---

　　① 戴维森曾在不同的地方强调他所讨论的语言的意义是"字面意义"而非说话者的使用意义（参见 D. Davidson：*Inquiries into Truth and Interpretation*，p. 45 以及 D. Davidson："The Structure and Content of Truth"，1990，p. 321）。

　　② 参见 D. Davidson："The Structure and Content of Truth"，1990，p. 312。

　　③ 劳尔还指出了戴维森从讨论"是真的"转向讨论"认为-真"还存在一种自行放弃戴维森方案的危险。他说："语句态度（sentential attitude）将成为语句之间的条件，即语句的'被认为-真'，某种赞同或断定的意向。当这样一种认知性的框架加上非认知性的语句态度（'想要-真'）以及认知性和非认知性的态度结合的影响，结果就非常相似于一种意义的功能理论。"（参见 B. Loar："Conceptual Role and Truth-Conditions"，p. 274）

经验检验的标准对于修正过的塔斯基式的真之理论解释语句（给出它们的（字面）意义）而言无疑是重要的。尽管对于这种标准的说明并不那么容易，但这对于戴维森来说是必须要解决的课题。当然，对于我们而言重要的不是发现戴维森在说明经验检验的标准上遇到何种严重的困难，而是要通过上述讨论发现，在 TCS 中，对于解释力最为重要的不是真概念而是经验的限制条件，尤其是说话者"认为真"的证据①。确切地说，经验的限制条件（顶多再加上形式的限制条件），而非戴维森自己所主张的真概念，才是 TCS 的解释力的真正根源。没有形式的和经验的检验标准，即便我们知道一种理论蕴涵了 T-语句，也不能就此确定这种理论就是（塔斯基式的）真之理论。没有经验的检验标准，即便我们知道一种理论是真之理论，也不能就此确定 T-等式右边的语句给出了左边被命名的语句的意义②

也许有人会说，只要 T-等式右边的语句给出了左边被命名语句的意义，那么这就可以说"借助真概念，我们给出了语句的意义"。不过很明显，这种说法是极其随意的。在一种极为宽泛的、普遍联系的含义上，当然可以这么说，因为毕竟 T-等式右边的语句确实表达了真之条件。但如果要强调对于给出语句意义而言的那种最重要或最根本的东西，那么这种东西肯定不是真概念，也不会是真之条件概念，而应该是形式和经验的限制条件。可以说，放弃了这两个条件，TCS 也就失去了（彻底地）解释语言

---

① 国内有学者认为，戴维森提出的彻底的解释"必然涉及真、意义和信念之间的相互关系。戴维森仿照决策论关于选择行为、相对效用和主观概率的三元组解释模式，提出了关于真、意义和信念的三元组解释模式。在这个三元组模式中，真起着轴心作用"（参见梁义民《论戴维森意义理论的基本原则》，2010 年，第 12 页），"也正是有了真这个概念，才有了说话者对语句的持真态度，从而有可能提出一种决策论模式的经验性解释理论的框架"（参见梁义民《真——戴维森彻底解释理论中的核心概念》，2008 年，第 40 页）。戴维森的确是希望借助这三元组来说明真之理论的解释力问题。但本书这里已经细致地论证了，借助基础信念概念恰恰毁掉了戴维森纲领从真到达意义的目标，"认为真"这个概念与真概念没有关系，它完全可以被替换为霍维奇所使用的"接受"概念。借助这个概念来说明真之理论的解释力，无疑有力地表明了真概念在解释语言中是不必要的。

② 由于形式和经验的限制条件在戴维森的意义理论中起着如此重要的作用，以至于有学者认为可以放弃真之理论直接转向对于限制条件的研究。他们指出，"真之理论与意义理论必须分开，后者将基于特殊的限制条件。一些限制条件会基于表达式与事态的符合，其他的会基于表达式的意义的融贯性"。他们提出的建议是，"因此不是让我们放弃构造一个系统的意义理论的希望，而是我们应该抛弃真之语义概念，明确针对意义本身的特定限制条件尽力构造这样一种理论"（参见 N. Cooper & P. Engel：*New Inquiries into Meaning and Truth*，1991，p. 6）。

的能力。孤立无援的真之理论根本不足以给出一种语句的意义。为了说明这一点，本书将会在下一章对真概念或真之条件概念与一个语句的真之条件做出区分，并论证真之条件虽然能够给出语句的意义，但这与真概念或真之条件概念本身毫无关系。

第六章　真概念在意义理论中的地位

通过前面几章对反实在论者和紧缩论者的责难的辩驳以及对解释力问题的讨论，我们已经可以发现 TCS 确实遇到了质疑，而这些质疑往往源于对戴维森的意义纲领或意义理论的某些误解，这些误解都是围绕真与意义在解释上的逻辑关系而产生的。有的误解在前面已经得到澄清。那些没有得到及时澄清的误解很大程度上与这一章要论述的要点相关。这些误解一般可以归结为，TCS 是一种既能解释意义概念又能解释语句（即给出它们的意义）的意义理论，或者至少戴维森希望 TCS 是这样一种理论。这些误解同时也表明，人们常常混淆了两种意义理论，即解释语句意义的理论和解释意义概念的理论，而戴维森对其意义纲领的阐述则充分体现了这种混淆。产生混淆的根源不难发现，其实就在于对"真"、"意义"、"语句的真"以及"语句的意义"这些术语或概念并没有加以明确的区分，不加区别的使用致使人们难以真正明确 TCS 的理论目的或理论类型，进而忽视了对"真概念是否在 TCS 中发挥了作用以及发挥了何种作用"这样的关键问题进行更进一步地考察。本章将对于包含在戴维森的论述中的这些错误、混淆进行彻底的清理和辨明，这样的工作将能够帮助我们更加深刻地理解 TCS 的理论任务和能力所在。借此，本章有望能够更加清楚地表明，真概念或真之理论在意义解释上的作用，以便在元语义学的层面上对真与意义的解释上的逻辑关系问题作出回答。

第一节　反思意义理论本身

一　两种"意义理论"

造成戴维森的意义纲领以及 TCS 受到的原则性批评（例如，来自达米特的反实在论的责难以及来自霍维奇等人的紧缩论的责难）的直接原因在于，戴维森对其意义纲领的阐述给人的感觉是，他期望用塔斯基式的真之理论同时去做两件完全不同的事情：给出某种语言中的语句的意义和解释意义概念。造成这种模糊表象的原因主要是戴维森没有对"意义理论"这个用语做出严格规定。这一节将表明，事实上这个用语是有歧义的，而辨明歧义对于我们能够消解关于戴维森的意义纲领及 TCS 的诸多误解乃至在元语义学层面解答真与意义解释上的逻辑关系问题而言至关重要。

　　包括戴维森在内，不少哲学家关于真概念以及真之理论之所以长期存有这种"过分"的期望，很大程度上是因为，人们在讨论意义理论时并没有注意到"诸意义（meanings）"① 和"意义（meaning）"这两个术语之间的重大区别，相似的混用当然还会出现在"诸真之条件（truth-conditions）"和"真之条件（truth-condition）"这一组术语之间。前者具有复数形式，一般用于表达某种语言的单个语句的意义或真之条件；而后者则多用于表示抽象的概念，尤其当它们前面缀有定冠词时，更是如此。如果我们考虑不止一个语句的意义，那么就可以在一般的含义上使用"诸意义"或"诸真之条件"这样的复数表达。如果我们只考虑某个语句的意义或真之条件，那么尽管"意义"和"真之条件"这两个词是单数的，它们也会带有不定冠词（例如，"a meaning"和"a truth-condition"）或限定语（例如，"the meaning of x"和"the truth-condition of y"），它们只表示某个具体的、特别的东西，而非抽象的概念。与此不同的是，如果"意义"或"真之条件"这个词在语句中既不是复数形式，又不是带有不定冠词或限定语的单数形式，有时候前面还会出现定冠词"the"，这时候这个词往往表达一个概念，即意义概念或真之条件概念。在做出这种区别的基础上，我们很自然地就会有这样的疑惑，即"什么是意义（what is meaning）"这个意义问题是针对哪种"意义"来发问的？这个意义问题本身就是有歧义的，然而也正是因为这一点才需要对于"意义"一词做出分析，以便能够摒除意义问题的模糊性。恰如维特根斯坦所言，"哲学的结果不是得到'哲学命题'而是澄清命题"②，在他看来，哲学大概也不是解决问题，而是澄清问题的。

　　如果根据对"诸意义"与"意义"的上述划分，那么"什么是意义"这个模糊的意义问题则可被分析为两种有所区别的子问题（正如本书在导

---

　　① 在中文并没有相应于英文复数的表达，在这里，本书用相应的词前面加"诸"以表示复数。虽然这种表达比较别扭，但如果在意思上不出错，也是可以谅解的。

　　② 参见 L. Wittgenstein：*Logisch-philosophische Abhandlung*，1998，§4.112。

言中所做的那样）："意义概念是什么"和"一种语言中的某个语句或语词的意义是什么"。针对这两个意义问题就会有两种类型的意义理论来回答它们，一种意义理论是要对"意义"这个概念给出定义或解释；另一种意义理论则是要给出一种语言的每个语句的意义。尽管有这种区别，但"意义理论（theory of meaning）"一词在很多哲学家的现实使用中都是任意的，只有对他们的论述加以考察才能分辨出他们所论述的意义理论究竟属于何种类型。然而，关于意义问题，实际上存在两种类型的意义理论，这是不少哲学家和学者都承认的事实。

例如，霍利斯克近来就对"意义理论"提出了类似的区分。他认为，意义理论实际上要解决的问题是，对于一种特殊的语言而言，它能够解释这种语言的所有语句。他还明确指出："一种意义理论（meaning theory）不是一种关于意义的理论（a theory of meaning）。"① 意义理论讨论的是语句的具体意义，而不是意义概念本身。关于意义的理论要考虑的则是，如何才能构建一个适当的意义理论，它要收集所有由这一点出发对于意义概念的思考。如果按照霍利斯克的观点，那么戴维森想要令塔斯基式的真之理论首先成为的不应该是被称为"关于意义的理论"的东西，而应该是被称为"意义理论"的东西。对于"意义理论"或"关于意义的理论"这样一些术语应该表达什么样的内容，同样也存在争议，各自的使用并不完全相同。有时候，我们需要仔细研读文本才能分辨不同学者使用的"意义理论（theory of meaning）"究竟指的是什么。柯林斯就曾主张，"一种关于意义的理论（a theory of meaning）在首要情况下并不解释或分析有意义（having meaning）这样一种性质"②。显然，对于柯林斯而言，"关于意义的理论（a theory of meaning）"与霍利斯克的相同用语并不表达同样的东西，倒是与他的"意义理论（meaning theory）"这个用语的意思相近。在这里，我们不需要细究这种用语上的分歧，因为只要对文本加以细致分

---

① 参见 C. Horisk："Truth, Meaning and Circularity", 2008, p. 272。在这里为了区分这两种表述，我不得不把"a theory of meaning"翻译为关于意义的理论，因为我实在不知道应该如何翻译"meaning theory"更为贴切。尽管从字面上看，"meaning theory"更适合"意义理论"这种翻译，但在哲学史中人们已经习惯把这个翻译用于"theory of meaning"。为了避免混淆，我在有必要的时候都添加了英文以作标识，希望读者不要因为本书在前面用"意义理论"来翻译"theory of meaning"，这里却用它来翻译"meaning thoery"而造成误解。另外，需要注意：除非有特殊说明，否则本书在讨论中一般使用的"意义理论"这种说法都是对"theory of meaning"这个词的翻译。

② 参见 J. Collins："Truth Conditions Without Interpretation", 2001, p. 56。

析，这种分歧是不难看出来的。真正需要我们弄清楚的仅仅是，"意义理论（theory of meaning）"这个术语确实存在两种不同的含义或使用。

其实，这种区别早在 20 世纪 70 年代，大卫·刘易斯就已经发现了。在他看来，这种区别并不简单地是因为语词混用而需要做出的，而是因为意义问题本身就存在着根本性的差异。按照他的观点，所有自然的或人工的语言只要能够给出表达式的变形语法，就可能对这两个问题给出一般的回答：（1）什么样的东西是意义？（2）语义学规则应该采取何种形式以便使复合物的意义可以由它们的构成部分的意义得出？相应地，刘易斯认为，我们有必要在两个主题之间做出区别："第一，将可能的语言或语法描述为抽象的语义系统，以便使符号与世界的各方面相联系；第二，描述心理学和社会学的事实，以便使某个个别的抽象的语义系统成为一个或一群人使用的系统。"① 刘易斯提出的这两个主题同样与两个根本不同的意义问题相关："一个符号的意义是什么"以及"一个符号何以具有意义"。对应于这两个问题，存在两种不同类型的意义理论，一种是要明确一种语言中的符号和语句的意义，而另一种则是要解释一个人或人群如何能够赋予这些符号和语句以它们所具有的意义。刘易斯似乎是希望能够用他的广义语义学同时完成对这个问题的解答。为此，正如在第一章中所阐述的那样，他考虑的不是一个独立于任何使用情境的语句之真，而是在某种具体的使用情境下（即某个可能世界中）的语句之真。他给出的语句的真之条件涉及了说话者的因素。

斯匹克斯（J. Speaks）将刘易斯区分的这两种意义理论分别称为语义理论（a semantic theory）和基础意义理论（a foundational theory of meaning），他还进一步分析说，"一种正确的语义理论的形态也许会对一个正确的基础意义理论构成限制条件，或者相反，但这并不能改变这样的事实，即语义理论与基础理论明显是不同的理论，意在回答不同的问题"。同时，他也承认，"在近来的哲学史中，'意义理论'这个词项一直被用于既指语义理论又指基础意义理论"②。在斯匹克斯那里，大卫·刘易斯基于可能世界的广义语义学和戴维森的意义理论（即 TCS）都可归入语义理论的行列，而格莱斯的意向性理论以及霍维奇的使用理论则可归入基础意义理论的行列。这种阵营的划分与本书在第一章中做出的划分极为相似。似

---

① 参见 D. Lewis："General Semantics"，1970，p. 18，p. 19。

② 参见 J. Speaks："Theories of Meaning"，2010。

乎暗示着，真之理论语义学的阵营与非真之理论语义学的阵营之间的深刻分歧大概不仅仅在于他们对于意义问题给出了不同的回答，更像是他们根本就在回答不同的意义问题。这一点似乎还可以从施特劳森的论述中得以窥见。

施特劳森在其"意义与真"一文的开篇处写道："在语词或语句具有意义的方式或含义上，究竟什么使任意某个东西具有一个意义（to have a meaning）？什么使得一个特殊的语句具有它所具有的这个意义或诸意义（to have the meaning or meanings）？什么使一个特殊的短语或特殊的词语具有它所具有的这个意义或诸意义？这些问题很明显彼此相关。"① 施特劳森主张意义的言语交流意向理论，因而我们大概可以看出，这种理论的目的并不在于给出具体的语句的意义，而是为了解释"一个特殊的语句具有意义是怎么一回事"。或者再说得明确一些，这种理论致力于解释意义概念或"具有意义（having meaning）"这个词项。因为很明显的是，说话者想要使用一句话达到某种目的，这种意向与语句的意义（内容）并不完全相同，这一点格莱斯也不否认。但这样的意向倒的确可能是导致说话者说出的语句具有意义的原因。施特劳森认为，一种语言的特殊语句之所以具有意义，是因为它是按照交流的规则或约定被说话者用来实现交流意向的，即它们具有交流功能。由这种解释，施特劳森还推论出，真概念同样可以借助交流规则得到说明："如果我们已经同意这样的一般性观点，即一种语言中的语句的意义是由或很大程度上是由决定其真之条件的规则来决定的，那么我们就会提出这样的一般性问题，即真之条件是什么样的东西，真之条件是什么东西的条件；我们会被告知一种给定语言的真概念是由决定那种语言中的语句的真之条件的规则来定义的。"② 尽管施特劳森可以将断定句或直陈句之真还原为说话者通过说出这些语句来完成断定的言语行为之意向，但这并不能像他本人认为的那样，由此可以说明 TCS 最终可还原为一种特定的交流意向理论。不过，如果要证明这个还原不成立，我们只需要明确以下这一点即可：TCS 作为一种意义理论并不是为了解释意义概念或语句何以具有意义，而仅仅是为了给出一种语言中语句的意义。或者我们需要说明，即便它包含了上述两种理论目的，这也不足以证明，那种旨在给出语句之意义的理论部分可以还原为交流意向理论，毕竟这涉及

---

① 参见 P. F. Strawson："Meaning and Truth"，1969，p. 104。

② Ibid. , p. 109.

了对两种不同的意义问题的回答。

二　戴维森纲领的双重性

如前所述，对于戴维森的 TCS 的主要批评来自达米特的反实在论与菲尔德和霍维奇等人的紧缩论。这两类批评几乎都是针对作为 TCS 之基础的真之理论或真概念的。本书第三章和第四章已经分别对此这两类批评作出回应，并表明这些批评是否对于 TCS 构成实质的威胁，关键在于真概念是否在意义理论中起着实质的作用。另外，第五章也论述说，戴维森的意义纲领或理论还可能面临着循环性问题，它是否能够摆脱这个问题的困扰同样取决于真概念是否真的被用于解释意义。由于"意义"和"真之条件"这两个语词都存在歧义，一方面它们表达的是抽象的概念，另一方面它们也可以表达一种语言中的具体某一个语句的意义和真之条件。戴维森在使用这些语词的时候，并没有在这两种情形之间作出明确区分，因而他的表述就包含了两种可能的意思。此外，如果我们首先将他的理论意向即他主张的意义纲领与他实际提出的意义理论区别开来，那么我们还需要考虑的是，TCS 作为一种已经成为现实的意义理论是否实现了戴维森的纲领。如果戴维森对于意义或意义理论的纲领性陈述包含两种理论意向，那么我们就需要明确，TCS 合乎哪一种意向。因为如果戴维森的意义纲领主张真概念来解释意义概念，而事实上在他构造的意义理论中并没有真正地使用真概念来解释意义概念，又或者它实际上并没有解释意义概念，而仅仅是刻画了具体语句的意义，那么针对真概念而提出的批评以及循环解释问题就失去了攻击目标。

因而，现在要解决的问题是，我们应该如何来看待戴维森的意义纲领以及他提出的 TCS 呢？这个问题不容易回答。究其原因主要在于，戴维森自己对意义以及意义理论的论述本身就不是十分明确，我们可以看到，他对意义问题的纲领性论述似乎包含了两种不同的意向：一方面，他想要用真概念来解释意义概念，因而他希望他的意义理论能够解释意义概念；而另一方面，他又想用真之理论来给出语句的意义，即他提出的意义理论是为了解释语句的意义。他在这两个方面存在明显的摇摆，这是导致很多人对 TCS 产生误解的最重要的根源。

戴维森的很多论述都包含容易引起误解的地方。例如，他说："塔斯基试图（在 T-约定中）借助意义概念（以意义的相同性或翻译的形式）

来分析真概念，我的想法相反。我将真考虑为核心的初始概念，且希望，通过详述真的结构来达到意义（get at meaning）。"在这句话中，前半段说得很清楚，他想借助真概念来解释意义概念；问题出在后半段，当戴维森确实要表达这一点的时候，他却说通过"详述真的结构"来"达到意义"，而非"详述真概念的结构"来"达到意义概念"。戴维森在这里究竟是想说"解释意义概念"还是"解释语句的意义"？从戴维森的论述语境来看，他指的应该是前者，但在别的地方谈论意义理论的目的时，他说得更多的还是，"一种语言的意义理论表明了'语句的意义（meanings）是如何依赖于的语词的意义（meanings）的'"；当谈到塔斯基的真之定义与意义概念之间的明显联系时，他又指出，"这种联系就是：那种定义通过对每个语句为真给出充分必要条件而起作用，而给出真之条件（conditions）正是给出语句意义（meaning）的一种方式"；"一种真之理论应该为语句'给出意义（meaning）'"①。在这些引文中我们可以很明显地看到，对戴维森而言，塔斯基的真之理论的主要目的不是解释意义概念，而是为了"给出"每个语句的意义。戴维森的表述混淆了或至少容易令人混淆真之条件概念与真之条件以及意义概念与某个语句的意义。

　　戴维森以这样一种看似混淆的方式讨论问题也许是有原因的。他对真与意义的关系曾有一段很有意味的评论："意义（meaning）不仅是一个比真（truth）更为难懂的概念；它［即意义］还明显地包含了它［即真］：如果你知道一个话语意味什么，你就知道了它的真之条件（truth conditions）。"② 这段文字似乎表明，在戴维森看来，真与意义在概念上的联系

　　①　这几段话的英文原文表达相应地是："One thing that only gradually dawned on me was that while Tarski intended to analyse the concept of truth by appealing（in Convention T）to the concept of meaning（in the guise of sameness of meaning, and translation）, I have the reverse in mind. I considered truth to be the centeral concept, and hoped, by detailing truth's structure, to get at meaning"（参见 D. Davidson: *Inquiries into Truth and Interpretation*, 1984, p. xvi）; "a theory of meaning for a language shows 'how the meanings of sentences depend upon the meanings of words' if it contains a（recursive）definition of truth-in-*L*"（参见 D. Davidson: "Truth and Meaning", 1967, p. 310）; "It is this: the definition works by giving necessary and sufficient conditions for the truth of every sentence, and to give truth condition is a way of giving meaning of sentence"（*Ibid.*, p. 310）; "So now I should like to say a bit more in support of the claim that a theory of truth does 'giving the meaning' of sentences"（参见 D. Davidson: *Inquiries into Truth and Interpretation*, 1984, p. 60）。

　　②　参见 D. Davidson: "The Folly of Trying to Define Truth", 1996, p. 278。

能够通过语句的真之条件与语句的意义之间的联系体现出来。这种看法是否正确，这里暂不讨论。真正需要我们关心的是，戴维森的论述明显包含了两个层面：真与意义作为概念是一个层面，语句的真之条件与语句的意义作为具体的东西处于另外一个层面。通过对一个层面问题的讨论来说明另外一个层面的问题，这一点也许还是可以理解的；换言之，我们能够接受一种理论试图借助语句的真之条件给出它的意义并且期望以此来说明真概念与意义概念之间的关系，但一般我们很难认同这种理论因此能够既给出语句的意义又解释意义概念。同样地，我们大概都能接受一种理论试图借助真概念来定义意义概念并且期望以此来说明语句的真之条件与它的意义之间的关系，但这也并不意味着我们能够赞同，这种理论因此能够同时完成这两个方面的任务。事实上，戴维森以及其他很多学者的论述都体现出了一种不恰当的、容易引起混乱的倾向，他们倾向于对于要求意义理论给出语句的意义，同时解释意义概念。

由戴维森对其意义纲领的阐述，我们可以发现，正如前文所论证的那样，他为其意义理论设定的目标实际上是要它来回答两种不同的意义问题："意义概念是什么（what is the concept of meaning）？"和"一个语句的意义是什么（what is meaning of a sentence）？"对于前一个问题的回答要求一种意义理论必须刻画出、定义或解释意义这个概念的内涵；对于后一个问题的回答则要求一种理论能够借助适当的方式给出一种语言中的任意语句的意义（例如，戴维森就把塔斯基式的真之理论当作满足这种要求的适当方式）。这两种回答的区别很明显，而且它们之间并不存在直接的包含关系，对于第一个问题的回答并不能直接当成是对于第二个问题的回答，反之亦然。我们不能否认，如果人们对于意义概念有了一种理解，就会依据这种理解去明确一种语言的语句的意义，概念层面的解释对于构造语句意义的理论有着某种指导性的作用。相反地，对一种语言的所有语句的意义的刻画，或多或少也能增进我们对意义概念的理解。

达米特也曾强调这两种意义理论之间的严格区别，他指出："构造一种语言的意义理论并不能被视为［解决围绕意义概念和相关概念的哲学问题的］一种现实可行的方案，然而可以认为，一旦我们能够阐述如何实施构造的一般性原则，我们将获得那些令哲学家感到困惑的意义问题的一种解答。"① 对于达米特而言，给出语句意义的理论与解释意义概念的理论大概并不是一回事，尽管前者有助于达到后者。持这样的观点并不奇怪，正如我们在导论中所言，人们常常是借助列举一个概念的外延来明确其内涵的。当然，达米特本人所期望的意义理论并不仅仅是给出语句的意义，他需要意义理论做到解释一种语言是如何工作的，即要能够说明说话者是如何借助这种语言来进行交流的，因此他认为一种意义理论就是一种理解理论。或许他认为这样才能达到对于意义概念的真正解释。故而他要构造的是一种完满的（full-blooded）意义理论。这也是为何在他看来，即便一种意义理论可以以真之理论为基础，真之理论也只能在这种理论中处于核心的地位，而不是这种理论的全部。更重要的是，他认为，戴维森的意义理论仅仅是一种"朴素（modest）的意义理论"②。换句话说，它不可能达到解释意义概念之目的，它能做到的仅仅是解释语言，即这种语言中所有语句的意义。

达米特的评价应该是正确的，因为戴维森自己也承认，塔斯基提供的定义仅仅明确了真概念的外延，而仅仅明确外延并不能算作提供了一种严格含义上的定义。同样地，如果一种理论仅仅确定了一种语言的所有语句的意义，这顶多可以算作是明确了意义概念的外延，远没有定义或揭示意义概念的内涵。因此，这种理论也不会对于意义概念相关的一系列概念提供一种严格的阐释（所谓阐释，就是要揭示它们的内涵而非仅仅明确它们的外延）。由此可知，同一个意义理论一般无法同时完成对于上述两个意义问题的回答，也就是说，我们需要有两种意义理论来分别说明意义概念是什么和一个语句的意义是什么。就此而言，TCS 作为一种意义理论，大概只能完成一种任务，如果非要它同时兼顾两者，就难免会出现前文所提及的各种问题，尤其是循环解释的问题。

三　再论循环性问题

区分两种意义理论或者区分"意义理论"这个术语的两种含义对于我们之前的所有讨论都有着重要的意义。前面几章曾多次谈到，无论反实在论者还是紧缩论者都会就循环解释问题来质疑 TCS。虽然当时本书也给出了初步的回应，有些回应潜在地预设了对这两种意义理论的区分，但为了

---

① 参见 M. Dummett: *The Seas of Language*, 1993, p. 1。

② Ibid., p. 5.

令各章讨论主题保持集中，在那里并没有专门对这种区分作出明晰的说明。不过，本章一开始就试图在意义理论的两种含义或两种类型的意义理论之间作出区分，并且这个工作已经得到落实了，接下来的任务则是要在此基础之上来统一地解释，为何 TCS 受到的那些质疑其实是根源于人们对戴维森的意义纲领以及 TCS 本身的误解。

戴维森与紧缩论者之间存在分歧，其中最主要的争论点在于，戴维森认为，TCS 中的真概念不是紧缩论的；而紧缩论者则认为真概念不能在意义理论中承担解释性的作用。威廉姆斯较早就已发现，这两派彼此怀有敌意，其实是错误的，理解这一点的关键"在于区分'意义理论'这个术语的两种含义"①：在广义上，意义理论在于解释意义概念，即什么是意义；但在狭义上，意义理论则是一个公理理论，它产生了某种语言的所有语句的意义。威廉姆斯认为，戴维森的狭义的意义理论影响了他的广义的意义理论。在前者中，戴维森"很自然地"将意义等同于真之条件，于是在后者中，他则坚持意义就是真之条件。这两者的区别在于，狭义意义理论中的意义和真之条件都是具体的、个别的，即某个（或任意）语句的意义和真之条件。也就是说，意义或真之条件就是处于一个 T-等式右边的那个语句所表达的内容；而广义意义理论中的意义和真之条件分别指的是意义概念和真之条件概念。一个语句的意义可以视为是它的真之条件，把握了一个语句的意义，就把握了它的真之条件，这是戴维森的意义纲领以及 TCS 的核心原则，没有什么问题。但是意义概念是否能被等同于真之条件概念，或者理解了意义概念是否就意味着理解了真之条件概念，这一点是值得商榷的。不管戴维森事实上是否真的持有两种意义理论的观点，至少他在有些表述上的确令人们造成了误解。这是导致人们误认为 TCS 存在循环问题的根源。如果这种由于表述不当而造成的误解其实是戴维森的真实想法，那么无论借助塔斯基的真之理论来解释意义概念，还是借助它来解释对象语言，无疑都会造成循环解释。

这里需要补充说明的是，"解释上的循环"也可以有两种理解，这两种理解的主要区别在"解释"上，即是要解释一个概念还是要解释一个语句。解释一个概念就是要阐述、揭示或者定义一个概念（的内涵），后者要表达、陈述或者给出一个表达式（包括语句和语词）的意义（即语句所

---

① 参见 M. Williams："Meaning and Deflationary Truth"，1999，p. 552。

表达的内容）。这两种解释处于不同的层次，这为避免解释上的循环提供了可能性。如果解释语句意义需要真概念，而解释意义概念并不需要解释语句的意义，那么即便解释真概念需要意义概念，这也不会造成解释上的循环（对照上一章第一节所讨论的解释模式（Ⅱ）和（Ⅱ*））。注意戴维森的下面这段话："假定翻译，塔斯基便能定义真；而现在的观点是，将真作为基础来说明翻译或解释。"① 塔斯基在他的真之理论中借助或预设翻译概念来解释真概念（确切地说是关于某种语言的真谓词），这一点毋庸置疑。而戴维森的这段话在字面上说的就是，他想要借助真概念来解释翻译概念。这两种解释都属于同一个层次。如果戴维森想要把定义真概念的真之理论当作解释意义概念的理论来用，那么就难免会有产生循环的嫌疑。但如果戴维森实际上构造的意义理论（即 TCS）并没有真的能够使用真概念来解释意义概念，他所做的事情乃是借助塔斯基的真之理论（即关于真概念的解释）来明确一种语言的每个语句的意义，换言之，戴维森所主张的基于塔斯基的真之理论的意义理论其实就是一种确定语句的意义的理论，那么循环性问题就可以得到化解。因为前文也提到过，对于翻译、意义概念的解释可以完全不必借助于对语句（的意义）的解释，而只需借助例如使用概念、语言功能概念等即可②。这样一来，将这两个层次的解释放在一起并不会产生循环（参见上一章第一节所讨论的解释模式（Ⅲ）或（Ⅲ*））。简单来说，如果解释一个概念仅仅依赖于引入另外一个概念而非借助于表达语言的意义，那么即便在解释语言时需要借助一些概念，也不会导致解释上的循环性问题。

　　按照威廉姆斯的论述，戴维森的意义理论（即 TCS）"对于特殊的说话者而言，是在那个说话者的习语中给出每个语句的意义的一种手段"，这意味着，在戴维森那里，"解释特殊的语句意味什么并不是解释什么是

---

　　① 这段文字的英文原文是："［What I propose is to reverse the direction of explanantion：］assuming translation, Tarski was able to define truth; the present idea is to take truth as basic and to axtract an account of translation or interpretation. "（参见 D. Davidson：*Inquiries into Truth and Interpretation*，1984，p. 134）

　　② 判断一个语句是否是另外一个语句的翻译，可以通过考察这两个语句在具体的语境中使用的方式或因此产生的功能来判定它们是否表达相同的内容（语句所产生的功能可以包括对于听者的外在的刺激以及引起的反应，语句的内容对于思想、推理所具有的作用以及语句的内容在表达说话者意向上的作用）。在这种情况下，我们完全可以不知道这两个语句的内容是什么。关于这一点的进一步讨论可以参见 W. V. O. Quine：*Word and Object*，1960；P. F. Strawson："Meaning and Truth"，1969；G. Harman："Conceptual Role Semantics"，1982；以及 R. B. Brandom：*Making It Explicit*，1994。

意义。甚至求助于真也不是为了解释意义"。在这种含义上，戴维森的意义理论（即 TCS）应该被更准确地描述为是"明确意义的，或者更好地是解释某种对象语言的语句的意义的"①。威廉姆斯的观点应该是正确的。戴维森自己也说，"一种自然语言的语义理论的目的是给出所有有意义的表达式的意义"②。由这些论述，我们可以确定，戴维森以塔斯基式的真之理论为基础首先想要构造的是一种狭义的意义理论，而在这种理论中，真概念或者翻译概念被宣称用来解释语句的意义而非意义概念。因此，关于TCS 是否在解释上存在循环性问题的担忧其实大不必要，这些担忧大多是由于没有区分这两种解释层次或两种意义理论而造成的。

　　虽然戴维森没有明确提出他要讨论两种类型的意义理论，但不可否认，他对于意义理论的讨论确实包含了两重含义，他的意义纲领也确实暗含了两种理论任务。也许戴维森本人并没有意识到这一点，或者这一点完全是因为他在讨论上的表达混乱造成的（而他自己其实只想讨论某一种含义上的意义理论）。既然事实表现得如此，我们就不得不需要考虑戴维森的意义纲领所能包含的另外一种意义理论，即广义的意义理论。戴维森对于意义理论的讨论的确包含了这样一些内容，例如对于为何真之条件能够被用于确定意义的解释，什么是翻译或者什么使一个语句是另外一个的好的翻译（显然，这些问题都不是狭义的意义理论或塔斯基式的真之理论所能够回答的）。我们应该赞同威廉姆斯的观点，戴维森在讨论（狭义的）意义理论的同时实际上也提出了一种广义上的意义理论③。尤其从戴维森本人的论述中（除了上述列出的证明戴维森表达不清的例子，戴维森还说过，例如，"在应用于自然语言的情况下，假定对于真概念有局部的理解，

---

① 参见 M. Williams："Meaning and Deflationary Truth"，1999，p. 556，p. 557。

② 参见 D. Davidson：*Inquiries into Truth and Interpretation*，1984，p. 55。

③ 威廉姆斯同时还指出，戴维森的广义的意义理论其实就是他的彻底的解释理论，这种理论讨论了一个特殊的意义理论能够被接受的条件。这一点值得商榷。虽然戴维森的确讨论了一种意义理论或解释理论如何才能具有解释力，以及如何说明他为解释理论添加的形式和经验的限制条件，而这一些讨论也都是广义的意义理论要做的事情，但这些讨论并不包含在解释理论中。在戴维森看来，解释理论还是那种基于塔斯基的真之理论的意义理论，它的目的还是为了给出（尤其是与元语言不同的）对象语言中语句的意义。因此，关于限制条件的讨论以及关于一种令人满意的意义理论或解释理论的标准的讨论并不是戴维森的解释理论的任务。在戴维森那里，解释理论应该属于狭义而非广义的意义理论。

然后借助真之理论来阐明意义、解释和翻译，这更讲得通"①），我们可以发现，戴维森的确希望同时能够对于意义概念作出解释。尽管他选错了途径（他希望用真之理论来一举两得地来解释意义概念），但他关于意义理论以及语句意义本身的讨论（例如，他讨论了如何构造一种令人满意的意义理论，什么样的东西可以算作语句的意义，语句的意义或者语言具有什么重要的特征等等问题）则充分体现了他关于意义、语言交流等概念的一些思考，因而这些讨论结果原则上应该属于广义的而非狭义的意义理论的内容。

在戴维森的广义意义理论中，他计划借助真概念来解释意义、翻译等概念，但是他想使用的工具还是塔斯基的真之理论。这里暂且不谈戴维森（的意义纲领）的两面性（即一方面，他期望真之理论是这样一种理论，即"关于它的明确的知识足以理解说话的话语［即给出它们的意义］"；但另一方面，他认为真之理论作为意义理论还应该"对理解一句话的意义需要什么给出解释"，因而这种理论要"描述、解释、理解和谓述言语行为的基础方面"②）。我们在这里只需要关注他的两面性中所包含的理论任务的冲突问题，即 TCS 这样的一种理论形式是否能够同时完成两个完全不同层次的任务？在回答这个问题之前，我们首先应该注意，即便我们承认戴维森采用了塔斯基的真之理论的确解释了意义概念，他的这种广义意义理论也没有构成解释上的循环。原因是他构造真之理论的时候并没有采用翻译概念或其他的意义概念，他用形式的和经验的限制条件或检验标准替换了翻译概念。这一点至关重要，它是使循环解释问题得以避免的主要原因：戴维森的广义意义理论事实上借助了不依赖于意义概念的真概念来解释意义概念。

其实，我们还可以考察一种较强的推论。由前面的讨论可知，这种新引入的因素实际承担了意义理论的解释力。这意味着，如果戴维森希望使用塔斯基式的真之理论（即对于真概念的说明）来解释意义概念，而实际上塔斯基式的真之理论只能起到形式上的限制作用，并没有承担实质性的解释作用，那么戴维森其实选择了一种费力不讨好的解释策略。考虑下面这些论断，这些论断体现了戴维森构造广义的意义理论的一些基本想法。

---

① 参见 D. Davidson：*Inquiries into Truth and Interpretation*，1984，p. 205。

② 参见 D. Davidson："The Structure and Content of Truth"，1990，p. 312，p. 313。

（1）关于经验的限制条件理论 ＋（没有预设翻译概念）的塔斯基式
　　 的真之理论＝正确的真之理论
（2）正确的真之理论刻画了真概念
（3）借助真概念来解释意义（或翻译）概念

　　戴维森实际采取的上述这个解释策略可简写为：（1）⇒（2）⇒
（3）。相对于（1）中的修正过的真之理论而言，未修正之前的真正塔斯
基式的真之理论可以分为形式的和实质的两个部分，即：

（1′）意义（翻译）概念＋纯形式的塔斯基式的真之理论＝正确的真
　　　 之理论（即真正的塔斯基式的真之理论）

　　如果用（1′）替换（1），那么就得到了（1′）⇒（2）⇒（3），这种
解释策略显然会造成循环解释。戴维森放弃了对于（1′）的使用，但这并
没有改变（1）与（1′）在解释力上的等价性。在这两个策略的对比中，
我们可以发现，恰恰是纯形式的真之理论配以经验的检验标准（包括对于
说话者的优先选择态度的说明和对于语句使用的外部情境的观察）才使这
种理论具有了解释力。考虑到"纯形式的塔斯基的真之理论"并不能提供
直接解释力，因此如果把这两条策略简化，就可以分别得到：

（A）关于经验的限制条件理论⇒（真概念⇒意义／翻译概念）
（B）意义／翻译概念⇒（真概念⇒意义／翻译概念）

　　由于经验的限制条件理论和意义（翻译）概念在解释力上是等价的，
或者退一步讲，至少前者可以起到后者所起的作用，我们可以大胆地猜
测，应该存在这样一条断言：（C）关于经验的限制条件理论⇒意义（翻
译）概念①。它使（A）可以由（B）和（C）共同推演出来。戴维森想要
实现的理论路线是（A），而他要避免使用的是（B），因此他应该预设了
（C）。由此可见，戴维森的策略实际上是从（B）和（C）得到的。而问
题在于（C）直接就可以说明意义概念。就此而言，戴维森的广义意义理

---

①　也可能有这样一条反向断言：意义（翻译）概念⇒经验的限制条件理论。但这显然不会被戴
维森接受，因为意义概念是需要解释的概念。

论实际上修改了第五章所讨论过的解释路径（Ⅱ*），进而得到的是（C）这条直接的概念解释的路径（即（Ⅲ*）这条解释路径。相应地，他的狭义意义理论所采取的其实恰恰是相应的解释路径（Ⅲ），如前所述，这样的路径都可以避免循环解释问题）。因此，戴维森的策略其实兜了一个大圈来解决意义概念的解释问题。戴维森一再强调塔斯基的真之理论以及真概念的作用，从而掩盖了这样一个事实：实际上并非真概念而是经验的限制条件（进而是言语行为、说话者的基本态度等）在解释意义（翻译）概念的过程发挥了实质性的作用。换言之，意义（翻译）概念的解释不过是借助了塔斯基的真之理论的构造形式，其实它可以直接从关于经验的检验理论（包括言语行为、说话者的态度的理论等等）中推导出来。这个强烈的推论更加清楚地表明，在解释意义概念的理论（即广义的意义理论）中，真概念并不像戴维森所说的那样起到了重要的解释性的作用或者在解释意义的过程中发挥任何实质的重要的功能。

　　以上对于两种意义理论和两种解释方式的区分能够说明，前文一直讨论的 TCS 所受到的原则性责难（尤其是循环解释问题）并不是由 TCS 这种理论本身引起的，而多半是因为人们在讨论这种意义理论时在术语使用或表达上存在混乱，从而导致人们争辩的论题总是在两种类型的意义理论上发生转移，时常在对某一种类型意义理论进行解释时犯张冠李戴的错误。一旦我们明确了哲学家们所讨论的意义理论究竟各属于哪一种类型，他们要解决的意义问题具体是哪一个，以及他们选择的解释路径是什么，那么原来因为误解而产生的各种责难自然就消除了，甚至各个阵营之间的分歧也会部分地得到了化解。

第二节　真之条件的确定与意义解释

一　真概念与真之条件

　　如前所述，戴维森的意义纲领之核心思想可以表述为两个论题：（1）解释意义需要借助真概念；（2）给出（把握）一个语句的真之条件就给出（把握）一个语句的意义。这两个论题常常被认为是一回事（戴维森自己大概也是这么做的），人们很少对它们作出细致的分析或区分。这样一来必定会造成严重的误解：真概念本身起着解释一个语句的意义的重要作用。这种误解掩盖了经验的限制条件在解释力上的实质性作用。为

此，我们有必要认真区别这两个论题。这一节将首先考察上述的第一个
论题。

　　戴维森宣称，"我们不可能在不借助真概念的情况下理解意义或者任
何命题态度"，接着他还指出，"如果真就是断定条件，而知道断定条件就
是理解，那么我看不出如何能够在没有真概念的情况下理解一个语句"①。
戴维森在这里的表述大概是有点问题的。首先，所谓"断定条件"顶多能
说成是真之条件而不能说成是真。在戴维森看来，说明断定条件需要借助
真概念，例如一个语句是可断定的，当且仅当它是真的。仅在这种（戴维
森式的）含义上，我们才可以说，理解一个语句的断定条件就必须要理解
真概念②。如果说我们将一个语句的真之条件描述为这样一种东西，它必
须被满足以便使语句为真，那么似乎很自然地，对于真之条件的把握就需
要借助对于真概念的理解。但如果我们能够明辨一个名字的意义与指称的
话，就会发现这样的推理是有问题的。

　　借助弗雷格关于涵义与意谓的区分，我们可以确定"亚里士多德"这
个名字的意谓，而不一定要知道他是亚历山大大帝的老师。尽管"亚里士
多德"与"亚历山大大帝的老师"意谓相同的对象，但它们的涵义不一
样。虽然后一个名字包含了"老师"这样一个词（因此，要理解这个名字
的涵义就必须要借助对"老师"这个词的理解），但如果我们要知道的仅
仅是（这个名字所意谓的）亚里士多德这个人，那么是否理解"老师"
这个词就不重要了。当然，如果规定"亚历山大大帝的老师"这个名字是
我们能够知道亚里士多德这个人的唯一途径，那么知道这个名字的涵义
（其中就包括对"老师"这个词的理解）就是必要的。有一点需要注意，
那就是，当我们知道了亚里士多德这个人，我们当然可以说知道了亚历山
大大帝的老师。我们之所以能那么说，完全是因为"亚里士多德"和"亚
历山大大帝的老师"这两个名字具有相同的意谓，与它们的涵义是什么无
关，尤其是与后者的涵义无关。因此，说"我们知道了亚历山大大帝的老
师"并不意味着，我们同时知道了"这个人就是亚历山大大帝的老师"，
同样地不能说我们已经理解了（或者需要理解）"亚历山大大帝的老师"

---

　　①　参见 D. Davidson："The Folly of Trying to Define Truth"，1996，p. 274。
　　②　本书在这一章中还将指出，对于断定条件的说明完全可以不借助真概念，而是借助对说话者
的基本态度以及外部情境的把握；而且这里使用的真谓词仅仅在语法上起作用，因此对于断定条件的
说明至少并不需要一种实质论的真概念。

这个名字的涵义。

由上述这样一种基本的讨论，我们现在可以转向对于"真之条件"这个词的考察。人们一般能够达成一致的是，一个语句的真之条件是如此这般的一种东西（至于它究竟是命题、事态还是事实，这不是我们关心的重点）。按照这种一般观点，"'p'的真之条件"这个名字代表了如此这般的一种东西①，我们可以把它简单地称之为"Θ"。如果对于 Θ 这种东西的了解或认知仅仅能从对于"'p'的真之条件"这个名字的理解中获得，那么我们显然应该首先理解"p"这个名字、"条件"这个词以及"真"这个词。在一般含义上，对于"真"这个词的理解就是对于真概念的理解，因而为了理解"'p'的真之条件"这个名字，我们首先应该理解真概念。但事实上真之条件的认知方式并不具备这样的唯一性，很多时候我们可以通过别的方式来认识到 Θ。例如，我们并不需要知道"雪是白的"这个语句是不是真的，就可以知道雪是不是白的。这就像我们并不需要知道亚里士多德是不是亚历山大大帝的老师，就能知道亚里士多德这个人一样。但是，为何人们会认为，对于真之条件（即 Θ）的认知一定要借助对于真概念的理解？这种误解产生的根源在于，如前所述，当我们知道了 Θ 时，可以说成是知道了"p"的真之条件。对于"p"的真之条件的认知则可以被很自然地看作是，从"'p'的真之条件"这个名字的涵义出发来确定它的指称。而如果通过这种方式来认识"p"的真之条件，那么显然需要对真概念有一种在先的理解，以便人们可以理解"'p'的真之条件"，进而把握这个名字的意谓即 Θ。解除误解的关键在于，我们应该认识到，对于"p"的真之条件的认知并不是对于"'p'的真之条件"这个名字的涵义的认知，而仅仅是对于它的意谓的认知。如果能认识到这一点，就能明白，为何对于一个语句的真之条件的把握可以不借助真概念。

我们还需要在真之条件概念与真之条件之间作出区分。这种区分从某种程度上说就是"'p'的真之条件"这个名字的涵义与意谓之间的区分

---

① 也许人们会认为，将"'p'的真之条件"当成名字，意谓一个对象，这似乎不太合适。的确如此，因为如果真之条件是命题这样的东西，这就意味着我们要将命题看做对象。但这种不合适的状况是我们对于对象或者实体的理解差异造成的。这里需要在一种极为宽泛的含义上来谈论意谓、对象或者实体，这种谈论方式完全是为了区分涵义与意谓。弗雷格本人也有类似的说法，例如，"'A'的涵义"的意谓就是"A"的涵义，这个名字的涵义与"A"的涵义不同。这里也沿袭了这种谈论方式。

（这需要我们对"概念"一词持一种宽泛的理解，它并不是在严格的弗雷格式的含义上来使用的）。做出这种区分的必要性在于，人们有时候会误将真之条件概念的特点认作是真之条件的特点，由此产生了一些对于真之条件的不恰当的评论。其中的典型人物就是达米特。前面第三章曾论述过，达米特认为，TCS 包含了实在论的真概念。按照这种实在论的观念，语句的真之条件得到满足（或没有得到满足）是超越认知的。由此，他进一步地推论出，语句的真之条件也是超越认知的。达米特的这种推理思路可以被归纳为：

（R_T）关于真概念的实在论观点（一个语句的真假是超越认识的）⇒
　　　　关于真之条件概念的实在论观点（一个语句的真之条件的得到
　　　　满足（没有得到满足）是超越认识的）⇒一个语句的真之条件
　　　　是超越认识的。

在达米特看来，TCS 面临的关键困难在于解决真之条件本身的认知问题，因为达米特强调说："真正难懂的概念是真之条件本身。什么是知道一个语句的真之条件？"，而"以真作为核心概念的意义理论必须能够解释，人们何以能具有关于语句的真之条件（确切地说，当一个语句为真时所获得的条件）的知识"①。如果真之条件不能被认识，或者 TCS 无法解释真之条件是如何被认知的，这种理论就不会是一种恰当的意义理论。但按照达米特的论述，如果坚持实在论，真之条件本身在 TCS 中就是超越认识的。因此，在他看来，结论很自然就出来了：TCS 肯定不是一种合适的意义理论。

尽管前面已经详细地讨论过，TCS 并非一定要与实在论捆绑在一起，它也可以采用多值逻辑或直觉主义逻辑作为基础。但是在这里，我们完全可以假定 TCS 就是实在论的。因为达米特的论证本身存在严重缺陷而难以成立：他的论证假定了从关于真之条件概念的实在论观点可以推导出真之条件具有实在论的特性，但这种推导并不具有必然性。要证明这一点，也就是要证明，一个语句的真之条件得到满足或者没有得到满足，与这种条件本身是什么无关；进一步地讲，能否认识到前者与能否认识到后者无

_____

① 参见 M. Dummett："What is a Theory of Meaning?（Ⅱ）"，1976, p. 69, p. 80。

关。为了更好地进行论证，这里打算先借助"亚里士多德"的例子来对上述论题稍加说明。

"亚里士多德"这个名字本身可能暗含了许多关于亚里士多德个人的信息，由于各种各样的原因（例如，年代久远、史料丢失等）很有可能我们永远也无法知道关于他的某些事情。但这并不意味着，我们因此就不可能认识到有这样一个人。也许我们永远无法知道亚里士多德曾跟随亚历山大大帝去过印度，但我也能知道这么一个人，他就是亚里士多德。类似地，"p"的真之条件是否得到满足，这是由真之条件本身的特征以及外在的现实情况共同决定的。即使我们没有发现"'p'的真之条件"这个名字包含了对一些关键特征的刻画（借助这些刻画以及现实情况，我们可以确定这样的真之条件是否得到满足），或者这个名字根本不包含一些对于其他条件而言重要的特征，这都不妨碍我们认识到这个名字所意谓的东西。得到满足或没有得到满足，这都可以看作是真之条件的重要特征。我们完全可以在没有认识到这种特征的情况下认识到真之条件本身。举例来说，我们可以认识到"凡人皆会死"这个语句的真之条件是什么（即苏格拉底是会死的，且柏拉图是会死的，……），但要我们指出这样的条件得到满足了还是没有得到满足，则很难办到。由此可见，关于真之条件概念的实在论观点并不能必然导致真之条件本身是不可认识的。如果意义理论是要明确每个语句的真之条件，而非明确这些条件之得到满足或没有得到满足，并且如果 TCS 的确能够给出对象语言中每个语句的真之条件，那么在这种含义上它就是恰当的。就此而言，TCS 至少对于自然语言的一些片段来说可以是恰当的，因为它的确能够（递归地）给出这个片段中所有语句的真之条件①。甚至我们可以发现，这种片段也能够包含那些（在达米特看来）具有多种语义值的语句。虽然它们的真值不定，即它们的真之条件满足与否难以断定，但相应于每种真值，其条件总是确定的且可知的。

通过对真概念、真之条件概念和真之条件的区分，我们不难发现，将对真概念或者真之条件概念的实在论或反实在论的看法强加到具体语句的真之条件上，这种做法极不恰当。对于真之条件的认知不仅是可能的，而且并不一定需要预先理解真概念或真之条件概念。如果 TCS 的任务是要解释语句（即给出语句的意义），那么由上面的讨论可见，TCS 可以在不借

---

① 参见本书第二章第二节中的定义（Tr）以及（Tr*）。

助真概念的情况完成它明确语句的真之条件的任务。确切地说，如果意义理论的根本目的是要为某个语句"p"确定其相应的名字"'p'的真之条件"所指称的东西，那么在这种确定指称的过程中当然可以不借助真概念或真之条件概念。因为与给出语句的意义直接相关的应该是真之条件，而确定或认识真之条件与认识真概念或真之条件概念是两回事。因而，对一个语句的真之条件的认识或确定可以独立于对真概念的理解而进行。尽管（至少直接）给出语句意义的应该是真之条件而非真之条件概念或真概念，于是可以说，真之条件对我们把握某个语句"p"的意义确实能够提供有价值的帮助，但这并不意味着我们需要承认真概念或真之条件概念对给出句子的意义也有关键的作用。在区分了真之条件概念与一个语句的真之条件的基础上，接下来，我们就可以转向分析 TCS 的另外一种论题，即给出（把握了）一个语句的真之条件就给出了（把握了）一个语句的意义。

二　真之条件的解释功能

就像流行观点所认为的那样，TCS 的拥护者往往持有这样一种观点：一个语句的意义就是它的真之条件。如前所述，人们一般会引用弗雷格的那句名言即"思想就是这样一个东西，即这些［真之］条件被满足"，来表明 TCS 的核心观点。对这句名言稍作修改之后，这种核心观点就可以表述为"一个语句的意义就是其真值条件被满足"。它被人们精练地解释为"一个语句的意义就是它的真之条件"，并由此引申出"把握一个语句的涵义就是把握该语句的真之条件"。这两句话成了所有真之理论的语义学（即以真概念为核心的意义理论）的标志性口号①。这种精练的解释是否完全符合弗雷格的原则或本意，这里暂且不论。我们不得不承认，这种精练的解释已经成为一种共识。关于这种共识本身可以形成不同的理解，人们可以将"一个语句的意义就是它的真之条件"理解为"如果 x 是一个语句的意义，那么 x 是它的真之条件"，也可以理解为"x 是一个语句的意义，当且仅当 x 是它的真之条件"。这种理解上的分歧归结为这样一个问题：一个语句的意义是它的真之条件的一部分还是等于其全部？

尽管戴维森一直被认为是 TCS 纲领的提出者和坚定拥护者，威廉姆斯认为戴维森其实"并没有将意义等同于真之条件"②。这个观点不是没有道

---

①　参见 G. Kemp："Meaning and Truth-conditions"，1998，p. 485。

②　参见 M. Williams："Context, Meaning and Truth"，2004，p. 122。

理。因为戴维森自己也承认"真之条件不能被等同于意义",他仅仅强调,"我们可以最好是说,通过给出一个语句的真之条件,我们给出了它的意义"①。的确,如果意义不是真之条件之全部,而仅仅是它的一部分,那么给出的真之条件之中必定包含着语句的意义。但问题是,在这种含义上给出一个语句的真之条件还不能令人满意。因为一种恰当的意义理论应确定每个语句的意义。所谓"确定",至少是应该让每个了解这种理论的人都能确切地发现每个语句的意义具体是什么。如果人们仅仅被告知,在给出的真之条件中包含了语句的意义,这不足以让人们明确这个语句的意义究竟是真之条件的哪个部分。因此,当一个语句的意义仅仅是它的真之条件的一部分时,通过确定一个语句的真之条件来给出它的意义,这种方法对于给出语句的意义而言并不是恰当的选择。

戴维森的意义理论之所以能够避免这种问题,关键在于他引入了经验的限制条件。众所周知的是,他期望借助这些限制条件来排除如下这类怪异的 T-语句:

(P-1)"雪是白的"是真的,当且仅当草是绿的。
(P-2)"雪是白的"是真的,当且仅当 $2 + 2 = 4$。
(Ts-1)"雪是白的"是真的,当且仅当雪是白的且 $2 + 2 = 4$。
(Ts-2)"雪是白的"是真的,当且仅当雪是白的且 LT。

上面所有 T-语句显然都能规定出"雪是白的"这个语句的真之条件,但未必都能由此给出这个语句的意义。而且上面的两个(Ts)语句还不像另外两个(P)语句那么奇怪,因为毕竟它们的等式右边所给出的条件包含了"雪是白的"这个语句的意义。按照戴维森的意见,(Ts)所确定的真之条件显然也给出了"雪是白的"这个语句的意义。但问题就在于,如果事先不理解"雪是白的"这个语句,仅仅借助(Ts-1)或(Ts-2),我们显然不能获得关于这个语句意义的(准确的)认识。戴维森对于修正过的塔斯基式的真之理论作出了补充,目的很明显,就是想要令该理论仅仅蕴涵"'雪是白的'是真的,当且仅当雪是白的"这样的 T-语句。经验的限制条件的作用就在于此,按照戴维森的说法,"经验的问题就是如何通

---

① 参见 D. Davidson: *Inquiries into Truth and Interpretation*, 1984, p. 56, n. 3。

过观察和归纳来确定经验性的真之载体的真之条件"①。通过经验的检验，
TCS 理论将通过蕴涵实质上正确的 T-语句来确定一种语言所有语句的真之
条件，并且保证它们的真之条件恰恰等于它们的意义。

　　只有在以上这种前提下，人们才能说 TCS 通过确定每个语句的真之条
件而给出了它们的意义；或者给出语句的意义就在于给出它们的真之条
件。按照戴维森的观点，一种真之理论作为意义理论要达到的理论目的仅
仅是，"如果一个解释者关于这种理论拥有明确的命题性的知识，那么他
将知道说话者的话语的真之条件"②。真之条件对于 TCS 解释语句的意义很
重要，但我们要清醒地意识到，真之条件的解释功能从根本上依赖于经验
的限制条件。由（P）与（Ts）这两类 T-语句可以看出，如果没有经验的
限制条件或者不接受经验的检验，给出一个语句的真之条件就未必能够给
出这个语句的意义，因而一个语句的真之条件本身独自难以对其意义形成
有效以及精确的解释。这一点再次说明，对于 TCS 而言，形成解释力的最
关键要素并非真之理论或真之条件，而是施加于真之理论和真之条件的经
验性的限制条件（当然也不能忽视形式的限制条件的作用）。戴维森引以
为豪的就是，采取与塔斯基相反的路线用真概念来解释意义，但实际上使
真之理论具有解释力的根本不是真概念（而且本书在上一节也说明了，即
便是在具体给出语句的意义的过程中，直接发挥作用也不是真概念而是真
之条件）。如果以上论述是正确的，那么人们就会产生这样的疑问：这难
道就意味着戴维森的计划彻底失去意义了吗？戴维森确实犯了一些错误，
但这并不会导致他的计划完全没有意义。他误以为，真概念可以帮他完成
意义理论所担负的任务，而实际上对于意义理论的解释力而言，重要的是
形式和经验的限制条件。塔斯基的递归的真之理论是能够满足一种令人满
意的意义理论的形式上的要求，但它却不能够提供完全的解释力（为了防
止出现解释的循环性问题）。戴维森大概意识到这一点了，但它似乎没有
能够引起他的足够重视。

　　作为戴维森的意义纲领的继承人，勒珀尔和路德维希则清楚地看到了
其中的问题："戴维森没有将这样的条件强加于真理论，即它作为一种组
合性的意义理论而被使用时它就是解释性的。他没这么做的原因是，比起
仅仅提供一个组合性的意义理论来，他有一个更宏大的目标，也就是说，

----

① 参见 D. Davidson："The Folly of Trying to Define Truth"，1996，p. 277。

② 参见 D. Davidson："The Structure and Content of Truth"，1990，p. 312。

要通过考虑将何种实质条件施加于一种真理论以保证它可用于解释说话者的语言，来更为一般地说明什么使语句意味它所意味的东西。"① 勒珀尔和路德维希大概是受到了戴维森的意义纲领的模糊性的影响，从而将戴维森的意义理论视为两种意义理论的混合物。然而，他们并没有放弃构造像 TCS 这样的纯粹给出语句意义的狭义的意义理论，并且他们还强调，自己构造的理论与戴维森的意义理论不同，这种理论将其功能局限到给出语句的真之条件这一点上。如果一种真之理论既要给出语句的真之条件即给出语句的意义，又要解释意义概念，仅仅满足形式的要求当然是不够的。可是，这并不意味着，如果有一种基于真之理论的意义理论，我们只需要它给出语句的真之条件即给出语句的意义（就像勒珀尔和路德维希所要求的那样），那么它满足形式方面的要求就足够了。如前所述，构造像 TCS 这样的狭义的意义理论，同样需要解决 T-语句的实质上的正确性问题，否则，难免会使这种理论蕴涵一些奇怪的 T-语句。所以，仅凭形式上的要求不足以令一种真之理论给出语句的意义，一个语句的真之条件能够给出它的意义，绝不是因为它仅仅满足形式上的要求，还因为它满足了经验的限制条件。

三 T-理论与真之理论

虽然戴维森的意义纲领要求借助真来解释意义，并且构造 TCS 这种意义理论的要点也是通过给出一个语句的真之条件来给出其意义，但戴维森本人并没有证明，只有（扩展的修正的）塔斯基式的真之理论能够提供构造意义理论的基础。戴维森论证的毋宁说是，塔斯基式的真之理论"恰好"能够提供构造意义理论的基础。他说："我在这里要想论证的并不是我们必然能够从一个恰当的理论中抽绎出真之定义（尽管需要某些这样的东西），而是如果我们能够抽绎出一个真之定义，这个理论就会满足我心中所想的那些条件；尤其是，不再需要更强的意义概念。"② 如果真之理论不需要借助意义（概念）的话，戴维森的主张就没有问题，因为（正确的）T-语句的确能够给出对象语言语句的意义。可惜，这些都还不足以说明真之理论或真概念对于意义理论的必要性。

如果重新审视戴维森在"真与意义"（1967）这篇声名卓著的论文中

---

① 参见 E. LePore and K. Ludwig: *Donald Davidson's Truth-Theoretic Semantics*, 2007, p. 38。

② 参见 D. Davidson: *Inquiries into Truth and Interpretation*, 1984, p. 8。

所做的论证，我们就会看到，戴维森发现意义理论与真之理论之间的联系似乎并不具有必然性。他的论述思路可以简单地表述如下：首先由意义的组合性可知，意义不同于指称，即意义不能被视为实体，意义理论不能采取 S-模式（即 "s 意味 m" 的模式）。似乎 St-模式（即 "s 意味着（that）p" 的模式）比 S-模式更适合于构造意义理论，但它包含了内涵语境问题，这同样不便于体现意义的组合性。为了摆脱这个问题，这个模式需要外延化，因此 "意味着" 需要被替换为 "是 T，当且仅当"。这样一来，St-语句模式就很自然地转化为外延性的 T-模式（即 "s 是 T，当且仅当 p"）。意义理论要采用 T-语句的模式，还需要满足一定的要求，即当元语言足够丰富以至于包含对象语言（L）时，"s" 是对象语言中的语句的名字，"p" 就是 "s" 所命名的语句。在戴维森看来，"很明显 '是 T' 应用于的语句恰好（just）就是 L 的真语句，因为我们为一个令人满意的意义理论设定的条件本质上就是塔斯基的 T-约定，它是检验关于真的形式的语义定义是否恰当的标准"①。这个论证的核心是由 "作为意义理论的 T-理论恰好与塔斯基的真之理论具有相同的外延（定理）"，推出 "作为意义理论的 T-理论就是塔斯基的真之理论"。这个推理至少有这么两个要点值得注意：（1）前提中的 "恰好" 似乎是说这种发现纯属偶然，然而事实并非如此。（2）推论中的 "就是" 看似应该表达同一性，但实则并非如此。

首先考虑第一个要点。一种外延性的意义理论 M，完全可以定义为所有形如 $<s, p>$ 的二元组的集合，其中 "s" 是（对象语言 L 中）被解释的语句之名字，"p" 是元语言的语句，它表达了被解释的语句的意义。于是有 $<s, p> \in M$。接着，我们可以令关于 L 的一个塔斯基式的真之理论为 Tr，同样可以将之视为符合 T-约定的二元组的集合。任意属于 Tr 的二元组也属于 M，因为根据塔斯基的定义，如果 $<s, p> \in Tr$，那么 $<s, p>$ 就符合 T-约定，于是 "p" 就是 "s" 所命名语句本身或它在元语言中的翻译，故而有 $<s, p> \in M$。由此可见，Tr 这样的真之理论蕴涵了如下这个条件句：$<s, p> \in Tr$ 仅当 $<s, p> \in M$。由于仅考虑外延而非理论本身的形式要求，对于 Tr 而言则显然有，$<s, p> \in M$ 仅当 $<s, p> \in Tr$。于是不难看出，就外延而言，M = Tr。因此，T-理论作为 M 这种意义理论

---

① 参见 D. Davidson: "Truth and Meaning", 1967, pp. 309 – 310。

的一种特例，它与真之理论在外延上相同并不是偶然的事情，这一点是 Tr 作为塔斯基式的真之理论很自然的推论。鉴于循环解释的问题，外延相同并不意味着真之理论可以直接作意义理论用，就像意义理论也不可以直接作真之理论用一样。相反，意义理论倒是可以为构造真之理论提供基础，在这种含义上，我们的确可以认为 T-理论这样的意义理论是一种塔斯基式的真之理论。

　　戴维森之所以用"是 T，当且仅当"来替代 St-模式中的"意味着"，而没有直接使用真谓词，原因大概是：一方面，满足要求的 T-理论就是意义理论（它们外延相同），而且它也与真之理论外延相同，这恰能说明真之理论与意义理论之间的巧妙联系；另一方面，由于 T-理论与真之理论具有相同的外延，这里的"是 T"一定只能是真谓词。关于前者，上面已经讨论过，这种巧合完全是源于真之理论对于意义理论的预设。现在来考虑后者，即"T-理论与真之理论外延相同"是否必然导致"'是 T'就是真谓词"？答案是否定的，我们至少可以构造出两类反例。第一类反例在第二章中也谈到过，较早是由福斯特提出的[①]，不久之前上文还列举了（P-1）、（P-2）、（Ts-1）和（Ts-2）这四个例子来说明未必所有的 T-语句都是塔斯基的真之理论所蕴涵的定理。现在我们可以考虑另外一类反例，即以下这么四种 T-理论。T_1-理论蕴涵所有形如"s 是真的且雪是白的，当且仅当 p"的定理；T_2-理论蕴涵所有形如"s 是真的且 $2+2=4$，当且仅当 p"的定理；T_3-理论蕴涵所有形如"s 是可证明的，当且仅当 p"的定理；T_4-理论蕴涵所有形如"s 是可断定的，当且仅当 p"的定理[②]，其中它们的共同点在于，"p"是"s"所指称之语句的翻译。不难证明，对任意"s"和"p"而言，$<s, p> \in T_i$ 当且仅当 $<s, p> \in \text{Tr}$（$i=1, 2, 3, 4$）。也就是说，这些 T-理论都与真之理论外延相同。但是，显然不能说 T-谓词就是真谓词，或其中任意一个 T-理论就是真之理论。更普遍地说，由于 $<s, p>$ 是否属于某一种 T-理论，

---

　　① 参见 J. R. Foster："Meaning and Truth Theory"，1976，pp. 13 – 15。

　　② 需要说明一下：由于哥德尔不完全性定理的存在，T_3 与 Tr 在外延上是否相等还取决于相应的系统或理论，相对于一阶逻辑系统而言，它们在外延上是相等的，而相对于一阶皮亚诺算术公理系统而言，T_3 仅仅是 Tr 的一个真子集。不过这里并没有限定系统，而只是强调一般的可断定性。因而一个语句即使在一阶皮亚诺算术公理系统中不可断定，它在其元理论的系统中也可以得到断定。

完全是因为满足某种经验的限制条件，那么这里"是 T"甚至可以是任意用以谓述语句的谓词，而这些理论同样可以做到与真之理论具有相同的外延，但它们也必定不是真之理论。

　　这种现象就是所谓的"弗雷格之谜"。弗雷格最早借助同一性问题揭示了这种谜题①。"晨星 = 昏星"与"晨星 = 晨星"有什么不同？弗雷格的解释是，这两个语句的差别在于，"晨星"和"昏星"这两个专名的指称相同，而涵义不同。这里的情况类似。T-谓词与真谓词具有相同的外延，这不足以推出它们具有相同的涵义。也许紧缩论者会反驳说，真谓词没有实质的涵义，所以在这里无法类比。不过，T-谓词却可以具有涵义，如果它是上述所列举的那些谓词的话。这更能说明 T-谓词不同于真谓词。当然，戴维森将作为外延性意义理论的 T-理论直接等同于真之理论，可能有他自己的考虑。在他看来，真之理论的确能够作为外延性的意义理论。其实，除了真谓词（确切地说，是 T-约定）没有真正地用于给出语句的意义之外，真之理论确实为外延性的意义理论提供了一种很好的选择。另外，毕竟真谓词也是一种 T-谓词，尽管 T-理论不等同于真之理论。

　　这里还需要我们注意的是，就戴维森对于 St-模式的外延化的处理方式来说，他几乎没有给出任何令人信服的理由来说明，为何要选择"是 T，当且仅当"而非其他表达来替换"意味着"。大概戴维森已经认定真之理论就算不是唯一或最佳的选择，至少也是一种很好的选择。就此而言，他当然没有义务论证为何放弃其他外延性的方案。不过，对于我们而言，其他可能的更好的选择是否存在仍然是需要加以考虑的。在这里，本书想讨论一种选择，它其实是戴维森自己能够提出来的，因为其中涉及的技术完全是由他提供的。

　　St-模式的特点在于包含了 that-从句，从而构成了内涵语境。戴维森在《论说出》（On Saying That）一文中对于内涵语境作出过专门的论述（参见本书第二章第三节中的相关讨论）。由于" s 意味着 p（s means that p）"与" U 说 p（U says that p）"这两个句式有着相似的结构，他对后者的处理技术同样应该适用于前者。按照戴维森的处理，that-从句可以被转换为"that. p"，即"指代性语词 + 被指代的前驱"的表达。于是，" s 意

<hr>

① 参见［德］弗雷格《弗雷格哲学论著选辑》，王路编译，2006 年，第 95—96 页。

味着 p （s means that p）"这个内涵语境语句可以改写为以下这个外延性的语句：

(S*) s 意味那个，p。（s means that, p）

它的一个替换实例可以是："雪是白的"意味这个，雪是白的。然而，这种表达形式不是很自然，S*-语句看似是一个合取式，其实仅仅只有一个实质的部分，即前半部分"'雪是白的'意味这个"，另外一半即"雪是白的"这个语句则不是整个语句的实质的构成部分。因为它仅仅是"那个（that）"指代词的前驱，是一个参数，它指明了指代词的内容。其实，为了表达得更自然，不妨在两个部分之间添加"当且仅当"。于是 S*-模式则转换为：s 意味那个，当且仅当 p（s means that, iff p）。这样一来，意义理论模式同样可以避免内涵语境问题，在这一点上，这种处理方法与 T-理论一样都是外延性的。现在剩下来的问题大概就是，S*-理论是否能够像真之理论那样很好地展现意义的组合性特征（假定组合性原则是意义理论的必须要满足的条件）。后面将证明，S*-理论做到这一点并不是难事。如果这种理论既是外延性又能够展现语句意义的组合性，无疑它也是一个很好的选择。由于 T-理论尚且受到循环解释问题的困扰，S*-理论则相对而言则表现出了更大的优势。

综上所述，戴维森认为 T-理论就是真之理论，其论证并不充分。确切地说，这里根本没有论证，而仅仅是陈述。因为在正式提出他的意义纲领之前（即在"真与意义"这篇文章之前），他已经认定了真之理论是构造意义理论的最佳选择①。然而，最佳选择并不等于唯一选择，戴维森纲领的主张常常将这两者混为一谈。既然其他不依赖于真概念的理论也适用于构造一种令人满意的意义理论，那么 TCS 至多只能是一种选择而已。这种选择并不应该排斥其他理论，而且如果它存在难以克服的困难，也不必因为它的某种优势而坚持它。

---

① 戴维森明确强调，构造意义理论的最佳选择就是这样一种理论，"如果我们能够抽绎出一个真之定义，这个理论就会满足我心中所想的那些条件"（参见 D. Davidson：*Inquiries into Truth and Interpretation*，1984，p. 8）。

第三节　无真概念的意义理论

一　真概念的非必要性

真概念在意义理论中是否是必要的，这个问题需要分为两个部分来看。首先，真概念在广义的意义理论中是否必要，这一点前面已经讨论过了，根据上一节的讨论结果，真概念在（广义的）意义理论中并不是必要的。当然，戴维森可能会反对说，诸如言语行为、信念、意向等概念都需要使用真概念来解释。但按照他的观点，这些概念又可以通过偏好这种基础的态度来得到解释，而偏好就是偏向于认为一个语句而非另外一个语句为真。真概念似乎与偏好脱离不了关系。其实，完全没有必要说对于两个语句的这种态度一定就是偏向于认为其中一个是真的。如果对一个语句表现出赞成和反对这两种态度，这也不是赞成一个语句是真的或是假的[①]。同样地，偏好态度也是如此。

戴维森将偏好与决策论联系起来讨论，但他没有发现，在面对两种赌博方式时，一个当事人由于观察到某些相关的事件对于每个方式的结果作出评估，并且考虑到了每种结果出现的概率，这时他会对其中的一种方式表现出偏好。这种态度可用于解释当事人相信一种选择方式可以获利，但它本身与这种方式实际上能否获利无直接关系。也就是说，受到偏好的是一种赌博方式而非对于这种赌博方式的评价或断定。在语言交流中，情况相似。一个说话者在观察了某些外部情境的前提下会对一个语句表现出偏好的态度，他所偏好的是语句而非对于这个语句的断定，这种偏好固然可以用于解释为何在这种情境下，他认为这个语句而非那个语句是真的。因

---

① 出于类似的原因，戴维森也反对使用达米特、霍维奇等人主张的证实条件、断定条件或接受条件以及使用等概念来解释意义：他认为对于这些概念的说明需要借助真概念（参见 D. Davidson："The Folly of Trying to Define Truth"，1996，p. 275）。但是霍维奇指出，戴维森关于这种观点的证明同样是有问题的：按照戴维森的观点，只有当一个语句是真的或者被我们视为是真的时，我们才能断定或接受它；而这一点假定了，一种语言的说话者必须明确知道他应该在语句是真的时才能断定或接受一个语句。但事实上，只要一个人相信他所断定的东西，他就可以断定。所以，按照霍维奇的反驳意见，如果使用断定条件或接受条件来解释意义，就不需要借助真概念。另外，即便像戴维森所说的那样，在说明断定条件或接受条件时需要用到真概念，这也不过是在紧缩论意义上的一种使用（参见 P. Horwich："A Defense of Minimalism"，2001，p. 162，n. 8）。

为偏好态度"通过其在现实的选择行为中的表现提供了至关重要的经验基础"①。由于它的基础性，它不需在结合或者预设真概念的前提下才能得到说明。当然，如果这一点无法得到更为严格的说明以便令人信服，我们甚至可以退一步说，即便在说明意义概念的时候非要借助真概念，例如，假设真之理论对于广义的意义理论而言是必要的，那么真概念在该理论中也并不起（实际上也不能起）重要的解释性的作用。对这一点，前文已经作出了详细的讨论。

在这里，我们应该将把讨论的重心移到另外一个问题上：真概念在狭义的意义理论中仍然是必要的吗？戴维森对这个问题的回答自然也是肯定的。但是，他在两种类型的意义理论上的游离态度严重误导了 TCS 的批评者。无论以达米特为代表的反实在论者还是以霍维奇为代表的紧缩论者，他们提出质疑的基本前提就是，按照戴维森的观点，TCS 是要借助真概念来解释"意义"，而真概念则是在借助了"意义"的前提下得到刻画的。至于其中的两个"意义"分别是什么，他们并不总是能够清楚地作出区别。达米特就与戴维森犯了相似的毛病。他质疑真之理论是否能在意义理论中占据核心地位，他提出的理由是，如果真之理论蕴涵 T-语句作为定理，那么"实际上就要假设关于我们语言的较大一部分我们获得了一种知识，它先于对真概念的任何理解"；如果将真之理论作为意义理论的核心，"我们的意义理论就是循环的，不解释任何东西"②。在达米特看来，我们不能要求意义概念本身作为意义理论中的一个概念被预设。这种对于循环解释问题的担忧无疑就是起因于对于两种意义理论的混淆。本章的第一节曾论述过，即便意义理论必须依赖于真概念，且真概念必须依赖于意义概念，只要前面的意义理论是狭义的而后面的意义理论是广义的（即遵循解释路径（Ⅲ*）），就不会造成解释上的循环性。因此，只要 TCS 仅仅是狭义的意义理论或者仅仅是广义的意义理论，循环解释问题对 TCS 就不会构成有效威胁。虽然循环问题被消除了，但由此还不能认定真概念对于意义理论就是完全不必要的。真概念在狭义意义理论中的不必要性还需要得到进一步的考察和论证。

相比之下，紧缩论者的批评则更能说明问题。紧缩论者反对真概念像戴维森所主张的那样在意义理论承担解释性的重要作用。因为在他们看

---

① 参见 D. Davidson："The Folly of Trying to Define Truth"，1996，p. 278。

② 参见 M. Dummett："What is a Theory of Meaning?（Ⅱ）"，1976，p. 78。

来，真概念没有实质性的内容，不能用于解释别的东西。戴维森提出的反驳是，真概念并不像紧缩论者所理解的那样，它是有实质性内容的，因而它能够用于解释别的东西。例如，TCS 就是依靠它来解释语句的意义。关于是否应该接受紧缩论者关于真概念的理解，这一点在理论界仍然存在争议。不过，紧缩论者的责难的确提醒了我们，我们应该认真考虑这样的问题：即便真概念有实质内容，即便一种意义必须采取塔斯基的真之理论的方式，真概念在这样的意义理论中是否真的起着解释性的重要作用？答案是否定的。因为，本书在第五章已经详细考察过 TCS 作为一种意义理论的解释力的根源。在那里已经得到确证的是：它的解释力并不在于真概念或 T-语句本身，而是在于（对于塔斯基而言的）翻译概念或者（对于戴维森而言的）经验的限制条件，它们所具有的相同作用就在于保证了 T-等式右边的语句和左边被命名的语句具有相同的意义，由此前者可以看作是给出了后者的意义。恰恰是翻译概念或经验的限制条件使 T-语句能够明确一种语言中语句的意义，即具有了解释语言的能力。

在澄清了循环解释嫌疑的前提下，一种（狭义的）意义理论完全可以保留意义（翻译）概念，这个概念可以在广义的意义理论中得到说明。但在这种情形下，"真就不会起到任何严格的解释性的作用，它也没有必要起这样的作用"[1]。因此，紧缩论者的如下观点是正确的，即便我们在解释语句的意义理论中允许使用真概念，这种使用也仅仅是表述性的而非本质上的（或解释性的）。真概念的作用仅仅体现为，在每个 T-语句中，真谓词是作为一种完善的语法结构之补充而出现的[2]。如果人们知道它是紧缩论的，就会知道，它顶多暗示了 T-等式右边的语句表达了左边被命名的语句的意义，因为 "s 是真的" 的实例可以整个地被视为代句子，它指代替换 "s" 这个名字所命名的那个语句。换一种说法，如果说真概念在意义

---

① 参见 M. Williams: "Context, Meaning and Truth", 2004, p. 126。

② 这就是说，按照戴维森的思路，我们为了避免内涵语境而将 "s 意味着 p" 中的 "意味着" 一词去掉，如果取而代之的是 "当且仅当"，那么就会得到 "s 当且仅当 p" 这样的模式。但由于替换这种模式中的 "s" 的是语句的名字而不是语句，通过替换得到语句则不是合法的语句，例如 "'雪是白的' 当且仅当雪是白的" 这个语句就违背了正常的语法。为了解决这个问题，为了使这样的语句在语法上是正确的，必须添加一些东西。那就是，在模式中为语句的名字添加一个谓词 "是真的"，因而得到新模式就是 T-模式 "s 是真的，当且仅当 p"。当然，尽管被添加的谓词是真谓词，这并不是说只能添加这个谓词，而添加别的谓词就不行。当然，这里添加了真谓词，也不是需要它发挥什么实质性的作用。

理论中是有用的，那么毋宁说真谓词在 T-语句中的出现标明了等式左边被命名的语句的真之条件。只要把握了真之条件，人们就可以理解语句的意义。当然，这里预设了，一个语句的真之条件就等于它的意义。由前一节的讨论可知，真概念在意义理论中（确切地说，真谓词在每个 T-语句中）并没有对一个语句的意义提供任何解释，因为真正起作用的是额外添加到修正过的真之理论中的经验的限制条件。

由于狭义的意义理论的目的在于，"明确语句的意义，或者说得更好一点，解释对象语言的每个语句的意义"①。因此，真概念能够发挥作用至多就是要在表面上指出，人们可以借助意义理论理解对象语言的语句或明确其意义，而不需要知道真概念或者真谓词的内容，只需要知道它是真概念或真谓词就可以了（从形式上看就可以知道一个谓词是不是真谓词。例如，我们被告知一种意义理论蕴涵的都是 T-语句，那么我们就知道了指示语句的名字后面跟着的那个谓词大概就是真谓词，由此我们就可以知道处于等式另外一边的语句给出了这个被指示的语句的意义）。如果真概念在意义理论中的仅仅是表述性的而非解释性的，按照威廉姆斯的观点，戴维森就要比人们所想象的更加接近于霍维奇。这样一来，紧缩论与 TCS 之间的不相容性问题就可以彻底消解了②。

如果上述推论是正确的，即真概念的确没有在语句意义的解释中起实质性的作用③，那么真概念就不像戴维森所认为的那样是狭义的意义理论所必需的，至少不是在解释上必需的。既然如此，真谓词的表述性作用完

---

① 参见 M. Williams："Meaning and Deflationary Truth"，1999，p. 557。

② 这里也要特别注意，尽管真谓词在狭义的意义理论中没有发挥实质的作用，这并不是说，TCS 应该采取表层语义学的形式。一旦强调 TCS 的解释力是源于其中的真谓词是紧缩论的，循环解释问题就会产生。除非我们明确 TCS 和表层语义学都是狭义的意义理论，它们依赖于真谓词的语法特征，尽管真谓词仅仅具有语法特征这一点是借助意义概念来说明的，但意义概念的解释理论则属于广义意义理论，它需要借助的不再是语句的意义，而是不依赖于意义概念的其他概念。

③ 威廉姆斯甚至认为，真概念即使在广义的意义理论即他所认为的戴维森的解释理论中也不起实质性的解释作用。与本书在这里的观点相似，他认为戴维森在对解释做出的种种限制条件中即便使用了真概念，这种真概念也不起实质性的作用，大多数时候，它起的是对语句做量化的作用，例如，戴维森说语句的断定条件包含了真概念，即一个语句可以被断定，当且仅当它是真的；其实这种对于断定条件的解释不过是对这样一些语句的一般化的说法："雪是白的"可以被断定，当且仅当雪是白的，"草是绿的"可以被断定，当且仅当草是绿的，……。真概念（谓词）在这里仅仅起量化的作用，这恰恰符合真之去引号论的立场（参见 M. Williams："Meaning and Deflationary Truth"，1999，pp. 559 - 563）。

全可以被其他具有相同功能的术语所替代。这意味着，"对于意义的表达是一个结果，它可以通过不止一个途径来实现"①。当然，真概念在狭义的意义理论中没有起到解释性的作用，由这一点并不能够推导出：戴维森认为塔斯基的真之理论对于意义理论而言"提供了我们迄今为止对意义理论所要求的一切东西"②，这种观点一点道理都没有。实际上，塔斯基的真之理论能够给意义理论的构造提供一些非常有益的东西，尽管这些有益的东西并不包括对真概念的使用。当意义理论需要刻画出一种语言的语句在意义上的组合性或结构的依赖性特征，以及意义理论需要对一种语言的每个语句都给出关于其意义的描述但是在这种语言中语句的数量又极其庞大乃至无穷时，塔斯基式的真之理论的优势就凸显出来了，只不过它的优势仅仅在于能够提供递归的理论构造形式，而不是在于它对真概念给出了严格精确的刻画，也不是在于它借助对真概念的定义给出了一种语言中所有语句的真之条件（即意义）。如果我们能够找到一种理论，这种理论同样满足戴维森对意义理论之构造提出的那些要求，即便这种理论不包含（或依赖于）真概念，它也必定是令人满意的意义理论。如此一来，不仅真概念而且整个塔斯基式的真之理论对于（狭义的）意义理论而言都是不必要的。

二　逻辑形式与真

塔斯基式的真之理论已经被普遍地用于构造各种外延性的逻辑系统的语义学。针对符号语言的真之理论之所以能够被广泛地接受作为逻辑语义学，其重要原因在于这种理论能够刻画出任意语句与其构成部分在语义上的结构性依赖关系。这种语义依赖关系就体现了所谓的意义的组合性特征。塔斯基式的真之理论以其外延性和递归构造性的优势能够充分展现意义的组合性特征，这也是戴维森始终坚持"以真之理论为基础构造意义理论"这种意义纲领的最重要的考虑因素。

戴维森想要构造自然语言的意义理论，虽然 TCS 并没有实质地使用真概念，但它确实借助了真之理论的递归构造性优势。然而除了真之理论，其他语义学理论是否有可能对意义的组合性做出说明？至少在戴维森看来，这大概是不可能的。理由是，说明意义的组合性一般而言需要获得关

---

① 参见 D. Patterson: "Deflationism and the Truth Conditional Theorey of Meaning", 2005, p. 290。

② 参见 D. Davidson: "Truth and Meaning", 1967, p. 310。

于语句的形式结构的完全分析，而他坚持认为，对语言的逻辑形式的分析依赖于真之理论，逻辑形式需要借助真概念才能得到说明。刻画语句的逻辑形式的理论应该具备什么条件？在他看来，"这样的理论必须引导我们将语句的语义特征（它的真或假）看做是归因于它是如何借助组合而成的"。语句的组合方式体现为：从一种语言所包含的有穷多的词汇，通过有穷次使用有穷多的手段得到较为复杂的词项以及整个语句，并由简单的语句构成复杂的语句。如果一种理论能够描述语言的这种组合方式，那么"这种理论就给出了那种语言中所有语句的形式"①。塔斯基式的真之理论因其递归的构造方式而能够充分体现形式化语言的逻辑形式，这令戴维森相信，如果针对自然语言能够构造出类似的真之理论，就能刻画出自然语言的逻辑形式。他还陈述了自己对于逻辑形式的看法："按照我的观点，当我们在应用于整个语言的真之理论的语境下给出一个语句的真之条件时，就已经给出了这个语句的逻辑形式。[……]因此给出一个语句的逻辑形式就是将它描述为是由这种理论所分离出来的基础要素构成的。"② 在这一点上，作为 TCS 的支持者，勒珀尔和路德维希也持相同的观点，不过他们认为给出一个语句的逻辑形式这个工作是由关于这个语句的 T-定理的典范证明来完成的。

　　不可否认，塔斯基式的递归的真之理论确实能够体现语句或语言的逻辑形式。这不是因为，真之理论明确或给出了语言的逻辑形式，而是语言的逻辑形式使构造一种递归的真之理论成为可能。典范证明之所以能够给出一个语句的逻辑形式，原因恰恰在于明确这种形式以及与之相关的逻辑规则是其进行证明的前提条件。所以，借助典范证明来分析自然语言的逻辑形式，显然是本末倒置了。目前说明自然语言的逻辑形式常常采取的方式是比较形式语言（尤其是一阶量化语言）的逻辑形式，通过将自然语言形式化来明确其逻辑形式。这种做法的困难在于，需要预设包含自然语言与形式语言具有相同的逻辑形式。为此，勒珀尔和路德维希试图通过对"逻辑形式的相同性（sameness of logical form）"这个概念做出定义来解决问题③：

---

① 参见 D. Davidson, *Inquiries into Truth and Interpretation*, 1984, p. 94。

② 参见 D. Davidson：*Essays on Actions and Events*（2nd）, 2001, p. 143。

③ 参见 E. LePore and K. Ludwig："What is Logical Form?", 2002, p. 67。

（SLF）对于任意语句 s_1、s_2，以及语言 L_1、L_2，s_1 在 L_1 中与 s_2 在 L_2 中具有相同的形式，当且仅当分别存在针对 L_1 和 L_2 解释性的真之理论 T_1 和 T_2 使得：

（a）它们共享相同的逻辑；

（b）在 T_1 中存在一个关于 s_1 的 T-语句的典范证明 P_1；

（c）在 T_2 中存在一个关于 s_2 的 T-语句的典范证明 P_2；

（d）P_1 对应于 P_2。

　　这个定义的（d）项使用了"对应的证明（corresponding proof）"这个概念，不过这个概念事先已经得到定义①，因此在这里并不构成实质性的障碍。（SLF）面临的真正问题是，它希望借助是否具有相对应的典范证明来判定两种语言中的两个语句是否具有相同的逻辑形式，而这预设了对这两种语言中的每个语句都能给出其典范证明。如前所述，一个语句的 T-语句之典范证明的起点是 T-公理，但构造 T-公理本身就需要利用这个语句的逻辑形式，它要明确所有具有这种形式的语句的真之条件。例如，"'雪是白的且草是绿的'是真的，当且仅当雪是白的且草是绿的"这个 T-语句的典范证明的起点是"$\forall p \forall q$('p 且 q'是真的当且仅当'p'是真的且'q'是真的)"这个 T-公理。构造这个公理的前提是将所有形如"p 且 q"的语句的逻辑形式分析为合取式。可见，典范证明的实行是以构造出真之理论为前提的，而构造一种语言的真之理论是以明确其逻辑形式为前提的。勒珀尔和路德维希的尝试并不能解决问题，除非他们首先借助其他手段而非典范证明来为一种语言确立其逻辑形式理论。

　　不过，戴维森本人可能会支持真之理论优先于逻辑形式理论这个观点。他曾论述说："绝对的真之理论必然能对与真和推理相关的结构提供一种分析。这样一种理论因而对什么算是一个语句的逻辑形式这个问题作出了一个非平凡的回答。从真之理论来看，很明显的是，特定的语句仅仅在赋予逻辑常项的那些性质之基础上是真的。逻辑常项可以被认定为语言的重复出现的部分，在对真或满足的刻画中，它们需要使用递归的子句（clause）。按照这种解释，逻辑形式当然是与元语言（及其逻辑）和真之理论相关的。"② 这种观点隐含的前提是，对语言逻辑形式的分析依赖于区

---

① 参见 E. LePore and K. Ludwig："What is Logical Form?"，2002，p. 67。

② 参见 D. Davidson, *Inquiries into Truth and Interpretation*，1984，p. 71。

分逻辑词项和非逻辑词项。如何定义一个词项的逻辑性？这个问题的回答常常需要借助于模型论的语义学。逻辑词项与非逻辑词项的区别在于前者表达逻辑概念或逻辑运算。塔斯基在 1986 年借助模型论语义学的方法对逻辑概念给出了定义：一个概念是逻辑的，当且仅当它（外延）具有"置换下的不变性（invariance under permutations）"或"变换下的不变性（invariance under transformations）"[①]。一个变换或置换就是从论域到其自身的一个一一映射，简单地讲，就是将论域中对象交换位置（如果我们将其置入一个序列中，那么所谓置换就是重新排序）。按照塔斯基的定义，例如在二元关系中，只有全关系、空关系、同一性关系以及差异性关系是逻辑概念。因为：（1）全关系是论域中任意两个对象之间的关系，即它是 $U \times U$；（2）空关系就是空集；（3）同一性关系就是这样的集合 $\{ <x, x > \mid x \in U \}$；（4）差异性是这样的集合 $\{ <x, y > \mid x \neq y \text{ 且 } x, y \in U \}$。这些概念或集合不会因为论域 U 中的对象在位置或顺序上做出一一对应地变换而发生改变，换言之，如果令 $f: U \to U$ 为一种置换，对 U 中的任意两个对象 x, y，如果 $<x, y > \in R$（其中 R 是这四种关系中的任意一种），则一定有 $<f(x), f(y) > \in R$。按照塔斯基的标准，在这里面，我们所熟悉的等号（"="）是逻辑符号，因为等号表达了同一性概念。相应地，不等号"≠"也是逻辑符号。其他普通的二元谓词（例如"x 在 y 的右边"）之所以不是逻辑谓词，是因为它们所表达的概念（外延）会随着论域中对象的置换而发生改变。命题逻辑联结词表达真值函数，而所谓置换就是指真值集合（即 $\{ T, F \}$）到其自身的一一映射。以经典的否定词（"¬"）为例，它表达否定概念，无论真值集合如何置换，它的真值表都没有发生变化，这表明这种符号所表达的真值函数没有改变。

如果模型论的语义学确实能够定义所有的逻辑符号，将之与非逻辑符号区分开来，那么对于我们分析语言的逻辑就会有所帮助。然而，这还不足以说明，这种方法能够对语言的逻辑形式直接给出分析。对"所有人都是会死的"是做主谓结构的分析（SAP）还是做函数结构的分析（$\forall x (Ax \to Bx)$），大概不是模型论本身所能决定的。一旦"所有"、"人"、"是会死的"、"如果……那么"这些词项被分析出来，哪些是逻辑词项、哪些是非逻辑词项这个问题才能产生。所以，模型论的方法本质上不是用

---

① 参见 A. Tarski："What are Logical Notions？"，1986，p. 149。

于分析语言的逻辑形式，而是用于处理语言的词汇表的，即可以看作"是词典编纂学的一章"①。区分逻辑词项与非逻辑词项严格来说对于构造一种语言或系统的逻辑语义学至关重要，但对于分析语言的逻辑结构而言似乎还不具有基础性。逻辑学家首选需要借助某种理论明确语言的逻辑结构，以便分析出各种词项，在此基础上才能按照逻辑词项的定义确定一个语句的语义条件。所以，模型论语义学同样是以逻辑形式理论为前提的。

逻辑形式理论相比真之理论而言具有优先性，尽管真之理论确实能够展现或描述一种语言的逻辑形式②。哈曼认为关于逻辑形式的理论必须满足三个条件："第一，它必须赋予每个语句的每个解释以一个逻辑形式。［……］第二，它必须陈述逻辑蕴涵的规则。第三，它必须提供关于明显的真语句或公理的一个有穷列表。"③ 这意味着，逻辑形式理论不仅是构造真之理论的前提，同时也是刻画逻辑推理规则的基础。不同的逻辑（例如，词项逻辑、命题逻辑与谓词逻辑）对于语言的逻辑形式作出了不同的分析，这导致相应的系统所包含的推理规则也有所差异，它们所需要的语义学及其刻画的逻辑后承概念也各具特色。由于对语句的逻辑形式的分析相对于特定的逻辑系统和语义学而言具有优先性和基础性，哈曼进一步地指出，逻辑形式理论的构造需要满足这样一些条件：（1）对于语句的逻辑形式的分析要允许借此构造这种语言的真之理论；（2）尽可能少地使用逻辑规则；（3）尽可能少地包含公理；（4）避免不必要的本体论承诺；（5）要与语言的句法（syntax）相容。这些条件中只有第一个与真之理论相关，而且很明显的是，这个条件要求逻辑形式的理论要为真之理论奠定基础，而不是相反。尽管按照这种要求，一种好的形式分析应该以方便构造相应的真之理论为目的，但在现实的工作中，并不是非得要有一个真之

---

① 参见 J. Higginbotham："Grammatical Form and Logical From"，1993，p. 190。该文的作者还指出，可能世界语义学的功能与模型论语义学的功能一样。这些东西之所以能够被称为"语义学"，是因为它们要给出这些逻辑词项的意义。这也是为何模型论语义学不同于语法学的原因，但它本身只能算作是某一类词汇的语义学（Ibid.）。

② 这一点往往容易误导人们认为，只有借助真之理论才能分析语言的逻辑形式。戴维森就是这么认为的："给出一个语句的逻辑形式，对我而言，就是借助能够将它纳入满足明确要求的语义学理论范围内的东西来描述它。"（参见 D. Davidson：*Essays on Actions and Events*（2nd），2001，p. 144）"知道一个语句的逻辑形式就是知道，在综合性理论的语境下，这个语句的有意义的部分之语义功能。"（Ibid.，p. 146）

③ 参见 G. Harman："Logical Form"，1972，pp. 38–39。

理论为目标才能对语言的形式结构进行分析。没有对于语言的逻辑形式的分析，没有明确语言的逻辑构造，建立其真之理论是不可想象的事情。这意味着，在现实的工作中，对语言逻辑形式的分析往往还是要借助其他的工具而非真之理论。

在今天的逻辑教学和研究中，我们通常习惯于借助一阶谓词逻辑来分析自然语言的语句，如果这种逻辑的工具不足以分析自然语言的某个语句，我们便会很自然地将无法分析的那一部分确立为新的逻辑元素，从而将分析的依据扩展到非经典逻辑。我们往往通过将自然语言的语句翻译为某种逻辑语言（一阶谓词逻辑的语言、内涵逻辑的语言等）的语句，以此表明它们的逻辑形式。尽管如前所言从来没有对此作出严格的论证，但这种做法确实预设了自然语言的语句与逻辑语言的语句具有相同的逻辑形式，而且我们对此颇有信心。拥有这种信心，并非是因为一阶逻辑拥有了一个完善的语义学，而是因为在纯粹的语法层面，一阶语言已经具有了足够强大的表达能力和表达上的严格性。

一阶逻辑对于自然语言的逻辑结构的分析最早应该归功于弗雷格。然而他并不是依赖于建立一个真之理论，而是借助了函数的思想，他将数学中的函数结构用于表达隐藏在自然语言中的逻辑结构，换句话说，在他看来，自然语言的逻辑形式就是一种函数形式。弗雷格在《概念文字》的序言中说："对传统东西的这种偏离是有理由的，因为迄今为止逻辑总是过分紧密地同日常语言和语法结合在一起。特别是我相信，用自变元和函数这两个概念替代主词和谓词这两个概念将能经受住长时间的考验。很容易看出，把内容理解为自变元的函数在概念形成方面是怎样起作用的。此外，对'如果，那么'、'并且'、'并非'、'或者'、'存在'、'一些'、'所有'等等这些词的意谓之间的联系的证明值得注意。"① 由这段引文，我们不难看出函数思想对于弗雷格构造概念文字具有直接的影响。对于语言的函数结构的分析更有利于解释或说明语言在意谓上的联系，这种联系就是函数的自变元和函数值之间的联系。正是借助函数思想，弗雷格区分出对象和概念，并将一个语句之真定义为其中专名所意谓的对象处于概念词所意谓的概念之下。可见，在弗雷格那里，针对一阶逻辑语言的真之理论完全是建立在对语言的函数结构的这种分析基础之上的，而非为其提供基础。

---

① 参见［德］弗雷格《弗雷格哲学论著选辑》，王路编译，2006 年，第 5 页。

　　另外，虽然弗雷格批评传统逻辑对于语言的主谓结构的分析，但不可否认，这种分析还是可以揭示一部分语言的逻辑结构。为此，我们可以将语言局限于词项逻辑的语言，其中只包含对直言命题表达。尽管主谓结构的分析不适用于整个自然语言，但仅就直言命题而言，这种分析没有问题。我们大概没有充足的理由说，只有 $\forall x(Sx{\to}Px)$ 能够表达"所有人都是有死的"这句话的结构，而 SAP 就不能。当然，超出了直言命题，传统逻辑的主谓结构的表达能力就难以胜任了。弗雷格说得很对，主谓结构的分析与日常语言的语法有很大关联，而概念文字的逻辑结构则是数学语言中的函数结构的扩展应用。然而，无论将自然语言的逻辑形式归结为哪一种，对于这种形式的分析一开始并不依赖于或借助于真之理论，也无须使用真概念。

三　意义的组合性原则

　　分析一种语言的逻辑形式对于构造意义理论有着重要的价值。这种观点基于这样的前提，即意义理论必须能够揭示意义的组合性特征。逻辑形式的理论将会表明，在一种语言中如何由较为简单的元素（语词）构成较为复杂的且有意义的语言片段（语句）。因此，一种令人满意的意义理论是否必须要借助真概念，或者说，它是否必须是（经过修正的）塔斯基的真之理论，为了回答这个问题，我们不得不需要认真考虑戴维森对于意义理论的特殊要求和选择真之理论的特别缘由。至于戴维森对于（狭义的）意义理论的要求，本书在第二章中已经详细罗列过：组合性原则应该是戴维森以及其他 TCS 的拥护者所认同的一种令人满意的意义理论应该遵循的核心原则[①]。这种原则直接表明了意义理论的目的，即要给出一种语言中所有语句的意义。一种令人满意的意义理论必须至少做到这一点，才能算

---

　　①　尽管霍维奇并不认为组合性是自然语言具有的实质的性质，也不认为组合性原则对（尤其是他自己的）意义理论具有多么重要的价值，但他并不否认这种原则对于 TCS 的重要性，他将这种原则称为"真之条件方法的决定性的优点"（参见 P. Horwich：*Meaning*，1998，p. 74）。他还认为，按照真之条件的方法，解释一般分为两步：首先，假设语句的意义具有组合性特征，因而意义理论必须能够刻画这种特征；其次，通过真之条件的方法来解释组合性。他的这种理解基本上是符合戴维森的想法的。关于霍维奇对组合性原则的进一步讨论还以参见 P. Horwich："The Composition of Meanings"，1997 以及 P. Horwich："Deflating Compositionality"，2001。与此相似，其他学者则明确强调组合性原则对于意义理论具有绝对的重要性。例如，福多和勒珀尔就指出："在过去几年中，我们已经明白到，组合性是语词意义理论的完全独立的（sovereign）检测标准。"（参见 J. Fodor and E. LePore："Why Compositionality Won't Go Away?"，2001，p. 43）

是解释了语言。要做到这一点，就必须要解释对象语言的语句在结构上的语义依赖性，除非语言所包含的语句数量极为有限。然而，至少自然语言是复杂的，包含了数量庞大的语句，因而自然语言的意义理论或语义学必须要能够揭示意义的组合性特征。

意义的组合性是语言的可学会性之基础，而对后者的说明通常也是意义理论的任务之一。意义理论必须要刻画意义的组合性特征，以便它能够说明人们是如何能够学会一种语言的。按照戴维森的观点，"一种可学会的语言的必要特征是：必须能够对这种语言中的语句的意义给出构造性的解释"①。由于一种语言（例如，自然语言）包含数量庞大的语句和表达式，要学会这种语言，就是要能够理解每个可能的语句的意义，这就不得不要掌握语言的构造方式（即逻辑形式），即意义的组合方式。在戴维森看来，一种令人满意的意义理论显然要能够刻画这种组合方式，"否则，它就不能解释我们是如何能够学会一种语言的"②。对于像英语或汉语这样的自然语言而言，针对它们的令人满意的意义理论当然应该要满足组合性原则的要求。

毫无疑问，在戴维森看来，真（之条件）概念最能体现意义的这种组合性的特征。因为一个语句的真值总是依赖于它的构成部分（更简单的语句或语词）的语义值，并且它还为它所构成的更为复杂的语句之真值作贡献。因而，戴维森很自然地认为，塔斯基的按照递归方式构造起来的真之理论就是意义理论的最佳选择。柯林斯还提醒我们说，戴维森之所以拒绝其他理论（例如，使用的意义理论、证实主义的意义理论，等等），除了因为（在他看来）使用、证实条件等概念同样依赖于真概念之外，最主要的原因还是，借助使用、证实条件等不容易说明对象语言在意义上的组合性这种特征③。关于前一种原因，前文已经说明了事实未必如此，换言之，

---

① 参见 D. Davidson：*Inquiries into Truth and Interpretation*，1984，p. 3。

② 参见 D. Davidson："Truth and Meaning"，1967，p. 304。

③ 参见 J. Collins："Truth Conditions without Interpretation"，2001，p. 57。福多和勒珀尔也提出了类似的观点："［组合性］这个测试如此之难通过，以至于它实际上筛掉了目前在哲学或认知科学中出现的所有关于词汇意义的理论。其中首当其冲就有这种理论即词汇的意义就是统计学的结构（例如版式（stereotypes）），这种理论即知道（至少某些）语词的意义需要有能力认出（至少某些）它所应用于的事物，以及这种理论即知道一个语词的意义就是要知道应用它的标准。"（参见 J. Fodor and E. LePore："Why Compositionality Won't Go Away?"，2001，pp. 43 - 44）此外，按照霍齐斯的论述，适用于辛迪加（J. Hintikka）和桑杜（G. Sandu）所创立的独立友好逻辑（independence-friendly logic）的博弈语义学就不是组合性的（参见 W. Hodges："Compositionality is not the Problem"，1998，p. 23）。

这些概念本身不必以真概念为基础；现在，我们来考察后一种原因。

柯林斯的见解很有道理，的确如此，在戴维森提出 TCS 这种意义理论的年代，从弗雷格到塔斯基，针对一阶逻辑语言的真值语义学以及模态语言的可能世界语义学已经发展得相当完善。这为构造自然语言的语义学提供了很好的样板。而与此同时，其他语义学的发展则并非如此令人满意。一种理论能够被大家认为是令人满意的，至少它应该能够解释这样一种事实，即对象语言的语句的意义在结构上依赖于其构成部分的意义。这种共识恰恰就是意义的组合性原则。戴维森将这种原则作为他构造意义理论的核心原则，这一点没有什么问题。产生争议的地方在于，是否只有塔斯基的真之理论才能满足这种原则性的要求？戴维森坚持认为塔斯基的真之理论（至少在目前看来）是唯一的选择。然而，时至今天，这种局面已经得到很大改观，分析或刻画语言的逻辑结构对于很多语义学而言并非难事，因而它们与 TCS 一样能够满足组合性原则的要求。接下来，本节将考察霍维奇的使用理论是如何刻画出意义的组合性特征的。

作为非真之理论语义学的支持者，霍维奇明确指出："与一般假设的相反，真之条件的方法并不明显是解释组合性的唯一方式。"在他看来，"说明组合性是如何出现在意义的使用理论中的，这同样也是件简单的事情"，因为我们有关于如何使用我们的复杂表达的知识，也有关于如何使用相对少量的初始表达的知识，而前者完全有理由被说成是后者的"一个推论"①。这说明，霍维奇也承认，意义的确具有组合性，即复杂语句的意义是由构成它的简单语句的意义构成的，而且他更进一步地认为，对于意义的认识或理解也表现出这种组合性②。可见，霍维奇关于组合性的看法

---

① 参见 P. Horwich：*Meaning*，1998，p. 75。

② 霍维奇明确地将这种组合性表述为："可以确定的是，理解某个人自己的一个（非特有的）复杂表达，恰恰就是知道它的部分并且知道它们是如何被联结起来的。"（参见 P. Horwich："The Composition of Meanings"，1997，p. 504）霍维奇将此称为他讨论组合性问题的基本论题。他对于这句话的解释是：如果一个人知道了一个语句是如何由语法上基本元素构成的，而且他也知道了这些基本元素的意义，那么这个人就"自然而直接地"获得了对于这个语句的理解。这里还需要强调的是，不少学者批评霍维奇将组合性视为不重要的。霍维奇的观点确切说应该是："意义的组合性没有对语词的意义性质是如何构成的施加任何限制条件"（参见 P. Horwich：*Meaning*，1998，p. 154），即组合性本身并不构成意义性质，因此解释意义性质不必借助意义的组合性。然而一种意义理论如果要说明人们如何能够学会这种语言，或如何能够在理解其构成部分的基础上来理解整个语言，那么这种理论就必须要刻画意义的组合性。可见意义的组合性不是对于意义的限制，而是对于构造意义理论的要求。

要比戴维森的观点更为强烈，因为戴维森并没有强调，对于复杂语句的理解或认知也要依赖于对于其构成部分的理解和认知（准确地说，前者是由后者构成的）。不过，在意义具有组合性特征这一点上，他们的看法是一致的。

　　根据霍维奇的论述，紧缩论者也可以提供一种符合组合性原则的意义理论。根据这种理论，一个表达式的意义是由其构成部分（即语词和语词的构成模式）的意义得来的。例如，有一个表达式"$s(w_1, w_2, \cdots, w_n)$"（其中"w_i"是构成表达式的词项，它们可以是名词、动词、形容词等等；"s"是一种构成复杂表达式的模式，那些词项处于这种模式中从而组成了整个表达式），相应于每个"w_i"都有一个描述其意义的语句："w_i"意味W_I，而且相应于模式"s"，也有一个描述其意义的语句："s"意味S。表达式"$s(w_1, w_2, \cdots, w_n)$"的意义是怎么依赖于其构成部分的意义的？霍维奇给出了如下解释："$s(w_1, w_2, \cdots, w_n)$"意味$S(W_1, W_2, \cdots, W_n)$，就在于"$s(w_1, w_2, \cdots, w_n)$"是将"w_1""w_2"…"w_n"这些词项放入模式"s"中的结果，（根据上述关于各部分的意义的说明，因而可以说，）也就是在于，将这些意味W_1、W_2、…、W_n的语词放入意味S的模式中的结果。以"狗叫"这个语句为例。根据霍维奇的方法，首先"狗"意味**狗**，"叫"意味**叫**，"名词—动词"模式意味**名词-动词**①，并且"狗叫"是将"狗"和"叫"这两个词项放入"名词-动词"模式中的结果；然后由此可得，"狗叫"是将意味**狗**和意味**叫**的词项放入意味**名词-动词**的模式中的结果；这就可以推出，"狗叫"意味着**狗叫**。

　　因此，霍维奇认为，一般地说，一个表达式的意义性质②，就在于这样一个事实，即这个表达式是将那些具有某种意义性质的语词分别放入一个具有某种意义性质的模式中的结果。霍维奇称这个事实所涉及的性质为结构性质（construction property）。意义性质取决于结构性质，就像"是水"这种性质取决于"是由 H_2O 构成的"一样，一个表达的意义就取决于构成它的部分有什么样的意义。用霍维奇的话说，他解释语句的方法

---

　　①　按照霍维奇的表述，关于表达式模式的意味语句是，"$ns\ v$"意味 **NS V**。（参见 P. Horwich："The Composition of Meanings"，1997）。为了表述的方便且不产生混淆，本书在"**名词-动词**"模式中间加了一个小横杠。这一点并不是为了要修改霍维奇的方法。

　　②　本书在第四章中讨论霍维奇的意义理论时曾提到过，霍维奇认为"意味 X"表达了"x"的一种性质，例如"意味狗叫"表达了"狗叫"这个语句的一种性质，即意义性质（meaning property）。

就在于"'e'的意义性质（即'x 意味 E'）是由这样一种结构性质构成的，即 x 是将［组合性的］程序 P 用到初始物［<w₁，……，wₙ>］上的结果，而这些初始物的意义是<W₁，……，Wₙ>"，这就是所谓的"构成论题（constitution thesis）"①。霍维奇宣称，由这个论题可以很清楚地看出，我们可以借助一个表达式的构成部分的意义以及它的结构来解释这个表达式的意义。而且很显然的是，这种解释并没有借助真或者真之条件的概念。

现在，我们来考虑几种针对霍维奇式的意义理论的反对意见：

（1）戴维森对于指称的意义理论的批评。霍维奇在关于组合性原则的观点上非常类似于弗雷格：他指出对于复杂表达式的意义的解释"可以借助一种组合性原则，它有着特殊的弗雷格式的形式"，也就是说，"使用一个词项到另外一个词项上（以便构成一个语句），结果就意味着通过将第一个词项的意义使用到第二个词项的意义上而产生的结果"②。如果霍维奇是以弗雷格的方式来理解组合性原则的话，他就要面临戴维森对于指称的意义理论的批评。在戴维森看来，弗雷格的指称的意义理论无法解释意义的组合性原则。因为"关于那些使语句有意义的结构性特征的知识，以及关于基本部分的意义的知识，加起来并不等于关于一个语句的知识"③。弗雷格的指称的意义理论不会是一种令人满意的意义理论，除非它能解释，一个复杂表达式构成部分的意义"复合构成了"整个表达式的意义，这究竟是怎么回事。但是，对戴维森来说，霍维奇以及弗雷格似乎都没能够对此提供一种令人满意的说明。

这里需要注意的是，这种难题并不是由于"复合构成"这个概念的本身造成的，这并不是一个复杂的或含义模糊的概念，相反在直觉上，它应该是一种非常简单的概念。但这个概念被用于解释弗雷格式的意义时就会

---

① 参见 P. Horwich："The Composition of Meanings"，1997，p. 507。

② Ibid.，p. 529 以及 P. Horwich："Deflating Compositionality"，2001，p. 374。

③ 参见 D. Davidson："Truth and Meaning"，1967，p. 307。这部分引述还可参见 P. Horwich："Deflating Compositionality"，2001，p. 374。霍维奇认为，戴维森的这段话表达了对于紧缩论方法的反对意见。当然，戴维森当时还不可能知道霍维奇的紧缩论方法是什么，这里只能说，戴维森讨论了一种解释意义的方法，并且提出了反对意见。凑巧的是，这种方法恰恰是后来霍维奇所提出来的方法。其实这也不完全是巧合，因为霍维奇延续的是弗雷格的思路，而戴维森在这里所针对的也是弗雷格的思路。霍维奇之所以在多年之后还能坚持这种思路，正如正文中所论证的那样，是因为他认为戴维森对于弗雷格的思路的理解是错误的。

产生问题，因此，问题不是出在这个概念上，而是出在弗雷格对意义的看法上。戴维森认为，弗雷格将意义视为实体（指称），于是当两个语言片段构成一个完成的语句时，这就意味着两个实体"复合构成"一个实体，这是让人难以理解的，更进一步地讲，如何能够从"复合构成"之后的那个实体看出它与构成它的那两个实体在结构上的关系，这一点也是一个令人困扰的问题。霍维奇的回应是，他并没有关注作为实体的意义本身的结构，以及"意义实体是如何由它的部分组合而成的？"这样一种问题。一方面他认为，完全可以在不借助实体的情况下解释我们理解所有语句的能力；另一方面他也承认，他更倾向于认为意义的确是实体，但即便如此，他的理论也能够说明意义实体的组合性特征。

其实，霍维奇所谓的意义实体与戴维森所谓的指称实体是有区别的。霍维奇是在概念或性质的层面上将意义视为实体的，尽管词项（例如"忒厄特图斯"和"飞翔"）的意义具有客观性，但它们并不等同于这些词所指称的（弗雷格式的含义上的）对象和概念。在这一点上，霍维奇与弗雷格基本一致，尽管弗雷格大概不会认同涵义是一种实体，但他主张表达式的涵义是客观的并且可以作为像"'A'的涵义"这种短语的意谓。而霍维奇所谓的"实体"一词大概也仅仅是在意谓的含义上来使用的。虽然霍维奇给意义命名，并认为这些名词与意义存在指称关系，但这只能说，意义（例如"狗"的意义）是意义名称（例如**狗**）的指称，而不能像戴维森以为的那样，将意义（例如**狗**）当成是一般词项（例如"狗"）的指称。这就是为何戴维森对于指称的意义理论的批评其实不适用霍维奇或弗雷格的意义理论的原因。

（2）统一性问题。在 TCS 的拥护者看来①，意义的组合性特征应该具有统一性，也就是说，复杂表达式的意义与构成它的简单表达式的意义有着同一个依赖关系。借助这种关系，复杂表达式的意义由构成它的简单表达式的意义构成，后者从前者中抽取出来。这实际上体现了戴维森所坚持的整体论的原则。但是，霍维奇的理论并没有遵循这种统一的原则。

霍维奇辩解说，"组合性［原则］并没有限定初始物的意义性质的构成方式。［……］，它局限于这样的情况：关于复杂表达式的意义的那些事

① 参见 J. Collins："Truth Conditions Without Interpretation"，2001，pp. 59 – 60。

实都是由关于初始物的意义的那些事实推导出来的"①。在他那里,初始物的意义是通过别的方式得到的,例如使用理论。由他的这段论述,我们实际上可以发现,他的意义理论包括了两个部分:第一个部分给出所有初始词项的意义;第二个部分是借助初始词项的意义给出复杂表达式的意义。一个复杂表达式的意义性质是由相应的初始词项的意义性质与它的结构性质构成的(这是构成论题所表达的内容)。这与下面这两点并不矛盾。首先,初始词汇通过一些特殊的基础性质获得了它们的意义,然后复杂表达式的意义再由它们的意义借助一定的结构性质构成。按照霍维奇的论述,虽然可以将复杂表达式的意义像那些初始物的意义一样与某种使用联系起来,但这种使用与其他使用还是不同,因为它只能被还原为复杂表达式的结构性质。这意味着,初始物的意义与复杂表达式的意义是完全不同的实体,它们产生于完全不同的方式。

　　这种思路显然站在了整体论的对立面:霍维奇明确指出,"我们强调一个词的意义是由包含它的特定语句的行为[即接受条件]构成,并不是要暗示,词的意义是由这些语句的意义构成的"②。由这种观点不难看出,首先霍维奇坚持了分子论的观点。在他看来,语词的意义并不像整体论者所认为的那样是从语句的意义中抽取(abstract)出来的。其次,他认为语词的意义在于对其使用的分析,即在于包含它的语句的接受条件。TCS 的拥护者混淆了意义的构成顺序和对意义的理解顺序,而前文也曾讨论过,整体论毋宁说是针对后者的。理解一个语词的意义,有时候的确需要借助语境(至少需要借助对它所在的语句的理解),但这并不能说,因此语词的意义就在构成上依赖于语句的意义。正像霍维奇所指出的,由此并不能推导出,对于语句的理解在解释上先于对于语词的理解。确切地说,在霍维奇那里,初始语词的意义是由"解释上更为基础的使用性质"构成的,它对于其更复杂的表达式的意义或(某种意义上的)使用性质提供解释。因此,语词的意义并不像戴维森的整体论所主张的那样,对包含它的更复杂的表达式之意义作出了贡献,因而就是从后者中抽取出来的。

　　(3)对于组合特征的解释问题。霍维奇的意义理论对组合原则提供了解释吗?霍维奇承认,他所主张的构成论题(即复杂表达式的意义性质是

---

　　① 参见 P. Horwich:"The Composition of Meanings",1997,p. 509。类似的论述还可以参见 P. Hor-wich:"Deflating Compositionality",2001,p. 381。

　　② 参见 P. Horwich:"The Composition of Meanings",1997,p. 514。

由它的结构性质构成的）已经说明，一个复杂表达式的意义是如何从其构成部分的意义得到的，以及对于复杂语句的意义之解释如何在结构上依赖于对于初始物的意义之解释，而且这种说明并没有借助真概念。但令 TCS 的拥护者感到不满意的与其说是霍维奇以及弗雷格并没有解释这种组合是如何发生的，倒不如说他们没有解释这种组合为何会发生。解释"如何"问题不过是需要把组合现象描述得更为清楚一些而不是要解释这种现象（霍维奇指出，事实上，"我们并不打算解释（explain）组合性的现象"①），这一点霍维奇以及弗雷格都做到了，然而他们并没有说明组合为何会发生。正像霍维奇所说的，"弗雷格的原则仅仅确立了组合性的论题而没有解释它。［……］事实上，人们最好应该假定，组合性是解释的基础——简单地说，它不可以由任何更加基础的东西推导出来"。因此，解释语句的意义，"只需要假设它们具有组合性的特征，而不必解释它为何有这样的特征"②。一种意义理论需要遵循组合性原则，因为它们解释复杂表达式与其构成部分的意义在结构上的依赖关系，只要能够对这种依赖关系作出清晰地说明即可。按照霍维奇的理论，"狗叫"意味着**狗叫**，当且仅当"狗叫"是将意味狗的词和意味叫的词放入意味名词-动词的模式中的结果，当且仅当"狗"意味**狗**，"叫"意味**叫**，且"名词—动词"模式意味**名词-动词**，且"狗叫"是将"狗"和"叫"这两个词放入"**名词-动词**"这个模式中的结果。意义性质是由结构性质以及意义构成的，这一点已经对组合性做出了说明。至于为何意义性质是由结构性质和意义构成的，这不是意义理论应该处理的问题，至少不是狭义的意义理论的任务。

通过对上述几个问题的讨论，我们不难发现霍维奇的意义理论是能够符合组合性原则的。只不过这一点很容易被这种理论的其他方面的困难所掩盖。这些困难很大程度上是由霍维奇的意义实体概念所造成的。霍维奇强调，弗雷格以及他自己并没有将特定的、独立可确认的实体与"忒厄特图斯"、"飞翔"和"忒厄特图斯飞翔"联系起来，以及试图说明后一个实体是如何被前两个实体决定的。作为实体的意义的组合性特征很容易被当做作为指称的实体的组合性特征，而后者恰恰受到了戴维森的严厉批评。

---

① 参见 P. Horwich："Deflating Compositionality"，2001，p. 376。

② Ibid. .

　　为了避免霍维奇的意义理论所包含的一些不必要的麻烦，我们大可以放弃给意义命名，即放弃把意义视为实体。这可能会导致一种非霍维奇式的广义的意义理论，对于狭义的意义理论而言，这种做法不会造成太大的影响。我们甚至可以将直接使用 "s 意味着 p" 的形式。戴维森反对这种形式的原因在于，他担心陷入内涵语境的困境。为了摆脱这样的语境，并没有必要使用 "是 T，当且仅当" 来替换 "意味着"。如前所述，戴维森对于其他内涵语境（例如信念语句）的讨论给了我们很好的启发："s（在 L 中）意味着 p" 可以被理解 "s（在 L 中）意味着（that），p"①。

　　不过在霍维奇看来，他的意义理论也不直接蕴涵形如 "s（在 L 中）意味着，p" 的定理。因为这种形式的定理虽然能够直接明确每个表达式的意义，但无法体现意义的组合性特征。意义的组合性特征是体现在得到这些直接定理的过程中的：在假定了初始物的意义的前提下，复合物的意义是将某个组合程序（combinatorial procedure）P 应用于初始物的意义而得到的结果。就像塔斯基的真之理论并不直接明确每个语句的真值而是仅仅给出它们的真之条件一样，适当的意义理论也可以采取下面这种明确意义条件的方式：

（1）对于对象语言（L）的所有语词，这种理论都蕴涵了这样一种形式的定理：x（在 L 中）意味 w，当且仅当 "x" 与 "w" 具有相同的使用条件或性质。。

（2）对于对象语言（L）的所有语词，这种理论都蕴涵了这样一种形式的定理：x（在 L 中）意味 w，当且仅当存在某种程序 P 使得必然（$P(x) = w$）。

（3）对于对象语言（L）中的所有语句，这种理论都蕴涵了这样一种形式的定理：s（在 L 中）意味着，p，当且仅当存在某种程序 P 使得必然（$P(s) \leftrightarrow p$）（其中替换 "s" 的是 L 中语句的名字，"p" 是表达了这个名字所指示的语句的意义；借助程序 P，可以由一个语句的构成部分和结构的意义得到该语句的意义，具体而

---

　　① 戴维森认为，可以将 "我相信雪是白的" 理解为 "我相信，雪是白的"。这种理解如果用英文表达出来则更容易理解："I believe that snow is white" 与 "I believe that, snow is white" 在意义上是相同的，如果我们按照代语句理论的观点将 "that" 理解为一种代语句，并且将 "相信" 当作一种关系。"s means that p" 与此类同。当然，用中文表达似乎有点费解。

言，这种程序 P 就是语句的结构性质）。

这里需要对"必然（$P(s) \leftrightarrow p$）"做一点补充说明。这个条件是为了保证，由程序 P 所得到的意义与"p"所表达的意义相同，也就是说，"p"表达了"s"所指示的语句的意义。在这种含义上，我们可以将这个条件改写成："$P(s)$" ＝ "p"。由于这种表达本身存在着内涵性问题，因此这里并不主张采用这样的表达方式。以上对我们所期望的霍维奇式的意义理论只是给出了一种提纲挈领式的描述，就这种描述的结果而言，它在很大程度上体现了霍维奇对意义理论提出的原则，但不同之处在于，这种理论避免使用意义实体这样的概念。

由于这种理论继承了霍维奇对意义理论提出的核心原则，因此它不会与霍维奇本人的理论存在根本性的区别：首先，它能够刻画出表达式的意义的组合性特征。例如，对于"狗叫"这个语句而言，关于它的意义条件的定理是这样的："'狗叫'意味着，**狗叫**，当且仅当'狗'意味**狗**；'叫'意味**叫**；P 是这样一种程序：将意味 x 的词和意味 y 的词放入意味 **X-Y** 的模式中，且它使得，必然（P（'狗叫'）$\leftrightarrow p$）。"程序 P 刻画了一个语句的意义是如何从其构成部分的意义得来的：整个语句的意义就是构成部分的意义按照一定的程序结合起来的结果。如果一个语句中出现的所有语词及其构成形式的意义被确定下来，按照语句的结构性质，整个语句的意义也将被确定下来。如果最终被确定下来的意义就是必然是"p"所表达的意义，那么"s 意味着 p"就给出了"s"所指示的语句的意义。

由此，如果我们能够明确，霍维奇式的意义理论对意义所提供的说明仅仅在于，一个复杂表达式的意义如何依赖于构成部分的意义以及它的构成方式，进一步地讲，对于前者的解释如何依赖于对于后者的解释，那么就不难发现，霍维奇式的意义理论确实对于意义的组合性特征给出了清楚的说明，借助这种说明，人们可以由对于构成部分之意义以及构成模式之意义的解释达到对于整个语句之意义的解释。尽管霍维奇的理论存在着如前所述的一些细节性的困难，但在原则上，它是正确的且可行的：它为我们指明了一种不依赖于真概念的意义理论的可能性。这种可能性的存在说明了，真概念对于（狭义的）意义理论而言确实不必要。

四 非真之理论的语义学

提到"语义学",人们很自然地会想到它应该是对一种语言中所有(陈述性)语句的真之条件做出规定的理论。这显然是受到了长期使用针对逻辑语言的真值语义学的影响①。凡是接受过标准的现代逻辑训练的人都不难发现这种语义学的优势:它确实能够做到严格精确且递归地给出一个逻辑系统语言中的所有语句(命题)的真之条件。当然,能够做到这一点,很大程度上取决于对于语言的逻辑形式已经有了严格的刻画,而非取决于它的目标,即并非为了规定真之条件。因此,一种语言的逻辑形式可以被看做是揭示了它的语义结构,但"语义"这个词本身并不表明它与真概念有关。

尽管在弗雷格-塔斯基的逻辑学传统那里,语义学刻画了语句的真之条件以及语句和它的构成部分在语义值上的联系,但这仅仅是语义学的一种类型而已。蒯因曾指出:"如果要真正注意意义与指称之间的区分,关于什么东西通常被称为语义学的问题就被划分为两个根本不同的领域,它们应该有完全不同的名称。它们可以被称为意义理论和指称理论。如果不是因为在所谓的语义学中一些最好的工作(尤其是塔斯基的)都属于指称理论的话,'语义学'就会是意义理论的一个很好的名字。"② 排除了"语义学"这个名字造成的偏见,我们就更加有理由相信,TCS 并不是唯一能够为语言的意义提供解释的语义学。意义理论也不一定要借助真概念和真之理论才能解释语言。

如果不借助真之理论,如何能够构造一种体现组合性原则的意义理论?这种意义理论必须建立在自然语言的逻辑形式理论的基础上。因此,如何分析自然语言的逻辑形式就成了关键。正如前面所述,真之理论之所以惹人青睐很大程度上是因为塔斯基式的真之理论能够"完美地"体现一种语言(尤其是形式语言)的逻辑结构,但对语言的逻辑结构的分析实际

---

① 真值语义学又被称为逻辑语义学,这种语义学被指出最早可以在弗雷格的著作中找到源头,维特根斯坦在他的《逻辑哲学论》中借助真值表对这种语义学做出了公开且详细的讨论。公认的是,塔斯基在 20 世纪 30 年代开展的关于真之定义的工作令这种语义学具备了成熟的形态而可以得到广泛使用。关于它的发展历程之介绍,可参见朱水林《逻辑语义学》,1994 年;更详细的介绍和论述还可参见朱水林(主编)《逻辑语义学》,1992 年。

② 参见 W. V. O. Quine: *From a Logical Point of View*（2nd）, 1980, p. 130。

上可以独立进行，只不过这种分析常常被认为应该要合乎构造真之理论的要求。一旦有了自然语言的逻辑形式理论，在此基础上构造一种非真之理论的语义学就并非是不可能的，前文已经给出好几种构造方式，既有将St-模式直接外延化的方式，也有霍维奇的使用理论的方式。不过，现在最紧迫的问题是，我们如何能够做到不借助真概念来分析语言的逻辑结构，换言之，有什么工具可以帮助我们做到这一点？

弗雷格最早借助函数结构来分析自然语言的逻辑结构。人们比较熟悉的是，他的分析结果在构造真之理论或真值语义学上得到了充分应用，而忽视了这种分析的优先性和相对独立性，以及这种分析成果在他的涵义理论中的充分体现。对意义的组合性原则的阐述其实最早也可以追溯到弗雷格①。按照他的涵义与意谓理论，语句（乃至整个语言）包含了涵义（意义）和意谓（指称）两个层次的东西②。一个简单的语句往往是由专名和概念词两个部分构成的，相应地语句的涵义也可以分析为专名的涵义和概念词的涵义这两个部分。这是关于语句涵义的组合性的最基本的看法。

这种基本看法可以扩展到一切组合而成的表达式的涵义上。弗雷格说："如果我们相信我们对一个长期普遍使用的词或符号的涵义进行了逻辑分析，我们就得到一个复合构成的表达式，其各个部分的涵义是我们知道的。这个复合构成的表达式的涵义必然从这些部分的涵义中产生出来。"③ 当然，弗雷格并没有一般地讨论任意语句之涵义的组合性，他将大部分的注意力放在了思想的组合性上。因为他更关心有真假的语句之涵义，即思想。在弗雷格看来，思想的组合性恰恰能够说明语言的效能："语言的效能令人吃惊。它通过很少几个语音和语音的组合就能表达无穷无尽的思想，甚至还能表达以前从未有人把握和表达过的思想。是什么使这种效能成为可能？这是因为思想是由思想构筑材料构成的。这些思想构筑材料相应于构成表达思想的句子的语音组。因此，句子由于句子的部分构成，相应地，思想由思想的部分构成。人们可以称思想部分为相应的句子部分的涵义，同样地，人们也可以将思想理解为句子的涵义。"④ 这段话的前半部分的表达观点与戴维森提出 TCS 的动机是完全一致的，也就是

---

① 参见 R. G. Heck Jr and R. May："The Composition of Thoughts"，2011，p.127。

② 参见王路《涵义与意谓——理解弗雷格》，2004 年，第 66 页。

③ 参见［德］弗雷格《弗雷格哲学论著选辑》，王路编译，2006 年，第 258 页。

④ 同上书，第 280 页。

说，语言的组合性是其可被学会性的基础；后半部分则清晰地表达了思想的组合性原则的内容。

　　作为思想之部分的涵义是如何构成一个思想的？很多人会误以为弗雷格还是借助了函数的分析方法，这就忽视了他在涵义与意谓之间作出的区分，因为函数的方法只适用于意谓的层面，函数本身也属于这个层面。事实上，弗雷格并不是借助函数思想而是使用了涵义的"饱和"与"不饱和"之区分以及"填充"的概念来说明思想或一般性的涵义的逻辑构成。弗雷格说得很清楚："一个出现专门的真正的句子表达一个单称的思想。我们在这个思想中区别出一个完整的部分和一个不饱和的部分。前者相应于专名，但不是专名的意谓，而是专名的涵义。我们将思想的不饱和部分也理解为一种涵义，即这个句子除专名外的其他部分。"① "不饱和"这个概念比"函数"概念更为基本，因为在弗雷格那里，函数的特点被解释为：不饱和、带有空位以及需要被填充。函数思想一般被弗雷格用来说明语言的意谓。在语言的意谓层面，"……的老师"这个表达式是不饱和的、有空位的，因而意谓着一个从对象集合到对象集合的函数。如果以亚历山大大帝为主目，则这个函数的值为亚里士多德，因为在空位处填入"亚历山大大帝"这个专名，得到的另外一个专名（限定摹状词）"亚历山大大帝的老师"，它意谓着亚里士多德这个对象。

　　大概是为了避免将语言的意谓与涵义相混淆，弗雷格没有选择使用函数—主目的结构来表达思想结构。他对思想结构的分析主要还是借助于饱和—不饱和的区分方法，例如，他论述说："思想由一个需要补充的部分和一个进行补充的部分复合构成"，"思想使不饱和的部分饱和，或者像人们也可以说的那样，补充了需要补充的部分，由此产生整体统一。这种想法说明，在逻辑中，一个整体的构造总是通过一个不饱和的部分得到饱和而完成的"②。只要有了对于思想的逻辑结构的分析，明确表达构成思想的每个部分之涵义，就能说明思想是如何由这些涵义构成的。"饱和"这种基本概念为分析思想结构提供了便利，涵义的饱和—不饱和的结构也构成了思想的最基本的逻辑结构。简单总结弗雷格的观点，那就是：一个简单的思想是由饱和的涵义补充不饱和的涵义得到的；一个复合的思想是由饱和的、简单的思想补充不饱和的涵义（即逻辑常项的涵义）而构成的。由

---

① 参见［德］弗雷格《弗雷格哲学论著选辑》，王路编译，2006 年，第 243 页。

② 同上书，第 173、178 页。

此，我们可以得到意义组合性的弗雷格式的表述：一个简单语句的意义是由饱和的专名意义补充不饱和的概念词意义得到的；一个复合语句的意义是由饱和的简单语句的意义补充不饱和的逻辑常项的意义而构成的。思想的这种组合性使思想理论或一般的涵义理论可以独立于真之理论而构造起来。事实上，弗雷格对思想及其组合性的讨论几乎独立于或平行于关于真或语言的意谓的说明，只有当他指出研究思想的目的是达到"真"时，才会谈到真概念和意谓概念。在不强调"真"这个目标的前提下，弗雷格对思想的组合性的论述同样可以推广至对于一般性的涵义的组合性说明（因为，弗雷格并不否认那些没有真假的语句同样也有涵义）。

施瓦德尔（D. Schwayder）曾尝试借助函数方法来刻画弗雷格关于涵义的组合性的思想。按照他的表达[①]，我们可以将弗雷格式的涵义的组合性原则表达如下：

$$(Sn)\quad \Sigma(A \oplus B) = K_i(\Sigma(A), \Sigma(B))$$

其中，"A"、"B"表示一个有意义的语句的两个部分，"A⊕B"表示由"A"和"B"组合而成的句子。"Σ"是从符号到其涵义的一个一元函数，也可直接将"$\Sigma(x)$"读作"x的涵义"。"K_i"表示"A"的涵义与"B"的涵义的组合方式，因此，它是一种从思想部分到整个思想的二元函数（如果是针对复合句，这个函数也可以是多元的），它实际上可以视为思想的组合函数。这种表达也许会遭到质疑，因为在这里，涵义似乎变成"$\Sigma(A \oplus B)$"、"$\Sigma(A)$"以及"$\Sigma(B)$"的指称。恰如本书在第二章第一节中所论述的那样，戴维森就是在这种角度上来批评弗雷格的涵义理论的。还有，两个被指称的对象如何能够构成一个另外的对象？除了将这种"构成"理解为函数映射之外，大概是没法来回答这个问题的。在意谓的层面，这种组合性不成立，这一点弗雷格本人也看到了。他明确地说："一个语句的构成部分的指称不是这个语句的指称的构成部分，然而这个语句的构成部分的涵义则是这个语句的涵义的构成部分。"[②] 如果在（Sn）中，涵义被视为表达式的指称，那么这种"指称"与弗雷格这里所提到的

---

①　参见 D. Schwayder："On the Determination of Reference by Sense"，1976，pp. 86 – 88。

②　转引自 R. G. Heck Jr and R. May："The Composition of Thoughts"，2011，p. 128，原文参见 E. H. Reck and S. Awody（eds.）：*Frege's Lectures on Logic*；*Carnap's Student Notes* 1910 – 1914，2004，p. 87。

指称（意谓）肯定不是一回事。一般地作为指称的对象无法组合构成其他对象，其原因很大程度上在于前者无法作为部分包含在后者中。但涵义不一样，在弗雷格看来，"当我们把整体和部分的关系用到思想上，我们实际上是作比喻。然而这个比喻十分容易理解而且总体上说十分贴切，因此我们并不觉得偶尔出现的不合适有什么妨碍"①。这就是为何即便将涵义视为指称，其组合性依然成立的原因。涵义之间的组合关系是部分与整体的关系，这种关系同样可以看作是一种特殊的函数关系。只不过这种函数关系与"……的老师"或"是白的"这样的表达式所意谓的函数关系不同：后者的主目往往并不包含在其函数值中。

为了避免招致无端的指责，我们完全可以不采用这种形式来表达涵义的组合性，而且重要的是，这种表达无法体现弗雷格"不饱和"的思想。不过，（Sn）作为对组合性原则的粗略表达还是可以接受的，只不过在构造涵义理论的具体过程中，这种原则还需要通过其他更为精细的方式体现出来。其实有了饱和—不饱和的分析方法，我们完全没有必要再采用（Sn）这种表述来刻画涵义的组合性。要将弗雷格的涵义思想转变为一种涵义理论（语义学），分析语言的逻辑形式就是必要的，而"不饱和"的思想就能派上大用场。如前所述，弗雷格认为，语言的逻辑形式总是与思想的结构相对应，因此他专门讨论了多种思想结构。这些讨论都是建立在区分饱和与不饱和之涵义的基础上的，而弗雷格关于思想结构的论述显然对于构造一种涵义理论极为有用。故而，在这里，我们只需要在弗雷格已有工作的基础之上，将"饱和"的思想加以完善并将之用于构造他的涵义理论即可。

不过，在实施具体的构造工作之前，我们还需要做一些准备工作。首先需要让语句和表达式的逻辑形式显现出来。因为，这些形式是隐藏在语句和表达式中的，只有借助饱和—不饱和方法的分析才能显现出来。现在假定这些逻辑形式已经得到分析，这里需要做的工作是令它在表达式中表现出来。可以使用的工具就是方括号，即"［ ］"。例如，"［亚里士多德］"与"亚里士多德"的区别仅仅在于前者所包含的方括号明确指出了后者是饱和的、不需要填的；"［ ］是哲学家"与"是哲学家"的区别仅仅在于前者所包含的方括号明确指出了后者是不饱和的、带有空位的、

---

① 参见［德］弗雷格《弗雷格哲学论著选辑》，王路编译，2006 年，第 177 页。

需要填充的；"［　］₁是［　］₂的老师"与"是老师"的区别仅仅在于前者包含的方括号明确指出了后者是带有不同的两个空位的、需要填充的。因此，我们可以为一种语言中的每种类型的合式的表达式定义出它的显现逻辑形式的表达式。以常见的一阶逻辑的语言（L_1）为例，它包括个体常项（c_1，c_2，…）、个体变元（x_1，x_2，…）、n元函数符号（f_1^n，f_2^n，…）、n元谓词符号（F_1^n，F_2^n，…）、命题变元符号（p_1，p_2，…）基本的逻辑联结词（¬，∧，∨，→）、量词（∀，∃）。一阶表达式的组合规则不变（弗雷格利用饱和—不饱和的方法对思路结构作出了大量的分析，基于这些分析的结果，我们可以得到语句或表达式的组合规则）。按照前面对弗雷格式的涵义理论的论述，对应于这种语言的所有符号以及表达式，我们可以给出它们对应的显现逻辑形式的表达式：

（LF_1）对语言 L_1 中的所有专名（个体常项）c_i，"c_i" = "［c_i］"；

（LF_2）对语言 L_1 中的所有n元函数符号 f_i^n，"f_i^n" = "［f_i^n［　］₁，…，［　］ₙ］"；

（LF_3）对语言 L_1 中的所有n元谓词符号 F_i^n，"F_i^n" = "［F_i^n［　］₁，…，［　］ₙ］"；

（LF_4）对语言 L_1 中的所有初始命题 p_i，"p_i" = "［p_i］"；

（LF_5）对语言 L_1 中的所有否定公式 ¬ A，"¬ A" = "［¬［A］］"；

（LF_6）对语言 L_1 中的所有合取公式 A∧B，"A∧B" = "［［A］∧［B］］"；

（LF_7）对语言 L_1 中的所有蕴涵公式 A→B，"A→B" = "［［A］→［B］］"；

（LF_8）对语言 L_1 中的所有析取公式 A∨B，"A∨B" = "［［A］∨［B］］"；

（LF_9）对语言 L_1 中的所有全称公式 ∀xA，"∀xA" = "［∀x［A］］"；

（LF_{10}）对语言 L_1 中的所有存在公式 ∃xA，"∃xA" = "［∃x［A］］"。

有了上述这样一些定义，我们就能够将这种语言中的所有合法的表达式都转换成显现其逻辑形式的表达式。需要注意的是，在这里没有与变元相对应的逻辑形式的定义，因为按照弗雷格的观点，变元是为了表示空位的。"Fx"与"F"都是谓词，前者表明"F"这个谓词是带空位的，它意谓的概念是不饱和的。"［ ］"在"F［ ］"中替代了"x"的位置和作用。例如，"雪是白的"就可以转换为"［［雪］是白的］"，"亚里士多德是柏拉图的学生"就可以转换为"［［亚里士多德］是柏拉图的学生］"。其实，这些结构分析在弗雷格那里都是有根可寻的，只不过他有时使用方括号，有时使用圆括号，而且没有明说这种表示方式显示了表达式的逻辑形式①。让逻辑形式显示出来，这么做的关键之处在于表现涵义的组合过程，且无须借助额外的函数"K_i"。这种处理手法的另外一个重要作用是，在构造涵义理论时，不必让逻辑形式也有一个意义。在前一节中，霍维奇的意义理论必须要预设"'名词—动词'模式意味名词—动词"这条公理，才能得到"'狗叫'意味**狗叫**"这条定理。可是很显然，逻辑形式不是整个表达式的涵义的构成部分，在一个表达式中，其逻辑形式本身根本没有相应的涵义与之对应②。这里的处理方法无疑可以避免霍维奇的理论带来的问题。此外，它还可以融合之前所提到的纯粹的意义模式，即（S*）："s 意味那个（that）当且仅当 p"。就是说，我们构造的涵义理论能够做到蕴涵所有 S*-模式的定理，从而具有形式上的正确性。在接下来的构造中，为方便起见，我们可以把"那个"这样的指代词直接替换为"X"，它不是变元而依然是指代词，不过它可以通过下标的方式来区分不同的前驱。

　　为此，这种涵义理论需要规定所有基础词汇（包括专名、函数符号、谓词、逻辑常项）的涵义，还要规定任意复合表达式（包括复合词项和复合语句）的涵义公理。现将这些规定和公理列举如下：

　　（S-1）对语言 L_1 中的所有专名（个体常项）c_i，c_i 意味 **c_i**。

---

　　① 在弗雷格对各种复合思想的结构分析中，我们不难发现，他对思想的分析完全基于"饱和—不饱和"模式，在此基础上意义的组合性原则被建立起来："在逻辑中，一个完整的构造总是通过使一个不饱和的部分得到饱和而完成的"。（可参见［德］弗雷格《弗雷格哲学论著选辑》，王路 编译，2006 年，第 178 页）

　　② 这一点也令我们联想到维特根斯坦对逻辑形式的类似看法，他认为："命题不能描绘逻辑形式，它在命题中反映自己。能够在语言中反映自己的东西，语言不能描绘它。命题显示实在的逻辑形式"，"逻辑语句描述世界的构架，或毋宁说是展示了它。它［即逻辑］没有'处理'任何东西。它假定了名字是有意谓的且初始语句是有涵义的：这就是它与世界的联系"（参见 L. Wittgenstein: *Logisch-philosophische Abhandlung*, 1998, § 4.121, § 6.124）。

（S-2）对语言 L_1 中的所有 n 元函数符号 f_i^n，f_i^n 意味 $\boldsymbol{f}_i^n$。

（S-3）对语言 L_1 中的所有 n 元谓词符号 F_i^n，F_i^n 意味 $\boldsymbol{F}_i^n$。

（S-4）语言 L_1 中逻辑常项 ¬，∧，∨，→分别意味 ¬，∧，∨，→。

（S-5）语言 L_1 中量词符号 ∀，∃分别意味 ∀，∃。

（Ax-1）对任意复合项 $t = f_i^n t_1$，…，t_n，t 意味 X，当且仅当 $[\boldsymbol{f}_i^n [t_1]$，…，$[t_n]]$ 且（t_1 意味 X_1，……，t_n 意味 X_n）。

（Ax-2）对任意简单语句 $p = F_i^n t_1$，…，t_n，p 意味 X，当且仅当 $[F_i^n [t_1]$，…，$[t_n]]$ 且（F_i^n 意味 X_{Fi} 且 t_1 意味 X_1，……且 t_n 意味 X_n）。

（Ax-3）对任意复合语句 $A = ¬ B$，A 意味 X，当且仅当 $[¬ [B]]$ 且（¬ 意味 X_1 且 B 意味 X_2）。

（Ax-4）对任意复合语句 $A = B ∧ C$，A 意味 X，当且仅当 $[[B] ∧ [C]]$ 且（∧ 意味 X_1 且 B 意味 X_2 且 C 意味 X_3）。

（Ax-5）对任意复合语句 $A = ∀ x B$，A 意味 X，当且仅当 $[∀x [B]]$ 且（∀x 意味 X_1 且 B 意味 X_2）。

　　关于析取式、蕴涵式以及存在式语句的涵义规定与此相似，故不再赘述。为了让这种涵义理论能够推出所有 S*-模式的定理，在必要的逻辑推理规则之外还需要添加两个规则。第一个规则与显现逻辑形式的表达式相关：令 E 为 L_1 的任意表达式，……E……，当且仅当…… [E] ……。这个规定表明一个表达式与它的显现逻辑形式的对应物在涵义上是同一的，故可称之为涵义同一性规则（RIS）。另外一个规则可称为同义替换规则（RSS）：如果 X 意味 Y，则……X……当且仅当……Y……。这个规则表达的就是两个涵义相同的表达式可以相互替换，而不会影响原有语境的涵义。较之等值替换规则，同义替换规则更为显然，它甚至适用于部分内涵语境。

　　有了上述粗略的说明，我们来考察一个具体的例子，看看这样的涵义理论是否能推导出具有 S*-模式的定理。就"狗叫"这个句子而言，在上述规定、公理以及规则的基础上，我们可以作如下的"典范证明"：

　　（1）"狗"意味**狗**。　　　　　　　　　　　　　　　　［假设］

（2）"叫"意味**叫**。　　　　　　　　　　　　　　　［假设］

（3）"狗叫"意味 X。　　　　　　　　　　　　　　　　［预设］

（4）［［狗］叫］且（"狗"意味 X_1 且"叫"意味 X_2）。

　　　　　　　　　　　　　　　　　　　　　　　　［由（3），Ax-2］

（5）［［狗］叫］］。　　　　　　　　　　　　　　　　［由（4）］

（6）［［**狗**］**叫**］］。　　　　　　　　［由（1）、（2）和（5），RSS］

（7）**狗叫**。　　　　　　　　　　　　　　　　　　［（6），RIS］

（8）如果"狗叫"意味 X，则**狗叫**。　　　　　　［由（3）—（7）］

（9）**狗叫**。　　　　　　　　　　　　　　　　　　　［预设］

（10）［［**狗**］**叫**］］。　　　　　　　　　　　　　［由（9），RIS］

（11）［［狗］叫］］。　　　　　　　　［由（1）、（2）和（10），RSS］

（12）［［狗］叫］］且（"狗"意味**狗**且"叫"意味**叫**）。

　　　　　　　　　　　　　　　　　　　　　［由（1）、（2）和（11）］

（13）"狗叫"意味 X。　　　　　　　　　　　［由（12），Ax-2］

（14）如果**狗叫**，则"狗叫"意味 X。　　　　［由（9）—（13）］

（15）"狗叫"意味 X，当且仅当**狗叫**。　　　［由（8）和（14）］

同样地，还有关于复合语句的涵义定理证明：例如，"并非狗叫"意味 **X**，当且仅当［并非［［狗］叫］］且（"并非"意味**并非**，"狗"意味**狗**，"叫"意味**叫**），当且仅当，［**并非**［［**狗**］**叫**］］，当且仅当**并非狗叫**①。

不难发现，在假定基本（初始）词汇的涵义以及相应的公理和推理规则之前提下，按照上述方案推导出所有复杂表达式的涵义定理并不是难事，并且这些涵义定理都具有同一的 S*-模式。此外，我们还可以从具体的涵义定理中看到一个复杂的涵义是如何组合而成的：饱和的涵义对不饱和的涵义所带的空位做出填充，从而构成整个涵义。很显然，这种纯粹的涵义理论没有使用真概念、满足概念或指称概念。这种涵义理论同样也可

---

① 需要强调一下，这里虽然使用了黑体加重字的表示方法，但与霍维奇的方法不同之处在于，这里的黑体加重字（例如"狗"）并不是涵义的名词，而仅仅是表示它与相应的并非黑体加重字"狗"有相同的涵义，或者这个表达式表达了不加重字的涵义，它一般性地表达被解释的词句的意义。例如，我们也可以直接说："单身汉"意味没有结婚的男子。不过这里如果黑体加重字表明表达被解释词句的表达式可能与原来的表达式不一样。

以由形式语言扩展到自然语言。当然，自然语言的复杂性带来相同的问题，即如何分析自然语言表达式的逻辑形式。不过令人高兴的是，弗雷格用"函数—主目"的模式去处理语句的真值语义的组合性，用"饱和—不饱和"的模式去处理语句的涵义的组合性，这两种分析模式似乎是对应的。既然前一种模式的组合性规则可以由逻辑语言的领域扩展到自然语言的领域，那么后者一种模式的组合性规则扩展到自然语言的领域也应该是可能的。弗雷格本人对自然语言中的很多语句的分析已经为我们提供了很好的参照，如果将这些工作继续进行下去，就是需要尽可能完全地分析自然语言所包含的各种对语句涵义有着重要影响的语言现象。

　　关于自然语言的逻辑形式之分析，近来有不少逻辑学家和语言学家会推崇蒙塔古的语法[①]，乔姆斯基以及蒙塔古等人在自然语言的语义学领域所做的工作毫无疑问是重要性的，对构造纯粹的涵义理论也极富有建设性的意义。特别是，蒙塔古讨论了英语片段的九种基本语法范畴[②]，尽管讨论这些语法范畴的最终目的或价值在于确定它们的语义特征（蒙塔古构造的语义学依然是以真之理论为基础的，是一种模型论的语义学[③]），对自然语言语法的这种分析既然可以同于构造各种语法范畴的意谓理论，那么其组合性特征同样也可以为构造相应的涵义理论提供便利。因为蒙塔古及其前驱们对语法范畴的细致分析与弗雷格对涵义结构的分析有着很大的相似性。在语法范畴中，T 是名词词项范畴，IV 是不及物动词范畴，TV 是及物动词范畴，IAV 是修饰不及物动词的副词范畴。其中，TV = IV/T，即及物动词是通过将不及物动词中的名词词项去掉后得到的；IAV = IV/IV，即修饰不及物动词是通过将不及物动词中的不及物动词去掉得到的[④]。以"这条狗疯狂地叫"为例，其中的不及物动词的逻辑形式就是：[[疯狂地叫]；而副词的逻辑形式就是：[[ ] 疯狂地 [ ]]。对于副词逻辑形式的分析存在一个问题，即副词前后两个空位的填充次序在形式上得不到体

---

　　① 帕蒂说："蒙塔古是第一个将形式语义学的基本原则［……］以一种系统的和全面的方式应用于自然语言的逻辑学家。"（参见 B. H. Partee："Montague Grammar and Transformational Grammar"，1975，p. 211 以及 B. H. Partee：*Compositionality in Fromal Semantics*，MA：Blackwell，2004，pp. 5 – 13）

　　② 参见 R. Montague：*Formal Philosophy：Selected Papers of Richard Montague*，1974，p. 190，pp. 237 – 239。

　　③ Ibid. , pp. 188 – 189.

　　④ Ibid. , pp. 249 – 450，对于语法范畴的讨论还可以参见 D. Lewis："General Semantics"，1970，pp. 20 – 22。

现，换句话说，可能会因先填充第一个空位而产生这样的形式：［这条狗疯狂地［ ］］。这个问题的产生根源在于，在对副词逻辑形式的分析中，不及物动词被当做了可用于填充的东西，即由"疯狂地叫"到"疯狂地［ ］"，"叫"这个谓词被当做饱和的东西，它可以填入空位。这意味着，对语言的逻辑形式的分析已经由一阶的转变为二阶的。鉴于谓词本身也可以作填充用，谓词的逻辑形式就不再是"F_i^n［［ ］$_1$, …, ［ ］$_n$]"，而应该是"［F_i^n［［ ］$_1$, …, ［ ］$_n$]]"。因此，上述副词的逻辑形式应该是"［［ ］［疯狂地［ ］］］"。按照这种形式分析，"［这条狗疯狂地［ ］］"显然是不合法的表达。

借助弗雷格的"饱和—不饱和"模式来分析自然语言，但这种分析是否适用于说明所有语法范畴的逻辑形式？对于这一点，我们持乐观态度，但验证起来并不容易，需要考虑到各种范畴，并非本书所能完成。需要注意的是，弗雷格的涵义理论的困难仅仅在于如何得到自然语言的逻辑形式，而蒙塔古以及戴维森等人的真之理论的语义学则不仅要面对这个困难，还有面对如何解释以相应的逻辑形式为基础的各种语句之真之条件组合性问题。如果这一问题得到解决，那么弗雷格的涵义理论与 TCS 的最终区别将在于对初始词汇的涵义的解释。支持 TCS 这种意义理论的人也许会将初始词汇的涵义解释为从词汇到世界的某种对应关系，例如专名的涵义就是其指称条件[①]。弗雷格曾提到，专名的涵义就是对象的"给定方式（Art des Gegebenseins）"[②]。很多学者倾向于将之理解为语词的指称方式。弗雷格本人对此仅有只言片语，说得也不清楚。不过，对于弗雷格式的涵义理论本身而言，"应该如何解释初始词汇（例如专名）的涵义？"这个问题并不构成威胁，即使初始词汇的涵义之解释需要借助指称概念，这也并不意味着，由之构成的其他表达都应该借助该概念来解释。实际上，初始词汇的涵义应该被还原为什么，这也不是这种（狭义的）涵义理论本身所能解决的问题，它应该需要一种广义的意义理论来处理。很多意义理论似乎能够在广义的层面上发挥作用，其中颇有影响力的有格莱斯的意向理论，奥斯丁、施特劳森等人的言语行为理论以及后期维特根斯坦的使用理

---

① 例如，周北海教授就曾提出涵义语义学，他将涵义定义为"可能世界到指称的映射"。按照他的定义，"个体词、谓词的涵义分别是可能世界到个体、可能世界到个体域的幂集的映射"（参见周北海：《概念语义与弗雷格迷题消解》，2010 年，第 51 页）。

② 参见 G. Frege：*Funktion Begriff Bedeutung*，herausgegeben von M. Textor，2002，p. 24。

论。达米特等人的证明论语义学或一般性的证实主义意义理论则似乎有可能兼担两种语义学的任务：一方面这种意义理论将语词的意义还原为使用规则，另一方面它又能够对语言提供合乎组合性原则的逻辑结构分析。

第四节　结论以及进一步的工作

尽管这一章的深入讨论，以及结合前文的论述，我们可以在元语义学的层面就真与意义在解释上的逻辑关系，得到一系列较为可靠的结论：

（1）由于没有严格区分两种意义理论或对意义问题的两种理解，人们才在是否应该借助真来解释意义这个本身就已混淆不堪的问题上争吵不休。含糊的表述和错乱的批评严重干扰了人们清晰地认识真概念在构造意义理论中的作用，致使人们对真与意义的语义学关系作出了不恰当的断言或评论。

（2）一旦我们明确两种层次的意义理论各自的任务和特点，我们就不难发现，无论在哪种意义理论中，真概念都是不必要的。因为在 TCS 这种狭义的意义理论中，真正起着解释作用的是形式以及经验的限制条件。正是这些条件保证了 T-等式的左右两边不仅在真值上而且在意义上相同；而在一种广义的意义理论中，真正具有解释功能的不是真概念，而是其他的概念（例如，戴维森的"认为真"这个基本态度概念，紧缩论者的使用概念以及达米特的证实概念等）。

（3）真概念不能在意义理论（尤其是狭义的意义理论）中承担实质性的解释作用，甚至不能在解释中发挥任何实质的作用。但由此我们并不能推论说，它不能在意义理论中出现。不必要性并不导致不可能性。只要真概念在意义理论中没有发挥任何与解释力相关的作用，哪怕是紧缩论者所倡导的那种非实质的作用，它就可以出现。换言之，真之理论作为一种意义理论，其中所包含的真谓词仅仅具有语法补充上的价值，而这种价值与真之理论的解释力毫无关系。在这种含义上，真谓词就相当于一个谓词 "T"，除此之外没有任意其他的意义。在真之理论中，真之条件之所以能够给出对象语言中的每个语句的意义，完全与 "T" 是不是真谓词无关。处于 T-等式右边的语句能够具有解释力，这完全不依赖于它是等式左边被命名的语句之真之条件这一点。

（4）戴维森的真正贡献不在于他发现了真概念对于解释语句意义或者

解释意义概念的重要作用，而在于他发现了塔斯基式的真之理论所具有的递归形式的优点及其对于构造意义理论的重要性。这种真之理论的递归的构造形式为刻画意义的组合性特征提供了极大的便利，这也是为何真值语义学或模型论语义学深受逻辑学家和语言哲学家们青睐的重要原因。

　　关于前面两个结论，本书已经在相应的章节中作出了足够充分且深入的讨论。在这里，本书仅仅想对后两个结论再做一点补充说明。当然，由前一节的论述可知，我们可以通过修改霍维奇的意义理论或弗雷格的涵义理论，以便获得一种不包含真概念但又满足组合性要求的意义理论。但是，我们不得不承认，在不借助真之理论的形式优势的情况下，意义理论在解释意义的组合性上就难免显得有些笨拙和臃肿。为此，我们似乎可以尝试在如何既保持戴维森方法的便利性的又避免真概念带来的那些不必要的麻烦之问题上做出更多的探讨。至少有一种途径前面提到过，很值得我们考察：简单地说，我们可以像戴维森那样，用"是 T，当且仅当"来替换"意味着"，得到的理论将蕴涵所有形如"s 是 T，当且仅当 p"这样的定理，但不再继续用真谓词来替换"T"。

　　就这种途径而言，我们不需要将"T"当成（戴维森所理解）真谓词。一方面，戴维森将"T"等同于真谓词完全是出于偶然。塔斯基的真之理论是"恰好"成为意义理论的，即"T""恰好"可以被读作"真的"[①]。这种偶然性当然并不是纯粹的偶然性，也就是说，"T"之所以能够是真谓词，是有内在原因的，只不过这种原因并不在于真之定义具有解释意义的功能，而在于意义理论具有解释真的功能。本书在这一章的第二节也论述过，真值相同的语句不一定具有相同的意义，但是具有相同意义的语句一定有着相同的真值。如果我们能够确定具有"s 是 T，当且仅当 p"形式的语句都是（一种令人满意的）意义理论的定理，那么我们就能肯定，替换"s"的名字所指示的语句与替换"p"的语句意义相同，因而它们的真值就相同。于是，我们可以像戴维森一样惊喜地发现，"T"与真谓词具有相同的外延，因而"T"就是真谓词。然而，如果我们不知道，在这种理论中，替换"s"的名字所指示的语句与替换"p"的语句具有相同的意义，那就不可能知道它们具有相同的真值，除非我们已经知道了"T"就是真谓词。另一方面，我们之所以不需要"T"是真谓词，不是因

---

　　① 参见 J. Collins："Truth Conditions Without Interpretation"，2001，p. 510。

为"T"完全与真谓词无关，而是因为"T"不需要具有真谓词所包含的一切内容。如前所述，"T"是不是真谓词与这种理论的解释力没有任何关系。真之理论对于意义理论而言，重要的是它能提供一种理想的理论形式。除此之外，意义理论不需要从真之理论那里获得任何东西。因此，塔斯基的真之理论所能告诉我们的、对于构造一种意义理论而言最重要的东西没有别的，就是他对于语言的逻辑结构的递归刻画。戴维森似乎也肯定了这一点，他说"一种真之理论被视为关于自然语言的一种经验理论，它的有趣之点并不在于它告诉了我们真在一般意义上是什么，而在于它揭示了一种特殊语言 L 的每个语句的真是如何依赖于它的结构和构成部分的"[①]。在这种含义上，我们可以说，一种仅仅提供构造形式但满足相应经验条件的真之理论（或 T-理论）可以服务于（狭义的）意义理论。

需要再次强调的是，本书所试图确立的核心观点，并不是真概念不能包含在意义理论中，也不是真之理论不能服务于意义理论，而是它们对于（狭义的）意义理论而言不是必要的。真概念在意义理论并不发挥实质的作用，它顶多起着结构描述性的作用，即语法上的作用。因此，构造一种令人满意的意义理论并不需要借助真概念的全部意义，尤其是它的实质性的意义。而意义理论能否借助真概念的全部意义，这是一个问题；而意义理论是否需要借助真概念的全部意义，这是另外一回事。戴维森的意义纲领显然没有顾及这种区别。另外，本书还想说明的是，一种不借助真之理论的意义理论固然是可能的，但有时候为了构造形式上的便利，人们更倾向于采用真之理论作为意义理论，这可以理解，但要求是，这样构造的意义理论不得借助于真概念的实质内容或求助"这是一个真之理论"这一点来解释语句的意义，除非真概念能够借助不依赖于意义的概念得到说明。真概念对于解释语句的意义而言是不必要的。这就是本书的基本立场。

在得出这些总结性的论断之余，我们还需要考虑这么几个有待解决的问题，对于这些问题的持续考察将有助于我们对意义与真之间的语义学关系的把握：

（I）由前文的论述可知，狭义的意义理论可以借助（纯形式的）真之理论，也可以不借助。实质的或紧缩论的真之理论都不是构造意义理论、解释语言的必要途径。上述观点还会牵涉一个重要问题，即狭义的意义理

---

① 参见 D. Davidson：*Inquiries into Truth and Interpretation*，1984，p. 218 以及 D. Davidson："The Structure and Content of Truth"，1990，pp. 296 – 297。

论是否依赖于广义的意义理论，确切地说，前者的正确性是否都要需要后者来保证。不过，本书主要关注的还是狭义的意义理论，因为这里的讨论始终都是围绕 TCS 来进行的。显然对于广义的意义理论的深入讨论是非常重要的，只不过在这里，这种讨论与本书的主题并没有特别直接而紧密的联系。因此，本书仅仅涉及了这种理论，并没有做出全面而深入的研究。

由前面的讨论我们可以知道，这种理论将阐释或定义意义、翻译、同义等概念，例如它将说明"s（在 L 中）意味着 p"在什么情况下能够给出 L 中的语句的意义。广义的意义理论同样不需要预设真概念，这也是前文的推论之一。但问题是，广义的意义理论需要预设对于语句的意义的理解吗？就概念解释的路径而言大概不需要。广义的意义理论需要借助别的概念，例如霍维奇的接受条件概念、蒯因的言语行为概念以及戴维森的"认为真"的基本态度概念。借助这些概念，广义的意义理论对于意义、翻译、同义等概念提供解释，这种解释将基本上确定，一种狭义的意义应该明确什么样的条件以便使它所蕴涵的定理都是正确的。因此，广义的意义理论的重要性毋庸置疑。如果我们仔细观察一下就会发现，很多哲学家（例如，蒯因、达米特、霍维奇，戴维森有时候也表现出这样一种倾向）更热衷于在广义的意义理论的层面上讨论意义问题。但就目前的讨论而言，似乎关于如何构造一种广义的意义理论还没有形成一些基本的看法。造成这种局面，很大程度上是因为人们还没有有意识地在广义的和狭义的两种意义理论之间做出区分。将两种意义理论区分开来，无论对于意义问题还是对于真之问题的研究都是有好处的。探究广义的意义理论的另外一种重要性就在于，无论塔斯基式的真之理论还是真之紧缩论，都需要借助翻译概念，而这个概念还没有得到严格清晰的定义。因此，对于广义的意义理论进行更为专门的研究是必要的。

（II）目前语言哲学的研究现状不仅表现为，在广义的意义理论上并没有获得基本一致的认识，在狭义的意义理论上也还存在大量亟待解决的问题。其中一个重要的问题是，一种针对自然语言的狭义的意义理论是否可能。人们甚至没有认真地讨论过这个问题。在本书中，一切讨论其实也都预设了这样一种理论的可能性，正是在此基础之上，本书才来考察真概念对于这种理论是否是必要的，并在非真之理论的意义理论的构建上做了一些尝试。当然，戴维森倒是讨论过这种意义理论的可能性问题，但他的论述也很简单，主要是针对塔斯基的真之理论扩展到自然语言的可能性①。他的论证更多地体现为，对构造针对自然语言的（狭义的）意义理论抱有一种乐观的情绪并且积极地应对实际的问题。戴维森的这种做法无疑是可取的，因为狭义的意义理论是否可能的问题，具体来说，就是它能否给出（自然语言的）每个语句的意义。而这个问题又集中表现在如何明确自然语言中那些逻辑结构特征并不明显的语句之意义。达米特因为这些语句的真值不能确定而反对 TCS。如前文所述，真正的问题并不在此。分析语句的逻辑结构的真正价值在于，它能够使我们描述它的意义对于其构成部分的意义的依赖关系。体现意义的组合特征是意义理论需要遵循的最重要的原则，因为事实上，不管是证实主义理论还是 TCS，并不是通过直接明确每个语句的证实条件或真之条件来给出每个语句的意义的，它们都需要一种递归的、能够反映语言逻辑结构的方式来构造意义理论，以便解释一种语言。如果意义理论对于每个语句都列举出它们的意义，那么一方面这样的意义理论就不会是人们可以掌握的语言的意义理论，它也不会告诉人们如何能够学会使用一种语言。语言呈现出来的结构性，意义具有的组合性，这是意义理论要刻画的东西。

　　自然语言的复杂性显然为构造相应的意义理论造成了极大的麻烦，过去一大批逻辑学家和语言哲学家以及语言学家投身于刻画自然语言的逻辑形式，并且取得了丰硕的成果②。可是很显然，这些成果还远不足以说自然语言的意义理论已经完全建立起来，有待深入研究的领域还很广泛。也许我们应该同戴维森一样具有一种乐观主义的精神，毕竟我们的确是可以学会一种语言的，因此我们一定能够递归地给出自然语言所有类型的语句的意义。

---

① 参见 D. Davidson："Truth and Meaning"，1967，p. 314。

② 参见陈道德等《二十世纪意义理论的发展与语言逻辑的兴起》，2007 年。

参考文献

中文部分

陈波：《逻辑哲学》，北京大学出版社 2005 年版。

陈道德等：《二十世纪意义理论的发展与语言逻辑的兴起》，中国社会科学出版社 2007 年版。

陈嘉映：《语言哲学》，北京大学出版社 2003 年版。

达米特：《分析哲学的起源》，王路译，上海译文出版社 2005 年版。

达米特：《什么是意义理论（Ⅱ）》，鲁旭东译，《世界哲学》1998 年第 2 期。

达米特：《什么是意义理论（Ⅱ·续）》，鲁旭东译，《世界哲学》1998 年第 3 期。

戴维森：《真之谓述》，王路译，上海译文出版社 2007 年版。

戴维森：《对真理与解释的探究》（第二版），牟博、江怡译，中国人民大学出版社 2007 年版。

戴维森：《试图定义真乃是愚蠢的》，王路译，《世界哲学》2006 年第 3 期。

弗雷格：《弗雷格论著选辑》，王路编译，商务印书馆 2006 年版。

格雷林：《哲学逻辑引论》，牟博译，中国社会科学出版社 1990 年版。

弓肇祥：《真理理论》，社会科学文献出版社 1999 年版。

郭继海：《戴维森的真理观》，《武汉大学学报》2001 年第 4 期。

梁义民：《真——戴维森彻底解释理论中的核心概念》，《自然辩证法研究》2008 年第 5 期。

梁义民：《论戴维森意义理论的基本原则》，《自然辩证法通讯》2010 年第 4 期。

刘壮虎：《复合谓词的逻辑系统》，《自然辩证法研究》2000 年第 16 期。

穆尼茨：《当代分析哲学》，吴牟人、张汝伦、黄勇译，复旦大学出版社 1986 年版。

蒯因：《语词与对象》，陈启伟等译，中国人民大学出版社 2005 年版。

蒯因：《真之追求》，王路译，三联书店 1999 年版。

荣立武：《论意义理论中的两条路线》，《哲学研究》2011 年第 11 期。

苏珊·哈克：《逻辑哲学》，罗毅译，商务印书馆 2003 年版。

涂纪亮：《现代西方语言哲学比较》，中国社会科学出版社 1996 年版。

涂纪亮：《维特根斯坦后期哲学思想研究》，载涂纪亮《涂纪亮哲学论著选（第二卷）》，武汉大学出版社 2007 年版。

涂纪亮：《英美语言哲学概念》，载涂纪亮《涂纪亮哲学论著选（第二卷)》，武汉大学出版社 2007 年版。

杨玉成：《奥斯汀：语言现象学与哲学研究》，商务印书馆 2002 年版。

叶闯：《理解的条件》，商务印书馆 2006 年版。

王路：《弗雷格关于意义与意谓的理论》，《哲学研究》1993 年第 8 期。

王路：《涵义与意谓——理解弗雷格》，《哲学研究》2004 年第 7 期。

王路：《意义理论》，《哲学研究》2006 年第 7 期。

王路：《逻辑与哲学》，人民出版社 2007 年版。

王路：《弗雷格思想研究》，商务印书馆 2008 年版。

王路：《走进分析哲学》，中国人民大学出版社 2009 年版。

张妮妮：《意义与真之争》，《华中科技大学学报》2001 年第 15 期。

张妮妮：《意义，解释和真》，中国社会科学出版社 2008 年版。

张清宇（主编）：《逻辑哲学九章》，江苏人民出版社 2004 年版。

张燕京：《弗雷格与达米特意义理论的特征差异及其根源》，《自然辩证法研究》2004 年第 2 期。

张燕京：《达米特意义理论研究》，中国社会科学出版社 2006 年版。

赵亮英、陈晓平：《语境、意向与意义——兼评塞尔的意向性意义理论》，《逻辑学研究》2012 年第 2 期。

周北海：《概念语义与弗雷格谜题消解》，《逻辑学研究》2010 年第 4 期。

周振中：《真值条件意义理论中的真概念》，《自然辩证法》2010 年第

11 期。

周志荣：《弗雷格论意义与真》，《湖南科技大学学报》2012 年第 1 期。

周志荣：《霍维奇论意义、真与使用》，《自然辩证法研究》2012 年第 10 期。

周志荣：《真之代句子理论评价》，《重庆理工大学学报》2012 年第 12 期。

朱水林：《论逻辑语义学》，《上海社会科学学术季刊》1994 年第 4 期。

朱水林（主编）：《逻辑语义学研究》，上海教育出版社 1992 年版。

外文部分

J. L. Austin: *How to Do Things with Words* (2nd), J. O. Urmson and M. Sbisa (eds), Cambirgde: Harvard UP, 1975.

D. Bar-On: "Anti-realism and Speaker Knowledge", *Synthese*, 1996(106): 139 – 166.

D. Bar-On, C. Horisk and W. G. Lycan: "Deflationism, Meaning and Truth-Conditions", *Philosophical Studies*, 2000(101): 1 – 28.

D. Bar-on and K. Simmons: "Troubles with Deflationism", http://www. unc. edu/ ~ dbar/papers/ Bar-On_ Uruguay TroublesDef. pdf, 2006.

A. Berckermann: "Wittgenstein, Neurath und Tarski über Wahrheit", *Zeitschrift für philosophische Forschung*, 1995(49): 529 – 552.

A. Bilgrami: "Meaning, Holism and Use", in E. LePore (ed.): *Truth and Interpretation*, Oxford: Basil Blackwell, 1986: 101 – 124.

M. Black: "The Semantic Conception of Truth", *Analysis*, 1948 (8): 49 – 63.

D. E. Bolton: "Quine on Meaning and Translation", *Philosophy*, 1979(54): 329 – 346.

R. Bonzon: "Anti-Anti-Realism", *Philosophical Studies: An International Journal for Philosophy in the Analytic Tradition*, 1992(68): 141 – 169.

R. B. Brandom: *Making It Explicit*, Cambridge, MA: Harvard University Press, 1994.

R. B. Brandom: "From Truth to Semantics: A Path through *Making It Ex-*

plicit", *Philosophical Issues*, 1997(8): 141 – 154.

R. B. Brandom: "Exlanatory vs. Expressive Deflationism about Truth", in R. Schantz (ed.): *What is Truth?* Walter de Gruyter, 2002.

H. Burdick: "On Davidson and Interpretation", *Synthese*, 1989(80):321 – 345.

R. Carnap: *Introduction to Semantics*, Cambridge: Harvard UP, 1942.

R. Carston: "Truth-Conditional Content and Conversational Implicature", in Claudia Bianchi (ed.): *The Semantics/Pragmatics Distinction*, CSLI Publications, 2004.

C. S. Chihara: "Davidson's Extensional Theory of Meaning", *Philosophical Studius*, 1975(28): 1 – 15.

A. Church: "Carnap's Introduction to Semantics", *The Philosophical Review*, 1943(52): 298 – 304.

J. Cohen: "Mr. Strawson's Analysis of Truth", *Analysis*, 1950 (10): 136 – 140.

J. Collins: "Truth Conditions without Interpretation", *Sorites*, 2001(13): 52 – 71.

J. Collins: "Truth or Meaning? A Question of Priority", *Philosophy and Phenomenological Research*, 2002, 65(3): 497 – 536.

N. Cooper and P. Engel: *New Inquiries into Meaning and Truth*, New York: Harvester Wheatsheaf and St. Martin's Press, Inc., 1991.

D. Davidson: "Truth and Meaning", *Synthese*, 1967(17): 304 – 323.

D. Davidson: "The Logical Form of Action Sentence", in N. Rescher (ed.): *The Logic of Decision and Action*, Hertford: Stephen Austin & Sons, Ltd., 1967.

D. Davidson: "Reply to Foster", in G. Evens & J. McDowell (eds): *Truth and Meaning*, Oxford: Clarendon Press, 1976: 33 – 41.

D. Davidson: *Inquiries into Truth and Interpretation*, Oxford: Oxford UP, 1984.

D. Davidson: "The Structure and Content of Truth", *The Journal of Philosophy*, 1990(87): 279 – 328.

D. Davidson: "Radical Interpretation Interpreted", *Philosophical Perspec-*

tives, 1994(8): 121 – 128.

D. Davidson: "The Folly of Trying to Define Truth", *The Journal of Philosophy*, 1996(93): 263 – 278.

D. Davidson: *Essays on Actions and Events* (2nd), Oxford: Clarendon Press, 2001.

D. Davidson: *Truth, Language and History*, Oxford: Oxford UP, 2005.

W. A. Davies: *Meaning, Expression, and Thought*, Cambridge: Cambridge University Press, 2003.

M. Devitt: "Dummett's Anti-Realism", *The Journal of Philosophy*, 1983 (80): 73 – 99.

M. Devitt: *Realism and Truth*, Oxford: Basil Blackwell Publisher Ltd. , 1984.

M. Devitt: "Meaning and Use", *Philosophy and Phenomenological Research*, 2002(LXV): 106 – 121.

M. Dummett: "Truth", *Proceedings of the Aristotelian Society*, 1959(59): 141 – 162.

M. Dummett: "What Is a Theory of Meaning? (II)", in G. Evens & J. McDowell (eds.): *Truth and Meaning*, Oxford: Clarendon Press, 1976: 67 – 137.

M. Dummett: *Truth and Other Enigmas*, Cambridge: Harvard UP, 1978.

M. Dummett: *Frege: Philosophy of Language* (2nd), Cambridge: Harvard UP, 1981a.

M. Dummett: *The Interpretation of Frege's Philosophy*, Cambridge: Harvard UP, 1981b.

M. Dummett: "Realism", *Synthese*, 1982(52): 55 – 112.

M. Dummett: *The Seas of Language*, Oxford: Clarendon Press, 1993.

M. Dummett: *Thought and Reality*, Oxford: Clarendon Press, 2006.

P. Engel: *The Norm of Truth*, New York: Harvester Wheatsheaf, 1991.

P. Engel: *Truth*, Montreal & Kingston: McGill-Queen's University Press, 2002.

H. Field: "Correspondence Truth, Disquotational Truth, and Deflationism", in M. P. Lynch (ed.): *The Nature of Truth*, Cambridge: The MIT Press, 2001.

H. Field: "Deflationist Views of Meaning and Content", *Mind*, 1994(103): 249 – 285.

H. Field: *Truth and the Absence of Fact*, Oxford: Clarendon Press, 2001.

J. Fodor: *Psychosemantics*: *The Problem of Meaning in the Philosophy of Mind*. Cambridge, MA: Bradford Books/MIT Press, 1987.

J. Fodor, and E. LePore: "Is Radical Interpretation Possible?", *Philosophical Perspectives*, 1994(8): 101 – 119.

J. Fodor and E. LePore: "Why Compositionality Won't Go Away: Reflections on Horwich's 'Deflationary' Theory", *Ratio*, 2001(14): 350 – 368.

J. R. Foster: "Meaning and Truth Theory", in G. Evens & J. McDowell (eds.): *Truth and Meaning*, Oxford: Clarendon Press, 1976: 1 – 32.

G. Frege: *Grundgesetze der Arithmetik* (Band I), Jena: Verlag von Hermann Pohle, 1893.

G. Frege: *Schriften zur Logik und Sprachphilosophie: Aus dem Nachlass*, herausgegeben von G. Gabriel, Hamburg: Felix Meiner Verlage, 1978.

G. Frege: *Funktion Begriff Bedeutung*, herausgegeben von M. Textor, Göttingen: Vandenhoeck & Ruprecht, 2002.

H. Glock: "The Indispensability of Translation in Quine and Davidson", *The Philosophical Quarterly*, 1993(43): 194 – 209.

H. Glock: *Quine and Davidson on Language, Tought and Reality*, Cambrigde: Cambrigde University Press, 2008.

S. C. Goldberg: "Radical Interpretation, Understanding, and the Testimonial Transmission of Knowledge", *Synthese*, 2004(138): 387 – 416.

D. Greimann: *Freges Konzeption der Wahrheit*, Zürich: Georg Olms Verlag AG, 2003.

H. P. Grice: *Studies in the Way of Words*, Cambirdge: Harvard University Press, 1989.

D. Grover, J. Camp and N. Belnap: "A Prosentential Theory of Truth", *Philosophical Studies*, 1973(27): 73 – 125.

D. Grover: *A Prosentential Theory of Truth*, Princeton: Princeton UP, 1992.

A. Gupta: "Minimalism", *Philosophical Perspectives*, 1993(7): 359 – 369.

G. Harman: "Logical Form", *Foundations of Language*, 1972(9): 38 – 65.

G. Harman: "Conceptual Role Semantics", *Notre Dame Journal of Formal Logic*, 1982(23): 242 – 256.

G. Harman: "Davidson's Contribution to the Philosophy of Language", 2009, [2010 – 03 – 27]. http: //www. princeton. edu/ ~ harman/Papers/LLD. pdf.

J. Heal: "Redical Interpretation", in B. Hale & C. Wright (eds.): *The Blackwell Companion to the Philosophy of Language*, Oxford: Blackwell Publishers, 1997.

R. G. Heck Jr and R. May: "The Composition of Thoughts", *Nous*, 2011 (45): 1 – 41.

J. Hershfield: "The Deflationary Theory of Meaning", *Philosophia*, 2001 (28): 191 – 208.

J. Higginbotham: "Grammatical Form and Logical From", *Philosophical Perspectives*, 1993(7): 173 – 196.

W. Hodges: "Compositionality is not the Problem", *Logic and Logical Philosophy*, 1998(6): 7 – 33.

C. Horisk: "The Expressive Role of Truth in Truth-Conditional Semantics", *The Philosophical Quarterly*, 2007(57): 535 – 557.

C. Horisk: "Truth, Meaning and Circularity", *Philosophical Studies*, 2008 (137): 269 – 300.

P. Horwich: *Truth*, Oxford: Basil Blackwell, 1990.

P. Horwich: "What Is It Like to Be a Deflationary Theory of Meaning?", *Philosophical Issues*, 1994(5): 133 – 154.

P. Horwich: "Meaning, Use and Truth", *Mind*, 1995(104): 355 – 365.

P. Horwich: "The Composition of Meanings", *The Philosophical Review*, 1997(106): 503 – 532

P. Horwich: *Meaning*, Oxford: Clarendon Press. 1998.

P. Horwich: " A Defense of Minimalism ", *Sythese*, 2001 (126): 149 – 165.

P. Horwich: "Deflating Compositionality", *Ratio*, 2001(XIV): 369 – 385.

P. Horwich: *Reflections on Meaning*, Oxford: Clarendon Press, 2005.

M. Johnston: "The End of the Theory of Meaning", *Mind & Language*,

1988(3): 28 – 42.

R. Kahle and P. Schroeder-Heister: "Introduction: Proof-Theoretic Semantics", *Synthese*, 2006 (148): 503 – 506.

G. Kemp: "Meaning and Truth-conditions", *The Philosophical Quarterly*, 1998(48): 483 – 493.

R. L. Kirkham: *Theories of Truth: A Critical Introduction*, Cambridge: The MIT Press, 1992.

K. C. Klement: *Frege and the Logic of Sense and Reference*, Lodon & New York: Routledge, 2002.

M. Kölbel: "Two Dogmas of Davidsonian Semantics", *Journal of Philosophy*, 2001(98): 613 – 635.

M. Kölbel: *Truth without Objectivity*, London: Routledge, 2002.

W. Künne: *Conceptions of Truth*, Oxford: Clarendon Press, 2003.

S. Leeds: "Theories of Reference and Truth", *Erkenntnis*, 1978 (13): 111 – 129.

E. LePore: "Meaning in Truth", in E. LePore (ed.): *Truth and Interpretation: Perspectives on the Philosophy of Donald Davidson*, Oxford: Basil Blackwell, 1986.

E. LePore and K. Ludwig: "What is Logical Form?", in G. Preyer and G. Peter (eds.): *Logical Form and Language*, Oxford: Clarendon Press, 2002.

E. LePore and K. Ludwig: *Donald Davidson: Meaning, Truth, Language and Reality*, Oxford: Oxford University Press, 2005.

E. LePore and K. Ludwig: *Donald Davidson's Truth-Theoretic Semantics*, Oxford: Clarenden Press, 2007.

D. Lewis: "General Semantics", *Synthese*, 1970(22): 18 – 67.

D. Lewis: "Radical Interpretation", *Synthese*, 1974(27): 331 – 344.

B. Loar: "Two Theories of Meaning", in G. Evens and J. McDowell (eds.): *Truth and Meaning*, Oxford: Clarendon Press, 1976: 138 – 161.

B. Loar: "Conceptual Role and Truth-Conditions", *Notre Dame Journal of Formal Logic*, 1982(23): 272 – 283.

G. Longworth: "Prospects for a Truth-Conditional Account of Stangding Meaning", in R. Schantz (ed.): *Prospects for Meaning*, Berlin & Boston: Walter de Gruyter, 2012.

D. Löwenstein: "Davidsonian Semantics and Anaphoric Defletionism", *Dialectica*, 2012(66): 23 – 44.

W. G. Lycan: *Philosophy of Language*: *A Contemporary Introduction*, London & New York: Routlege, 2000.

W. G. Lycan: "Direct Arguments for Truth-condition Theory of Truth", *Topio*, 2010(29): 99 – 108.

M. P. Lynch: *The Nature of Truth*: *Classic and Contemporary Perspectives*, Cambridge: The MIT Press, 2001.

M. McDermott: "Truth and Assertability", *Journal of Philosophical Logic*, 2009(38):465 – 470.

J. McDowell: "Truth Conditions, Bivalence and Verificationism", in G. Evens and J. McDowell (eds.): *Truth and Meaning*, Oxford: Clarendon Press, 1976: 42 – 66.

J. McDowell: "Anti-Realism and thr Epistemology of Understanding", in H. Parret and J. Bouversse (eds.): *Meaning and Undstanding*, Berlin and New York: Walter de Gruyter, 1981.

M. McGrath: "Weak Deflationism", *Mind*, 1997(106): 69 – 98.

A. Miller: *Philosophy of Language* (2nd), London and New York: Routledge, 2007.

P. Milne: "Tarski on Truth and Its Definition", in T. Childers, P. Kolár and V. Svoboda (eds.): *Logica ' 96*: *Proceedings of the 10th International Symposium*, *Philosophia*, Prague, 1997: 189 – 210.

B. Mölder: "Normativity and Deflationary Therories of Truth", *Studia Philosophica Estonica*, 2008(12): 179 – 193.

R. Montague: *Formal Philosophy*: *Selected Papers of Richard Montague*, ed. and with an introd. by R. H. Thomason, New Haven: Yale University Press, 1974.

P. Pagin: "Compositionality, Understanding, and Proofs", *Mind*, 2009 (118): 713 – 737.

B. H. Partee: *Compositionality in Fromal Semantics*, MA: Blackwell, 2004.

B. H. Partee: "Montague Grammar and Transformational Grammar", *Lingus-*

tic Inquiry, 1975(6): 203 – 300.

D. Patterson: "Deflationism and the Truth Conditional Theorey of Meaning", *Philosophical Studies*, 2005(124): 271 – 294.

M. Platts: *Ways of Meaning*, London: Routledge & Kegan Paul, 1979.

H. Price: "What Should a Deflationist about Truth Say about Meaning?", *Philosophical Issues*, 1997(8): 107 – 115.

H. Putnam: *Mind, Language and Reality*, Cambridge: Cambridge UP, 1975.

W. V. O. Quine: *Word and Object*, Cambridge: The MIT Press, 1960.

W. V. O. Quine: *Ontological Relativity and Other Essays*, New York: Columbia University Press, 1969.

W. V. O. Quine: "On the Reasons for Indeterminacy of Translation", *The Journal of Philosophy*, 1970(67): 178 – 183.

W. V. O. Quine: *From a Logical Point of View*(2nd), Cambridge: Harvard UP, 1980.

W. V. O. Quine: *Philosophy of Logic*(2nd), Englewood Cliffs, NJ: Prentice-Hall, 1986.

W. V. O. Quine: *Quiddities: An Intermittently Philosophical Dictionary*, Cambridge: Harvard University Press, 1987.

W. V. O. Quine: *Pusiuts of Truth*, Cambridge: Havard University Press, 1992.

F. P. Ramsey: "Facts and Propositions", *Proceedings of the Aristotelian Society*, 1927 (7): 153 – 170.

F. P. Ramsey: *On Truth*, N. Rescher & U. Majer (eds.), Dordrecht: Kluwer Academic Publishers, 1991.

E. H. Reck and S. Awody (eds.): *Frege's Lectures on Logic: Carnap's Student Notes* 1910 – 1914, Chicago and LaSalle: Open Court, 2004.

A. Reeves: "On Truth and Meaning", *Nous*, 1974(8): 343 – 359.

R. M. Sainsbury: "Understanding and Theories of Meaning", *Proceedings of the Aristotelian Society*, 1980(80): 127 – 144.

R. M. Sainsbury: *Departing from Frege*, London and New York: Routledge, 2002.

R. Schantz (ed.): *What is Truth?* Walter de Gruyter, 2002.

S. Schiffer: *Remnants of Meaning*, Cambridge: Bradford Books and MIT Press, 1987.

P. Schroeder-Heister: "Validity Concepts in Proof-Theoretic Semantics", *Synthese*, 2006(148): 525 – 571.

D. Schwayder: "On the Determination of Reference by Sense", in M. Schirn (ed.): *Studien zu Frege* (3) Sttutgart-Bad Cannstatt: Verlag-Holzboog, 1976: 85 – 95.

J. R. Searle: "What is a Speech Act"(1965), in A. P. Martinich (ed.): *The Philosophy of Language* (3rd), New York and London: Oxford UP, 1996.

J. R. Searle: *Speech Acts: An Essay in the Philosophy of Language*, Cambridge: Cambridge UP, 1969.

J. R. Searle: *Expression and Meaning*, Cambridge: Cambridge University Press, 1979.

W. Sellars: "Truth and ' Correspondence' ", *The Journal of Philosophy*, 1962(59): 29 – 56.

M. Sintonen: " Realism and Understanding ", *Synthese*, 1982 (52): 347 – 378.

S. Soames: "What is a Theory of Truth?", *The Journal of Philosophy*, 1984 (81): 411 – 429.

S. Soames: "Truth, Meaning and Understanding", *Philosophical Studies*, 1992(65): 17 – 35.

S. Soames: "The Truth about Deflationism", *Philosophical Issues*, 1997(8): 1 – 44.

S. Soames: *Understanding Truth*, Oxford: Oxford University Press, 1999.

S. Soames: "Understanding Deflationism", *Philosophical Perspectives*, 2003 (17): 370 – 383.

S. Soames: *Philosophy of Language*, Princetion: Princeton University Press, 2010.

S. Soames: *What is Meaning*, Princeton: Princeton UP, 2010.

J. Speaks: "Truth Theories, Translation Manuals, and Theories of Meaning", *Linguist Philosophy*, 2006(29): 487 – 505.

J. Speaks: "Theories of Meaning", *Stanford Encyclopedia of Philosophy*, 2010.

D. Stoljar and N. Damnjanovic: "The Deflationary Theory of Truth", *Stanford Encyclopedia of Philosophy*, 2007.

F. Stoutland: "Realism and Anti-Realism in Davidson's Philosophy of Language (I) ", *Critica*, 1982a(14) : 13 – 53.

F. Stoutland. "Realism and Anti-Realism in Davidson's Philosophy of Language (II) ", *Critica*, 1982b(14) : 19 – 48.

P. F. Strawson: "Truth", *Analysis*, 1949(9) : 83 – 97.

P. F. Strawson: "Truth", *Proceedings of the Aristotelian Society*, 1950(24) : 129 – 156

P. F. Strawson: "Meaning and Truth" (1969), in A. P. Martinich (ed.) : *The Philosophy of Language* (3rd), New York and London: Oxford UP, 1996.

P. F. Strawson: *Logico-Linguistic Papers* (2nd), Oxford: Oxford UP, 2004.

G. Sundholm: "Proof Theory and Meaning", in D. Gabby and F. Guenthner (eds.) : *Handbook of Philosophical Logic* (Vol. 3), Dordrecht: Springer, 1986.

A. Tarski: "The Concept of Truth in Formalized Languages" (1933), in J. H. Woodger (trans.) : *Logic, Semantics, Metamathematics*, Oxford: The Clarendon Press, 1956: 152 – 278.

A. Tarski: "The Establishment of Scientific Semantics " (1936), in J. H. Woodger (trans.) : *Logic, Semantics, Metamathematics*, Oxford: The Clarendon Press, 1956: 401 – 408.

A. Tarski: "The Semantic Conception of Truth and the Foundations of Semantics", *Philosophy and Phenomenological Research*, 1944(4) : 341 – 376.

A. Tarski: "Truth and Proof", *Scientific American*, 1969(220) : 63 – 77.

A. Tarski: "What are Logical Notions? ", *History and Philosophy of Logic*, 1986(7) : 143 – 154,

A. Ward: "A Semantic Realist Response to Dummett's Antirealism", *Philosophy and Phenomenological Research*, 1988(48) : 553 – 555.

A. Weir: "Dummett on Meaning and Classical Logic", *Mind*, 1986(95) : 465 – 477.

A. Weir: "Indetermination of Translation", in E. LePore and B. C. Smith (ed.) : *The Oxford Handbook of Philosophy of Language*, Oxford: OUP, 2008.

D. Wiggins: "Meaning and Truth Conditions: from Frege's Grand Design to Davidson's", in B. Hale and C. Wright (eds.): *A Companion to the Philosophy of Language*, Oxford: Blackwell Publishers Ltd., 1997.

M. Williams: "Meaning and Deflationary Truth", *The Journal of Philosophy*, 1999(96): 543 – 564.

M. Williams: "On Some Critics of Deflationism", in R. Schantz (ed.): *What is Truth?* Walter de Gruyter, 2002.

M. Williams: "Context, Meaning and Truth", *Philosophical Studies*, 2004(117): 107 – 129.

L. Wittgenstein: *Logisch-philosophische Abhandlung*, Frankfurt: Suhrkamp, 1998.

L. Wittgenstein: *Philosophical Investigations*, edited by G. E. M. Anscombe and R. Rhees, trans. by G. E. M. Anscombe, Oxford: Blackwell, 1953.

C. Wright: *Realism, Meaning and Truth*, Oxford: Basil Blackwell Ltd., 1987.